D1920799

V&R

Biblisch-Theologische Studien

Herausgegeben von
Jörg Frey, Friedhelm Hartenstein, Bernd Janowski
und Matthias Konradt

Band 182

Helmut Utzschneider

Textwelten

Studien zur Kulturgeschichte, Anthropologie und Hermeneutik des Alten Testaments

Herausgegeben von Matthias Hopf, Michael Pietsch und Stefan Seiler

Vandenhoeck & Ruprecht

Bibliografische Information der Deutschen Nationalbibliothek:
Die Deutsche Nationalbibliothek verzeichnet diese Publikation in der Deutschen Nationalbibliografie; detaillierte bibliografische Daten sind im Internet über http://dnb.de abrufbar.

© 2019, Vandenhoeck & Ruprecht GmbH & Co. KG,
Theaterstraße 13, D-37073 Göttingen
Alle Rechte vorbehalten. Das Werk und seine Teile sind urheberrechtlich geschützt. Jede Verwertung in anderen als den gesetzlich zugelassenen Fällen bedarf der vorherigen schriftlichen Einwilligung des Verlages.

Druck und Bindung: Hubert & Co. BuchPartner, Göttingen
Printed in the EU

Vandenhoeck & Ruprecht Verlage |
www.vandenhoeck-ruprecht-verlage.com

ISSN 0930-4800
ISBN 978-3-7887-3425-1

Vorwort

Am 3. März 2019 hat Helmut Utzschneider seinen 70. Geburtstag feiern dürfen. Aus diesem Anlass haben die Herausgeber, Schüler und Kollegen des Jubilars, sich entschlossen, die vorliegende Sammlung ausgewählter, teils an entlegenen Orten publizierter Aufsätze von Helmut Utzschneider zu veranstalten. Sie kann der früheren Sammlung, die der Jubilar selber unter dem programmatischen Titel »Gottes Vorstellung. Untersuchungen zur literarischen Ästhetik und ästhetischen Theologie des Alten Testaments« (BWANT 175, Stuttgart 2007) herausgegeben hat, an die Seite gestellt werden.

Die hier vereinten 14 Beiträge, die über einen Zeitraum von 25 Jahren hinweg entstanden sind, widmen sich vorrangig den Fragen und Problemen der Kultur- und Sozialgeschichte des alten Israel sowie der Anthropologie und Hermeneutik des Alten Testaments und dokumentieren die Verbindung einer sorgfältigen Wahrnehmung biblischer »Textwelten« mit kultur- und literaturtheoretischen Überlegungen, wie sie für die exegetische Arbeit Helmut Utzschneiders kennzeichnend sind. Auf diese Weise gelingt es dem Jubilar in vorbildlicher Weise, die »erzählte Welt« des Alten Testaments mit den Lebenswelten seiner ursprünglichen Adressaten sowie seiner modernen Leser*innen zu verknüpfen und die Texte als literarisch-ästhetische Subjekte nicht nur ihrer eigenen geschichtlichen Zeit vor Augen zu stellen.

Die Beiträge wurden für die vorliegende Sammlung neu gesetzt und moderat an die Konventionen der neuen Rechtschreibung angepasst. Offensichtliche Schreibversehen wurden stillschweigend korrigiert und Haupttext und Anmerkungen geringfügig vereinheitlicht, ohne jedoch die formalen Eigenarten der Erstpublikation unkenntlich zu machen. Nur ganz vereinzelt wurden Literaturangaben aktualisiert. Unser besonderer Dank gilt Frau Andrea Töcker, die in bewährter Weise Korrektur gelesen und die Druckvorlage erstellt hat, und Herrn stud.theol. Tobias Schade, dem die Leser*innen auch das Stellenregister verdanken. Darüber hinaus danken wir Prof. Dr. Friedhelm Hartenstein und Prof. Dr. Bernd Janowski für ihre spontane Bereitschaft, den vorliegenden Band in die von ihnen herausgegebene Reihe der *Biblisch-theologischen Studien* aufzunehmen.

Neuendettelsau, in den Iden des März 2019

Matthias Hopf
Michael Pietsch
Stefan Seiler

Inhalt

A) Kultur- und Sozialgeschichte Israels

Patrilinearität im alten Israel – eine Studie zur Familie und ihrer Religion

1. Einleitung

Diese Studie hat ein wissenschaftliches Programm. Es geht mir darum, die »Patrilinearität« als *einen* besonderen Aspekt der Institution Familie im alten Israel vorzugsweise aus den Texten des AT zu beschreiben.

Die »Patrilinearität« soll zunächst strukturell, d. h. auf die typischen Beziehungs- und Handlungs*formen* hin untersucht werden (Abschnitt 2). Von dieser Grundlage aus geht es um das »*Thema*« dieser Beziehungsformen (Abschnitt 3). Im Blick sind dabei besonders die sozialen Funktionen dieser Beziehungsformen, aber auch deren Bedingungen und Schwierigkeiten, sowie die ihr zugrundeliegenden Bedürfnisse. Sodann will ich bestimmte Elemente der atl. *Religion,* anders gesagt: der »*Sinnwelt*« des alten Israel, auf ihre Beziehung zur »Patrilinearität« hin untersuchen (Abschnitt 4). Und schließlich geht es mir darum, die Patrilinearität in Israel *historisch und sozial* zu verorten (Abschnitt 5). Insgesamt kommt es mir an auf eine integrative, d. h. sinn-voll auf einander bezogene Darstellung der formalen, thematischen, sinnweltlichen sowie soziohistorischen Gesichtspunkte.[1]

Ich bin mir natürlich bewusst, dass ich mich mit diesem Programm in einem durch die aktuelle gesellschaftliche und theologische Diskussion um das Thema »Patriarchat«

1 Die theoretischen Grundlagen dieser Fragestellung können hier nicht dargestellt werden; sie sind an den Institutionentheorien *M. Webers, P. L. Bergers* und *J. A. Schüleins* orientiert.

emotional stark besetzten Feld bewege. Allerdings sind die Begriffe »Patriarchat« und »Matriarchat« sehr grobe Instrumente,[2] die sich zu einer exakteren Beschreibung soziohistorischer Sachverhalte kaum eignen.[3] Die Reichweite dieses Beitrags ist deshalb bewusst reduziert: Mit »Patrilinearität« steht nur ein Teilaspekt der familiaren Beziehung im alten Israel zur Debatte. Und an der Diskussion um das »Patriarchat« beteiligt sich dieser Beitrag vor allem dadurch, dass er ihr handlichere Begriffe und Vorstellungen zur Verfügung stellen will. Im Schlussteil dieser Studie werde ich allerdings Folgerungen auch im Blick auf die aktuelle Diskussion ziehen.

Allgemein spricht man in der Ethnologie[4], aber auch in der atl. Wissenschaft[5], von Patrilinearität, wenn die Familienbindung eines Menschen von der väterlichen Linie seines Stammbaumes her bestimmt wird. Anders als in der uns geläufigen – sog. »bilinearen«[6] – Struktur, kraft derer wir uns an die väterliche ebenso wie an die mütterliche Linie gebunden fühlen, betrachtet sich der Mensch in der patrilinearen Familie nur – oder doch vorwiegend – mit

2 Insbesondere der aktuelle Wortgebrauch von »Patriarchat« bzw. »patriarchalisch« geht weit über die Familiengrenzen hinaus. »Patriarchalisch« genannt werden können Beziehungsstrukturen in Staat, Kirche und Wirtschaft, die genauer vielleicht als »männerdominiert – hierarchisch« zu bezeichnen wären. Vgl. dazu neuerdings *G. Lerner*, The Creation of Patriarchy, Oxford University Press, New York 1986, 212ff. und 238f.

3 Dies hat *R. Kessler*, Benennung des Kindes durch die israelitische Mutter, WuD NF 19, 1987, 25–35, betont: »Wenn wir mit Recht feststellen, daß die letzten 4000 Jahre der vorderasiatisch-europäischen Geschichte vom Patriarchat beherrscht werden, dann sagen wir gerade nichts über die konkrete Lage der Frau und ihre Veränderung in den vielen Gesellschaften aus, die in dieser Zeitspanne neben- und nacheinander bestanden« (35).

4 Vgl. *F. J. Thiel*, Grundbegriffe der Ethnologie, Berlin ^{4}1983, 89.

5 Vgl. etwa *C. R. Taeer,* Art. Kinship and Family, Interpreters Dictionary of the Bible, SV Abington, Nashville 1976, 519–524, insb. 520, aber auch schon *G. Quell*, Der Vaterbegriff im AT, in: ThWNT V, 956–974, bes. 961.

6 *Taeer*, a. a. O., 520.

Angehörigen des väterlichen Astes seines Stammbaumes als im familiären Sinne »verwandt«.

2. Patrilineare Beziehungsformen in den Texten der Genesis

Sucht man nach der patrilinearen Struktur in der biblischen Literatur und damit für die biblische Zeit, so wird man vor allem im Buch Genesis, in seinen Genealogien und »Familienerzählungen«[7], fündig.

Mit den Genealogien des Buches Genesis sind besonders die »priesterschriftlichen« Genealogien der Urgeschichte (Gen 5; Gen 10f.*) sowie die ebenfalls priesterschriftlichen genealogischen Notizen zu den Erzvätern gemeint (Gen 11,27.31.32 [Terach – Abraham]; Gen 25,7–11 [Abraham], 12–17 [Ismael]; 25,19f.26b [Isaak]; 36 [Esau]; Gen 37,2; 41,46a [Jakob]; vgl. auch die Listen der Söhne Jakobs in Gen 35,22b–26; Ex 1,1–5). Die Texte sind – unbeschadet feinerer typologischer und literarischer

7 Es ist von vornherein im Auge zu behalten, dass die genannten Texte, und zwar Genealogien wie »Familienerzählungen«, von der Intention ihrer Autoren und Bearbeiter her gesehen, nicht auf eine Darstellung bestimmter altisraelitischer Familien oder gar der altisraelitischen Familie schlechthin orientiert sind. In der Urgeschichte ist vom Menschen, ja der Menschheit die Rede, in den Erzvätertexten geht es um Volks- und Völkergeschichte. Gleichwohl ist in den Texten immer an der »Fiktion« festgehalten, von einander familiär verbundenen Einzelgestalten zu erzählen. (Vgl. dazu etwa: *E. Blum*, Die Komposition der Vätergeschichte, WMANT 57, Neukirchen-Vluyn 1984, 503f.) Von einem »Realitätsgehalt« dieser Fiktion ist nicht für die Einzelereignisse oder die historischen Einzelpersonen, wohl aber für die Handlungstypen auszugehen. Auf solche »präsuppositionelle« Gehalte, also auf Gehalte, die an selbstverständliches und alltägliches Erfahrungswissen der Hörer und Leser anknüpfen, kommt es bei der Rekonstruktion von Alltagsinstitutionen an. Über die genauere soziohistorische Reichweite, also etwa darüber, ob sich das Rekonstrukt eher auf die halbnomadische oder eher auf die bäuerliche Familienstruktur bezieht, ist damit noch kein »Vorurteil« gefällt. Auch zur Frage der Datierung dieses Rekonstruktes ist zunächst noch nichts gesagt.

Differenzierungen[8] – »patrilinear« orientiert, insofern sie die verwandtschaftliche Linie immer zwischen Vätern und Söhnen ziehen, nicht etwa zwischen Vätern und Töchtern, Müttern und Söhnen oder Müttern und Töchtern.

Darüber hinaus sind Genealogien und genealogische Notizen vor allem an folgenden Angaben interessiert: am Namen des Sohnes bzw. den Namen der Söhne des jeweiligen Vaters, sowie an fundamentalen Lebensdaten des bzw. der Betreffenden wie Alter, Heirat, Tod und Begräbnis. Genannt oder durch Namen angedeutet werden auch Wohnsitze oder Wohngebiete der Väter oder ihrer Söhne (so vor allem Gen 10; 25,16). Töchter hingegen werden – auch wenn sie, wie Jakobs Tochter Dina, anderwärts namentlich genannt sind (Gen 30,21; 34) – in diesen Listen nicht oder nur summarisch (Gen 5) aufgeführt.

Die in den Genealogien genannten Söhne allerdings werden nicht selten genau differenziert und zwar nach zwei Gesichtspunkten:

(1) Zunächst werden sie nach ihren Müttern unterschieden. So wird in den Abrahamslisten zwischen Isaak, dem Sohn der Sara, einerseits und den Söhnen der zweiten Frau Ketura (Gen 25,2–4), sowie den Söhnen der »Nebenfrauen« (*pîlagšîm*) Abrahams (Gen 25,5f.)[9] andererseits unterschieden. Für den Abrahamssohn Ismael wird seine Herkunft von »Hagar, der ägyptischen Magd Saras« (Gen

8 Vgl. dazu neuerdings vor allem *R. R. Wilson*, Genealogy and History, New Haven / London, Yale University Press 1977 und *S. Tengström,* Die Toledoth und die literarische Struktur der priesterlichen Erweiterungsschicht im Pentateuch, CB 17, Lund 1981. *Wilson* ist eher ethnologisch orientiert und unterscheidet vor allem zwischen »linearen« und »segmentären« Typen (a. a. O., 8f.). *Tengström,* a. a. O., 20f. unterscheidet eher literarisch die erzählerische Genealogie und das »Toledotschema« (Gen 5; 11,1–26; Isaak, Jakob – Toledoth) von der »Stammtafel« (Gen 10; Ismael-, Esaugenealogie). Zur patrilinearen Orientierung der Genealogien vgl. auch *R. Kessler*, a. a. O., 28f.

9 Wahrscheinlich sind mit den Söhnen der »Nebenfrauen« die in den V. 2–4 genannten Keturasöhne *und* Ismael gemeint. Vgl. *C. Westermann* Genesis 2, BK I,2, 485. Zu »Nebenfrauen« vgl. *W. Plautz*, Monogamie und Polygamie im Alten Testament, ZAW 75, 1963, 1–27, bes. 9ff.

25,12), in seinem eigenen Geschlechtsregister noch einmal gesondert erwähnt. Die Jakobssöhne werden in Gen 35,22bff. nach den beiden Hauptfrauen Lea und Rahel sowie deren Mägden Bilha und Silpa geordnet aufgeführt. Analog verfährt das Geschlechtsregister Esaus (Gen 36,2–4).

(2) Unterschieden wird sodann zwischen dem Erstgeborenen und den übrigen Söhnen eines Mannes. Besonders auffällig ist dies in der Liste Gen 5, dem Geschlechtsregister Adams, das ihn und seine Nachkommen bis zu den Noahsöhnen umfasst. Für Adam lautet der entsprechende Abschnitt: »Als Adam 130 Jahre alt war, zeugte er einen Sohn [...], den nannte er Seth. Und nachdem Adam Seth gezeugt hatte, lebte er noch achthundert Jahre und zeugte Söhne und Töchter [...].« Der Einschnitt in Adams Leben ist die Zeugung des Erstgeborenen. Bemerkenswert ist, dass nach dieser Liste nachgeborene Söhne und Töchter jeweils nur summarisch genannt werden und somit gewissermaßen auf einer Ebene stehen.

In weiteren genealogischen Listen der Genesis werden als Erstgeborene ausdrücklich genannt Nebajoth (Gen 25,13), der Erstgeborene Ismaels, Ruben, der Erstgeborene Jakobs (Gen 35,23), und Eliphas, der Erstgeborene Esaus (Gen 36,15).

Es muss nicht sonderlich betont werden, dass die Frage der männlichen Nachkommenschaft und die dabei möglichen Differenzierungen wesentliche Themen oder mindestens Motive auch der sog. »Familienerzählungen«[10] darstellen.

In Gen 15, Gen 18 und Gen 22, den loci classici der auf den Sohn gerichteten Verheißungen und Erzählungen, geht es um Isaak, den männlichen Nachkommen Abrahams und seiner »Hauptfrau« Sara. In Gen 16 und 21 geht

10 Diese Bezeichnung hat vor allem *C. Westermann,* erstmals in seiner Arbeit zu den »Arten der Erzählung in der Genesis« (Forschung am AT, ThB 24, München 1964, 9–91, vgl. bes. 36ff.), ins Gespräch gebracht. Er hat mit dieser Bezeichnung literarhistorische (»vorgeschichtliche Überlieferung«, 38) und gattungskritische Urteile verbunden, auf die es hier nicht ankommt.

es um das Verhältnis Isaaks zu dem anderen männlichen Nachkommen Abrahams, zu Ismael, dem Sohn »Hagars, der Ägypterin, ihrer (scil. Saras) Magd« (Gen 16,3). In der Jakob-Esau-Geschichte in Gen 25 und 27 geht es um die Frage des Erstgeburtsrechtes der beiden Isaak-Söhne. Gen 29f. erzählt von den Frauen Jakobs, der geliebten und der ungeliebten, von deren Mägden, sowie vor allem von den aus diesen Verhältnissen hervorgegangenen Söhnen. Und noch in der Geschichte von Josef und seinen Brüdern ist das Vorzugsverhältnis eines Sohnes zum Vater ein wesentliches Erzählmotiv.

Insgesamt wird man sagen können: Die genealogischen Listen und die Erzählüberlieferung der Genesis sind deutliche Zeugnisse einer patrilinearen Beziehungsstruktur. Diese Familienstruktur stellt sich dar nicht nur in der – allerdings fundamentalen – Beziehungsebene

(1) Vater – Sohn^{1} [...] Sohn^{n} (Gen 15; 18; 22);

diese Grundebene ist in noch mindestens zwei weitere Ebenen differenziert, und zwar in die Ebenen:

(2) Vater – Söhne$^{\text{Frau 1}}$ [...] Söhne$^{\text{Frau n}}$ (Gen 16; 21)

(3) Vater – erstgeborener Sohn [...] nachgeborene Söhne (Gen 25; 27).

Die weiblichen Familienmitglieder stehen nicht in der prokreativen Linie dieser Struktur. Die Beziehungsebene

(4) Vater – Töchter

wird lediglich angedeutet. Von struktureller Bedeutung für das Verhältnis der Söhne untereinander ist die Ebene

(5) Mann – Frau, »Nebenfrau«, Sklavin (der Frau) (Gen 16; 21; 29f.).

3. Das Thema der patrilinearen Beziehung: Erbfolge und Primogenitur

Es ist nun – vornehmlich wieder an den Genesis-Texten – zu zeigen, dass diese patrilineare Familienform nicht einfach als Struktur für sich besteht, sondern Teil eines funktionalen Zusammenhangs ist und dabei auf bestimmte Themen des Lebens der Familie bezogen ist.

3.1. Patrilinearität und Erbfolge

Zunächst ist die patrilineare Familienform eng verbunden mit der Erbfolge bzw. dem Erbrecht im alten Israel (und seiner Umwelt). Zu erkennen ist dies daran, dass die oben skizzierten Beziehungsebenen exakt wiederkehren in Texten, die es mit Vererbung, ja explizit mit Erbrecht zu tun haben.[11]

In atl. Rechtscorpora haben drei Texte erbrechtliche Fragen zum Inhalt: Dtn 21,15–17, Num 27,1–11 (Num 36,5f.) sowie – im »Verfassungsentwurf« des Ezechiel – die Bestimmungen über den Erbgang des *nāśi'*, des »Fürsten« (Ez 46,16–18).

11 Vgl. zum Folgenden besonders: *E. Ebeling*, Art. Erbe, Erbrecht, Enterbung, RlA II, 458–462. *I. Mendelsohn*, On the Preferential Status of the Eldest Son, BASOR 156, 1959, 38–40. *R. de Vaux*, Das AT und seine Lebensordnungen, Freiburg / Basel / Wien 1960, Bd. I., 79.96ff. *R. Haase*, Einführung in das Studium keilschriftlicher Rechtsquellen, Wiesbaden 1965, 73ff.; *J. Henninger*, Zum Erstgeborenenrecht bei den Semiten (1968), jetzt in: *ders.*, Arabica Varia, Aufsätze zur Kulturgeschichte Arabiens und seiner Randgebiete, OBO 90, Göttingen / Fribourg 1989, 139–167. *F. R. Kraus*, Vom altmesopotamischen Erbrecht, in: Essays on Oriental Laws of Succession (Studia et Documenta ad Iura Orientis Antiqui Pertinentia, Vol. IX), Leiden 1969, 1–17; *ders.*, Erbrechtliche Terminologie im alten Mesopotamien, a. a. O., 18–57. *T. L. Thompson*, The Historicity of the Patriarchal Narratives, BZAW 133, Berlin / New York 1974, insbesondere 196–297 für die Texte von Nuzi. *M. Tsevat*, Art. בְּכוֹר, ThWAT I, 643–650; *E. Lipinski*, Art. נחל, ThWAT V, 342–359.

Der zuletzt genannte Text legt Wert darauf, dass der »fürstliche«, d. h. königliche Erbgang nicht anders verläuft als in jeder anderen Familie. Als Erbberechtigte kommen nur die Söhne – und zwar ohne weitere Differenzierung – in den Blick (Beziehungsebene 1). Materialiter geht es um Grundbesitz. Dem *nāśi'* ist es gestattet, seine Söhne mit Land zu »beschenken«. Diese Schenkungen sollen aber – wenn sie dauerhaft gedacht sind – bereits als »Erbe« gelten.[12]

Dtn 21,15ff. geht von dem Fall aus, dass ein Erblasser zwei Frauen hat, von denen er die eine liebt, die andere aber »hasst« (Beziehungsebenen 2 und 5 – vgl. oben zu Jakobs Frauen!). Der Text legt fest, dass er die Söhne der geliebten Frau dem von der gehassten Frau *erst*geborenen Sohn nicht vorziehen darf (Beziehungsebene 3). Diesem steht jedenfalls ein Vorzugsanteil am Erbe zu. Über den Umfang dieses Vorzugsanteils des Erstgeborenen gehen die Meinungen auseinander: Diskutiert wird, ob der Vorzugsanteil aus 2/3 des gesamten Erbes besteht, so dass sich die übrigen Erben in das restliche Drittel zu teilen hätten,[13] oder ob dem Erstgeborenen ein »doppelter Anteil« zusteht. In letzterem Falle würde die Erbmasse durch die Zahl der Erben + 1 geteilt und dem Erstgeborenen ein regulärer Anteil sowie ein weiterer Zusatzanteil zufallen.[14] Von Töchtern des Erblassers ist nicht die Rede, so dass man annimmt, der Text gehe grundsätzlich von der alleinigen Erbberechtigung der Söhne aus.

In Num 27,1–11 wird das – grundsätzlich exklusive – Erbrecht der Söhne explizit erwähnt, und zwar in einem Zusammenhang, der das Erbrecht von Töchtern diskutiert (Beziehungsebene 4): Zwei Töchter eines Mannes namens

12 Ganz untersagt wird die dauerhafte Belehnung von Beamten mit Grundbesitz, um so dem – aus vorexilischer Zeit offenbar in Erinnerung gebliebenen – »Landverbrauch« der Dynastie die Grundlage zu nehmen.

13 So *M. Noth*, Die Ursprünge des alten Israel im Lichte neuer Quellen, AbLAk II, 255.

14 So neuerdings wieder *M. Tsevat*, a. a. O., 648.

»Zelofchad«[15], der ohne Söhne gestorben ist (Beziehungsebene 1), fordern das Erbe für sich.

Diese Forderung wird von Jahwe (via Mose) ausdrücklich gut geheißen und in einen Rechtssatz verallgemeinert (Num 27,8–10): »Wenn ein Mann stirbt und keinen Sohn hat, dann sollt ihr sein Erbe seiner Tochter zuwenden; hat er keine Tochter, so gebt sein Erbe seinen Brüdern, hat er keine Brüder, so gebt sein Erbe den Brüdern seines Vaters, hat sein Vater keine Brüder, so gebt sein Erbe dem, der ihm am nächsten steht aus seiner Sippe [...].« In diesem Erbfolge»gesetz« ist das Erbrecht für die Töchter von Bestimmungen umgeben, die die Erbfolge auf Angehörige der väterlichen Verwandtschaft – also patrilinear – einschränken. In diesem Rahmen ist nun das Erbrecht für die Töchter gewissermaßen systemsprengend, denn in der zweiten Generation würde das Erbrecht auf die Söhne der Männer der Töchter übergehen. Diese Söhne würden dann der Patrilinie ihrer Väter und damit nicht mehr der Patrilinie des Erblassers angehören. *Denkbar* wäre natürlich auch, dass die Söhne der Frau ausnahmsweise der Patrilinie der Frau zugerechnet würden. Aber genau diese Ausnahme lässt der Text nicht zu: Es wäre damit ein matrilineares Zwischenglied in der Patrilinie eingesetzt. Dieser Möglichkeit beugt auch der Nachtrag zu Num 27,1–11 in Num 36,5ff. vor. Hier wird bestimmt, die Töchter Zelofchads sollen »heiraten in eine Sippe aus dem Stamm ihres *Vaters*, damit nicht die Erbteile der Israeliten von einem Stamm an den anderen fallen [...]« (V. 6f.). Verallgemeinert: (V. 8) »[...] alle Töchter, die ein Erbteil erlangen unter den Stämmen der Israeliten, sollen heiraten einen von

15 *N. H. Snaith* (The Daughters of Zelophehad, VT 16, 1966, 124–127) will den Text vor allem auf die Tatsache bezogen wissen, dass »the tribe of Manasseh held land to the west of the Jordan, Jos xvii 1–6« (126), interpretiert den Text also »stämmegeschichtlich«. Dies ist sicher möglich; gleichwohl gilt m. E. auch hier, was für die Genesis-Erzählungen gilt: Zunächst behandelt die Geschichte einen familiaren Fall. Es ist kaum denkbar, dass ein auf dieser präsuppositionellen Ebene völlig undenkbarer Fall zur Begründung einer stammesgeschichtlichen Gegebenheit herhalten kann.

dem Geschlecht des Stammes ihres Vaters, damit ein jeder unter den Israeliten das Erbe seiner Väter behalte [...].« Der Erbgang führt so nach dem »Ausnahmefall«, wie ihn die »Töchter Zelofchads« darstellen, selbstverständlich wieder in die patrilineare Bahn zurück: Die Söhne der erbenden Töchter bleiben, wenn auch nicht ganz linear, im Mannesstamm mit dem Erblasser verwandt.[16] Gerade die Weise, in der im Ausnahmefall verfahren wird, zeigt, welch starke Geltung die Patrilinearität als der Regelfall hat.[17]

Wie in den Rechtstexten erscheinen auch in der Erzählüberlieferung die Erbgänge bzw. die erbrechtlichen Konnotationen, in z. T. extremen Verfremdungen. Diese Verfremdungen sind auf die Funktionen zurückzuführen, die die jeweiligen Motive auf den anderen – den volksgeschichtlichen und theologischen – Bedeutungsebenen der Texte haben. Diese verfremdenden »Übermalungen« sind also jeweils zu entfernen, um an die familiare Beziehungsthematik zu gelangen.

Die Erbfolge von Abraham zu seinen Söhnen liegt vor allem auf den Beziehungsebenen 2 und 5. Dabei wird die Vorzugsstellung Isaaks, des Sohnes Saras, der »Hauptfrau«, gegenüber Ismael und den Ketura-Söhnen in extremer Weise durchgeführt. Nach Gen 25,5f. übergibt Abraham dem Isaak »alles was sein ist« (Gen 25,5), macht ihn also zum Alleinerben; die Keturasöhne und wohl auch Ismael findet er mit »Geschenken« (*mattānôt*, 25,5f.) ab. Damit aber nicht genug: Er »schickt sie« noch zu seinen

16 Genau besehen bietet Num 36 zwei Begründungen für die Bestimmung: die eine hebt auf die Integrität des Besitzes der Stämme ab (V. 7, vgl. V. 9); die andere sieht den Einzelnen und den Besitz seiner Familie (V. 8: *ʾiš naḥ^{a}lat ʾ^{a}botay*). Ich halte die erstgenannte Begründung, schon vom literarischen Kontext her, für die eher theoretische Begründung. Jedenfalls *basieren* beide Begründungen (ebenso wie die Bestimmung selbst) auf der präsuppositionellen Geltung des patrilinearen Prinzips in der *Familie*.

17 Kein Fall von »Töchter-Erbfolge« sind die Töchter Hiobs nach Ijob 42,15. Die »nahalah«, die Hiob ihnen zuweist, ist keine Verfügung von Todes wegen (vgl. *Snaith*, a. a. O., 125).

Lebzeiten »von Isaak weg« in ein »östliches Land« (Gen 25,6).

Erzählerisch ausgeführt ist dieses Motiv der Enterbung und Vertreibung potenzieller, ja berechtigter Erben in der Ismaelerzählung in Gen 21,8–21, sowie, außerhalb der Genesis, in Ri 11,1–3.7, der Notiz von der Enterbung Jeftas.

Zunächst zu Gen 21: Hier ist deutlich, dass das Verfahren Abrahams keineswegs alltäglich ist, sondern der ausdrücklichen Legitimation durch Jahwe bedarf. Sara legt ihrem Mann nahe: »Verjage diese Magd (scil. Hagar) und ihren Sohn, denn der Sohn dieser Magd soll nicht erben mit *meinem* Sohn, mit Isaak« (Gen 21,10). Dieses Ansinnen, so wird dann gesagt, habe Abraham sehr missfallen, »um *seines Sohnes* (scil. Ismaels) willen« (V. 11). Erst Gottes direkte Intervention zugunsten Saras stimmt ihn um (V. 12ff.). M. a. W.: Der familiare Normalfall ist für die Texte, die es mit der Erbfolge von Abraham zu seinen Söhnen zu tun haben, das gemeinsame und gleiche Erbe *aller* Söhne eines Erblassers.[18] Die exklusive Stellung Isaaks begründet die alleinigen Besitzrechte der Abrahamskinder der Isaaklinie auf die Hinterlassenschaft Abrahams. Volksgeschichtlich und theologisch gesehen ist damit das Anrecht auf das von Jahwe verheißene Land im Blick.

Schließlich der Fall Jefta: Das Problem des Erbfalles Jeftas[19] und seiner Halbbrüder[20] liegt ebenfalls auf der Beziehungsebene 5: Jefta ist der Sohn eines gewissen

18 Wobei es – zumindest für Abraham – keine Rolle spielt, dass Ismael Sohn einer Sklavin ist. Vgl. dazu Kodex Hammurabi § 170f. (ANET, 173), demzufolge Söhne aus verschiedenen Ehen gleiche Erbrechte haben, Söhne von Sklavinnen aber nur dann, wenn der Vater sie ausdrücklich als seine Söhne anerkennt. Eben dies aber hat Abraham nach der Notiz von Gen 21,11 getan. Vgl. dazu auch: *F. C. Fensham*, The Son of a Handmaid in Northwest Semitic, VT 19, 1969, 312–321, bes. 317f. und *T. L. Thompson*, a. a. O., 252ff.

19 Vgl. dazu *I. Mendelsohn*, The Disinheritance of Jephthah in the Light of Paragraph 27 of the Lipit-Ishtar Code, IEJ 4, 1954, 116–119.

20 Eindringlich und opulent dargeboten ist der Fall Jeftas in *Lion Feuchtwangers* Roman »Jefta und seine Tochter« 1957.

»Gilead« und einer »Dirne« (*ʾiššâ zônâ*). Offenbar nach Gileads Tod vertreiben die Söhne der »Frau Gileads« (*ʾæšæt gilʿād*) den Jefta mit dem Bemerken, er solle nicht erben (*loʾ tinḥal*), da er der Sohn einer anderen Frau (*ʾiššâ ʾaḥæræt*) sei. Im Text wird deutlich, dass es als offene Rechtsfrage verstanden werden konnte, ob Jefta als legitimer Erbsohn gelten kann oder nicht. Ri 11,7 setzt wohl voraus, dass die Ältesten-Gerichtsbarkeit in den Fall eingeschaltet gewesen war und zuungunsten Jeftas entschieden hatte. Jefta, von demselben Gremium im Kriegsfall zur Hilfe gerufen, hält diesem seine einstige Entscheidung vor und beschuldigt es, ihn, Jefta, »gehasst« zu haben (*haloʾ ʾāttæm śᵉneʾtæm ʾôtî*).

Der Fall des »Lipit-Ishtar Code 27«, den I. Mendelsohn angeführt hat, hält es für möglich, dass einem Mann, der mit seiner Ehefrau keine Kinder hat, die Kinder als rechtmäßige Erben gelten können, die ihm eine Hure (»a harlot from the public square«[21]) geboren hat. Ein ähnliches Recht nimmt offenbar Jefta für sich in Anspruch, wobei allerdings die Ehefrau seines Vaters weitere Söhne geboren hat und der Anspruch Jeftas damit fraglich, aber nicht völlig ausgeschlossen wird. Insgesamt liegt der Fall Jeftas im Rahmen des patrilinearen Beziehungstyps und teilt dessen Tendenz, *alle* Söhne eines Mannes als grundsätzlich erbberechtigt anzusehen.

3.2. Patrilinearität und Primogenitur

Die Primogenitur eines Sohnes ist an sich – das sei vorausgeschickt – keine Frage des Erbrechtes. Sie ist aber im AT immer mit erbrechtlichen Implikationen versehen, d. h. ein Erstgeborener hat immer auch eine Vorzugsstellung beim Erbe. In Dtn 21 haben wir dies ja bereits gesehen. Der Text ist in V. 17 so formuliert, dass das bevorzugte Erbrecht für den Erstgeborenen als Bestandteil der *mišpaṭ habbᵉkorâ* verstanden werden kann. Signifikant ist diese Beobachtung für den Vergleich des alten Israel mit seiner

21 *I. Mendelsohn*, Disinheritance, 118.

antiken Umwelt wie mit dem neuzeitlichen Palästina und der arabischen Welt. In diesen Kontexten ist – wie vor allem J. Henninger[22] dargestellt hat – die Primogenitur keineswegs immer mit einer erbrechtlichen Vorzugsstellung verbunden. Die Gründe dafür werden uns noch beschäftigen (vgl. unten Abschnitt 5.).

In den Genesis-Texten (Gen 25,19–34 und Gen 27[23]) wird die Erbfolge der Isaak-Söhne Esau und Jakob vor allem auf der Beziehungsebene der Primogenitur erzählt. Die Erzählung legt wieder Wert auf das Außergewöhnliche, das Extreme. Es verdankt sich meist der völker- und stammesgeschichtlichen Bedeutungskomponente der Texte. Wie immer werden wir durchzustoßen haben auf die Typik der familiaren Beziehungs- und Handlungsebene.

Bekanntlich stellt die Überlieferung dar, wie Esau, der Erstgeborene der beiden Zwillinge, um die aus seiner Erstgeburt abzuleitenden Anrechte kommt. Es sind dies das Recht der *b^e^korâ*, des Erstgeburtsanteiles (Gen 25,31ff.), den Esau um das berühmte Linsengericht an seinen jüngeren Zwillingsbruder Jakob verkauft, sowie das Recht des dem Erstgeborenen vorbehaltenen väterlichen Segens (*b^e^rākâ*), um den ihn Jakob auf nicht minder berühmte Weise betrügt. Die Jakob-Esau-Erzählung macht schon durch Wortspiele mit den beiden homoiophonen Worten (vgl. etwa Gen 27,36) klar, dass Erstgeburtsrecht und Segen zusammenhängen.

Der Erstgeburtsanteil nach Gen 25,31ff. ist offensichtlich verstanden als ein in Geldwert zu fassendes, veräußerliches Recht. Esau kann es verkaufen (*mkr*) und den Verkauf ganz formell durch einen Schwur gegenüber Jakob in Geltung setzen. Was hat Esau da verkauft?

22 A. a. O.

23 Zur neuesten literarhistorischen Diskussion um diese Texte vgl. *E. Blum*, a. a. O., 66ff.; *L. Schmidt*, Jakob erschleicht den väterlichen Segen, ZAW 100, 1988, 159–183. Vgl. auch *T. L. Thompson*, a. a. O., 280ff.

Es fällt auf, dass der Verlust des Erstgeborenenanteils nach Gen 25,19ff. in ganz anderer Weise dargestellt ist als der Verlust des Segens. Der erste Verlust wird von Esau selbst eingeleitet und geht ohne weitere Gefühlsregungen geradezu geschäftsmäßig vonstatten. Hingegen ergreifen den Esau Entsetzen und Wut, als er wahrnimmt, dass der Segen unwiederbringlich dahin ist (Gen 27,34ff.). Wie ist dieser unterschied erklärlich?

Es ist uns wahrscheinlich, dass mit *b^e^korâ* der eigentliche Vorzugserbteil des Erstgeborenen und d. h. der weitere, »zweite« Anteil gemeint ist, der dem Erstgeborenen über den »Normal-«anteil hinaus zusteht. Im konkreten Fall würde dies heißen, dass Esau nach dem Verkauf seines Erstgeburtsrechtes nur noch ein Drittel statt zwei Drittel der Erbmasse beanspruchen kann, während Jakob nun diesen Löwenanteil erhält.[24] Der Verlust ist für Esau zwar empfindlich, aber nicht katastrophal.

Wie verhält es sich dagegen mit dem Verlust des Erstgeburtssegens nach Gen 27? Zunächst ist deutlich, dass der Verlust des Segens keinen unmittelbar geldwerten Verlust bedeutet (was nicht heißt, dass er ökonomisch gleichgültig wäre!). In einer angesichts der dramatischen Situation sehr formellen Weise stellt der alte Isaak fest, was der Verlust des Segens an Jakob für Esau bedeutet:

»Ich habe ihn (scil. Jakob) zum Herrn über dich gesetzt,
alle seine Brüder habe ich ihm zu Knechten gemacht,
mit Wein und Korn habe ich ihn versehen;
Was kann ich für dich noch tun, mein Sohn?« (Gen 27,37)

Hier ist Jakob nicht mehr und nicht weniger in Aussicht gestellt als das Herrschaftsrecht über »seine Brüder«[25]. In einem weiteren Spruch Isaaks werden auch die materiellen Folgen des Verlustes für Esau sichtbar:

24 Vgl. *M. Tsevat*, a. a. O., 648.

25 Die vorliegende Erzählüberlieferung weiß nur von einem Bruder Jakobs. Im Plural »Brüder« (vgl. auch schon V. 29) »tritt das Völkergeschichtliche« hervor. *H. Gunkel*, Genesis, Göttingen [8]1969, 312.

»Siehe: fern vom Fett der Erde wird deine Wohnung sein und fern vom Tau des Himmels droben. Von deinem Schwert musst du leben und deinem Bruder dienen […]« (Gen 27,39).

Die Katastrophe für Esau ist also zweifach: Er wird heimatlos und er wird seinem jüngeren Bruder dienstbar. (Wie beides zusammengeht, ist problematisch.)

Wiederum hat diese Aussage im Kontext der Erzählüberlieferung eine volksgeschichtliche Bedeutungskomponente, ja wahrscheinlich ist dies sogar ihr »Skopus«: der Vorrang »Israels« über seinen edomitischen Nachbarn soll postuliert werden. Gleichwohl ist und bleibt Gen 25 und 27 eine Familiengeschichte,[26] und in ihrem präsuppositionellen Gehalt führt sie auf zwei funktionelle Kernpunkte der Patrilinearität:

1. Der erstgeborene Sohn folgt dem Vater in seinem »Herrschaftsanspruch« nach. Dieser Herrschaftsanspruch ist – und dies besagt das in Gen 27 hervorgehobene Entsetzen Esaus über den Verlust des väterlichen Segens – gar nicht in erster Linie materiell oder persönlich begründet und gesichert, sondern »numinos«. (Wir werden darauf gleich noch weiter zu sprechen kommen.)

2. Dieser Herrschafts- und Leitungsanspruch gibt dem Erstgeborenen Vorrechte im Blick auf den Besitz der Familie.

Zunächst ist die Primogenitur materiell flankiert durch den Vorzugsanteil des Erstgeborenen am Erbe, die *b^e^korâ*. Vor allem aber hat die Primogenitur Konsequenzen und Implikationen im Blick auf den familiaren Grundbesitz und dessen Nutzung: R. de Vaux und andere[27] nehmen an,

26 Vgl. dazu vor allem *E. Blum*, a. a. O., 69ff.: »Eine am Text ausweisbare überlieferungsgeschichtliche Analyse in Gen 27 führt nicht hinter den völkergeschichtlichen Skopus zurück […]«, allerdings betont *Blum*: Unbeschadet dessen gelte, »daß die Erzählung von *Individuen* in jeder Hinsicht handelt«.

27 *R. de Vaux*, a. a. O., Bd. I, 96: »Wahrscheinlich wurde nur das bewegliche Eigentum aufgeteilt. Um den Familienbesitz unangetastet zu lassen, wurden Haus und Äcker des Erbteils entweder dem Ältesten zuerkannt oder gar nicht aufgeteilt; so könnte man die Stelle Dt 20,5 über die Brüder, *die zusammenblieben*, erklären.« Vgl. auch *W.*

dass das teilbare Erbe nur aus den beweglichen Gütern bestand, während Grund und Boden familiarer Gemeinbesitz blieb. Träfe dies zu, dann würde das Erstgeburtsrecht als Herrschaftsrecht auch die uneingeschränkte Verfügungsgewalt über Grund und Boden der Familie bedeuten. Diese Möglichkeit wird neuerdings recht einhellig abgewiesen.[28] In der Tat spricht besonders Ez 46,16ff. dafür, dass auch Grund und Boden der Erbteilung unterlag.

Allerdings muss das nicht heißen, dass den nachgeborenen Söhnen damit ein uneingeschränktes Recht auf den Grund-Besitz der Familie zukam: Übersetzt man die extremen, volksgeschichtlich motivierten »Vertreibungen« der Genesisüberlieferung in familiare Alltagswirklichkeit, dann hat sie wohl so ausgesehen: Dem Erstgeborenen steht nicht nur ein größerer Anteil am bebaubaren Boden der Familie zu, sondern auch ein – wie immer geartetes – Vorrecht bei der Nutzung des *gesamten* Familienbesitzes an Grund und Boden. Den nachgeborenen Söhnen bleibt die Wahl, dieses Vorrecht zu achten, d. h. – wie Gen 27,37 dies zugespitzt sagt – als »Knechte« des Erstgeborenen zu leben, oder aber – wie Esau – Haus und Land der Familie zu verlassen. Faktisch würde dies bedeuten, dass die Erbteilung rein rechtlich vorgenommen wurde, aber praktisch – zumindest gegenüber dem Primat des Erstgeborenen[29] – ohne Auswirkung blieb. Diese Sachlage – die ähnlich auch für nicht-israelitische Gesellschaften vermutet wird[30] – setzt voraus, dass Brüder über den Tod des Vaters hinaus zusammenwohnen (zur »Korresidenz« vgl. unten 5.1.). In Dtn 25,5 wird diese Möglichkeit in anderem, jedoch familiaren Zusammenhang erwähnt: *kî yešbû ʾaḥîm yaḥdaw*

Kornfeld, Art. Parenté, DBS VI, 1261–1291; bes. 1281. *W. Thiel*, Die soziale Entwicklung Israels in vorstaatlicher Zeit, Berlin 1980, geht für die nomadische Zeit wie für die Frühzeit der Sesshaftigkeit davon aus, »daß der Familienbesitz ungeteilt an den ältesten Sohn als dem pater familias überging« (44, vgl. 99f.).

28 Vgl. *M. Tsevat*, a. a. O., 648; *E. Lipinski*, a. a. O., 350.

29 Eine sehr wichtige Funktion der Erbteilung wird in 5.1. zu erwägen sein.

30 *F. R. Kraus*, Erbrecht, 7f.

[…]. Dass ein *friedliches* Zusammenwohnen von Brüdern ein hohes Gut darstellt, sagt Ps 133,1, ohne dass klar zu erkennen wäre, ob dies für die Familie gesagt wird.

Die Primogenitur wird noch in einer Reihe anderer Notizen des AT als ein familiares Vorrecht über das Erbrecht hinaus gekennzeichnet: Schon zu Lebzeiten des Vaters hat der Erstgeborene unter den Brüdern Ehrenrechte. So hat Ruben das Recht auf den Ehrenplatz bei Tisch (Gen 44,33). Einen Vorrang räumt auch der Völker(!)spruch Gen 49,3 dem Ruben ein. Jakob nennt ihn »meine Stärke« und »Erstling meiner Manneskraft« und eben deshalb *jætær śᵉʾet wᵉjætær ʿāz*, »erster an Erhabenheit und erster an Kraft«. Nach 1 Chr 5,2 in Verbindung mit Gen 35,22 und 49,4 wird Ruben dieses Recht wegen des Inzestes mit einer Nebenfrau seines Vaters formell aberkannt. Das Verhalten Rubens wurde wohl als Anspruch auf die Rechte des Vaters als Familienoberhaupt – noch zu dessen Lebzeiten – verstanden. In der Struktur entspricht dies genau dem Verhalten Absaloms gegenüber seinem Vater David. Nach sciner Revolte gegen den alten König nimmt Absalom dessen Harem in Besitz (2 Sam 15,20ff.). Man kann fragen, ob das Verhalten im Kontext der Dynastie nach familiarem Muster oder umgekehrt das Verhalten in der Familie nach dynastischem Muster gedacht ist.

Insgesamt wird man sagen können, dass die *patrilineare Familienstruktur*, wie sie aus dem AT für Israel erkennbar wird, *die geregelte Übergabe der materiellen Ressourcen der Familie von einer Generation auf die andere (»Erbfolge«), sowie die geregelte Übergabe der Leitungsfunktion des »pater familias« von einer Generation auf die andere* (»Primogenitur«) zum Thema hat. Die Erbfolge löst dabei ein primär ökonomisches, die Primogenitur, genauer: die »Patri-Primogenitur«, ein primär soziales Problem. Beide Funktionen sind (nahezu) exklusiv den Söhnen des jeweiligen *pater familias* vorbehalten; der Vater kann in die Erbfolge insofern eingreifen, als er es ist, der bei den männlichen Nachkommen von »Neben-«Frauen seiner Familie bestimmt, ob sie erben oder nicht. Bei der Übergabe der Leitungsfunktion hat er – soweit dies aus dem AT hervorgeht – keine Wahl. Diese ist an den Erstgeborenen gebunden. Die beiden Funktionen überlappen sich insofern, als der Erstgeborene, der die Funktion des *pater familias* übernimmt, im Erbe bevorzugt wird und möglicherweise auch Verfügungsrechte über die »Erbteile« anderer Brüder behält. Das Ausmaß dieser Bevorzugungen ist nicht ganz deutlich.

4. Patrilinearität und Väter-Religion

Grundsätzlich kann eine menschliche Beziehungsform in zweierlei Hinsicht religiöse Implikationen haben:

1. Sie kann zunächst selbst »religiöse« Elemente aufweisen, die zu ihrer Handlungsstruktur und zu ihrer Thematik unmittelbar dazu gehören. Von »religiösen« Elementen in einer menschlichen Beziehungsform würden wir sprechen, wenn Gott oder Götter in ihr eine eigene Rolle spielen.

2. Sie kann als ganze oder in Teilelementen in die religiöse Sprache, und d. h. in die Theologie, eingehen und dort ein Ausdrucksmittel für Sachverhalte darstellen, die mit der jeweiligen Beziehungsform unmittelbar nichts zu tun haben. Man kann dann davon sprechen, dass diese Beziehungsform als »Anthropomorphismus« bzw. als »Soziomorphismus« in der religiösen Sprache fungiert.

Wiewohl es auch für diese zweite theologische Verwendung des Konzepts der Patrilinearität im AT Befunde gibt,[31] wenden wir uns hier vor allem der religiösen und

31 Ein Beispiel ist die theologische Funktion der Genealogie Gen 5 im Rahmen der priesterschriftlichen Theologie. Nach *R. R. Wilson*, a. a. O., 164, stellt die genealogische Reihe der Erstgeborenen die Übertragung des göttlichen Segens und der Gottebenbildlichkeit des Menschen dar. Ein weiteres Beispiel, ja ein ganzer Komplex von Beispielen, ließe sich aus dem theologischen Gebrauch des Nahalah-Begriffes gewinnen. Dagegen ist die Bezeichnung Jahwes als Vater, etwa Israels oder der Welt, im AT recht selten (vgl. Ex 4,22; Dtn 32,6; Hos 11,1; Jer 3,19; Jes 45,9–11; Jes 64,7 und *H. Ringgren*, Art. אב, ThWAT I, 16ff.).

religionsgeschichtlichen Komponente der Patrilinearität zu. Wir untersuchen dazu zunächst den atl. Befund exemplarisch an Gen 31 (Abschnitt 4.1.) und werfen dann noch einen kurzen Blick auf ausgewählte religionsgeschichtliche Materialien aus der näheren und der fernen Umwelt Israels (Abschnitt 4.2.).

4.1. Patrilinearität und Väter-Religion im AT am Beispiel von Gen 31

In den Erzvätergeschichten erscheinen neben den vertrauten atl. Gottesnamen und -bezeichnungen auch Gottesbezeichnungen, die signalisieren (oder zu signalisieren scheinen), dass ein Mann einen Gott verehrt, der in besonderer Weise mit der Individualität seines Vaters verbunden ist. Rein sprachlich kann dies darin seinen Ausdruck finden, dass vom »Gott des PN« die Rede ist, wobei der PN der Name des Vaters bzw. eines Vor-Vaters des Sprechenden bzw. Angesprochenen ist. Es kann sein, dass der Betreffende schlicht vom »Gott meines Vaters« spricht bzw. dass er auf den »Gott seines Vaters« angesprochen wird. Dazu kommt eine Bezeichnung des Typus »Appellativ + PN (Name des Vaters)«.[32]

Es handelt sich hier natürlich um den bis heute viel diskutierten »Gott der Väter«. Bereits sein wissenschaftlicher »Entdecker«, A. Alt, hatte den atl. »Gott der Väter« auf dem Hintergrund des Typus der »Patrongötter« verständlich zu machen gesucht, deren Charakteristikum darin bestehe, dass sich das individuell-persönliche Verhältnis eines einzelnen Menschen zu diesen Numina »zu einer fortdauernden Beziehung zwischen ihnen und größeren Menschengruppen ausgestalten konnte, sei es, daß nur die Nachkommenschaft des Betreffenden dem Kultus der Ahnen ergeben blieb oder daß [...] etwa der ganze Stamm oder [...] eine Gruppe benachbarter Dorfgemeinden [...]

32 Für eine Typologie der Zusammensetzungen vgl. *M. Köckerts*, Vätergott und Väterverheißung. Eine Auseinandersetzung mit Albrecht Alt und seinen Erben, FRLANT 142, Göttingen 1988, 56.

sich in die Kultgemeinschaft hineinziehen ließ.«[33] A. Alt ist in dieser grundsätzlichen Einschätzung keineswegs widerlegt, so sehr sein Entwurf der Diskussion bedurfte und auch diskutiert wurde.[34] Eine wesentliche Präzisierung hat die genauere Verortung dieses Gottestypus im persönlichen, individuellen Gottesglauben sowie im Gottesglauben der Familie erbracht, die neben H. Vorländer[35] vor allem R. Albertz[36] zu verdanken ist. Dabei bleiben allerdings noch Defizite: Über das, was Vorländer und Albertz[37] gesagt haben hinaus, könnte die Funktion dieses Gottestypus im Familienkontext noch weiter geklärt werden: Was hat dieser »Gott der Väter« als Familiengott mit

33 *A. Alt*, Der Gott der Väter, KlSchr I, 43. Wieder treffen wir auf die Transparenz von der familiaren Beziehungsebene auf die Ebene von Stamm und Volk!

34 Vgl. vor allem *H. Vorländer*, Mein Gott. Die Vorstellung vom persönlichen Gott im Alten Orient und im AT, AOAT 23, Kevelaer / Neukirchen-Vluyn 1975. *Vorländer* bestätigt die grundsätzliche Einschätzung *Alts* (204f.), korrigiert sie aber m. E. zu Recht, indem er den Gottestypus des G. d. V. in den größeren Rahmen der Verehrung »des persönlichen Gottes« im AO stellt und damit vor allem 1. die einseitige Ableitung des Typus aus dem Nomadentum und 2. seine Isolierung von anderen Göttern und Göttertypen (im AT vor allem von den El-Gottheiten) revidiert.
Vgl. zum ganzen Problem die einerseits zusammenfassende und andererseits pointiert kritische Studie *M. Köckerts*, a. a. O. und neuerdings auch: *E. S. Gerstenberger*, Jahwe – ein patriarchaler Gott?, Stuttgart 1988, 82ff.

35 Auch hier weitet *Vorländer* die Perspektive auf, indem er den Hintergrund der persönlichen Gottesverehrung an Texten wie etwa Ri 17f., Ex 21,5f. auch zum Verständnishintergrund der Vätergötter macht (a. a. O., 169ff.). Allerdings stellt er im Weiteren (188ff.) das »Wirken des Vatergottes« vor allem unter dem Gesichtspunkt dar, was dieser für »seinen Schützling« bedeutet. Die Bedeutung für die Gruppe wird nur gelegentlich mitbedacht.

36 Persönliche Frömmigkeit und offizielle Religion, CTM 9, Calw 1978, vgl. vor allem 88ff.

37 *Albertz* weist auf den familiaren Kontext der Väterreligion so hin: Auf einer Kulturstufe, auf der »die Familie noch der entscheidende Wirtschafts- und Lebensträger ist«, werden »praktisch alle zur Lebensbewältigung notwendigen Fertigkeiten und Kenntnisse *innerhalb* der Familie weitergegeben. Alles, was man zum Leben braucht, hat man von seinem Vater übernommen, auch die Religion« (a. a. O., 89).

der von uns beschriebenen Beziehungsstruktur der Patrilinearität und deren »Thematik« von Erbe und Primogenitur zu tun?

Eine Grundlinie hat R. Albertz schon gezogen, wenn er die Funktion des Gottes der Väter für die Familie so beschreibt: »Die [vom Vater auf den Sohn überkommene] Gottesbeziehung bildet in der auf sich gestellten Familie ein starkes Kontinuum in dem für die Familie bedrohlichen Übergang von der einen Generation zur anderen.«[38] Der »Väter-Gott« passt also genau in die Thematik der Patrilinearität, wie wir sie am Schluss des vorigen Abschnittes formuliert haben. Wenn die Erbfolge die Übertragung der materiellen Ressourcen, die Primogenitur die Übertragung der sozialen Ordnung der Familie von einer Generation zur anderen sichert, dann stellt die Religion der »Väter-Götter« für beides den numinosen Kontext, in den die Primogenitur unmittelbar hineinreicht.

Dies lässt sich noch differenzierter darstellen. Es bedarf dazu auch des Vergleichs mit religionsgeschichtlichen Sachverhalten außerhalb des alten Israels, durch den ein von Fall zu Fall höherer Wahrscheinlichkeitsgrad der Schlüsse erreicht werden soll.

Eine Schlüsselstelle für die Rekonstruktion der Religion der »Väter-Götter« im AT und im alten Israel ist (seit jeher) Gen 31.

Der Text enthält nicht weniger als vierzehn Gottesbezeichnungen; unter ihnen sind alle Bezeichnungen, die zum Typenkreis des »Gottes der Väter«[39] gehören. Dazu kommen Gottesbezeichnungen aus dem Typenkreis des persönlichen Gottes,[40] materiell-kultische Repräsentatio-

38 A. a. O., 90.

39 Typ »Gott des PN«: ʾ^{æ}*lohê ʾabrāhām* Gen 31,42.53; ʾ^{æ}*lohê nāḥôr* Gen 31,53.

Typ »Gott meines, deines, seines usf. Vaters«: ʾ^{æ}*lohê ʾābî* Gen 31,5.42; ʾ^{æ}*lohê ʾābîkæm* Gen 31,29; ʾ^{æ}*lohê ʾābîw* Gen 31,53.

Typ Appellativ + PN: *paḥad yiṣḥaq* Gen 31,42.53.

40 »Mein / dein Gott«: ʾ^{æ}*lohāy,* ʾ^{æ}*lohǣkā* Gen 30,30.32 mit Bezug auf *terāpîm* Gen 31,19.34.

nen dieser Gottesbezeichnungen,[41] das allgemeine Gottesappellativ,[42] sowie ein Gottesname aus dem Bereich der »kanaanäischen Hochgötter«[43] und schließlich auch der vertraute Name des Gottes Israels, »Jahwe«[44].

Sachlich stellt Gen 31 einen höchst komplizierten Fall familiärer Eigentumsübertragung dar, in dem die Erbfolge nur am Rande eine Rolle spielt.[45] Erzählt wird nämlich, wie sich Jakob mit seinen Frauen und seiner ganzen Habe von Laban, seinem Mutterbruder, Schwiegervater *und* langjährigen Arbeitgeber, sowie dessen Familie und Habe trennt. Dabei verhandelt der Text das Problem, ob Jakob überhaupt ein Verfügungsrecht hat auf all die »Seinen« und auf all das, was er als Besitz mit sich führt.

Zwar, so sieht es Jakob (und der Erzähler), hat sich Jakob das Recht auf Frauen, Kinder und Vieh in zwanzigjährigem Dienst zum Vorteil Labans redlich erworben (V. 41). Bezeichnender- und verständlicherweise sind es aber zuerst die Söhne Labans, die Erben des Familienvermögens,[46] die dies anders sehen. Es sei Eigentum ihres Vaters, was Jakob da an sich gebracht habe (V. l). Auch Laban selbst formuliert diesen Anspruch ganz klar (V. 43): »[...] die Töchter sind meine Töchter, und die Kinder sind meine Kinder, und die Herden sind meine Herden, und alles, was du siehst, ist mein [...].« Die Töchter Labans, die beiden Frauen Jakobs,[47] allerdings stehen gegen ihren Vater, aufseiten Jakobs. Sie weisen darauf hin, dass sie – ganz im Sinne der patrilinearen Familienbeziehung[48] – »kein Anteil und Erbe am Hause« ihres Va-

41 *terāpîm* (hier als Singular gebraucht und verstanden, vgl. dazu *H. Vorländer*, a. a. O., 176ff.) Gen 31,19.34; *maṣṣebâ* Gen 31,52.

42 *ʾælohîm* Gen 31,9.16.24.50.

43 *hāʾel bêtʾel* Gen 31,13.

44 Gen 31,3.49.

45 Vgl. auch *Thompson*, a. a. O., 278ff.

46 Insofern handelt es sich auch um einen Erbfall!

47 Insofern handelt es sich nicht nur um eine strittige Eigentumsübertragung, sondern auch um eine Familiensache.

48 Töchter verlassen mit der Eheschließung das Vater-Haus und werden Teil der Familie des Mannes.

ters mehr haben (V. 14), und dass dieser – wohl entgegen allgemeinem Brauch – den von Jakob in Form von Arbeitsleistung erbrachten »Brautpreis« nicht zu ihrer allfälligen Versorgung aufbewahrt, sondern verzehrt hat.

Ist – unter diesen Umständen – Jakobs Besitz auch wirklich Jakobs Eigentum oder hat Jakob Teile des Familienbesitzes Labans, d. h. des Erbes der Söhne Labans, unrechtmäßig an sich gebracht? Dies ist die komplizierte (Rechts-)Frage, um die es in Gen 31 geht.

Der Fall ist offensichtlich keineswegs einfach zu lösen, er bedürfte der gerichtlichen Entscheidung. Sie wird auch tatsächlich herbeigeführt – aber nicht mit menschlichen Zeugen und Richtern. Die Richter (V. 53) und die Zeugen (V. 50), die Jakob und Laban anrufen, sind die jeweiligen »Götter« der jeweiligen Väter: der Gott Abrahams für Jakob und der Gott Nahors für Laban: *ʾ^ælohê ʾabrāhām weʾlohê nāḥôr yišpᵉṭû bênênû, ʾ^ælohê ʾabîhæm* […] (V. 53a).[49]

49 Die mehrfache Inkohäsion des Versteils 53aβ zum vorhergehenden Satz 53aα liegt auf der Hand: 1. Der Sing. »*Gott* ihres Vaters« vs. Pl. »*sie* sollen richten«; 2. die syntaktisch unvermittelte Stellung des Versteils (wäre er eine regelrechte Apposition, müsste sie hinter »Gott Nahors« stehen); 3. die Pronomina »*ihres* Vaters« vs. »sollen richten zwischen *uns*«. U. E. ist dieser Befund am besten erklärbar, wenn man V. 53aβ als Glosse zu V. 53aα versteht. Als Glosse will 53aβ darauf verweisen, dass – nach der »priesterschriftlichen« Genealogie Gen 11,26f. – nur von ein und demselben Gott die Rede sein kann, da Nahor und Abraham doch Söhne des Terach und mithin Brüder waren.
Dieses Verständnis kann aber erst für den um V. 53aβ erweiterten V. 53a geltend gemacht werden und keinesfalls von vorneherein auf den gesamten V. 53 ausgedehnt werden, so dass man den V. 53 insgesamt für »überlieferungsgeschichtlich […] sekundär« halten könnte (so *M. Köckert*, a. a. O., 61). *M. Köckert* erklärt im Zusammenhang seiner Diskussion um Gen 31 weder den Plural *yišpᵉṭû*, noch diskutiert er die übrigen beiden Inkohäsionen (vgl. a. a. O., 59–61). *Köckerts* spätere (308f., Anm. 24) Erklärung für *yišpᵉṭû* operiert – wenn ich sie richtig verstanden habe – mit Größen (den Israeliten und den Aramäern), die für eine bestimmte Rezeption (in Gestalt Jakobs und Labans) im Text zwar vorhanden sind, aber gleichwohl nicht einfach als »Sinnsubjekte« von V. 53aα in Anspruch genommen werden können. Grammatisch und im Textkontext kann der Plural *yišpᵉṭû* nur dadurch erklärt werden, dass der »Gott Abrahams« und der »Gott Nahors« zunächst (d. h. vor

Diese richterliche Funktion ist nicht die einzige Funktion, in der die Väter- und Familiengötter in das Geschehen von Gen 31 eingreifen bzw. verwickelt werden. Weitere Funktionen stellen wir nun zusammen – zunächst in der Reihenfolge ihres Auftretens im Text, dann sachlich geordnet:

(1) Zunächst erhält Jakob von Jahwe den Auftrag, unter seinem Schutz in das »Land der Väter« (V. 3) zu ziehen. Gegenüber seinen Frauen weist Jakob darauf hin, der »Gott meines Vaters« sei all die Jahre »mit ihm« gewesen (V. 5). »Gott« (V. 9) habe den »Besitz« (*miqneh*) Labans ihm, dem Jakob, übergeben. Die Töchter bestätigen dies in ihrer Antwort (V. 16): Aller Reichtum (*ʿośær*), den »Gott« ihrem Vater entwunden habe, gehöre ihnen und ihren Kindern. Selbst Laban muss einräumen, dass Jakob und seine Familie unter dem Schutz des »Gottes eures Vaters« (V. 29) stehen, so dass er (Laban) ihnen kein Leid zufügen kann. Und Jakob bekräftigt ihm gegenüber, dass er all seine Habe durch den Spruch seines Vater-Gottes rechtmäßig besitzt: »Wenn nicht der Gott meines Vaters Abraham und der *paḥad yiṣḥaq* auf meiner Seite gewesen wären, du hättest mich ohne Besitz (*rêqām*) ziehen lassen. Aber Gott hat mein Elend [...] gesehen und hat gestern abend Recht gesprochen« (V. 42).

(2) Eine merkwürdige Rolle spielt der *terāpîm* Labans, ein – soweit wir wissen – anthropomorphes Götterbild (1 Sam 19,13.16) der häuslichen Frömmigkeit. Er wird von Rahel gestohlen (*gnb* – V. 19)[50] und auf die Flucht der Familie mitgenommen. Laban nimmt den Diebstahl sehr ernst: nicht einfach sein »Götzlein«[51] ist gestohlen, sondern – wie er sagt – »mein Gott«. Dank Rahels bekannter

der Glosse V. 53aβ) als zwei göttliche Wesen verstanden wurden. Dem üblichen Verständnis der »Kardinalstelle« *A. Alts* ist u. E. also keineswegs der Boden entzogen. (Überflüssig ist u. E. allerdings *Alts* textkritisches Votum für den LXX-Text. Vgl. *A. Alt*, a. a. O., 16f.)

50 Jakob »stiehlt« dagegen »Labans Herz« V. 20.

51 So *T. Mann* in »Joseph und seine Brüder«, Fischer: Frankfurt 1965, 272. Vgl. dazu *M. Greenberg*, Another Look at Rachel's Theft

List findet Laban seinen Gott bei Jakobs Familie nicht. Festzuhalten ist, wo (und als was) Laban ihn sucht: Als »Gerätschaft des Hauses« (*k^{e}lê bayit* – V. 37).

(3) Erstaunlicherweise ruft Laban *Jahwe* als »Späher« und »Zeugen« dafür an, dass Jakob seine Töchter nicht bedrückt (V. 49f.). Zeuge und Mal einer friedlichen Grenze ist die Massebe (V. 52), die beide im Zuge ihres Vertragsschlusses (V. 44ff.) errichten. Die Väter-Götter der beiden haben dabei die schon erwähnte Richterfunktion (V. 53).

(4) Jakob beschwört den Vertrag beim *»paḥad ʾābîhû yiṣḥaq«* (V. 53).

Auf den ersten Blick ist dies eine verwirrende Fülle von Gottesbezeichnungen und Gottesfunktionen. Beim zweiten Hinsehen lassen sich jedoch vier Zuordnungen von Gottesfunktionen und Gottesbezeichnungen recht deutlich unterscheiden:

1. Juridische Funktionen: Die »Väter-Götter« des *Typus »Gott + PN«*, insbesondere der Gott Abrahams als »Vater-Gott« Jakobs, fungieren als »Zeugen« (V. 53), als »Richter« (ebd.) und Rechtssprecher (V. 42) in familiaren Rechtssachen. Dies entspricht etwa der Funktion, die der »Gott« am Türpfosten im Falle der Sklavenzeremonie von Ex 21,5f. hat.[52] Im Zusammenhang mit der Massebe können sie auch als Garanten der Flurgrenze zwischen den Familien fungieren (V. 53).

2. Schutzfunktionen: Der Vater-Gott des *Typus »Gott + Vater + Pers. pron.«* hat die Funktion, seinen Verehrer vor allerlei Gefahren zu schützen, die diesen betreffen könnten. Er ist »mit ihm« (Gen 31,5). Darüber hinaus sorgt er dafür, dass sein Schützling nicht »besitzlos« bleibt (31,42), und teilt sich diese Funktion mit dem »Gott Abrahams«, mit dem *paḥad yiṣḥaq* (V. 42) oder einfach *ʾ^{æ}lohîm* (V. 9 – gemeint ist hier mit *miqneh* wohl vor allem der Viehbesitz).

of the Teraphim, JBL 81, 1962, 239–248. *A. E. Draffkorn,* ILANI / ELOHIM, JBL 76, 1957, 216–224.

52 Vgl. dazu *H. Vorländer,* a. a. O., 172f.

3. Der »Haus(rats-)gott«: Der *Teraphim*, den Laban als seinen Gott bezeichnet, hat es mit der beweglichen Habe der Familie zu tun. Wie diese kann man den Teraphim mitnehmen, wenn man das Haus verlässt, man kann ihn aber auch in eine Hauskapelle stellen, wie dies in Ri 17,1–5 anschaulich geschildert wird.

4. Das numinose alter ego des pater familias: Diese letzte Funktion eines Vater-Gottes ist m. E. mit der »Gottesbezeichnung« *paḥad yiṣḥaq* verknüpft. Zur Begründung dieser Ansicht muss ich etwas weiter ausholen:

Auf den *paḥad yiṣḥaq* leistet – wie gesagt – Jakob den Schwur der Vertragszeremonie (Gen 31,53). Dieser Umstand vor allem hat in jüngerer Zeit zu Vorschlägen für das Verständnis dieses »Gottesnamens« geführt, die für unseren Zusammenhang von höchstem Interesse sind.[53] Der Konsonantenbestand *pḥd* lässt entgegen der geläufigen Übersetzung »Furcht, Schrecken« (erg. in die / den Isaak durch das Numen versetzt wird) auch andere Deutungen zu. Die seltenere, an arabischen Analogien gewonnene Übersetzung »Verwandter« wird kaum mehr vertreten. Sinnvoll für den Kontext des Schwörens scheint vor allem die aus dem Aramäischen zu belegende Deutung »Schenkel, Lende, Hoden«[54]. Danach wäre Gen 31,54 so zu verstehen, dass »Jakob bei der Lende oder dem Zeugungsglied seines Vaters Isaak schwört«[55]. Die Gegenstände des Schwures sind zwei Vereinbarungen: Die eine betrifft die Töchter Labans. Jakob verpflichtet sich, die Töchter Labans nicht »zu bedrücken« und keine weiteren Frauen zu nehmen (V. 50). Die andere Vereinbarung erstreckt sich auf eine Grundstücksangelegenheit: Jakob und Laban verpflichten sich, die durch die Steinmale markierten Flurgrenzen nicht in böser Absicht zu überschreiten (V. 53).

53 Vgl. zum Folgenden: *K. Koch*, paḥad yiṣḥaq – eine Gottesbezeichnung?, in: Werden und Wirken des AT, Festschrift für *C. Westermann*, Göttingen 1980, 107–115; *M. Malul*, More on *pahad yishaq* (Gen XXXI 42, 53) and the Oath by the Thigh, VT 35, 1985, 192–200; vgl. auch *Köckert*, a. a. O., 64f.

54 *K. Koch*, a. a. O., 108.

55 A. a. O., 113.

Impliziert ist in diesen Vereinbarungen, dass Laban den fait accompli der familiaren und damit auch besitzrechtlichen Selbstständigkeit Jakobs anerkennt.

Ähnliche Schwüre werden in Gen 24,1f.9 und Gen 47,29 erzählt: Abraham fordert seinen Altknecht Elieser auf, die Hand unter seine »Hüfte« (*taḥat y^{e}rekî*) zu legen und ihm zu schwören, »dass du meinem Sohn keine Frau nehmest von den Kanaanäerinnen, unter denen ich wohne […]« (Gen 24,2). Gen 47,29ff. wird der letzte Wunsch Jakobs an seinen Sohn Joseph erzählt: Mit der Hand unter der »Hüfte« lässt der sterbende Patriarch seinen Sohn schwören, ihn nur ja nicht in Ägypten zu begraben, »damit ich bei meinen Vätern liege«.

In allen drei Fällen geht es übereinstimmend um familiare Fragen. Man könnte von Fragen des »Personenstandes« der Söhne (Gen 24; 31) bzw. des Vaters (Gen 47) sprechen.[56] Der *paḥad* des Vaters repräsentiert dabei den Vater dann, wenn wesentliche Belange des Personen- und Besitzstandes der Familie und insbesondere der Söhne infrage stehen. Dem entspricht auch die Formulierung von Gen 31,42, wo der »Gott meines Vaters« und der *paḥad yiṣḥaq* verbunden stehen und als *eine* Größe dafür sorgen, dass Jakob zu Familie und Besitz kommt.

Der Unterschied der anderen Szenen zur Szene in Gen 31 besteht darin, dass dort die Väter, und damit deren »Hüfte«, in Fleisch und Blut anwesend sind, während Isaak in Gen 31 »persönlich« nicht anwesend ist. Der *paḥad* des Vaters ist hier also als Größe gedacht, die nicht notwendigerweise an dessen räumliche und körperliche Anwesenheit gebunden ist. M. a. W.: Der *paḥad yiṣḥaq* ist nicht anders, denn als numinose Größe im Zusammenhang mit dem *pater familias* zu verstehen.[57] Vielleicht ist unsere

56 Darauf hat mit Recht besonders *M. Malul*, a. a. O., 197 hingewiesen: »[…] the real meaning lies in the content of the patriarch's requests which is concerned with matters of family, ancestors and posterity.«

57 Gegen *M. Köckert*, a. a. O., 65, der die Deutung des *paḥad yiṣḥaq* als Numen »ins Reich der Fabel« verwiesen sieht (*K. Koch*, a. a. O., 114, auf den sich *Köckert* beruft, hat sehr viel vorsichtiger formuliert).

Formulierung »numinoses alter ego« ein brauchbarer Arbeitstitel dafür.

Insgesamt lässt sich die Beziehungsstruktur der »Patrilinearität« formal und thematisch sehr gut mit den »Väter-Göttern« in Korrelation bringen.

Formal drückt sich diese Korrelation zunächst in den Bezeichnungen »Gott meines Vaters« und »Gott des NN« aus. Dabei ist deutlich, dass die »genealogische Tiefe«[58] dieser Bezeichnung größer sein kann als nur eine Generation (Gen 31,42: »der Gott meines Vaters, der Gott Abrahams [...]«),[59] so dass die »Väter-Götter« sich potenziell auf die Ahnen der Patrilinie erstrecken können. Durch die konkrete Vorstellung der »Hüfte« bzw. des »Zeugungsgliedes« ist der *paḥad* dezidiert auf den Vater als den Prokreator der Familie bezogen.[60] Wir werden darauf gleich noch zurückkommen.

Thematisch lassen sich die »Väter-Götter« sehr gut dem Lebensbereich und den Lebensproblemen der Vieh haltenden bzw. Ackerbau betreibenden Familie zuordnen: der Ackerflur bzw. dem Weideland, dem (Vieh-)Besitz, dem Hausrat, dem Schutz in der Gefährdung durch Gegner und Feinde, dem Beistand in Rechtsfragen und der Bekräftigung der eigenen Glaubwürdigkeit. Sie garantieren numinos das, was die Erbfolge ökonomisch und die Primogenitur sozial sichern soll: Bestand und Besitz der Familie.

Angesichts der Vielfalt der Korrelationen lässt sich fragen, ob überhaupt vom Typus *eines* Väter-Gottes die Rede sein kann, oder ob nicht besser von einem ganzen Typenkreis oder System von Familien-Göttern ausgegangen werden muss. Auch darauf werden wir gleich noch zurückkommen.

58 Zum Begriff vgl. *R. R. Wilson*, a. a. O., 21.

59 Dies ist auch schon in *A. Alts* Theorie mitbedacht.

60 Insofern scheint mir gerade für dieses Väternumen die Formulierung *M. Maluls* nicht ganz glücklich, derzufolge es »the family and ancestral spirits (nb. den Plural!) of Isaac« symbolisiere, a. a. O., 200.

4.2. Religiöse Implikationen der Patrilinearität in der Umwelt des Alten Israel

Das gerade entwickelte Bild lässt sich noch schärfer konturieren, wenn man religionsgeschichtliche Parallelen aus der engeren und weiteren Umwelt des alten Israel hinzuzieht.

In den Texten des hurritischen Nuzi aus dem 15. Jh. v. Chr. ist die juridische Funktion der dortigen Familiengötter bezeugt.[61]

Aus einer bestimmten Urkunde aus Nuzi (»Gadd 51«[62]) wird deutlich, dass und wie die Bilder dieser Göttergestalten in die Erbfolge gehören. Solche Figurinen wurden ganz buchstäblich vererbt und zwar an den Haupterben. Im Falle von »Gadd 51« war dies der vertraglich festgelegte Adoptivsohn oder, falls die Frau des Erblassers doch noch einen Sohn gebären sollte, dieser, also der Erstgeborene. Aus einer weiteren, die gleiche Familie betreffenden Urkunde (»Gadd 5«[63]) wird klar, dass keiner der in der Urkunde »Gadd 51« genannten möglichen Erben wirklich geerbt hat, sondern die vier Söhne des Adoptivsohnes. Aus ihrem Kreis hat der Erstgeborene die Familiengötter übernommen. Geerbt hat dieser Erstgeborene so, wie dies ganz ähnlich auch in Dtn 21,17f. festgelegt ist: den – im Vergleich zu seinen Brüdern – doppelten Erbanteil, d. h. den Vorzugsanteil des Erstgeborenen.

Diese Beobachtungen bestätigen zunächst, was wir an den atl. Texten zur Patrilinearität im Allgemeinen und zu deren Beziehungsebene »Erstgeborener – Brüder« im Besonderen festgestellt haben: Die Patrilinearität ist durch die Vererbung der Familiengötter unmittelbar religiös repräsentiert. Die Primogenitur bedeutet als solche – vom

61 Vgl. *Draffkorn*, a. a. O., 216–219.

62 Text »Gadd 51« (*C. J. Gadd*, Tablets from Kirkuk, RA 23, 1926, 49–161) zitiert bei *Draffkorn*, a. a. O., 220, und bei *Thompson*, a. a. O., 270; sowie bei *Vorländer*, a. a. O., 64 mit dt. Übersetzung.

63 Zitiert bei *Thompson*, a. a. O., 275f.; vgl. auch *H. Vorländer*, a. a. O., 65.

Vorzugserbteil abgesehen – keine Bevorzugung in erbrechtlicher und damit ökonomischer Hinsicht. Sie bedeutet aber eine religiös legitimierte, numinose Vorzugsstellung in der Familie. Der Erstgeborene folgt dem *pater familias* als Bewahrer der Familiengötter nach und wohl auch als Leiter des Familienkultes.[64] Impliziert muss dabei sein, dass die patrilineare Familie als korresidierender Verband von Familien bestand, wenn anders die in *einer* Hand befindlichen *Familien*götter sinnvoll gewesen sein sollen (vgl. das eben zum »Zusammenwohnen« der Brüder Gesagte!).

Man hat auch überlegt, welches Licht die Nuzi-Texte auf Rahels Diebstahl des Teraphim werfen. Vermutlich bedeutet dieser Diebstahl nicht (oder doch: nicht nur), dass Rahel einen symbolischen Besitzanspruch auf ihres Vaters Eigentum erhebt.[65] Auffällig ist m. E. aber besonders die Reaktion Jakobs: Ihm erscheint der ganze Vorfall so peinlich und unrechtmäßig, dass er ohne weiteres anbietet, den Dieb – falls er sich in seiner Familie findet – mit dem Tod zu bestrafen. Dies zeigt, dass es sich hier nicht um ein ökonomisches Vergehen handelt, sondern um ein numinoses. Der Schade, den die Rahel ihrem Vater zufügt, ist weniger ökonomisch oder rechtlich als vielmehr »symbolisch«: sie depotenziert ihn in seinem Ansehen als Familienoberhaupt, als Patriarch. Der Erzähler nimmt das Geschehen anscheinend weniger ernst, als seine Figuren dies tun, und gönnt im Übrigen dem Laban diese Minderung von Herzen.

64 Vgl. dazu vor allem *M. Greenberg,* a. a. O., 242f., Anm. 16. U. E. unterschätzt *Thompson* die Bedeutung der Familiengötter doch erheblich, wenn er sie – gegen *Greenberg* – einfach als besonders wertvolle Familien-Erbstücke (»heirloom«) qualifiziert (vgl. a. a. O., 278).

65 So *Draffkorn*, a. a. O., 219f. Anders *Vorländer*, a. a. O., 65, Anm. 1; *M. Greenberg*, a. a. O. Ganz gewiss signalisiert die Inbesitznahme der Figur nicht, dass Jakob als Erbe Labans zu verstehen wäre (so zu Recht *T. L. Thompson*, a. a. O., 277). Der Diebstahl bleibt ja vor allen anderen Beteiligten, also auch vor Jakob (V. 32), geheim. Und was Jakob und seine Frauen *rechtmäßig* als das Ihre erachten, haben sie ja bereits mitgenommen.

Gelegentlich wird in der Literatur auch auf religionsgeschichtliche Parallelen der atl. und ao. Familienreligion zur altrömischen Familienreligion hingewiesen.[66] Dieser Hinweis ist m. E. für das Verständnis der religiösen Komponente der patrilinearen Familienbeziehung außerordentlich fruchtbar. Allerdings möchte ich – und dies muss bei Parallelen dieser Art sehr betont werden – die Beziehung zur römischen Familienreligion nicht in einem entwicklungsgeschichtlichen Sinne oder gar im Sinne unmittelbarer Kulturabhängigkeit verstehen. Was sich aber in einer meiner Meinung nach frappanten Weise entspricht, sind *Typen* religiöser Konzepte und Verhaltensweisen, und zwar im Blick auf Einzelheiten des »religiösen Systems« ebenso, wie im Blick auf das System als Ganzes.[67]

Dies wird am besten klar, wenn man sich die Funktionen der Väter-Götter in Gen 31 noch einmal vergegenwärtigt und mit den Größen der »römischen Bauernreligion« (K. Latte)[68] und deren Funktionen vergleicht.

Die deutlichste Entsprechung besteht zwischen dem *paḥad yiṣḥaq* und dem »Genius«. Immer noch scheint die Mehrheit der Fachgelehrten[69] der Meinung zu sein, dass der »Genius« eines Mannes (und nur ein Mann hat einen Genius, das weibliche Gegenstück ist die »Iuno«) dessen Zeugungskraft und, davon ausgehend, den Inbegriff seiner Persönlichkeit repräsentiert. In besonderer Weise gilt dies für den Genius des *pater familias*. Der Genius ist in der Hausschlange verkörpert gedacht. Am Geburtstag des

66 Vgl. besonders wieder *M. Greenberg*, a. a. O., 242f., Anm. 16.

67 Vgl. zum Folgenden vor allem: *G. Wissowa*, Religion und Kultus der Römer, München 1902, 141–149; *K. Latte*, Römische Religionsgeschichte, München ²1967; *H. Herter* u. a., Art. Haus (Hausgötter, Hausschutz), RAC XIII, 1986, 770–801; Art. Genius, Der Kleine Pauly II (1967), 741f.; Art. Lares, a. a. O., III (1969), 494; Art. Penates, a. a. O., IV (1972), 610–612; *R. Schilling*, Art. Genius, RAC X, 1978, 52–83; *I. R. Danka*, De Larum Cultu Pustico et Familiari, EOS LXXI, 1983, 57–71. Herrn Dr. *H. W. Nörenberg,* München, danke ich für Literaturhinweise.

68 A. a. O., 107; vgl. 64ff.

69 Anders *R. Schilling*, a. a. O., insbesondere 53ff.

Hausherrn werden ihm Weihungen dargebracht, insbesondere aber gilt: »Die Mitglieder des Hausstandes schwören beim Genius des Hausherren [...].«[70] Es ist also der Bezug auf die Zeugungskraft des Hausherrn und die Funktionen beim Schwur, die das römische Numen des Genius und den atl. *paḥad* zu vergleichbaren Größen machen.

Ziemlich enge Beziehungen bestehen m. E. auch zwischen dem / den in Gen 31 erwähnten *terāpîm* und den römischen »*di penates*«. Vielleicht sind erste Indizien bereits die pluralische Form sowohl der lateinischen wie der hebräischen Bezeichnungen sowie die Namenlosigkeit der Numina.[71] Insbesondere aber scheinen funktionale Beziehungen zu bestehen: Für die *di penates* »herrscht Übereinstimmung darüber, daß sie die Schützer der Vorratskammer, des penus sind«[72]. Laban sucht seine(n) *terāpîm* bei den *k^elê bayit* Jakobs.[73] Schließlich nimmt man die Penaten (und die Laren) bei »endgültigem Verlassen der Heimat mit«[74]. So könnte Rahel durch die Mitnahme des / der *terāpîm* auch die Endgültigkeit ihres Wegganges deutlich gemacht haben (allerdings nur sich selbst, denn sie nimmt sie / ihn ja heimlich mit!)[75].

Am schwierigsten zu fassen und mit den atl. Gestalten zu vergleichen scheinen mir die Funktionen der römischen Laren. Im Allgemeinen unterscheidet man typologisch die *lares compitales* und den (sg.!) *lar familiaris*.[76]

Deutlich ist der Charakter der *lares compitales* als Flurnumina: »Die Laren werden auf dem Lande verehrt an

70 *G. Wissowa*, a. a. O., 155 (mit Belegen).

71 Vgl. vor allem *K. Latte*, a. a. O., 89.

72 Ebd.

73 Vgl. KBL^3, 456. Meist wird die Wortverbindung – zu Recht – mit »Hausrat« wiedergegeben. Die konkretere Bedeutung von *k^elî* ist aber schlicht »Gefäß, Topf«, auch mit der kontextuell deutlichen Konnotation des Vorratsgefäßes.

74 *Herter*, a. a. O., 775.

75 Darauf verweist auch *M. Greenberg*, a. a. O., 246, unter Bezug auf eine Notiz in JosAnt 18,8.9.

76 Auf die Frage der religionsgeschichtlichen Priorität unter den beiden Typen ist hier nicht weiter einzugehen.

den *compita*, d. h. an den Kreuzwegen bzw. an den Stellen, an denen mehrere Grundstücke zusammenkommen; dort steht die Larenkapelle, ebenfalls compitum genannt, mit so vielen Eingängen, als dort Besitzungen angrenzen [...].«[77] Könnte die Grenzmassebe, die Laban und Jakob nach Gen 31,51 errichten, eine dieser Larenkapelle vergleichbare Funktion haben?

Der *lar familiaris* wird im Haus als dessen vorrangiger Schutzgott verehrt. Keine Einigkeit besteht darüber, ob er sich gewissermaßen als *der lar fundi* aus den *lares compitales* »entwickelt« hat, oder ob die *lares familiares* eher den *manes*, also den Numina der Vorfahren nahestehen.[78] Der *lar familiaris* käme in letzterem Falle dem mit genealogischer Tiefe versehenen »Väter-Gott« am nächsten.

An den römischen Haus- und Familiengöttern besonders deutlich ist: Sie bilden ein System. Ich meine damit nicht, dass diese Götter in ihren Funktionen und ihrem gegenseitigen Verhältnis theologisch-begrifflich systematisiert gewesen wären. Das Gegenteil war der Fall. Sie wurden miteinander mannigfach kombiniert und identifiziert; auch weitere, hier nicht genannte Götter und Numina gehörten dazu. Ich meine mit Systematisierung den Umstand, dass sie im Zusammenwirken gedacht wurden. In der römischen Familienreligion konnte dieses Zusammenwirken seinen Ausdruck in der gemeinsamen Verehrung der Familiengötter im »Lararium« finden. In durchaus analoger Weise verehrt Micha, der Ephraimit, einen Ephod und ein *terāpîm* in seiner Hauskapelle.[79] Könnte die Erzählung in Gen 31 so etwas wie eine literarische Familiengötter-Kapelle sein, wo sich gewissermaßen unter dem Dach der nun alles umfassenden Jahwe-Gestalt die Numina des alten israelitischen Familienkultes erhalten haben? Für die Diskussion um den ehedem Alt'schen »Gott der Väter« würde dies bedeuten, dass wir unter die-

77 *G. Wissowa*, a. a. O., 148; vgl. *K. Latte*, a. a. O., 91.
78 So *I. R. Danka*, a. a. O., 64ff.
79 Ri 17,5. Vgl. dazu neuerdings *E. Gerstenberger,* a. a. O., 84ff.

ser Bezeichnung nicht *einen* Gottestypus zu denken hätten, sondern einen *Typenkreis*, ein System von Göttern unter dem gemeinsamen Dach eines Typus der Religion, eben der Familienreligion.

Allerdings scheiden sich an dieser Stelle die religionsgeschichtlichen Wege Roms und Israels ganz deutlich. Haben sich die Familiengötter der römischen Bauernreligion in all ihrer Differenziertheit bis in den Staatskult hinein durchgehalten, so dass Kaisergenien und Staatspenaten sowie kommunale Laren[80] verehrt wurden, so ist für Israel, zumindest im Spiegel des AT, Jahwe, der Gott Israels, alles in allem geworden: der Gott des Einzelnen, der Familie einerseits und der Stämme und Staaten, die Israel gebildet hat, andererseits. Hier liegt wohl der Grund für die Möglichkeit, Stämme- und Völkergeschichte in Begriffen und Vorstellungen des Familienlebens auszusagen: Es ist ein theologischer Grund.

Wir sind damit schon bei dem Versuch, die patrilineare Familienstruktur und ihre Implikationen soziohistorisch zu verorten. Dies soll nun im letzten Abschnitt dieses Aufsatzes geschehen.

5. Das historische und soziale Setting der Patrilinearität im alten Israel

Wir haben bisher die »Patrilinearität« typologisch in der Absicht beschrieben, bestimmte Formen und Strukturen der familiaren Beziehung in eine sinnvolle Beziehung zu ihren Funktionen und Themen sowie zu bestimmten Elementen der atl. Religion zu setzen. Das Bild ist entstanden noch ohne *bewusste* Reflexion auf das Setting des Handlungs- und Verhaltenstypus »Patrilinearität« in der historischen Realität. Diese Reflexion ist nun abschließend zu leisten.

Dazu fällt – ganz gegen sonstige Gewohnheiten in der atl. Wissenschaft – m. E *ein* Verfahren weitgehend aus:

80 Vgl. dazu *K. Latte*, a. a. O., 19 und 108.

Die Datierung des Beziehungstypus nach den Texten, aus denen er rekonstruiert wurde. Texte sind grundsätzlich kommunikative *Ereignisse*. Institutionale menschliche Beziehungstypen hingegen sind keine Ereignisse, sie sind zwar – wie Ereignisse – historische Größen, jedoch solche von umfassenderer zeitlicher Reichweite. Anders gesagt: Die Datierung der Texte, die uns als Quellen dienen, besagt noch nicht allzuviel über das soziohistorische Setting der aus ihnen rekonstruierten Beziehungsform.[81] Besonders bei so grundlegenden Beziehungstypen wie der Familie gilt dies.

Wir werden deshalb anderen Zugängen den Vorzug geben: dem Zugang über die Archäologie sowie dem über den kulturhistorischen Vergleich.

5.1. Zur Archäologie der Familie

Eine neuerdings in den Vordergrund getretene, sehr erfolgversprechende Methode, historische und soziale Settings institutionaler Größen zu rekonstruieren, liegt in der soziologischen Interpretation archäologischer Befunde. Dafür ist L. E. Stagers Arbeit »The Archaeology of the Family in Ancient Israel«[82] wegweisend.

81 Diese Problematik kann hier umfassend nicht dargestellt werden. Sie hat in der atl. Wissenschaft zu vielfachen Schwierigkeiten geführt. Einerseits kann man z. B. die »Parallelität« zwischen den in den Nuzitexten bezeugten »Sitten« mit den in den Erzvätertexten präsupponierten Handlungstypen kaum unmittelbar historisch verstehen, d. h. auf die Datierung der Patriarchen bzw. die von ihnen erzählenden Texte beziehen.
Andererseits ist es m. E. ein Missverständnis, wenn man den »literarischen« (gemeint ist wohl meist: den »fiktionalen«) Charakter von Texten generell gegen deren Realitäts»haltigkeit« auszuspielen versucht. Exemplarisch lässt sich diese Problematik immer wieder in *T. L. Thompsons* Arbeit über die »Historicity of the Patriarchal Narratives« studieren. M. E. sind weder das Alter noch die »Literarizität« von Texten zureichende (positive oder negative) Kriterien für den Realitätsgehalt der Texte.

82 BASOR 260, 1985, 1–35. Vgl. auch: *J. A. Callaway*, A New Perspective on the Hill Country Settlement of Canaan in Iron Age I, in:

Stager hat in seiner Studie die mit der Beziehungsform der Patrilinearität verbundene Beziehungsform der Korresidenz archäologisch anschaulich gemacht und historisch verortet.

Sowohl in früheisenzeitlichen dörflichen Siedlungen, wie etwa Raddana, ᶜAi und Chirbet Meschasch, als auch in städtischen Siedlungen der späteren Eisenzeit, wie etwa Tell Faraᶜ (N), Tell en-Nasbeh oder Tell Bet Mirsim hat man Verbände von 2–4 sogenannten Vier- bzw. Dreiraum-Häusern gefunden. Stager hat diese Hausverbände (»compounds«) als Wohnquartiere von Familienverbänden, von »extended families«, interpretiert.[83]

Nach der Schätzung Stagers waren die Einzelhäuser für 4–5 Personen gebaut,[84] d. h. sie waren wohl von Kleinfamilien bewohnt. Das bedeutet aber, dass die Hausverbände als »Korresidenzen« von Familien zu verstehen sind. Infrage für diese Familien-Korresidenzen kommen die Familien von Vätern und verheirateten Söhnen, aber auch die Familien von Brüdern.

Die Thematik dieses Residenzmusters lässt sich sowohl archäologisch, wie sozio-ökonomisch auf die Bedürfnisse einer ländlich-agrarischen Lebensweise beziehen. Im Vergleich zu einem anderen Residenzmuster, dem des bronzezeitlichen Städters, lässt sich dieser Bezug besonders deutlich machen, wie H. Weippert ausführt: »Unverzichtbares Element des früheisenzeitlichen Dorfhauses

Palestine in the Bronze and Iron Ages. Papers in Honours of Olga Tuffnell, ed. *J. N. Tubb,* London 1985, 31–49; 38.

83 Vgl. vor allem *Stager*, a. a. O., 18ff. und auch schon: *E. Otto*, Historisches Geschehen – Überlieferung – Erklärungsmodell, BN 23, 1984, 63–80. Möglicherweise wirkt der Familienverband sogar noch im Planungsprinzip der orientalischen Stadt, der von *E. Wirth* sogenannten »Sackgassenstruktur«, bis in die Neuzeit nach. (Vgl. *E. Wirth*, Die orientalische Stadt. Ein Überblick aufgrund jüngerer Forschungen zur materiellen Kultur, Saeculum 26, 1975, 45–94; 69ff.) Vielleicht lässt sich diese Struktur sogar ethnologisch verallgemeinern: *C. R. Taber*, Kinship, 523: »Composite or extended families often live in a cluster of huts, perhaps surrounded by a fence or a hedge.«

84 Andere Schätzungen vermuten 6–7 (*A. Callaway*, A Visit with Alihud, BAR IX, 1983, 50), ja bis zu 10 Personen (*Otto*, a. a. O.).

ist sein großer Hof. Anders als beim kanaanäischen Stadthaus der Bronzezeit, bei dem sich die Räume im Idealfall rings um den Hof gruppieren (Atriumhaus) und er [...] als Ausgangspunkt für die ihn umgebenden Räume fungiert, liegt der Hof des früheisenzeitlichen Dorfhauses an der Außenseite des Hauses, und man betrat es stets durch den Hof. Der Unterschied hat funktionale Gründe: Der Innenhof des bronzezeitlichen Hauses ist auf die Wohn- und Arbeitsbedürfnisse des Städters und Handwerkers zugeschnitten, der Außenhof des früheisenzeitlichen Dorfhauses auf die des Vieh haltenden und Ackerwirtschaft betreibenden Bauern. Für die Vieh- und Vorratshaltung sowie für die Lagerung seiner Gerätschaften benötigt er einen von außen direkt zugänglichen und teilweise überdachten Hof. [...] Falls die Häuser ein Obergeschoß besessen haben sollten, kann man in Analogie zu heutigen zweigeschössigen palästinensischen Bauernhäusern sogar vermuten, daß der gesamte ebenerdige Bereich für die Tier- und Vorratshaltung genutzt wurde und daß man über eine Leiter in einen oder zwei Wohnräume im Obergeschoß gelangte.«[85] Kurz: jedes der Häuser dieses Typs repräsentiert nicht etwa nur das Wohnhaus einer Familie, sondern eine familienbezogene landwirtschaftliche »Betriebseinheit«.

Die von Stager beobachteten Hausverbände aus 2–4 solcher Häuser sind also als Verbände von Lebens- und Betriebseinheiten zu sehen, und der Schluss liegt sehr nahe, dass der Familienverband, der sie bewohnt, so etwas wie eine landwirtschaftliche Familien-Kooperative darstellte: »As a social and economic unity, the joint family household collectively farms the land from which it derives its livelihood and shares its produce. Land ownership and labor needs are the primary reasons for multiple family compounds [...].«[86]

Mit Blick auch auf moderne Analogien beschreibt Stager die sozialen Beziehungsstrukturen der »Familien-

85 *H. Weippert*, Palästina in vorhellenistischer Zeit, Handbuch der Archäologie II,1, München 1988, 395.

86 *Stager*, a. a. O., 20.

Kooperativen« so: »Authority over the household resides with the *pater familias*, who in the case of a threegeneration family would be the grandfather. Sometimes, even after their father's death, married brothers and their families continue to live in the same compound as a single household working together cooperatively; in this case, the older brother usually becomes head of the household.«[87]

Dabei ist allerdings – wie Stager deutlich macht – zu bedenken, dass der »Mehrfamilien-Haushalt« keineswegs immer zu realisieren war. Aus vielerlei Gründen, insbesondere aber durch den natürlichen Zyklus, kann ein Familienverband sehr schnell auf die Größe einer Kernfamilie zusammenschmelzen. »Although the joint family may be the ideal type of household organization for small proprietors subsisting of their land, a census of a village so organized might indicate that this type was actually a minority because of the domestic cycle and other demographic constraints.«[88] Vielleicht ist dies auch der Grund, dass in den Hausverbänden jede Kleinfamilie jederzeit über eine grundsätzlich vollständige und funktionsgerechte Betriebseinheit (ein »Haus«) verfügte und m. E. keine gemeinsam genutzten, größeren Wohn- oder Wirtschaftsgebäude entwickelt wurden.

Die patrilineare Beziehungsform und ihre die Söhne-Erbfolge und insbesondere die Primogenitur umfassende Thematik passen exakt zu diesem Residenzmuster des kooperativen Familienverbandes: Die Erbteilung unter die Söhne gibt deren Einzelfamilien knappe, aber hinreichende wirtschaftliche Ressourcen für den häufigen (Not-)Fall, dass sie betrieblich alleine bestehen müssen. Die Primogenitur gibt dem Familienverband, repräsentiert durch den *pater familias*, eine gewisse Gewähr der Dauer über den Tod des jeweiligen Vaters hinaus.

87 Ebd.
88 Ebd.

Eine soziologisch und kulturgeschichtlich interpretierte Archäologie erbringt, wenn die vorstehenden Überlegungen einigermaßen das Richtige treffen, ein recht präzises Bild für das soziohistorische Setting der patrilinearen Beziehungsstruktur: Der agrarische, Feldbau und Viehhaltung betreibende Familien- und Dorfverband ist *das* Kennzeichen der früheisenzeitlichen »Dorfkultur des [palästinischen] Inlandes«[89]. Diese Dorfkultur ist nicht etwa seit unvordenklicher Zeit in Palästina beheimatet. Vielmehr geht sie – wie verschiedene siedlungsgeographische[90] und archäologische[91] Befunde zeigen – auf Dorfgründungen durch eine Bevölkerung mit nicht-sesshafter, »nomadische[r] Vorgeschichte«[92] zurück.

So zeigt sich zunächst, dass die »Patrilinearität« in der Form, in der wir sie aus biblischen Quellen rekonstruiert und mit Hilfe der Palästina-Archäologie verortet haben, kein übergeschichtliches, sondern ein soziohistorisch recht klar einzugrenzendes Phänomen darstellt. Es entsteht gegen Ende des zweiten Jahrtausends und reicht bis über die erste Hälfte des ersten Jahrtausends hinaus. Vor allem aber ist es an eine bestimmte Wirtschafts- und Le-

89 *Weippert*, a. a. O., 393.

90 Besiedlungsschub: »After 1200 B. C. the number and density of permanent settlements in the Hill Country increased dramatically from 23 Late Bronze sites […] to 114 Iron I sites […]« (*Stager,* a. a. O., 3). Beginn der Terrassierung des Geländes für landwirtschaftliche Zwecke: »But the process of converting hillsides into agricultural terraces for dry farming began in earnest at least as early as 1200 B. C.« (a. a. O., 5).

91 Dem Erscheinen des »Vierraumhaus-«Typs geht eine architekturlose Phase der Besiedlung voraus, die durch Gruben und das vollständige »Fehlen von Steinarchitektur gekennzeichnet ist. […] Derartige Siedlungsreste sind als Lagerstätten einer nomadischen Hirtenbevölkerung aufzufassen« (*H. Weippert*, a. a. O., 402).
Der Vierraum-Haustyp selbst zeigt gewisse Strukturverwandtschaft mit dem Nomadenzelt. »V. Fritz und A. Kempinski sehen deshalb in den früheisenzeitlichen Dorfhäusern in Stein umgesetzte Nomadenzelte« (a. a. O., 393).

92 *Weippert*, a. a. O., 416.

bensweise gebunden: die landwirtschaftliche Familienkooperative einer sesshaften oder gerade sesshaft gewordenen Bevölkerung.

Zu erwarten ist demnach, dass dieses Phänomen in Kulturen ähnlicher Struktur und Lebensweise in mehr oder weniger ähnlicher Gestalt wieder zu beobachten ist – ohne Rücksicht auf deren absolute Datierung.[93] M. a. W.: Form und Funktion der Beziehungsstruktur der Patrilinearität sind mit dem jeweiligen sozialen Kontext und dessen Eigenarten korrellierbar. Dies soll in einem exemplarischen kulturhistorischen Vergleich nun noch ansatzweise gezeigt werden.

5.2. Der kulturhistorische Vergleich

Es sind vor allem zwei exemplarische Punkte, an denen die Patrilinearität, wie wir sie aus dem AT rekonstruiert haben, mit der Patrilinearität anderer, benachbarter Kulturen verglichen werden kann (und verglichen worden ist) und an denen die jeweils spezifischen Eigenarten dieser Beziehungsform deutlich werden: am Beispiel der Rolle der Frau in der Erbfolge und am Beispiel der Primogenitur.

5.2.1. Die Rolle der Frau in der Erbfolge

Wir haben oben gesehen, dass Frauen in der Erbfolge, wie sie das AT überliefert, nur ausnahmsweise eine Rolle spielen – und auch dann nur so, dass sie die Situation bis zur Wiederherstellung einer patrilinearen Erbfolge überbrücken (vgl. oben 3.1. zu »Zelofchads Töchtern«). Ähnliches gilt auch für Vermögensübertragungen, die nicht – wie im Erbgang – von Todes wegen erfolgen: Es ist zwar gelegentlich von Vermögensanteilen die Rede, die Frauen in eine Ehe einbringen; so nimmt Rebekka – neben einem

93 Wodurch auch *A. Alts* vielgescholtener Rekurs auf nabatäisches Textmaterial zur Rekonstruktion der Väterreligion sowie unsere Strukturverbindung von der römischen zur altisraelitischen »Bauernreligion« eine hinreichende theoretische Rechtfertigung finden könnten.

Segen ihrer Familie – ihre eigenen Mägde mit zu Isaak (Gen 24,60f.). Von Achsa, einer Tochter Kalebs, wird erzählt, dass sie – nachdem sie ihr Mann dazu »beredet« hatte – von ihrem Vater Quellen als »Segensgabe« (*b^e^rākâ*) erbittet und erhält (Jos 15,16–19). Vielleicht gesteht auch die Erzählung von Gen 31 den Töchtern Labans ein gewisses Besitzrecht an den Gütern zu, die Jakob aus der Familie Labans mitnimmt (Gen 31,16: »Fürwahr, der ganze Reichtum, den Gott unserem Vater entwunden hat, uns gehört er und unseren Kindern / Söhnen [*l^e^bānênû*]«). Es ist aber sicher nicht an ein Besitzrecht unabhängig von der Familie und damit unabhängig vom *pater familias*, also Jakob, gedacht.

Dies kann ganz anders sein in Gesellschaften der Umwelt des alten Israels in Mesopotamien[94] ebenso wie in Ägypten[95]. Besonders ertragreich ist ein Blick auf das Erbrecht des berühmten Kodex Hammurabi (KH). Die Bestimmungen des KH gehen – wie generell in Mesoptamien und Ägypten – zwar grundsätzlich von einer Erbfolge der Söhne aus. Sie legen aber immer Wert auf einen Vermögensausgleich der Brüder mit ihren Schwestern, sowie der Mütter mit ihren Söhnen. Leitend ist dabei ein doppelter Gedanke: einerseits der Gedanke des Anrechtes der Töchter und Frauen auf eine angemessene Versorgung, sei es in einer regulären Ehe, sei es als »Stiftsdame« eines Heiligtums; andererseits der Gedanke der Erhaltung des Familienvermögens.[96]

An Beispielen sei dies verdeutlicht:

Das Anrecht der Tochter ist quantifiziert in der Höhe des Erbteils, den ein jeder ihrer Brüder bei der Erbteilung

94 Vgl. die oben 3.1. genannte Literatur und *J. Klima*, Untersuchungen zum Altbabylonischen Erbrecht, Prag 1940.

95 Vgl. dazu neuerdings: *P. W. Pestman*, The Law of Succession in Egypt, in: Essays on Oriental Laws of Succession (Studia et Documenta ad Iura Orientis Antiqui Pertinentia, Vol. IX), Leiden 1969, 58–89; vgl. auch Art. »Erbe« im Lexikon der Ägyptologie, I, 1235–1260).

96 Vgl. dazu und zum Folgenden vor allem *F. R. Kraus*, Erbrecht, 13ff.

zu erwarten hat: »Wenn ein Vater einer Tochter […] (in diesem Fall einer »Stiftsdame«) […] eine Mitgift nicht geschenkt hat, wird, nachdem der Vater zum Schicksal eingegangen ist, sie sich in das Vermögen des Hauses ihres Vaters teilen, wie der einzelne Erbsohn wird sie teilen. So lange sie lebt, wird sie davon essen. Ihr Nachlaß (selbst) (ist) der ihrer Brüder.«[97]

Das Vermögen, das eine Frau als Mitgift in die Ehe eingebracht hat und / oder das sie von ihrem Mann als Ehegabe überschrieben bekommen hat, bleibt ihr auch nach dem Tode des Mannes zur Nutznießung erhalten und geht erst mit *ihrem*, nicht schon mit dem Tode des Mannes, in die Erbmasse ein (§ 171f.). Die Witwe bleibt also vor dem Zugriff ihrer miterbenden Söhne geschützt. Selbst für den Fall, dass ihr Mann ihr keine Ehegabe überschrieben hat, steht ihr auf Lebenszeit ein Anteil an der Erbmasse zu, und zwar wiederum in Höhe eines gewöhnlichen Erbteils (§ 172). In jedem Fall hat die Witwe und Mutter Wohnrecht im Hause ihres Mannes, solange sie nicht wieder heiratet. Nur für diesen Fall begibt sie sich des Wohnrechtes und des Anrechtes auf die Ehegabe ihres ersten Mannes. Die Mitgift aus ihrer eigenen Familie bleibt ihr in jedem Fall erhalten.

Die Beispiele des KH zeigen nicht nur, dass die Frau – trotz einer grundsätzlich patrilinearen Familienstruktur – ihren männlichen Verwandten, vor allem ihren Brüdern und Söhnen, vermögensrechtlich praktisch gleichgestellt ist. Auch gegenüber ihrem Ehemann hat sie ein bleibendes Verfügungsrecht auf die Mitgift. Erst mit dem Tod der Frau erlischt dieses Verfügungsrecht zugunsten der Familie.

Wie kommt es zu dieser vergleichsweise starken vermögensrechtlichen Stellung der Frauen in einer patrilinearen Beziehungsstruktur? M. E. liegen die Gründe dafür in dem hohen Grad sozialer Differenzierung, der die histo-

97 KH § 180; Übersetzung: *R. Haase*, Die keilschriftlichen Rechtssammlungen in deutscher Übersetzung, Wiesbaden 1963, 47.

risch bei weitem ältere altbabylonische von der israelitischen Gesellschaft unterscheidet. Die Beispiele zeigen ja, dass die Frauen, die der KH im Blick hat, eine Reihe von Optionen haben, von denen die atl. Texte nichts ahnen lassen: Diese Frauen haben nicht nur die geregelte und gesicherte Möglichkeit der Wiederverheiratung. Sie haben auch die Möglichkeit, sich Gemeinschaften außerhalb ihrer Familie anzuschließen, ohne ihre familiaren Rechte zu verlieren. All dies setzt ein differenzierteres sozioökonomisches und kulturelles Setting voraus, als es in der dörflichen Hirten- und Bauerngesellschaft der frühen Eisenzeit denkbar und möglich war. In der Tat »gelten« die Rechtsregeln des altbabylonischen Erbrechts »bestenfalls für die im übrigen schwer abzugrenzende städtische Mittelschicht der altbabylonischen Gesellschaft, praktisch die einzige Klasse, die uns Rechtsdokumente hinterlassen hat«[98].

Man kann fragen, ob sich in den israelitischen Städten, insbesondere den Hauptstädten, der späteren Eisenzeit[99] die Stellung der Frauen altbabylonischen Verhältnissen angenähert hat. Dies ist nicht breit belegt, aber – in einem gewissen Umfang – auch nicht unwahrscheinlich, schon weil mit den Hofhaltungen nichtisraelitische Bevölkerung und nichtisraelitisches Rechtsverständnis Einzug hielten. Zu erinnern ist an den Fall Naboth (1 Kön 21).[100] Von der reichen Witwe Judith wird uns erzählt, wie sie in souveräner Freiheit »ihren Besitz vor ihrem Hinschiede unter alle Verwandten ihres Gatten Manasse und die Angehörigen ihrer eigenen Familie verteilt« hat (Judith 16,25). Diese –

98 *F. R. Kraus*, Erbrecht, 3.

99 In den Landstädten (vgl. die in 5.1. und bei *Stager* genannten Belege!) dürfte die bäuerliche Lebensform auch in der späteren Eisenzeit, d. h. für die ganze Zeit der Geschichte Israels bis in die Perserzeit und darüber hinaus die vorherrschende gewesen sein.

100 Vgl. dazu die rechtshistorischen Überlegungen bei *K. Baltzer*, Naboths Weinberg (1. Kön 21). Der Konflikt zwischen israelitischem und kanaanäischem Bodenrecht, WuD NF 8, 1963, 73ff.

im biblischen Rahmen – moderne[101] Frau ist das – soweit ich sehe – einzige biblische Beispiel eines bilinearen Verwandtschaftsverständnisses.

5.2.2. Das Erstgeborenenrecht

In der Umwelt des alten Israel, von der Antike bis in die Neuzeit, lassen sich alle Stufen der Geltung des Primogeniturrechtes nachweisen oder zumindest wahrscheinlich machen. Die Skala reicht dabei von einem alleinigen Erbrecht des Erstgeborenen, dem pflichtgemäßen Vorzugsanteil, wie ihn etwa das AT und Nuzi kennen, über einen Vorzugsanteil, den der Vater freiwillig gewähren kann,[102] und den reinen Ehrenprimat bis hin zum völligen Fehlen des Primogeniturrechtes. J. Henninger hat dies umfassend dargestellt.[103]

Dass das Erstgeborenenrecht in der Form eines bevorzugten oder gar alleinigen Erbrechtes eine Eigenart bäuerlicher, nicht-städtischer Gesellschaften ist, wurde gerade in der Altorientalistik immer wieder vermutet und dargestellt.[104] Es kommt unseren Ergebnissen für das alte Israel (vgl. 4. und 5.1.) sehr nahe, wenn I. Mendelsohn schreibt: »On the basis of the available data, we may conclude that the preferential status of the firstborn son had its origin and raison d'etre in seminomadic and predominantly agricultural societies.«[105]

Die jeweilige Ausprägung des Erstgeborenenrechtes ist wahrscheinlich – anders als beim Erbrecht der Frau – nicht mit dem Grad der kulturellen Differenziertheit der jeweiligen Gesellschaft zu korrelieren. Die Primogenitur kann nämlich auch bei relativ einfachen Gesellschaften, wie den vollnomadischen Arabern (Kamelzüchter-Beduinen)[106] sehr schwach ausgebildet sein. Die Erklärung, die

101 Sie ist in hellenistischer Zeit konzipiert und in einen neubabylonischen Kontext versetzt.
102 So der KH § 165.
103 *J. Henninger*, a. a. O., bes. 144ff.
104 Vgl. schon: *J. Klima*, a. a. O., 33.
105 *I. Mendelsohn*, Status, 40.
106 *J. Henninger*, a. a. O., 161.

J. Henninger dafür vorschlägt, geht davon aus, dass das Erstgeborenen(erb)recht ganz unmittelbar mit der ökonomischen Notwendigkeit der konzentrierten Nutzung von Grund und Boden zusammenhängt. Eben diese Notwendigkeit bestehe bei den Kamelzüchtern nicht. »Bei der Kärglichkeit der Weiden ist es gerade im Gegenteil notwendig, daß die Herden sich über ein weites Gebiet zerstreuen; daher die starke Dezentralisierung des Eigentums, und daher vielleicht auch die Schwächung der väterlichen Gewalt gegenüber den erwachsenen Söhnen.«[107]

Wenn dies so richtig ist, zeigt sich erneut die Relativität der patrilinearen Beziehungsform zu einer ganz bestimmten, soziohistorisch eingrenzbaren Lebenssituation: der bäuerlichen Familienexistenz. Die voll ausgebildete Patri-Primogenitur, wie sie das AT zeigt, ist erklärbar aus der Notwendigkeit, Grund und Boden als die grundlegende Lebensressource zu erhalten und zwar in einer Weise, die die Generationen und die Kleinfamilie übergreift.

6. Folgerungen und Anwendungen

Das Ergebnis unserer Untersuchung ist, dass die Patrilinearität im alten Israel auf den Kontext der agrarischen, (Terrassen-)Feldbau und Viehhaltung treibenden (früh-)eisenzeitlichen Familien und Familienkooperativen Palästinas bezogen ist. Diese Beziehungsstruktur sichert die Erhaltung und Übertragung der Ressourcen dieser Familien und Familienkooperativen im Wechsel der Generationen. Sie ist ihrerseits numinos gesichert und reflektiert im System der atl. Familien-Religion.

Welche Gesichtspunkte unserer Studie könnten für die heutige Lage und ihre Diskussion erheblich sein?

Zunächst sollte man nicht aus dem Auge verlieren, dass das AT die »Patrilinearität« weder erfunden hat, noch besonders propagiert. Sie ist ein Teil jener grundlegenden

107 A. a. O., 165.

Lebensbedingungen, die vorgefunden werden und nur veränderbar sind, wenn diese Lebensbedingungen insgesamt verändert werden.

Daraus ergibt sich eine erste, grundlegende Folgerung: Wir, d. h. die allermeisten Angehörigen der industriellen, westlichen Zivilisation, leben nicht mehr (allerdings noch nicht allzu lange) in einer weitgehend auf sich selbst gestellten, bäuerlichen Familie bzw. in einem Verband solcher Familien. Auch die vergleichsweise wenigen bäuerlichen Familien, die es in unseren Gesellschaften noch gibt, sind nicht mehr auf sich selbst gestellt. Wie die meisten anderen Zeitgenossen auch, sind sie durch ein engmaschiges soziales und ökonomisches Netz ebenso gesichert, wie gefangen. Es ist auch nicht erkennbar, wie wir zu einer Existenzweise zurückkehren sollten, die dem Kontext der atl. patrilinearen Familienbeziehung entspricht.

Daher muss heute niemand mehr begründen, warum er oder sie für oder gegen die Patrilinearität als Lebensweise ist. Sie ist unter heutigen Bedingungen sinn-los geworden.

Der Umstand allerdings, dass die Patrilinearität für den Menschen des AT Teil der Lebensbedingungen war, bedeutet nicht, dass sich dieser Mensch ihr gegenüber in dumpfer Passivität befunden hätte. Diese Lebensform ist in sich reflektiert worden, sie hat Elemente ethischer und theologischer Reflexion an sich gezogen und zur Entfaltung gebracht. Solche Elemente der Reflexion sind gleichsam der »Mehrwert« dieser Beziehungsform, der der bleibenden Erinnerung wert ist. Zwei solcher Elemente möchte ich – ohne Anspruch auf Vollständigkeit – nennen:

1. »Patri-Linearität« hat zwei Komponenten: die Orientierung der Familienbeziehung auf den Mann und Vater einerseits und die generationen-übergreifende »lineare« Sicherung der Lebensressourcen andererseits. Die aktuelle Diskussion ist vielleicht ein wenig einseitig auf die erste der beiden Komponenten konzentriert. Die zweite Komponente, die unter dem Stichwort »Linearität« steht, bezeichnet ein bestimmtes Konzept menschlicher Reproduktion im sozialen Kontext der Familie. Im atl. Familienver-

ständnis und in der atl. Familienreligion geht es nicht einfach um »Fortpflanzung« oder gar nur um bloße »Vermehrung«, wie von Gen 1,28 her (»Seid fruchtbar und mehret euch [...]«) bisweilen vermutet wird. Es geht um das die einzelne Generation und das einzelne Individuum übergreifende Lebensrecht der kommenden Generationen. Dabei sind Lebensrecht und Lebensressourcen immer im Zusammenhang gesehen.

Das Verhältnis beider Größen steht heute mehr denn je infrage.

Wieviel künftiges Leben lässt eine auf individuelle Entfaltung bedachte Lebensführung zu? Und besonders: Wieviel Lebensressourcen lassen wir noch übrig für die kommenden Generationen?

2. Religionsgeschichtlich und theologisch bleibt festzuhalten, dass die atl. »Familiengötter« keine »Vätergötter« waren, deren Wesen nach dem Vater-Modell ausgesagt worden ist. Es waren vielmehr Götter *für* Väter, aber eben auch *für* Frauen[108] und *für* Kinder. Es waren nicht herrschende, sondern hilfreiche Götter – und insofern waren sie gerade nicht patri-*archalisch*. Sicher ist die Konzentration der Gestalten dieses Gottestypus auf den einen Gott Jahwe theologisch großartig und unumkehrbar. Sie birgt aber auch die Gefahr in sich, dass die nationale oder universale Größe des einen Gottes in herrscherliche Ferne umschlägt. Die ntl. Anrede »Vater unser« ist geeignet und dazu da, diese Ferne zu reduzieren und den *einen* Gott in der menschlichen (nicht allein der männlichen) Dimension der Familie auszusagen.

108 Vgl. dazu *E. Gerstenberger*, a. a. O., 72ff.

Die »Realia« und die Wirklichkeit

Prolegomena zu einer Sozial- und Kulturgeschichte des alten Israel am Modell der Handweberei in Israel und seiner Umwelt

I.

Das Programm einer »Sozialgeschichte« Israels ist in den letzten Jahren oft vertreten worden. Auch ist diesem Programm nicht wenig historisch-exegetische Einzelarbeit gewidmet worden,[1] ohne dass dies bisher zu einer großen Darstellung der Sozialgeschichte Israels geführt hätte. Das Programm einer »Kulturgeschichte« Israels hat in der Gattung der »Hebräischen Archäologien« große, aber inzwischen bejahrte Vorbilder.[2] Es wird jedoch gegenwärtig verschiedentlich neu angedacht.[3]

1 Einen gewissen Überblick gibt das Literaturverzeichnis bei *H. P. Müller*, Art. Gesellschaft II. AT, TRE XII (1986), 756–764, hier 762ff. Eine eingehendere Forschungsübersicht fehlt.

2 Vgl. etwa *M. L. de Wette*, Lehrbuch der hebräisch-jüdischen Archäologie, 2 Bde. (1814, ^{4}1864); *W. Nowack*, Lehrbuch der hebräischen Archäologie (1894, Neudr. 1975); *I. Benzinger*, Hebräische Archäologie (^{3}1927). Auch für das Judentum und das NT sind vergleichbare Arbeiten erschienen: *S. Krauss*, Talmudische Archäologie, 3 Bde. (1910ff., Neudr. 1966); *E. Schürer*, Geschichte des jüdischen Volkes im Zeitalter Jesu Christi, 3 Bde. (^{3}1901–11ff.), vgl. die engl. Neuaufl., hg. v. *G. Vermes* (1973ff.). Das letzte größere Werk dieser Art ist: *R. de Vaux*, Les institutions de l'Ancien Testament (1958ff.), dt.: Das Alte Testament und seine Lebensordnungen, 2 Bde. (^{2}1966). *V. Fritz* (Einführung in die biblische Archäologie [1985] 1) sieht das Interesse der alten »kulturgeschichtlichen« Archäologien in der »Verbindung der schriftlichen Überlieferung und den materiellen Überresten (sic!)«.

3 So z. B. auf einem Symposion des »Deutschen Vereins zur Erforschung Palästinas«, das vom 13.–15.12.1990 in Rauischholzhausen stattfand und dem »Beitrag der biblischen Archäologie zur Kulturgeschichte Israels« gewidmet war. Auf diesem Symposion erschien die

Beide Programme können auf ein erheblich gewachsenes Datenmaterial aus der (Grabungs-)Archäologie des Vorderen Orients (einschließlich Palästinas) zurückgreifen. Die Verbindungen zu den Nachbarwissenschaften der Altorientalistik und auch der Ethnologie sind vielfältig.[4] Auch die systematische Theologie, etwa in Gestalt von W. Pannenbergs »Anthropologie in theologischer Perspektive« (1983), bietet Anknüpfungspunkte. So sind die Voraussetzungen zu einer Realisierung der beiden – nach Gegenstand und Problemstellung verwandten – Programme nicht schlecht.

Die folgenden Überlegungen gelten der theoretischen Absicherung beider Unternehmungen im Sinne einer »Flankensicherung«. Dass die genannten Unternehmungen eine solche Flanke überhaupt haben, sollte nicht strittig sein. Allerdings kann man Bedeutung und Nutzen der theoretischen Bemühung unterschiedlich hoch einschätzen. Deshalb soll die Theoriebedürftigkeit von Sozial- und Kulturgeschichte kurz erläutert werden.

In beiden Vorhaben geht es – grob gesagt – darum, »materielle« und »geistige« Größen, Sachen und Gedanken, aufeinander zu beziehen.[5]

In der Sozialgeschichte ist eher die Interdependenz theologischer Aussagen und Meinungen von »materiellen«, d. h. ökonomischen oder politisch-sozialen Verhältnissen das Problem.[6] In einer Reihe signifikanter Arbeiten

»Kulturgeschichte« in Teilgebieten unterschiedlicher Reichweite. Als Gesamtaufgabe kam sie nur ansatzweise in den Blick, etwa in der Zusammenstellung der Themen »Wohnbereich«, »Heiligtum« und »Grab« als essenzieller Bereiche menschlicher Existenz.

4 Vgl. dazu etwa *J. W. Rogerson*, Anthropology and the Old Testament (1978).

5 Um diese Relation kreist auch die Einleitung zu *Müllers* Lexikonartikel zur »Gesellschaft« im AT (Anm. 1).

6 *F. Crüsemann* charakterisiert den Ansatz einer »nichtidealistischen bzw. materialistischen Exegese« so: »Was gemeint ist, ist zunächst der Widerspruch gegen gängige Weisen, Theologie als reine Geisteswissenschaft, als idealistisch, zu verstehen. Gerade im biblischen Sinne kann es bei Theologie und deshalb auch bei Exegese nie nur um richtige Lehre, also Gedanken, ideelle Konstruktionen gehen, sondern um

ist diese Interdependenz zur Schlüsselfrage für die Exegese biblischer Texte geworden.[7]

Auch eine Kulturgeschichte geht von »materiellen« Größen aus, versteht darunter aber viel unmittelbarer die durch die Archäologie erschlossenen »materiellen Überreste«[8], die »Denkmäler«, eines historisch-geographischen Raumes. Sie werden zusammen mit den literarischen Zeugnissen aus und über diesen Raum zu einem Gesamtbild seiner Lebensverhältnisse und -bedingungen integriert. Für die Exegese biblischer Texte wird die Kulturgeschichte im Sinne einer Kunde von den »Realien« verstanden.[9] Der Begriff lässt fragen, welche Wirklichkeit die »Realia« repräsentieren und wie sich diese zu jener Wirklichkeit verhält, die die biblischen Texte zur Sprache bringen.

Allein die schillernden Bedeutungsspektren für die Vokabeln »materiell« bzw. »real« zeigen, dass hier theoretischer Klärungsbedarf besteht. Der Theorieansatz der Wahl müsste es gestatten, alle Größen, denen in irgendeiner Weise Faktizität eignet, also die »materiellen« Dinge vom Artefakt bis hin zu den als zwingend erfahrenen »materiellen« Verhältnissen der Ökonomie mit menschlicher Geistestätigkeit und ihren Horizonten zusammenzusehen. Dieser Anforderung werden Theorien in der Tradition und

ihre Bedeutung für die konkreten Menschen, und zwar in ihren sozialen Zusammenhängen […]« (Grundfragen sozialgeschichtlicher Exegese, EvErz 35 [1983], 277).

7 Beispielsweise *R. Albertz*, Der sozialgeschichtliche Hintergrund des Hiobbuches und der »Babylonischen Theodizee«, in: *J. Jeremias / L. Perlitt* (Hg.), Die Botschaft und die Boten, FS H. W. Wolff (1981), 349–372 oder *F. Crüsemann*, Die unveränderbare Welt. Überlegungen zur ›Krisis der Weisheit‹ beim Prediger (Kohelet), in: *W. Schottroff / W. Stegemann* (Hg.), Der Gott der Kleinen Leute, Sozialgeschichtliche Auslegungen, AT (1979), 80–104.

8 Dieser Begriff findet sich etwa bei *M. Noth*, Die Welt des Alten Testaments ([4]1962), 96. Die ältere Literatur (vgl. etwa die oben genannten »Hebräischen Archäologien«) spricht von »Denkmälern«.

9 So noch die neueste Aufl. des Leitfadens von *O. H. Steck*, Exegese des Alten Testaments ([12]1989), 154.

im Umkreis der »verstehenden Soziologie« Max Webers in besonderer Weise gerecht.[10]

Zentral für diese Theorien sind die Kategorien von »Handeln« und »Sinn«. In Max Webers berühmter Soziologiedefinition liest sich das so: »Soziologie [...] soll heißen: eine Wissenschaft, welche soziales Handeln deutend verstehen und dadurch in seinem Ablauf und seinen Wirkungen ursächlich erklären will. ›Handeln‹ soll dabei ein menschliches Verhalten [...] heißen, wenn und insofern als der oder die Handelnden mit ihm einen subjektiven *Sinn* verbinden. ›Soziales‹ Handeln aber soll ein solches Handeln heißen, welches seinem [...] gemeinten Sinn nach auf das Verhalten *anderer* bezogen [...] wird [...].«[11] Entscheidend an dieser Definition ist die Unterscheidung von Verhalten und Handeln mittels der »Sinn-«kategorie.

Es geht demnach gerade nicht nur darum, menschliches Verhalten zu beschreiben, wie man – etwa in der biologischen »Verhaltensforschung« – ein Naturphänomen beschreibt. Dies unterscheidet den handlungstheore-

10 Vgl. zu dieser »Soziologie als verstehender Handlungswissenschaft« und ihren Hauptvertretern nach *M. Weber* (*T. Parsons*, *J. Habermas*, *N. Luhmann*) *W. Pannenberg*, Wissenschaftstheorie und Theologie (1973), 82ff. In der atl. Wissenschaft hat *M. Weber*, um so mehr, als er bekanntlich selbst zum »Antiken Judentum« geschrieben hat, nicht geringe Beachtung gefunden. Vgl. neuerdings C. *Schäfer-Lichtenberger*, Stadt und Eidgenossenschaft im Alten Testament. Eine Auseinandersetzung mit Max Webers Studie »Das antike Judentum«, BZAW 156 (1983), 9–14, sowie die Studien in: *W. Schluchter* (Hg.), Max Webers Studie über das antike Judentum. Interpretation und Kritik, stw 340 (1981) und in: *ders*. (Hg.), Max Webers Sicht des antiken Christentums. Interpretation und Kritik, stw 548 (1985), sowie *E. Otto*, Hat Max Webers Religionssoziologie des antiken Judentums Bedeutung für eine Theologie des Alten Testaments?, ZAW 94 (1982), 187–203 und *ders*., Historisches Geschehen – Überlieferung – Erklärungsmodell. Sozialhistorische Grundsatz- und Einzelprobleme in der Geschichtsschreibung des frühen Israel, BN 23 (1984), 63–80, hier 66f. Ob allerdings die »Begrifflichkeit der Soziologie Max Webers« als »wissenschaftliche(s) Instrumentarium für eine [...] historische Soziologie inclusive ihrer theologischen Problematik« ausreicht (so *Crüsemann*, Grundfragen [Anm. 6], 282), bezweifeln wir.

11 *M. Weber*, Wirtschaft und Gesellschaft (1922, Neudr. 1972), 1.

tischen, verstehenden Ansatz der Soziologie nicht nur von der Biologie, sondern auch von behavioristischen und positivistischen Ansätzen in den Sozialwissenschaften.[12] Es geht darum, das Verhalten in Beziehung zu setzen zu »gemeintem Sinn« – d. h. in Beziehung zu setzen zu Vorstellungen, Werten, Ideen, Reflexionen, Intentionen –, kurz und vereinfacht: zum Bewusstsein derer, die sich da verhalten. »Verstanden« ist dieses menschliche Verhalten dann, wenn es gelungen ist, zwischen den beiden Gesichtspunkten Verhalten und Sinn, Sinn und Verhalten einen Zusammenhang herzustellen, kurz, es als menschliches, soziales Handeln zu verstehen.

Webers Ansatz hat vielfältige Ausarbeitungen und Differenzierungen erfahren. Darunter scheint mir eine Theorie im Sinne unserer Fragestellung besonders weiterführend, weil sie jene Spannung zwischen Dinglichkeit und Bewusstsein noch einmal zugespitzt und zu ihrem eigentlichen Ausgangspunkt gemacht hat. Ich meine die von P. L. Berger und T. Luckmann in ihrem grundlegenden Werk »Die gesellschaftliche Konstruktion der Wirklichkeit, eine Theorie der Wissenssoziologie«[13] entwickelte wissenssoziologische Institutionentheorie.[14] Berger / Luckmann beschreiben ihre Problemstellung so:

12 Vgl. dazu *Pannenberg*, ebd. (Anm. 10).

13 So der dt. Titel (^{4}1974); amerik. Originalausg.: The Social Construction of Reality (1966).

14 Die wissenssoziologische Institutionentheorie ist in der Folgezeit natürlich auch durch Soziologen weitergedacht worden. Vgl. etwa *E. E. Lau*, Interaktion und Institution. Zur Theorie der Institution und der Institutionalisierung aus einer Perspektive der verstehenden interaktionistischen Soziologie (1976); *J. A. Schülein*, Theorie der Institution. Eine dogmengeschichtliche und konzeptionelle Analyse (1987). Sie ist aber auch durch Theologen rezipiert worden, insbesondere hat sie den entsprechenden Abschnitt in *W. Pannenberg*, Anthropologie in theologischer Perspektive (1983), vgl. vor allem 385ff., erheblich beeinflusst. Auch Alttestamentler haben die Wissenssoziologie rezipiert. Vgl. etwa: *P. D. Miller*, Faith and Ideology in the Old Testament, in: *Magnalia Dei*, The Mighty Acts of God, Essays on the Bible and Archaeology in Memory of G. E. Wrigth, ed. *F. M. Cross* u. a. (1976), 464–479 und jüngst *J. N. Lightstone*, Society, the Sacred, and Scripture in Ancient

»Wir können die Route, die wir nehmen, am besten beschreiben, wenn wir uns auf die beiden berühmtesten und folgenreichsten ›Marschbefehle‹ für die Soziologie berufen:
Der eine steht bei Durkheim in *Die Methode der Soziologie*, der andere bei Max Weber in *Wirtschaft und Gesellschaft*. Durkheim sagt: ›Die erste und grundlegendste Regel besteht darin, die soziologischen Tatbestände wie Dinge zu betrachten‹, und Weber sagt: ›Für die Soziologie [...] ist gerade der *Sinn*zusammenhang des Handelns Objekt der Erfassung.‹ Die beiden Thesen widersprechen einander nicht. Gesellschaft besitzt tatsächlich objektive Faktizität. Und Gesellschaft wird tatsächlich konstruiert durch Tätigkeiten, die subjektiv gemeinten Sinn zum Ausdruck bringen. [...] Es ist ja gerade der Doppelcharakter der Gesellschaft als objektive Faktizität *und* subjektiv gemeinter Sinn, der sie zur ›Realität sui generis‹ macht [...].
Die Grundfrage der soziologischen Theorie darf demnach so gestellt werden: Wie ist es möglich, dass subjektiv gemeinter Sinn zu objektiver Faktizität *wird*? Wie ist es möglich, daß menschliches *Handeln* (Weber) [...] eine Welt von *Sachen* hervorbringt? So meinen wir denn, daß erst die Erforschung der gesellschaftlichen Konstruktion der Wirklichkeit [...] zu ihrem Verständnis führt. Das [...] ist die Aufgabe der Wissenssoziologie.«[15]

Die Affinität dieser Problemstellung zu unserer Frage nach dem Verhältnis von »materiellen« Größen zu Elementen des menschlichen Bewusstseins liegt auf der Hand. Allerdings »beginnt« die Faktizität bei Berger / Luckmann erst mit den sozialen Gegebenheiten, während wir – durch die Verbindung zur Archäologie – bereits viel »früher« und unmittelbarer mit »der Welt der Sachen« in Berührung kommen, nämlich buchstäblich über die »Steine«. Es wird unsere erste Überlegung sein, welcher Weg von der Gegebenheit der Steine zum menschlichen Bewusstsein einerseits und zu den Gegebenheiten des sozialen Handelns andererseits führt (II). In einer zweiten Überlegung werden wir soziales Handeln als Faktizität und als sinnhafte Größe des menschlichen Bewusstseins

Judaism. A Sociology of Knowledge (1988). Auch mein erster Versuch: *H. Utzschneider*, Hosea, Prophet vor dem Ende, OBO 31 (1981), 14ff., hat sich auf diese Theorie bezogen.

15 *P. L. Berger / T. Luckmann*, Die gesellschaftliche Konstruktion der Wirklichkeit, eine Theorie der Wissenssoziologie (^{4}1974), 20. NB. die Weberschen Stichworte: Handeln, Sinn, Verstehen!

untersuchen (III). Es geht hier vor allem um die »soziale« und »ideologische« Seite der Fragestellung. In einem dritten und letzten Überlegungsgang werden wir darzustellen versuchen, welche Interdependenz zwischen sinnhaftem sozialen Handeln und dem »Sinnuniversum der sozialen Lebenswelt«[16] besteht (IV). Insgesamt deutet sich so an, dass mit der Frage nach dem Verhältnis von »Realien« und Bewusstsein auch die Frage nach der Einheit und Darstellbarkeit der Wirklichkeit als Ganzer verhandelt wird. Hier werden auch theologische Perspektiven erkennbar werden.

In allen drei Überlegungsgängen wird uns die Institution der Handweberei nach ausgewählten archäologischen und literarischen Zeugnissen des Alten Testaments und seiner Umwelt als Modellfall begleiten.

II.

Die »materiellen Überreste« der Handweberei auf dem Boden des alten Israel sind nicht sehr vielfältig. Einerseits sind einige wenige Gewebereste gefunden worden, so etwa aus dem Chalkolithikum (ca. 4000 v. Chr.) und aus der Eisen-IIC-Zeit (850–586 v. Chr.). Die Funde stammen (und können nur stammen) aus den trockenen Wüstengegenden Palästinas am Toten Meer (Wadi Maḥras) und in der Negevwüste (Kuntillet ʿAǧrūd).[17] Bei weitem zahlreicher, aber nicht viel differenzierter sind Funde, die mit der Weberei als Tätigkeit zusammenhängen. Es handelt sich dabei meist um sogenannte Webergewichte, meist

16 *Pannenberg,* Anthropologie (Anm. 14), 394.

17 *H. Weippert*, Palästina in vorhellenistischer Zeit, Handbuch der Archäologie, Vorderasien II,1 (1988), 134.637 und *dies.*, Textilproduktion und Kleidung im vorhellenistischen Palästina, in: Pracht und Geheimnis. Kleidung und Schmuck aus Palästina und Jordanien, Katalog der Sammlung Widad Kawar anlässlich einer Ausstellung im Rautenstrauch-Joest-Museum, hg. v. *G. Völger* / *K. V. Weck* / *K. Hackstein* (1987), 136–142, hier 136.

»luftgetrocknete durchbohrte Tonkugeln«[18]; es sind aber auch kegelige Formen[19] und durchbohrte Steine[20] belegt. Daneben wurden verbrannte Reste eines Webstuhles aus der Eisen-IIC-Zeit entdeckt.[21]

Diesen Gerätschaften *als solchen* sieht man keineswegs ohne weiteres an, dass sie mit der Weberei zu tun hatten. So unterscheiden sich steinerne Webergewichte zuweilen nur durch ihre kreisrunde Bohrung von »natürlich« geformten Steinen. Sie sind also zunächst nur erkennbar als Artefakte, als von Menschen hergestellt oder zumindest in Gebrauch genommene Gegenstände. Sie lassen erkennen, dass sie einen »Sinn« gehabt haben müssen, nicht aber welchen.

»Die Deutung der unscheinbaren Gerätschaften«, so die Archäologin H. Weippert zu den Webergewichten von Wadi Maḥras, »gelang freilich nur, weil jüngere Darstellungen und die bis heute im Lande gebrauchten Webrahmen ihre Anwendung erklären halfen.«[22] So wurde es möglich, die Steine oder Tonklumpen in ihrer Funktion im vertikalen Webstuhl zu erklären: »Bei ihm (sc. dem vertikalen Webstuhl) hingen die Kettfäden von einem Holzrahmen herab, daran aufgehängte Webergewichte hielten die Fäden auseinander.«[23] Was die menschlichen – für die Archäologie und Kulturwissenschaft bedeutsamen – »Steine« oder sonstigen Gegenstände von allen anderen Gegenständen unterscheidet, ist ihre erkennbare Funktion in einem größeren Handlungskonzept.

18 *Weippert*, Textilproduktion (Anm. 17), 137.

19 Vgl. die Abb. bei *R. A. S. Macalister*, The Excavation of Gezer (1912), Vol. II, 73ff.

20 Vgl. etwa *V. Fritz / A. Kempinski*, Ergebnisse der Ausgrabungen auf der *Hirbet el Msas* (*Tel Masos*) 1972–1975, 3 Bde., ADPV (1983), Tafelbd. Abb. 104 / 10.

21 *Weippert*, Palästina (Anm. 17), 636.

22 *Weippert,* Textilproduktion, 137.

23 *Weippert,* ebd. Eine Typologie der antiken Webstühle sowie eine Auswahl antiker Darstellungen (insbes. griechische Vasenbilder, aber auch das Modell einer ägyptischen Weberstube) finden sich bei *R. J. Forbes*, Studies in Ancient Technology IV, 2nd rev. ed. (1964), 200ff.

Das aber heißt: Kein Artefakt besteht für sich; es geht ihm immer ein Handlungskonzept voraus, dem es seinen Sinn verdankt. Der Anthropologe A. Gehlen hat dies an einem anderen archäologischen Beispiel – einem Steinmesser – klargemacht: »[…] gesetzt, man wolle aus dem Feuerstein eine Klinge absprengen, so muß konzipiert sein: der Vorgang oder das Entwurfs- oder Wirkungsschema des ›Schneidens überhaupt‹. […] Es muß ein künftiges Interesse oder Bedürfnis an diesem Arbeitsgang bewußt sein […].«[24] So kann Gehlen von Werkzeugen als (steinernen) »Begriffen« reden, die »Bedürfnisse und Gedanken der Menschen mit Sachbedingungen« zusammenschließen.[25]

Eine erste Brücke zwischen den Dingen und dem menschlichen Bewusstsein ist der Sinn, den menschliches Bewusstsein den Dingen in einem vorgängigen Handlungskonzept zuweist.

Die Archäologie stellt weitere Beobachtungen bereit, die die Eigenart jener Verbindung noch deutlicher werden lässt. H. Weippert weist darauf hin, dass sowohl die Produkte wie die Technik der Handweberei über sehr lange Zeiträume hinweg keinen großen Veränderungen unterworfen waren: »Die Techniken des Textilhandwerks, die sich bereits im 7. Jahrtausend v. Chr. herausgebildet hatten, wurden in den folgenden Jahrtausenden beibehalten.«[26]

Das Handlungskonzept war also von so hoher Stabilität, dass man es in einem ebenso stabilen Typus des Handelns realisiert denken muss. In eben diesem Sinne kann man von der »Handweberei« als »Institution« sprechen. Solche Stabilität ist aber nur denkbar, wenn das Handlungskonzept und der Typus des Handelns selbst in einem

24 *A. Gehlen*, Urmensch und Spätkultur (1964), 11.

25 A. a. O., 12.

26 Textilproduktion (Anm. 17), 136. Ähnliches lässt sich auch für das Webgewicht im Kontext eines Fundortes sagen: »Weaver's weights are found in every semitic stratum from the oldest to the latest«, d. h. vom 3. bis ins 1. vorchristliche Jahrtausend. So *Macalister*, a. a. O. (Anm. 19), 73.

ebenso stabilen wie verbreiteten »Wissen« aufgehoben und über lange Zeiträume hinweg tradiert wurden. Solches Wissen war nicht nur Expertenwissen, sondern geistiger Gemeinbesitz, Alltagswissen.

Dies lässt sich an den Texten zeigen. Die aus archäologischen und ikonographischen Belegen rekonstruierten Handlungsmuster erscheinen dort wieder als selbstverständliche Voraussetzungen, als Präsuppositionen, und zwar gerade auch in Texten, die mit Weberei überhaupt nichts zu tun haben.

Wenn etwa der hölzerne Schaft des Speeres Goliaths mit einem »Weberbaum« (ארג) verglichen wird (1Sam 17,7), so ist vorausgesetzt, dass jeder weiß, wie groß ein derartiges Geräteteil ist. Wenn es in Hi 7,6 heißt: »Meine Tage waren schneller als ein Weberschiffchen, und sie vergingen ohne jede Hoffnung«, so steht den zeitgenössischen Hörern die Geschwindigkeit vor Augen, mit der die gewandte Weberin oder der gewandte Weber das Schiffchen durch die Kettfäden fliegen lässt. Auch die Szene zwischen Simson und seiner schönen Geliebten Delilah (Ri 16,13f.) ist von der Präsupposition eines alltäglichen, ziemlich detaillierten Wissens um die Funktionsweise des horizontalen Webstuhles bestimmt: Simson hatte sich auf eine Kraftprobe eingelassen, bei der er Delilah sein legendäres Haar in die Kettfäden eines liegenden Webstuhls einflechten ließ. Kraftprotz, der er war, soll Simson sein Haar mitsamt dem Webstuhl aus der Verankerung am Boden gerissen haben. Auf die Obertöne, die in dieser Szene mitschwingen, werden wir noch genauer zu hören haben.

III.

Wir haben gerade gesehen, dass ein institutionaler Handlungstypus sich dem Archäologen und Kulturwissenschaftler einerseits in technisch-vergegenständlichter Form als Artefakt und andererseits als (literarische) Präsupposition institutionalen Wissens präsentieren kann. Dabei erscheint der Handlungstypus aber immer nur partiell. Den Handlungstypus als Ganzen zu rekonstruieren heißt, die typischen Träger der Handlung sowie das Handeln selbst in den Blick zu nehmen. Dem ist nun zunächst in einem längeren theoretischen Gedankengang nachzugehen.

1. Die wissenssoziologische Institutionentheorie[27] beschreibt Institutionen als typisierte Handlungen, die wechselweise, »reziprok«[28], mit typischen Akteuren verbunden sind. Eigentlich institutional wird solchermaßen typisiertes Handeln, wenn es über die Generationen hinweg den neu hinzukommenden Individuen als selbstverständliches »Wissen« vermittelt wird und so eigene Qualität gewinnt als »eine Wirklichkeit, die dem Menschen als zwingendes Faktum gegenübersteht«[29]. Darin liegt die objektiv zwingende, der gleichsam »materielle« Charakter, den die soziale Wirklichkeit ihren Mitgliedern gegenüber annehmen kann.

Alles, was mit dieser Typik zusammenhängt, also der Handlungstypus selbst und die ihn konstituierende reziproke Beziehung zwischen den typischen Handelnden, kann man die »*Form einer Institution*« nennen. In Anlehnung an M. Webers Terminologie könnte man vom »Verhaltensaspekt« des institutionalen Handelns sprechen.

Unter Betonung ihres gesellschaftlichen Charakters kann man Institutionen mit J. A. Schülein formal auch als »fixierte interaktive Prozesse« beschreiben, wobei »in einer differenzierten Umwelt [...] gegebene Einzelheiten so vermittelt [werden], daß sie eine neue, sich daraus ergebende Entität bilden, die eine eigene Binnenstruktur besitzt«[30].

Wo von »Form« die Rede ist, muss auch von »Thema« gesprochen werden. Mit der »*Thematik*«, Schülein spricht

27 *Berger / Luckmann*, a. a. O. (Anm. 15), 49ff. Vgl. auch *Pannenberg*, Anthropologie (Anm. 14), 393ff.
28 *Berger / Luckmann*, a. a. O., 58.
29 A. a. O., 62.
30 *Schülein*, a. a. O. (Anm. 14), 139.

von »Themenspezialität«[31], eines institutionalen Handlungstypus ist zunächst der – an sich einfache – Umstand gemeint, dass institutionale Handlungszusammenhänge nur zustande kommen, wo ein Bedürfnis danach besteht: »Wo Realität einen spezifischen Bedarf an Leistungen hat, wo Probleme gelöst bzw. Themen behandelt werden müssen, erzwingen diese Vorgaben Reaktionen, d. h. institutionalisierte Relationen, die ihnen gewidmet sind.«[32] Es ist wichtig, dass der Begriff des »Themas« einer Institution nicht einfach gleichgesetzt wird mit den oder reduziert wird auf die naturbedingten, menschlichen Bedürfnisse, so gewiss menschliche Naturbedürfnisse auch zur Thematik von Institutionen gehören.[33] Als *Thema* einer Institution seien vielmehr bezeichnet die natürlichen Bedürfnisse, geschichtlichen Möglichkeiten und sozialen Funktionen, Sinngebungen und Wertungen, die *zusammen* einen Typus sozialen Handelns bestimmen. In Anlehnung an Max Webers Terminologie könnte man vom Sinnaspekt institutionalen Handelns reden.

Diese beiden Grundaspekte bedürfen nun einer weiteren Differenzierung vor allem in dreierlei Hinsicht:

a) So sehr Institutionen Formen mit eigener Binnenstruktur darstellen, so sehr »tendieren [sie] dazu zusammenzuhängen«[34], eine »institutionale Welt« zu bilden. Diese Eigenschaft von Handlungstypen wird sich als außerordentlich bedeutsam erweisen für die unter (c) zu besprechende sinnweltliche Perspektive von Institutionen.

b) Die formal objektivierte und damit stabile Struktur von Institutionen erfährt eine grundsätzliche Grenze

31 A. a. O., 136.164ff.

32 A. a. O., 133. Ähnlich sprechen auch schon *Berger / Luckmann* von der Institution als der »permanenten Lösung eines ›permanenten‹ Problems« (a. a. O. [Anm. 15], 74).

33 Eine an den Bedürfnissen orientierte Institutionentheorie hat der Ethnologe *B. Malinowski* entwickelt: Eine wissenschaftliche Theorie der Kultur (1941), in: *ders.,* Eine wissenschaftliche Theorie der Kultur und andere Aufsätze, stw 104 (^{2}1985). Vgl. dazu *Pannenberg*, Anthropologie (Anm. 14), 388.

34 *Berger / Luckmann,* a. a. O., 68.

dadurch, dass *Institutionen als historische Größen* einen bestimmten Anfang und ein bestimmtes Ende haben – auch wenn dies jeweils im Dunkeln liegen sollte.[35] Die Historizität von Institutionen ist aber nicht nur eine Frage ihres Ursprungs oder ihres Endes, sondern vor allem eine Frage ihrer Erhaltung. Wenn sich das »Fortwirken einer Institution auf ihre gesellschaftliche Anerkennung als ›permanente‹ Lösung eines ›permanenten‹ Problems«[36] gründet, dann muss diese Anerkennung mit jeder neuen Generation mehr oder weniger intensiv neu erworben werden; dazu ist jeweils ein »Erziehungsprozess« nötig, in dem das »sedimentierte Wissen« über den Handlungstypus, insbesondere aber über dessen Sinnhaftigkeit[37] weitergereicht wird. Dabei wirken nicht nur die (unentbehrliche!) Widerständigkeit, die jedem Erziehungsprozess innewohnt, sondern vor allem die kontingent veränderlichen Umwelt- und Lebensbedingungen einer allzu festen Sedimentierung von Form und Thematik des Handlungstypus entgegen. Es ergibt sich daraus nicht nur die Notwendigkeit der Legitimierung institutionalen Wissens, sondern auch die Erfordernis einer sukzessiven Neudefinition der institutionalen Thematik. Mit anderen Worten: die Historizität von Institutionen wird nur ermöglicht

35 Der Ursprung der Handweberei liegt archäologisch und kulturgeschichtlich im Dunkeln. Das Ende der Handweberei als gesellschaftlich relevanter Handlungstypus (nicht als Technik!) ist ein modernes Ereignis, dessen Zeugen wir alle beinahe noch geworden wären. In Deutschland ist dieses Ereignis markiert durch Webernot und Weberaufstände in der Mitte des 19. Jahrhunderts (vgl. *Gebhardt*, Handbuch der deutschen Geschichte 3 [1970], 477ff.). An den literarischen Zeugnissen, die wir darüber haben (*F. Feilingrath*, *H. Heine*, *G. Hauptmann*), kann man sehen, dass das Ende eines menschlichen Handlungstypus kein stilles Vergehen, sondern ein – für die Betroffenen qualvolles, sozial verheerendes – Ereignis bedeutet oder zumindest bedeuten kann.

36 *Berger / Luckmann,* a. a. O. (Anm. 15), 74.

37 Vgl. a. a. O., 74f.

durch einen ständigen Prozess der *Selbstreflexion.*[38] Andernfalls erstarrt die Institution und sieht dann ihrem unausweichlichen Ende entgegen.

c) Diese zunächst historisch erkennbare „instabile Stabilität« der Institutionen ist nicht nur ein historisches Problem. Auf das grundsätzliche und unaufhebbare Gegenüber von Objektivität und Subjektivität im institutionalen Handeln hat besonders Schülein aufmerksam gemacht: Eine »offene Realität«, d. h. eine Realität, die in ihren Abläufen nicht durch eine umfassende Gesetzmäßigkeit festgelegt ist, die Kontingenz zulässt, ja zulassen muss, kann »mit einem Institutionskonzept, das ausschließlich die Seite des Geregelten und Festgelegten betrachtet, nicht hinreichend erfaßt werden. [...] Es muß zugleich das Nicht-Institutionalisierbare, das *Institutionsaverse* im Blick haben und versuchen, die Dialektik beider nachzuvollziehen.«[39] Wenn dem aber so ist, dann sind Institutionen auch nicht nur als gleichsam naturhafter Hintergrund menschlichen Handelns und Redens und Denkens zu beschreiben. Sie sind in ihrer Stabilität immer konterkariert durch eine grundsätzliche, durch Subjektivität bedingte Offenheit der menschlichen Wirklichkeit. Diese Offenheit ist bei einem institutionalen Verständnis kultur- bzw. sozialgeschichtlicher »Realien« immer mitzudenken. Die kulissenhafte Vorstellung eines »sozialen Hintergrundes« würde den Blick darauf ebenso verstellen wie ein mechanistisches »Geschichtsbild«.

Die hier entfalteten theoretischen Aspekte[40] sind nun an unserem Exempel der »Handweberei« zu verifizieren.

38 Vgl. dazu auch *Schülein*, a. a. O. (Anm. 14), 169.

39 *Schülein,* a. a. O., 158. So aus ethnologischer Perspektive auch *J. F. Thiel*, Grundbegriffe der Ethnologie, Collectanea Instituti Anthropos 16, 4. erw. und überarb. Aufl. (1983), 78.

40 U. E. könnten die Gesichtspunkte »Thema«, »Form« und »Historizität« sowie der unter IV weiter entfaltete Gesichtspunkt »Sinnwelt« methodische Leitgesichtspunkte für institutionengeschichtliche Untersuchungen sein. Vgl. meine Untersuchung: Patrilinearität im alten Israel – eine Studie zur Familie und ihrer Religion, BN 56 (1991),

2. Die *Thematik* des Handlungstypus der »Handweberei« ist vergleichsweise einfach zu bestimmen. Es geht vor allem um die schützende Bedeckung des menschlichen Körpers. Auch im von der Sonne bevorzugten Palästina sind die Unbilden der Witterung im Tageslauf und im Wechsel der Jahreszeiten so gravierend, dass »die Menschen [...] zu allen Zeiten ihren Körper durch Kleidung vor Sonne, Kälte und Nässe schützten«[41]. In alttestamentlichen Texten kommt diese Thematik gelegentlich und präsuppositionell zum Ausdruck, so etwa, wenn es von der »wackeren Hausfrau«, auf die wir noch zurückzukommen haben, heißt: »Sie fürchtet nicht für ihr Haus den Schnee, denn ihr ganzes Haus ist zweifach bekleidet« (Spr 31,21), oder wenn es im Zusammenhang mit einer Polemik gegen Gottlose in Jes 59,5f. heißt: »Natterneier brüten sie, Spinnenfäden weben sie, wer von ihren Eiern isst, stirbt, und zerdrückt man eines, so wird eine Schlange herauskriechen. Ihre Gewebe sind nicht für ein Kleid, und man kann sich nicht zudecken mit ihrem Gewirk. Ihre Produkte sind Unheilsprodukte, und Gewalttat ist in ihren Händen.«

Dazu sind nun allerdings noch wenigstens zwei Differenzierungen anzubringen. Einerseits ist klarzustellen, dass die Bedeckung des Körpers als Thematik der Herstellung gewebter Kleidung nicht nur als Reflex eines einfachen Naturbedürfnisses anzusehen ist. Gewiss ist der Schutz vor Kälte und übermäßiger Sonneneinstrahlung ein natürliches Bedürfnis. Aber dieses Bedürfnis ist eben nicht nur durch gewebte Kleidung zu erfüllen, sondern auch durch pflanzliche Materialien oder durch Felle, wie dies bereits die Paradiesgeschichte zum Ausdruck bringt (vgl. Gen 3,7.21). Andererseits ist deutlich, dass gerade gewebte Kleidung mit ihren vielfältigen Möglichkeiten des »Designs« keineswegs nur dem lebenserhaltenden

60–97 [im vorliegenden Band S. 3–49], die nach diesen Gesichtspunkten zu verfahren sucht.

41 *Weippert*, Textilproduktion (Anm. 17), 136.

Schutz, sondern auch der Darstellung von sozialem Status[42] dient. Diese differenzierteren Seiten der institutionellen Thematik erscheinen in den Texten dann nicht mehr nur präsuppositionell, sondern ausgeführt und hervorgehoben, wie etwa die Schilderung des edelsteinbesetzten, goldgewirkten Prachtgewandes des Königs von Tyrus (Ez 28,13).[43] Noch prononcierter – als ausgeführtes Programm – erscheinen sie in der Anweisung zur Herstellung der Gewänder des Hohenpriesters (Ex 28) bzw. deren Beschreibung (Ex 39 MT) und der darin implizierten Beschreibung der Gewänder.[44]

Hier lässt sich die oben theoretisch bereits postulierte Vernetzung der institutionalen Handlungstypen beobachten. Vor allem aber wird klar, dass das Thema der Weberei ein auf vielfältige Weise sozial gemeinter, kein einfach naturgegebener Sinn ist. Die Weberei ist eine menschlich erdachte und gestaltete, sozial motivierte und kulturell eingeübte, kurz: institutionelle Lösung eines differenzierten Lebensproblems. Dass dieses Lebensproblem auch Ursachen in der Natur und der Biologie des Menschen hat, ändert daran nichts.[45] In der Thematik einer Institution sind, um noch einmal Gehlens Formulierung aufzugreifen,

42 Vgl. a. a. O., 140.

43 Zum Text und zur Sache vgl. *W. Zimmerli*, Ezechiel. 2. Teilbd., Ezechiel 25–48, BK XIII,2 (1969), 673f.683.

44 Vgl. dazu *H. Utzschneider*, Das Heiligtum und das Gesetz. Studien zur Bedeutung der sinaitischen Heiligtumstexte (Ex 25–40; Lev 8–9), OBO 77 (1988), 172–176.

45 Sehr eindrucksvoll stellt auch das Gilgameschepos den Unterschied zwischen natürlicher und kultureller Erfüllung menschlicher Bedürfnisse dar: Es beschreibt die Wandlung Enkidus, des Gefährten Gilgameschs, von einem rohen Menschen der Steppe, der sich dort mit den wilden Tieren getummelt und von ihnen genährt habe, zu einem kultivierten Menschen. Zu dessen Kultur gehören, neben gewissen Ess- und Trinksitten, die Körperpflege, das Erlernen der Raubwildjagd zum Schutz der Haustierherden, und eben auch die Kleidung. Enkidu verdankt all dies einer Dirne, die ihn nach sieben Liebesnächten in die menschliche Kultur einführt. Vgl. Taf. II, col. II–III der altbab. Version; ANET, 71; vgl. auch *C. Westermann*, Genesis, 1. Teilbd., Genesis 1-11, BK I,1 (1974), 366f.

»Bedürfnisse und Gedanken der Menschen mit Sachbedingungen« zusammengeschlossen.[46]

Die zentrale Frage bei der Rekonstruktion der *Form* eines Handlungstypus ist immer die: Wer handelt normalerweise, wer stellt den Typus des Handelnden? Für die Handweberei im alten Israel und seiner Umwelt kann die Antwort lauten: die Frauen.[47]

Im Alten Testament gibt es zwei loci classici dafür, dass die Frau die typisch Handelnde in der Weberei ist.

Der eine locus classicus ist Spr 31,10–31, das oft sogenannte »Lob der wackeren Hausfrau«[48]; der für unseren Zusammenhang entscheidende Passus umfasst die V. 13.19–25:

(13) Sie tut sich um nach Wolle und Flachs und handelt, wie es ihren Händen gutdünkt
[…]
(19) ihre Hände streckt sie aus nach dem Spinnwirtel, und ihre Fäuste greifen die Spindel.
(20) Ihre Faust tut sie auf dem Elenden; und ihre Hände streckt sie hin dem Bedürftigen,
(21) Sie fürchtet nicht für ihr Haus den Schnee, denn ihr ganzes Haus ist zweifach bekleidet.
(22) Decken macht sie sich, Leinen und Purpurwolle dient ihr zur Kleidung.
(23) Bekannt ist ihr Mann in den Toren, wenn er Sitzung hält mit den Ältesten des Landes.
(24) Feingewebe macht sie und verkauft es, und einen Gürtel gibt sie dem Händler.
(25) Kraft und Hoheit ist ihr Gewand, und sie lacht des kommenden Tages.

46 A. a. O. (Anm. 24), 12.
47 Vgl. auch *Weippert*, Textilproduktion (Anm. 17), 138.
48 Vgl. zu diesem Text auch *F. Crüsemann*, „… er aber soll dein Herr sein« (Genesis 3,16). Die Frau in der patriarchalischen Welt des Alten Testaments, in: *ders.* / *H. Thyen*, Als Mann und Frau geschaffen. Exegetische Studien zur Rolle der Frau, Kennzeichen 2 (1978), 13–106, hier 34ff. Der soziohistorische Kontext dieser Frau ist nach *Crüsemann* in der persischen Zeit zu suchen und ist dort denkbar »normal«: »Am ehesten handelt es sich um eine nicht besonders wohlhabende, aber auch nicht unmittelbarem wirtschaftlichen Druck ausgesetzte freie israelitische Bauernfamilie […]« (a. a. O., 37).

Nach diesem Text sind Spinnen, Weben und Textilherstellung Frauensache. Funktional primär verbunden ist dieser Handlungstypus mit der Familie und dem dort zu erfüllenden Bedürfnis der Bekleidung. Insgesamt ist er ein Beleg dafür, dass »die Weberei […] Hausindustrie«[49] gewesen ist. H. Weippert stellt sich die institutionale Situation so vor: „[…] Ein besonderer Arbeitsplatz ist nicht erforderlich, Spindel und Nähnadel lassen sich überall handhaben, und der Webrahmen findet in jedem Haus, in jedem Zelt oder daneben Platz.«[50]

Der andere biblische locus classicus für die Frau als die typische Weberin ist die schon erwähnte Szene mit Delilah und Simson in Ri 16,13f. Hier ist die Weberei vielleicht noch beiläufiger und selbstverständlicher mit der Frau verbunden. Der Webrahmen erscheint als ein frauliches Requisit, das immer zuhanden ist, auch zu dem höchst ungewöhnlichen Zweck, zu dem ihn Delilah verwendet.

Die beiden Texte weisen nun allerdings noch Besonderheiten auf, die historisch und kontextuell bedingte Modifikationen zunächst der Form und dann auch der Thematik des Handlungstypus signalisieren.

Spr 31 verbindet zwar in einer hervorgehobenen Weise die Textilherstellung mit der Rolle der Frau in der Familie. Darüber hinaus jedoch hat der Text auch schon Möglichkeiten im Blick, die weit über den Kreis der Familie hinausgehen:

> Feingewebe macht sie und verkauft es, und einen Gürtel gibt sie dem Händler (V. 24).

Was die Frau hier herstellt und verkauft, der סָדִין (griech.: σινδόνη), ist kein Artikel des täglichen Bedarfs, sondern ein Luxusartikel. Nach Jes 3,23 tragen ihn die Damen der feinen Jerusalemer Gesellschaft. Ähnliches gilt für den

49 *Benzinger*, a. a. O. (Anm. 2), 154; vgl. *Forbes*, a. a. O. (Anm. 23), 234.

50 *Weippert*, Textilproduktion (Anm. 17), 138.

»Gürtel« (חֲגוֹר), den die Hausfrau dem Händler anbietet. Dermaßen umgürtet sind wiederum Luxusfrauen (Jes 3,24), ein General (2Sam 18,11), der König (1Kön 2,5), der Hohepriester (Ex 29,9 u. ö.) und schließlich ein Engel (Dan 10,5).

Die brave Hausfrau von Spr 31,24 steht mit ihrer Weberei und der Vermarktung ihrer Produkte an der Schwelle von der Heimarbeit zur Manufaktur. Und es gibt Hinweise innerhalb und außerhalb des Alten Testaments, dass diese Schwelle auch vielfach kräftig überschritten worden ist.

Die spezialisierte Herstellung feiner Textilien war besonders eine ägyptische Domäne, einerseits, weil dort der Flachs, der vegetabile Grundstoff des Leinen, besonders gut gedeiht, andererseits weil die differenzierte ägyptische Welt erheblichen Bedarf an feinen Textilien hatte. In Jes 19,1–15 ist dies bezeugt. Ägypten wird ein furchtbares Jahwegericht angekündigt. In dessen Verlauf wird der Strom versiegen, Rohr und Schilf werden schwarz, das Fruchtland wird austrocknen, und als Folge davon wird dies geschehen:

> Zuschanden werden die Flachsarbeiter; Hechlerinnen und Weber erbleichen, und die ihn verweben, sind niedergeschlagen, die Lohnarbeiter sind tief betrübt (V. 9f.).[51]

Die Ägyptologen vermuten, dass im späteren Ägypten »so etwas wie eine organisierte Textilindustrie«[52] anzunehmen ist, in der auch Männer beschäftigt sind.[53] Die Partizipialform in עֹשֵׂי שֶׂכֶר »Lohnarbeiter« in Jes 19,10 jedenfalls ist maskulin. Und vielleicht steckt hier auch das »Körnchen Wahrheit« einer mit Erstaunen mitgeteilten

51 Zu Text und Übers. siehe *H. Wildberger*, Jesaja, 2. Teilbd., Jesaja 13–27, BK X,2 (1978), 698ff.; siehe dort auch zur Flachsbearbeitung in Ägypten (a. a. O., 716).

52 A. a. O., 716.

53 Das Lexikon der Ägyptologie (Bd. VI, 1160–1161, hier 1161) nimmt an, »daß […] bis zum NR, in welchem neben den Frauen auch Männer den W.(ebstuhl) bedienten, diese Tätigkeit ausschließlich von Frauen ausgeübt wurde«.

Beobachtung Herodots, derzufolge in Ägypten die Männer weben.[54] Verallgemeinert werden darf Herodot jedenfalls nicht.

Auch für das antike Palästina gibt es – über Spr 31,24 hinaus – archäologische und literarische Hinweise dafür, dass die Weberei in quasi-industrieller Form betrieben worden ist. In 1Chr 4,21 ist von den »Sippen des Hauses der Byssus-(Leinen-)verarbeitung von *bêt-ʾašbeaʿ* (מִשְׁפְּחוֹת עֲבֹדַת הַבֻּץ לְבֵית אַשְׁבֵּעַ) die Rede. Sie werden aufgeführt unter den Sippen Judas, und im Zusammenhang mit Töpferfamilien, von denen es dann heißt: »beim König, in seinem Dienste, wohnten sie daselbst« (V. 23: עִם־הַמֶּלֶךְ בִּמְלַאכְתּוֹ יָשְׁבוּ שָׁם). Könnte es sich hier nicht wie bei den »königlichen Hoftöpfern«[55] von V. 23 um eine Art »königlich-judäischer Webe- und Textilienmanufaktur«[56] handeln? Ein Bedarf dafür war bei Hofe[57] und am königlichen Heiligtum[58] sicherlich vorhanden. Gewebt hätten an solchen Manufakturen sicherlich nicht nur Frauen, sondern auch Männer, wie wir denn auch den kunsthandwerklichen »Weber« im Zusammenhang mit der Herstellung der Kleider des Hohenpriesters (Ex 28,32: ארג, 39: שבץ pi; vgl. Ex 35,35) im Alten Testament bezeugt finden.

54 *Herodot*, Historien II, 35; Weiteres dazu s. unten.

55 *W. Rudolph*, Chronikbücher, HAT 21 (1955), 37.

56 Vgl. dazu auch die Notiz in 2Kön 3,4 über den Tribut des moabitischen Königs Mesa an den König von Israel. Nach diesem Text hatte der Moabiter 100 000 Lämmer und 100 000 Widder zu liefern. »Geht man von 1 Kilogramm Wolle pro Tier aus, dann erhielt der König von Israel 200 Tonnen Wolle im Jahr. Wie wurde sie weiterverarbeitet? Gab es königliche Manufakturen?« (*Weippert*, Textilproduktion [Anm. 17], 138).

57 In 2Kön 10,22 ist von einer königlichen »Kleiderkammer« (מלתחה) die Rede.

58 Vgl. *M. Noth*: »[…] man denkt hierbei unwillkürlich an die Webereien und Färbereien, die Albrigth in der Schicht der israelitischen Königszeit in tell bēt mirsim gefunden hat« (ZDPV [1932], 123, zit. nach *Rudolph*, a. a. O., 37). Nach *Weippert*, Palästina (Anm. 17), 638 stellten die so gedeuteten Installationen allerdings »vermutlich Ölpressen dar«.

Dass מִשְׁפָּחוֹת nicht nur verwandtschaftliche Größen, sondern auch »Zünfte« bedeutet, ist auch sonst belegt (vgl. *Rudolph*, ebd.).

So führt Spr 31 auf eine Spur, in deren Verlauf Thematik und Form der Handweberei durch die differenzierte Verwendung ihrer Produkte in weiteren institutionalen Kontexten, vor allem am Hof und am Heiligtum, verändert wurden. Die Modifikation der Thematik (Weberzeugnisse für den »gehobenen Bedarf«) hat zu einer Modifikation des Handlungstypus geführt.

Auf eine andere Spur führt Ri 16,13f. Hier steht der Typus des bzw. der Handelnden, die Frau als Frau, im Mittelpunkt der Reflexion. Der funktionale Kontext der Szene mit Delilah und Simson ist nicht die Familie, sondern das Verhältnis zwischen Mann und Frau. Delilah ist Simsons Geliebte. Die Situation, in der der Webstuhl eine Rolle spielt, ist intim und erotisch. Dieses Ambiente ist keineswegs zufällig.

Deutlich wird das, wenn man der biblischen Szene zwei Szenen an die Seite stellt, in denen ein anderer berühmter Held durch webende Frauen »bezirzt« wird. Die Rede ist von Odysseus:

Auf seiner Irrfahrt kommt er zunächst zur Nymphe Kalypso, die sich in ihn verliebt und ihn als Gefangenen der Liebe möglichst für immer auf ihrer Insel behalten will. Die Götter befreien den Helden aus seiner misslichen Lage. Hermes, ihr Bote, überbringt der Nymphe den Befehl, Odysseus freizugeben, und trifft die Schöne in ihrer Höhle so an: »Ein großes Feuer brannte auf dem Herd. [...] Doch sie, mit schöner Stimme singend, schritt drinnen am Webstuhl auf und ab und wob mit goldenem Weberschiffchen.«[59]

Ein weiteres Mal gerät Odysseus in die »Fäden« einer liebestollen Göttin auf der Insel Aia. Odysseus und seine Gefährten kommen zum Gehöft dieser Göttin und, so Homer, »sie traten in das Vortor der flechtenschönen Göttin und hörten drinnen Kirke singen mit schöner Stimme, während sie an einem Gewebe hin- und herschritt, einem großen unsterblichen, so wie der Göttinnen feine und lieb-

59 *Homer*, Odyssee V, 59f. (übers. von *W. Schadewaldt*).

liche und prangende Werke sind«[60]. Während des Odysseus' Gefährten der Kochkunst der Göttin erliegen und in Schweine verwandelt werden, bestieg der Held selbst der »Kirke gar schönes Lager«[61].

Zu gedenken ist hier natürlich auch Penelopes, der tugendsamen Gattin des Odysseus und Mutter seines Sohnes Telemachos. Im heimischen Ithaka webt sie jeden Tag an einem Leichentuch für ihren Vater Laërtes und trennt es in der Nacht wieder auf. So ist sie immer beschäftigt und hält sich dadurch die zahlreichen Freier vom Leib.[62]

Deutlich zu erkennen ist zunächst dies: Die Handlung des Webens ist mit anderen Handlungsformen verbunden, die als typisch »weiblich« angesehen werden: Spinnen, Schneidern, Kochen, aber auch Singen, Lieben und eheliche Treue. Das typische Handeln des Webens steht nicht für sich allein. Es ist verflochten in ein Netz anderer Handlungstypen, die von Frauen wahrgenommen werden. Es zeigt sich hier die Bedeutung des »reziproken« Verhältnisses von Handlungstyp und Typ des Handelnden in Institutionen. Danach gilt nicht nur: »Wer webt, ist Frau«, sondern auch: »Wer Frau ist, webt.«

Dieser Zusammenhang kann auch via negationis zur Sprache kommen: Soweit uns die Texte Einblick gewähren, sind webende Männer[63], wiewohl es sie zweifellos gegeben hat, nicht sehr geschätzt. Herodot wundert sich über die Ägypter, bei denen er beobachtet haben will, dass bei ihnen im Gegensatz zu den Sitten anderer Völker »die Frauen auf den Markt gehen und handeln, während die

60 A. a. O., X, 220ff.
61 A. a. O., X, 347.
62 A. a. O., XIX, 142ff.
63 Das AT gibt ausdrücklich Kunde nur von spinnenden Männern. In 2Sam 3,29 heißt es: »Möge es im Hause Joabs nie an solchen fehlen, die an Fluss und Aussatz leiden, die mit der Spindel umgehen, מַחֲזִיק בַּפֶּלֶךְ (so MT, vgl. HAL III, 881; die gewöhnliche Übers. »die an Krücken gehen« beruht auf der Septuaginta), die durch das Schwert fallen und die nichts zu essen haben!« David wünscht seinem Gegner also Männer an den Hals, die sich wie Frauen benehmen!

Männer zu Hause sitzen und weben«[64]. Diese so historisch klingende Aussage steht bei Herodot in einem skurril anmutenden Kontext: Er fährt nämlich fort: »Die Männer tragen die Lasten auf dem Kopf, die Frauen auf den Schultern. Den Urin lassen die Frauen im Stehen, die Männer im Sitzen.« – Verkehrte Welt!

Der Handlungstypus »Weben« geht hier – zusammen mit anderen »typisch weiblichen« Handlungstypen – ein in Reflexionen zum Typus »Frau«. Auf den ersten Blick kommt dabei das sattsam bekannte »patriarchalische« Sinnpostulat heraus. Auf den zweiten Blick fällt aber doch die Mehrdeutigkeit der Szenerien auf. Die webenden Frauen erscheinen in durchaus unterschiedlichen Akzentuierungen: Penelope ist die über alles treue Ehefrau. Die Frau von Spr 31 ist die brave, aber auch kompetente und selbstbewusste Hausfrau. Delilah repräsentiert die faszinierende, männermordende Geliebte. Und für die homerischen Göttinnen wären Odysseus und seine Gefährten nur Spielmaterial, wäre nicht höheren Orts doch noch zu ihren Gunsten interveniert worden. Mit anderen Worten: der im Ganzen durchaus »patriarchalischen« Charakteristik des Handlungstypus werden hier höchst ambivalente, institutionsaverse Obertöne hinzugefügt. Am deutlichsten ist dies vielleicht bei Delilah, die ja den Webstuhl keineswegs »bestimmungsgemäß« verwendet, sondern ihn in geheimer, gewissermaßen politischer Mission missbraucht.[65]

Wir sind hier auf zweierlei Spuren der Reflexivität des Handlungstypus der Handweberei nachgegangen, und es hat sich gezeigt, dass diese Reflexivität dadurch angesto-

64 *Herodot*, Historien II, 35. Der Passus insgesamt macht den Eindruck einer Schilderung nach dem literarischen Topos der »verkehrten Welt«. Genau dasselbe behauptet *Josephus Flavius* für die Mesopotamier (Ant. 18,9,1).

65 Es ist sicher kein Zufall, dass sich diese Reflexionen in fiktionalen Texten finden, zu denen sowohl die Simsonsage als auch die Odyssee zu zählen sind.

ßen und darauf angelegt ist, die Sinnhaftigkeit eines Handlungstypus mit der Sinnhaftigkeit angrenzender Handlungstypen oder typischer Handlungsträger zu verbinden.

IV.

Im Folgenden finden wir den Horizont der Reflexion, in den der Handlungstypus eingeht, noch einmal erweitert. Es geht nicht mehr nur um die Sinnhaftigkeit eines oder einer Reihe von Handlungstypen, sondern um das »Sinnuniversum der sozialen Welt« (Pannenberg)[66] schlechthin, um – wie die Soziologen Berger und Luckmann sagen – »symbolische Sinnwelten«. Sie »meinen damit synoptische Traditionsgesamtheiten, die verschiedene Sinnprovinzen integrieren und die institutionale Ordnung als symbolische Totalität überhöhen«[67]. Die möglichen religionskritischen Implikationen dieser theoretischen Vorstellung müssen hier nicht zur Debatte stehen.[68] Für unseren Zusammenhang entscheidend ist zunächst einmal die Beobachtung, dass und auf welche Weise Einzelelemente der sozialen Wirklichkeit zur Darstellung und Reflexion der Lebenswelt als Ganzer verwendet werden.

Es sind drei Bereiche, in denen wir die Handlungstypen von »Weben« und »Spinnen« in einen solchen um-

66 Anthropologie (Anm. 14), 394; vgl. oben.

67 A. a. O. (Anm. 15), 102. *Berger / Luckmann* identifizieren »symbolische Sinnwelten« nicht mit Religion, was dadurch begründet ist, dass »Religion« nicht die einzige Form symbolischer Sinnwelt darstellt. Die »Theologie« wäre im Sinne *Berger / Luckmanns* als eine der theoretischen »Stützkonzeptionen« der symbolischen Sinnwelt zu bezeichnen (a. a. O., 118).

68 Es liegt natürlich nahe, in dieser Theorie eine »deterministische soziologische Religionstheorie« zu vermuten. *P. L. Berger* tritt diesem Verdacht jedoch ausdrücklich entgegen. Es bestehe vielmehr eine dialektische Beziehung zwischen religiösen Systemen und gesellschaftlichen Prozessen. Vgl. *ders.*, Zur Dialektik von Religion und Gesellschaft. Elemente einer soziologischen Theorie (1973), 47 (amerik. Originalausg.: The Sacred Canopy. Elements of a Sociological Theory of Religion [1967]).

fassenden, lebensweltlichen Bezug gesetzt sehen: 1. Lebenslauf: Zeugung – Geburt – Ehe – Tod; 2. Heiliges Handwerk: Heiligtum; 3. Leben und Schöpfung.

1. Auf den Vergleich des Lebenslaufes mit dem Weberschiffchen in Hi 7,6: »Meine Tage waren schneller als ein Weberschiffchen, und sie vergingen ohne jede Hoffnung« habe ich bereits aufmerksam gemacht. Eine ähnlich metaphorische Verwendung von Handlungselementen des Webens findet sich im Dankgebet des genesenen Königs Hiskija Jes 38,12. Er blickt zurück auf seine Krankheit, in der er sich dem Tode nahe glaubte: »Meine Wohnung ward abgebrochen und zusammengepackt wie ein Hirtenzelt, wie ein Gewebe hattest du mein Leben aufgerollt, abgeschnitten bin ich vom Kettfaden.«[69]

Nach diesem Bild ist der Sterbende vorgestellt wie ein Stück Tuch, das vom Webstuhl abgenommen wird. Dabei ist zweierlei impliziert: Das unwiderrufliche Ende jeden weiteren Werdens, aber auch die Vollendung. So wie dieses Stück Tuch ist, so bleibt es fürderhin. Es ist fertig und vollendet. Verwandt scheint die mit der Moire »Atropos« verbundene griechische Vorstellung von der Spinnerin, die den (Lebens-)Faden vom Knäuel abschneidet.[70]

Am Beginn des Lebens, bei der Geburt, stehen andere Moiren bereit. Von ihnen heißt es in der Odyssee mit Bezug auf den Phaiakenführer Alkinoos: Er möge leiden, »was ihm die schweren Schicksalsspinnerinnen, als er zur Welt kam, mit dem Faden zuspannen, als die Mutter ihn gebar«[71].

In der ugaritischen Mythologie haben die Moiren in dieser geburtsbegleitenden Funktion ihre Entsprechung in den »*kuṯarat*-Göttinnen«[72], bei denen es sich wohl um

69 Vgl. *H. Wildberger*, Jesaja, 3. Teilbd., Jesaja 28–39, BK X,3 (1982), 1440.

70 Vgl. *Wildberger*, a. a. O., 1461.

71 *Homer*, Odyssee VII,198.

72 Vgl. dazu *B. Murmelstein*, Spuren altorientalischer Einflüsse im rabbinischen Schrifttum, die Spinnerinnen des Schicksals, ZAW 81

Göttinnen gehandelt hat, »die sich in der Geburtshilfe hervortaten und für glückliches Leben sorgten«[73]. Wahrscheinlich sind diese *kuṯarat* auch in Ps 68,7 belegt.[74]

Die Verbindung von Weben und Spinnen mit dem Beginn menschlichen Lebens kann auch ohne leibhaftige Göttinnen gedacht werden. Im Talmud wird ein Brautgemach so geschildert: »Die Lichter sind angezündet, die Betten hergerichtet, Frauen spinnen beim Kerzenschein und freuen sich […] und sagen: die da wird angetraut.«[75] B. Murmelstein, der eine Fülle von weiteren rabbinischen Belegen gesammelt hat, interpretiert so: »Das Spinnen in einem festlich geschmückten Raum, in Erwartung des feierlichen Trauungsaktes, kann selbstverständlich nicht als Hausarbeit schlechthin aufgefaßt werden; Ausdrucksweise für geschlechtliche Verbindung und Zeugung, bedeutet es auch Vorbereitung und Sicherstellung des Schicksals.«[76] Zeugung und Mutterschaft sind auch im Blick, wenn ein Midrasch die kinderreiche Lea nach Gen 29,31ff. mit der wohlbekannten spinnenden und webenden Hausfrau nach Spr 31,13ff. identifizieren will.[77]

Die leitende Vorstellung bei diesen Kombinationen ist die Frau als Typus schlechthin mit den sie besonders cha-

(1969), 215–232, bes. 222; neuerdings *J. Jeremias*, Das Königtum Gottes in den Psalmen, FRLANT 141 (1987), 10.

73 *Jeremias*, ebd.

74 Zu überlegen wäre, ob מוֹצִיא אֲסִירִים בַּכּוֹשָׁרוֹת nicht so zu verstehen wäre: »[…] der (erg. Gott), der (sexuell) Enthaltsame durch die כּוֹשָׁרוֹת befreit«. אָסִיר heißt zwar »Gefangener« (HAL I, 71), und dementsprechend wird die Phrase oft wiedergegeben mit »der Gefangene herausführt […]«. In Num 30 allerdings wird die Wurzel אסר für eine durch ein Enthaltsamkeitsgelübde gebundene Frau gebraucht. Unser Vorschlag würde gut in den Kontext passen, in dem von »Einsamen« entweder ausdrücklich (V. 7aα) oder implizit (»Waisen« und »Witwen«, V. 6) die Rede ist. Vor allem aber wären die mit bloßen »Gefangenen« nur schwer zu vereinbarenden כּוֹשָׁרוֹת bei der Lösung sexueller Einschränkungen in ihrem Ressort beschäftigt.

75 bGittin 89a, nach *Murmelstein*, a. a. O. (Anm. 72), 227.

76 Ebd.

77 Midrasch Mischle z. St., nach *Murmelstein*, a. a. O., 217; dort auch weitere Beispiele.

rakterisierenden Handlungen (vgl. oben III.2); die Reichweite dieser Vorstellung aber ist das ganze Menschenleben, insbesondere an seinen Eckpunkten Geburt und Tod.

2. Der zweite Bereich führt aus dem Alltagsleben heraus ins Heiligtum. Ein Beispiel der Verbindung von Heiligtum und Weben findet sich zunächst in 2Kön 23,6. Der Text steht im Kontext der sogenannten Kultreform des Königs Josia. Im Zuge dieser Maßnahme geschieht, was 2Kön 23,6f. – durchaus polemisch – erzählt:

„Er [sc. Josia] ließ die Aschera aus dem Tempel Jahwes hinausschaffen und sie draußen vor Jerusalem im Kidrontal verbrennen und zu Staub zerstampfen und den Staub auf die Gräber der gemeinen Leute werfen. Er riss die Wohnungen der Geweihten ein, die beim Tempel Jahwes waren, in denen die Frauen Gewänder für die Aschera woben.«

Für uns kommt es hier vor allem an auf das Weben der Gewänder für die Aschera durch die »Geweihten«, also wohl die Kultprostituierten. Ein Bündel von Motiven kommt hier zusammen: Die »Aschera«[78] ist einerseits als ein Kultbild zu verstehen. Religionsgeschichtlich ist dieses Bild keineswegs nichtjahwistisch, sondern in enger Verbindung mit Jahwe zu sehen. Andererseits wird man das Kultbild auch nicht von dem Typus der in Ugarit belegten »ʾAṯirat«, der Mutter und Gebärerin der Götter[79], trennen können.

Wenn nun die Tempelfrauen für die Aschera »Kleider« weben, so hat dies wohl zwei einander ergänzende Konnotationen: Zunächst: Die zum Kultpersonal gehörenden

78 Vgl. dazu *U. Winter*, Frau und Göttin. Exegetische und ikonographische Studien zum weiblichen Gottesbild im alten Israel und in dessen Umwelt, OBO 53 (1983), 551ff. Allgemein: *J. C. de Moor*, Art. אֲשֵׁרָה, ThWAT I, 473–481.

79 So *de Moor*, a. a. O., 474 mit Bezug auf CTA 4 (= UT 51) II,1–9. Es erscheint in diesem Text ein Wort mit dem Konsonantenbestand *plk*, was dem hebr. פלך, »Spinnwirtel« (so HAL III, 881) von Spr 31,19 entsprechen könnte (vgl. *C. H. Gordon*, Ugaritic Textbook [1967], 468 s. v.; anders *H. L. Ginsberg*, ANET, 132).

»Frauen« weben für das Kultbild Kleider, Bänder oder Baldachine. Bilder mit solchen Accessoires sind ikonographisch vielfach belegt.[80] Sodann: Das »Weben« vergegenwärtigt die mit Sexualität, Zeugung, Geburt und Fruchtbarkeit verbundene »Theologie« des Kultbildes ebenso, wie es auf die entsprechende Tätigkeit der webenden Frauen verweist.

Dieser sinnweltliche Bezug des Webens steht der theologischen Mehrheitsmeinung nicht gerade nahe. Ganz anders die zweite Textgruppe, die Spinnen und Weben mit dem Heiligtum verbindet: die priesterlichen Texte zum Zeltheiligtum am Sinai (Ex 25–40). Spinnen und Weben sind als Handwerke dargestellt, die von Frauen und Männern ausgeübt werden. Sie tun dies freiwillig, kunstsinnig und nach Maßgabe der jeweils vorhandenen Begabungen und Mittel mit einem Ziel: das künftige Heiligtum nach dem Gebot Jahwes auszustatten.

Von den Frauen heißt es:

»Und jede Frau, die kunstfertig war, mit ihren Händen spann sie und brachte das Gesponnene […] dar. Und alle Frauen, die ihr Herz getrieben hatte, mit Kunstfertigkeit spannen sie das Ziegenhaar« (Ex 35,20).

Und von den Männern:

»Erfüllt hat er (Jahwe) sie mit künstlerischem Sinn, alle Arbeit auszuführen, wie sie der Schmied und Zimmermann, der Kunstweber […] und der Weber tut, indem sie allerlei Arbeiten ausführen und Erfindungen ersinnen« (Ex 35,35).

»Spinnen« und »Weben« stehen hier – anders als in den gerade betrachteten Texten – in einem ganz unmythischen Kontext. Es handeln nicht Götter als Menschen oder Menschen nach dem Vorbild von Göttern. Vielmehr handeln Menschen auf menschliche Weise für Gott. Sie sind von diesem dazu aufgefordert, aber auch begabt. Insbesondere aber handeln diese Menschen als Gemeinde; das Handeln

80 *Winter*, a. a. O. (Anm. 78), 558 und Abb. 269–274.

dieser Männer und Frauen ist »charismatisch« im paulinischen Sinne.

3. Eine letzte – kleine – Gruppe von Aussagen bilden Texte, die unmittelbar Jahwe als den Schöpfer mit der Weberei in Verbindung bringen. Es lassen sich dabei Aussagen, in denen Jahwe als Schöpfer des einzelnen Menschen dargestellt ist, von solchen unterscheiden, in denen er als Weltschöpfer erscheint.

In Hi 10,11 steht die Vorstellung von der Menschenschöpfung als Weben neben anderen Vorstellungen, etwa der Vorstellung von Gott als dem Töpfer (Hi 10,9). In Hi 10,11 heißt es:

Mit Haut und Fleisch hast du mich umkleidet, und mich durchwoben (תְּסֹכְכֵנִי) mit Knochen und Sehnen.«

Ähnlich formuliert Spr 8,22f. im Blick auf die personifizierte Weisheit als ein Geschöpf Gottes:

»Jahwe«, so erzählt die Weisheit, »hat mich geschaffen (קָנָנִי) als Anfang seines Weges, seiner Werke vorlängst; von Urzeit bin ich gewoben (נִסַּכְתִּי), vom Beginn des Anfangs der Erde.«[81]

Bedeutsam für unseren Zusammenhang ist vor allem Ps 139,13–15. Der Handlungstypus des Webens ist dort – wie es sich lebensweltlich ja auch nahelegt – dezidiert in einen weiblichen Kontext gestellt. Der Psalm sieht Jahwe, den Schöpfer des Einzelnen, als Weber im Mutterschoß:

»Du hast meine Nieren geschaffen, gewoben hast du mich (תְּסֻכֵּנִי) im Schoß meiner Mutter […].«

und verbindet diese Vorstellung mit der Vorstellung des Webers in den Tiefen der »Mutter« Erde:

81 Vgl. zu den Problemen des Textes etwa *O. Keel*, Die Weisheit spielt vor Gott. Ein ikonographischer Beitrag zur Deutung des m^{e}saḥăqät in Sprüche 8,30f. (1974), 17.

»[…] gemacht wurde ich im Verborgenen, kunstvoll gewoben (רֻקַּמְתִּי) in den Tiefen der Erde« (V. 15b).

Wie selten sind hier biologische und psychologische, individuelle und generelle, mythische und theologische Ansichten der menschlichen Wirklichkeit im Brennpunkt einer Aussage konzentriert. Dass Gottes Handeln in diesem Zusammenhang als »Weben« dargestellt ist, gibt diesem Handeln selbst eine weibliche Typisierung. Als Schöpfer des Einzelnen handelt Gott »gynomorph«[82]: In dieser Hinsicht vergleichbar scheint mir nur noch Jes 42,14, wo Jahwe von sich sagen kann: „Wie die Gebärende schreie ich jetzt […].«[83]

Als Schöpfer der gesamten Welt ist Gott nicht unmittelbar als Weber dargestellt, doch erscheint ein Zusammenhang mit Produkten der Weberei. Nach Ps 104,2 spannt Gott die Himmel aus »wie eine Zeltbahn«. Zeltbahnen (יריעות) bilden auch die Wände des Zeltheiligtums am Sinai (Ex 26). Wie die Handwerker das Heiligtum aus Zeltbahnen herstellen, so stellt Gott die Welt her. Vielleicht ist hier die altorientalische, insbesondere ägyptische Vorstellung vom Heiligtum als Weltmodell wirksam.

Ps 102,27 (und ähnlich Jes 51,6) spricht davon, dass »Himmel und Erde«, also die Gesamtheit der Schöpfungswerke Gottes, zerfallen können »wie ein Gewand« (כבגד), wohingegen er selbst sich gleich bleibt ohne Ende (Ps 102,28). Die Rede vom Zerfallen des Gewandes – bezogen auch auf Werke der »Hände Gottes« – zeigt einerseits, dass Gottes Handeln und Wesen jedes menschliche Handeln und Wissen übersteigt. Andererseits bedarf auch diese Einsicht des menschlichen Analogons aus der Welt des alltäglichen Handelns und Wissens.

82 Vgl. zu diesem Terminus *P. Trible*, Gegen das patriarchalische Prinzip in Bibelinterpretationen, in: *E. Moltmann-Wendel*, Frauenbefreiung. Biblische und theologische Argumente (1978), 93–117.
83 Vgl. dazu *C. Hardmeier*, »Geschwiegen habe ich seit langem […] wie die Gebärende schreie ich jetzt«. Zur Komposition und Geschichtstheologie von Jes 42,14–44,23, WuD 20 (1989), 155–179.

V.

Wir waren ausgegangen von der Frage nach dem Verhältnis der Welt der Sachen zur Welt des Bewusstseins als Problemstellung einer Sozial- bzw. Kulturgeschichte des alten Israel. Es ist – so hoffe ich – etwas deutlicher geworden, dass die Kategorie des sinnhaften, sozialen Handelns in der besonderen Ausprägung einer wissenssoziologischen Institutionentheorie diesen Problem- und Gegenstandsbereich in fruchtbarer und umfassender Weise erschließen kann. Insbesondere scheint mir diese Theorie in der Lage zu sein,

1. archäologische Tatbestände konsequent sachgemäß in ihre sozialen und geistigen Bezugsfelder einzubinden,
2. die soziale Lebenswelt in ihrer Gegenständlichkeit, ihrer Reflexivität und damit auch in ihrer grundsätzlichen Offenheit zu erfassen,
3. Wege von der Alltagswelt der Gesellschaft und des Einzelnen zu einem »Sinnganzen« aufzuzeigen und dabei alle drei Momente zumindest perspektivisch zu integrieren.

Der wissenssoziologische Ansatz ist u. E. zur Rekonstruktion der theologischen »Sprache« des Alten Testaments besonders geeignet, insofern diese Sprache Elemente des Wissens der institutionalen Alltagswelt zu Kategorien der Darstellung der Wirklichkeit als Ganzer macht. K. Baltzer bezeichnet diese Denk- und Sprachformen, die in Konkretem Abstraktes auszusagen wissen, treffend als »*konkrete Abstraktionen*«. Solche »konkreten Abstraktionen« prägen die theologische Sprache des Alten Testaments. Indem sie jeder Esoterik der Sprache und des Denkens entgegenwirken, gewährleisten sie, dass das Postulat der Einheit der Welt denkbar und die Perspektive auf ihren Grund offen bleibt.

Gott und Spiel

Beobachtungen zum Kulturverständnis in urgeschichtlichen Texten des Alten Testaments

Das Alte Testament erschließt eine reiche Fülle von kulturellen Phänomenen. Aber das Alte Testament hat kein Wort für Kultur. Dennoch – so möchte ich hier behaupten und darlegen – hat das Alte Testament ein sehr bewusstes Verständnis dessen, was wir Kultur nennen. Da wir dieses Verständnis m. E. nicht einfach aus einem modernen Kulturbegriff heraus erheben und interpretieren können, brauchen wir eine theoretische Hypothese, so etwas wie eine gedankliche Hilfslinie, mit der wir das atl. Kulturverständnis in moderne Denkkategorien übersetzen können. Als derartige Hilfe soll uns eine bestimmte Theorie – nein, bescheidener: eine bestimmte Deutung des Phänomens der Kultur dienen: die Deutung der Kultur als »Spiel«.

Diese Deutung geht auf den niederländischen Kultur- und Religionsgeschichtler Johan Huizinga und sein Buch »Homo ludens. Vom Ursprung der Kultur im Spiel«[1] (1938) zurück und wurde von dem vormaligen Münchner systematischen und ökumenischen Theologen Wolfhart Pannenberg im kulturanthropologischen Teil seines Werkes »Anthropologie in theologischer Perspektive«[2] (Göttingen 1983) aufgegriffen. Wir befinden uns also in respektabler Gesellschaft, die auch dafür bürgt, dass wir mit der Vorstellung des »Spiels« unernstem Allotria keinen Vorschub leisten.

1 *J. Huizinga*, Homo ludens. Vom Ursprung der Kultur im Spiel (1938), rde 21, Hamburg 1966.

2 *W. Pannenberg*, Anthropologie in theologischer Perspektive, Göttingen 1983.

Johan Huizinga ist der Meinung – und er macht dies an vielen Beispielen aus der menschheitlichen Kulturgeschichte deutlich –, dass wesentliche Kulturphänomene wie Sozialität, Wirtschaft, Recht, Krieg, Wissen, Dichtung und Kunst Elemente des Spiels enthalten und nach der Weise von Spielen funktionieren. Er hat dazu eine Reihe von Kennzeichen des Spiels herausgearbeitet, die als kulturschaffende und -bestimmende Faktoren wirksam sind. Besonders wichtig sind ihm dabei der Wettkampf im Sinne von »spielen um etwas« und die »Darstellung« im Sinne von »etwas spielen«. Das letztere Kennzeichen eröffnet ihm den Zugang zur Welt der Riten und des Kultes. Wir nehmen hier jedoch nicht diese eher funktionalen oder inhaltlichen Elemente des Spielbegriffs auf, sondern die eher formalen, auf die Huizinga (und mit ihm W. Pannenberg) auch verweist. Formal ist »Spiel« vor allem durch zweierlei gekennzeichnet:

a) Spiel ist eine »freie« Handlung, die als solche keinen Zwecken unterworfen ist;
b) Spiele funktionieren immer »nach gewissen Regeln«[3].

Es liegt auf der Hand, dass zwischen der Freiheit und der Regelgebundenheit des Spiels eine Spannung besteht, eine Spannung, die uns noch beschäftigen wird.

Nun gibt es zwei Texte bzw. Textbereiche im AT, die einerseits durch eine ausgeprägte kulturelle Phänomenologie geprägt sind und die andererseits die beiden genannten Momente des Spiels sehr deutlich aufweisen sowie beides eng mit Gott verbinden. Diese beiden Texte werde ich nun in den folgenden beiden Hauptteilen meines Vortrages in Augenschein nehmen.

I. »Vor-Spiel« im Himmel: Spr 8,22–31 und die Vorstellung von der Kultur als Spiel im AT;
II. »Wider-Spiel« auf Erden: Mehrungsauftrag und Dienstgebot als Grundmotive des Kulturverständnisses der biblischen Urgeschichte (Gen 1–11).

[3] *J. Huizinga*, Homo ludens, 14.

In einer ganz kurzen Schlussüberlegung,

III. Noahs Opfer: Kultur und Religion in der Sicht des AT,

werde ich das in den vorhergehenden Teilen erarbeitete atl. Kulturverständnis auf das Thema unserer Vorlesungsreihe hin bündeln.

Ich komme zum ersten Teil:

I. »Vor-Spiel« im Himmel: Spr 8,22–31 und die Vorstellung von der Kultur als Spiel im AT

Der Text Spr 8,22–31 ist als Rede einer personifizierten Frau Weisheit poetisch gestaltet.

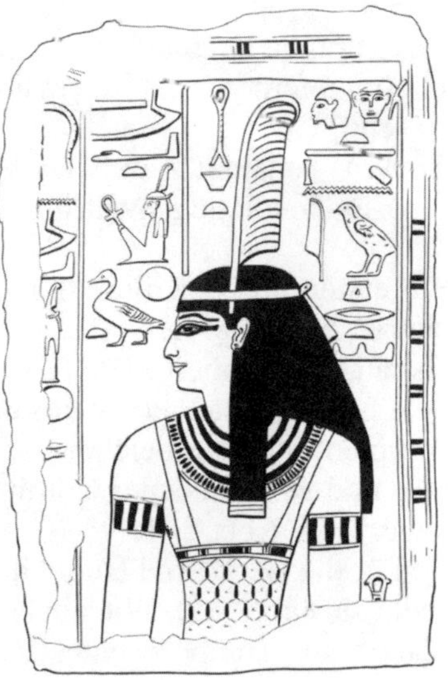

Abb. 1: Die Ma'at – das ägyptische Gegenstück zur personifizierten Weisheit des AT – als Göttin und als Hieroglyphe: Relieffragment aus dem Grab Setis I. (um 1315 v. Chr.), aus: O. Keel, Weisheit, Abb. 20.

Die Weisheit gibt darin ihren menschlichen Hörern Einblick in die Anfänge von Welt und Zeit. Sie erhebt den Anspruch, das erste aller geschaffenen Werke Gottes zu sein und diesem dann bei seinen weiteren Schöpfungstaten in einer ganz bestimmten Weise assistiert zu haben:

22 »Der HERR hat mich erschaffen als Erstling seines Wirkens,
vor seinen Werken, vor aller Zeit.
23 Von Urzeit an wurde ich gewebt, am Anfang, noch bevor die Erde war.

24 Als die Urmeere noch nicht waren, wurde ich geboren, als die Quellen noch nicht waren, die wasserschweren.
25 Bevor die Berge eingesenkt waren, vor den Hügeln wurde ich geboren.
26 Als er Erde und Fluren noch nicht gemacht hatte und die ersten Schollen des Festlandes.

27 Als er den Himmel aufstellte, war ich dabei, als er den Horizont absteckte über dem Urmeer,
28 als er die Wolken hoch droben anbrachte, als er die Quellen der Tiefe anlegte,
29 als er dem Meer seine Regeln gab und den Gewässern, dass sie ihr Ufer nicht überschritten.

Als er die Fundamente der Erde absteckte,
30 da war ich das geliebte Kind an seiner Seite und sein Entzücken Tag für Tag, *ich spielte* vor ihm die ganze Zeit,
31 *spielte* auf dem Rund seiner Erde. Und mein Entzücken war bei den Menschenkindern.«

Zwei Fragen möchte ich an den Text stellen:

1. Inwiefern kommt in ihm eigentlich »Kultur« zur Sprache?
2. Was bedeutet in ihm das Motiv der bei der Schöpfung »spielend« gegenwärtigen Weisheit?

Zur ersten Frage. Kulturell geprägt ist die bildliche Metaphorik, in der der Schöpfergott erscheint: Er ist gezeichnet als ein »deus faber«. Die Herkunft dieser Metaphorik des Schöpfers als Bauherr ist aus dem Alten Orient, zumal aus Ägypten, vielfach belegbar, z. B. in der Darstellung Pharaos und verschiedener Göttinnen und Götter als Tempelbauer (vgl. Abb. 2–4).[4]

Für die Berge und Hügel hebt Gott Baugruben aus und senkt sie ein (8,25). Wie ein königlicher Bauherr den Bauplatz eines Tempels, eines Palastes oder einer Stadt absteckt, so »umzirkelt« Gott das Weltenrund des Horizonts (8,27) und die Fundamente der Erde (8,29). Wie einen Hochbau richtet er den Himmel auf (8,27).

[4] *O. Keel*, Die Welt der altorientalischen Bildsymbolik und das Alte Testament. Am Beispiel der Psalmen, Zürich 1972, Abb. 364–370.

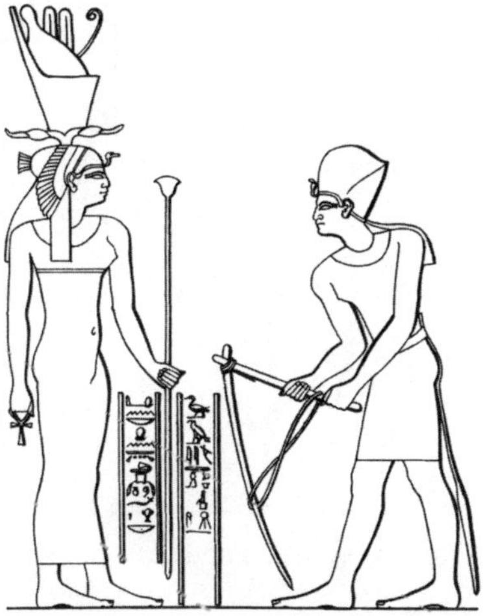

Abb. 2: Der Pharao legt vor Hathor den Verlauf des Fundamentgrabens fest; aus *O. Keel*, Bildsymbolik, Nr. 365.

Die Wolken befestigt er wie Architekturelemente am Himmel (8,28), die Meere und Quellen legt er an wie ein Gartenarchitekt die Zierteiche eines Palastes.[5] In der Anwendung dieses Motivs auf die Kosmogonie und Kosmologie in Spr 8 zeigt sich, dass das Alte Testament keinen grundsätzlichen Unterschied zwischen sogenannter kosmisch-natürlicher Welt und menschlicher Lebens- und Kulturwelt macht. Beide Bereiche können sich gegenseitig zur Beschreibung dienen.

Eine Besonderheit biblischer Kosmologien gegenüber denen der Umwelt besteht im Allgemeinen darin, dass Gott als Schöpfer alleine tätig ist. In der Genesis wird dies ohne weiteres vorausgesetzt.[6] Die Schöpfungstexte bei Deuterojesaja heben es gegenüber den Schöpfungsvorstellungen der Völker ausdrücklich hervor: »Wer hat die Wasser mit der hohlen Hand gemessen und die Himmel mit

5 Wichtige Schlüsselworte der »Schöpfungsdarstellung« von Spr 8,27ff. sind auch Planungs- und Bautermini: אמץ – ausbessern, 2Chr 8,28; חקק – im Zusammenhang mit Stadtplänen: Jes 49,16; Ez 4,1; כון Hi. errichten, aufstellen: die Stadt Ps 87,5; ein Haus Ri 16,26.28; den Thron Ps 103,16; Holz und Steine zum Bau 1Kön 5,32; die Lade 1Kön 6,19; einen Altar Esra 3,3; 2Chr 33,16.

6 Vgl. aber die meist als »pluralis deliberationis« (Plural der Überlegung) erklärte Aussage in Gen 1,26: »Lasst uns Menschen machen […].«

der Spanne abgegrenzt? […] Wer hat den Geist des Herrn gelenkt […] mit wem hat er sich beraten?« Jes 41,12ff. (vgl. 45,12.18). Demgegenüber bildet unser Text eine signifikante Ausnahme. In ihm ist Gott bei der grundlegenden Kultivierung der Welt eben nicht alleine, besser gesagt: er will dabei nicht allein bleiben. Deshalb bringt er als erstes seiner Werke – übrigens in einer eher weiblichen, gynomorphen Rolle[7] – die kindliche Weisheit hervor (V. 22–26). Sie begleitet ihn in seinem Schöpfungshandeln zunächst in ihrer passiven Gegenwart (V. 27–29a) und nimmt schließlich aktiv auf den Schöpfer (V. 29b–31) Einfluss – eben durch ihr Spiel.[8] Das Spiel der Weisheit wird damit Teil der den Kosmos hervorbringen-

Abb. 3: Der Pharao und die Schreibergöttin Seschat stecken das Gelände für den Tempelbau ab; aus *O. Keel*, Bildsymbolik, Nr. 364.

Abb. 4: Der Pharao setzt vor Hathor den Eckstein; aus *O. Keel*, Bildsymbolik, Nr. 370.

[7] Vgl. dazu *H. Utzschneider*, Die »Realia« und die Wirklichkeit, Prolegomena zu einer Sozial- und Kulturgeschichte des alten Israel am Beispiel der Handweberei in Israel und seiner Umwelt, WuD 21 (1991), 59–80: 79 (im vorliegenden Band, S. 51–81).

[8] Vgl. zur Gliederung und Auslegung des Textes *A. Meinhold*, Die Sprüche, Teil 1: Sprüche Kapitel 1–15, ZBK 16,1, Zürich 1991, 143ff.

den, gewissermaßen kulturschaffenden Aktivität des gottköniglichen Weltenbauherrn.

Wir sind damit bei der zweiten Frage: Was hat es mit dem Motiv der spielenden Weisheit auf sich?

Die hebräische Wortfamilie für »spielen« (hier: שׂחק NF. von צחק) erfasst ein weites Bedeutungsspektrum. Es reicht vom befreienden oder spöttischen Lachen, z. B. der Sara bei der Ankündigung der Geburt Jizchaqs (Gen 18,12), über das erzwungene Possenreißen Simsons vor den Philistern (Ri 16,25), das erotische Spiel Jizchaqs mit Rebekka (Gen 26,8), den ekstatisch-kultischen Tanz der Israeliten vor dem goldenen Kalb (Ex 32,6) oder des priesterlichen Königs David vor der Lade (2Sam 6,21), bis hin zum blutigen Kampfspiel junger Krieger (2Sam, 2,14);[9] auch JHWH – Gott selbst kann spielend vorgestellt werden – allerdings mit einem exklusiven Spielkamerad, dem Urweltungeheuer Leviathan (Ps 104,26).

Eine Besonderheit unseres Textes besteht darin, dass die Weisheit »vor Gott«, d. h. in seiner Gegenwart, spielt. Dafür finden sich – und zwar bezogen auf die meisten der gerade erwähnten Spiel-Arten – zahlreiche Belege aus dem alten Ägypten. O. Keel hat sie in seiner grundlegenden Studie »Die Weisheit spielt vor Gott« zusammengetragen. Eine der Darstellungen zeigt eine Szene aus einer Prozession der Barke des Gottes Amun, in der eine Gruppe von Frauen tanzt und dabei von sogenannten Sistren musikalisch begleitet wird (Abb. 5):[10]

[9] Dieses weite, den Kampf mitumfassende Bedeutungsspektrum von »Spielen« hebt auch *J. Huizinga* hervor.

[10] *O. Keel*, Die Weisheit spielt vor Gott, Ein ikonographischer Beitrag zur Deutung des m^{e}saḥăqăt in Sprüche 8,30f., Fribourg / Göttingen 1974, Abb. 13.

Abb. 5: aus O. Keel, Weisheit, Abb. 13.

Eine weitere Abbildung zeigt Kampfspiele, die man »zur Belustigung des Königs oder des Kriegsgottes Month veranstaltete«[11]. Ebenso diskret wie deutlich dargestellt ist das erotische Verhältnis zwischen dem König Setos I und der Liebesgöttin Hathor, die ihm ihr Schmuckstück, den Menit, präsentiert (Abb. 6).[12]

Besonders nahe an die Szenerie unseres Textes führen ägyptische Darstellungen, die, in jeweils stark stilisierter Form, unterschiedliche Aspekte des Spiels der Weisheit kombiniert darstellen: die Weisheit durch die hockende Ma'at, das erotische Spiel mittels des Menit, das musikalische Spiel mittels des Sistrum (Abb. 7).[13]

Wir gehen kaum fehl, wenn wir diese Vorstellungs- und Bildelemente zu einer Szene verdichten und diese als Illustration von Spr 8,30 vor Augen haben: Als junge Frau tanzt die Weisheit vor dem Schöpfergott und ruft durch dieses ihr musikalisch-gymnastisches Spiel – wie es ausdrücklich heißt – Gottes »Entzücken« hervor. Warum aber

[11] *O. Keel*, Weisheit, 35; Abb. 6 und 7.
[12] *O. Keel*, Weisheit, 44, Abb. 19.
[13] *O. Keel*, Weisheit, 65ff.; Abb. 30 und 34.

bedarf Gott gerade in seiner Tätigkeit als Schöpfer dieser Erheiterung und Anregung durch das Spiel? Ich meine, dies hängt ursächlich zusammen mit der kulturellen Metaphorik in Spr 8,22ff. Das Spiel ist nicht nur in sich selbst – wie wir en passant gesehen haben – ein vielgestaltiges Kulturphänomen,[14] es ist auch grundlegend für kulturschaffendes Handeln, indem es dieses Handeln mit Phantasie und Inspiration beflügelt und damit von unmittelbaren Sachzwängen freisetzt. Wolfhart Pannenberg hat diese anthropologische Grundvoraussetzung der Kultur so zusammengefasst: »Im Spielverhalten [...] haben wir den konkreten Bildungsprozess der Weltoffenheit des Menschen vor uns [...]. Spielend entwickelt er die Fähigkeiten eines zweckfreien [im Sinne von: instinktfreien H. U.] Verhaltens, das dann sekundär für beliebige Zwecke eingesetzt werden kann.

Abb. 6: aus O. Keel, Weisheit, Abb. 19

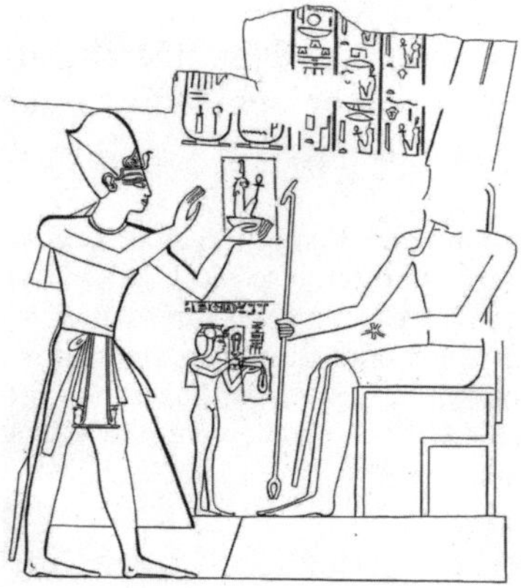
Abb. 7: aus O. Keel, Weisheit, Abb. 30.

[14] Vgl. dazu die umfassende Dokumentation von Zeugnissen und Literatur bei *U. Hübner*, Spiele und Spielzeug im antiken Palästina, OBO 121, Fribourg / Göttingen 1992.

So wird das Spielen […] in diesem Sinne ›Ursprung der Freiheit‹«[15], der Kreativität und der Weltoffenheit. Eben diese Voraussetzungen des Kulturschaffens kann und will auch der Weltenbauherr nicht entbehren und deshalb lässt er seine Natur- und Kulturarbeit spielend begleiten.

Nun ist das Spiel zwar grundsätzlich zweck-frei, aber – und das weiß jeder Schach- oder Kartenspieler sehr genau – niemals ohne Regeln. Wer spielt, erkennt diese Regeln freiwillig an, oder er stellt – als Spielverderber – das Spiel als Ganzes infrage. Dieses zu Weltoffenheit und Freiheit antagonistische, widersprüchliche Moment des Spielens wird uns nun begegnen, wenn wir uns der Urgeschichte in Gen 1–11 als einer weiteren Urkunde biblischen Kulturverständnisses zuwenden.

II. »Wider-Spiel« auf Erden: Mehrungsauftrag und Dienstgebot als Grundmotive des Kulturverständnisses der biblischen Urgeschichte (Gen 1–11)

Ich beginne mit einer Gesamtschau der Urgeschichte, aus der als erstes eine Arbeitshypothese für ihr Kulturverständnis erwachsen soll. In einem zweiten Durchgang wird diese Arbeitshypothese an den beiden Motiven der »Mehrung« und des »Dienstes« präzisiert.

In diesem Zusammenhang mögen ein paar Worte zu meiner Les-Art der biblischen Urgeschichte hilfreich sein. Ich lese die Urgeschichte hier als *einen* Text und nicht – wie in der atl. Exegese zumeist üblich – aufgeteilt auf mindestens zwei Schichten oder Quellen. Dabei harmonisiere ich den Text nicht, sondern nehme seine inhaltlichen und formalen Divergenzen – die ja auch die Gründe für die vertraute »Quellenscheidung« sind – sehr wohl wahr.

Der Text der ersten elf Kapitel des ersten Buches der Bibel ist komponiert aus sehr unterschiedlichen Textsorten mit ebenso unterschiedlichen, ja gegenläufigen thematischen

[15] *W. Pannenberg*, Anthropologie, 313.

Ausrichtungen. Oft als »trocken« empfundene Genealogien wechseln ab mit farbigen Erzählungen, ruhige Entfaltung des Geschehens kontrastiert mit konflikthafter Dramatik. In dieses literarische Gewand kleiden die Texte der Urgeschichte ihre grundsätzlichen Reflexionen über den Menschen, seine Lebenswelt und seine Existenz vor Gott. In vier Paaren wechseln dabei – wie wir nun genauer sehen werden – Text und Gegentext einander ab und gestalten so den Wechsel von Spiel und Widerspiel in der Urgeschichte.

1. Spiel und Widerspiel in der Urgeschichte

Das erste Textpaar bilden die eigentlichen Schöpfungstexte Gen 1 und Gen 2f. Den Eröffnungstext bildet die in ihrem Abschlusssatz als »Genealogie von Himmel und Erde« (Gen 2,4a) bezeichnete Erzählung von der Schöpfungswoche, in der Gott sich jeden Tag davon überzeugt, dass sein kosmogonisches Werk gut, ja sehr gut gelungen ist, und in der er sich am siebten Tag zur Ruhe begibt, um von seiner Arbeit zu ruhen. Dem steht als Gegentext die Paradieserzählung gegenüber. Sie beginnt heiter. Gott, Menschen und Tiere befinden sich in sorglosem Einklang, der Mensch hat eine angenehme Beschäftigung als »Diener des Gartens« (dazu gleich mehr). Sie endet nach dem Vorgang, den wir uns »Sündenfall« zu nennen angewöhnt haben, mit der Vertreibung des ungehorsamen Menschenpaares aus dem Garten. Außerhalb des Gartens haben sie dann nicht mehr diesem, sondern der »Adama«, der Ackererde, »zu dienen« (Gen 3,23); einfacher gesagt: sie haben Feldarbeit zu leisten. JHWH-Gott nimmt dieser neuen Existenz in seinem Vertreibungsfluch jeden Anschein von Verklärung: Es wird ein Leben voller Mühsal und Todesnähe sein. Nur die fürsorgliche Geste der Einkleidung der Menschen durch Gott (Gen 3,21) mildert die Katastrophe, ja stellt ein Moment der Schonung dar.

Das zweite Textpaar findet sich in Gen 4. Hier steht die Dramatik am Anfang: Gen 4,1–16 erzählt die blutige Auseinandersetzung zwischen den beiden Söhnen des ersten

Menschenpaares, dem Hirten Abel und dem Ackerbauern Kain. Dabei mischen sich unterschiedliche Motive: Das Grundmotiv bildet die Eifersucht, der mörderische Gegensatz zwischen Brüdern als eine schreckliche Möglichkeit menschlicher Existenz.[16] Dazu kommt das Motiv der unterschiedlichen Berufe und Lebenswelten dieser beiden Brüder. Diese Differenzierung der Menschen in kulturelle Lebenswelten geht einher mit ihrer Aufspaltung in bisweilen mörderisch verfeindete Lager. Dass dabei die Religion die Rolle des Brandbeschleunigers und nicht etwa des -hemmers spielt, wird an der Rolle des Opfers in unserer Geschichte bestürzend deutlich. Das Motiv der göttlichen Fürsorge, das wir schon in der Paradiesgeschichte antrafen, manifestiert sich hier im Kainsmal, mit dem Gott den Mörder vor physischer Vernichtung verschont. Nach dieser Dramatik kommt die Urgeschichte wieder in ruhigeres Fahrwasser. Der Gegentext zur Kain- und Abelgeschichte, die Kainsgenealogie in Gen 4,17–26 zeigt, wie sich die Menschheit weiterentwickelt und differenziert: Es entstehen Städte, viehzüchtende Nomaden, Musiker und metallverarbeitende Handwerker. Das Spiel scheint sich beruhigt zu haben, der weiteren gedeihlichen Entwicklung steht nichts mehr im Wege.

Daran knüpft das dritte Textpaar an. Es wird von der großen Adamsgenealogie in Gen 5 einerseits und der Flutgeschichte in Gen 6–9 andererseits gebildet. Der Antagonismus der beiden Texte wird uns noch ausführlicher beschäftigen. Ohne weiteres ins Auge fällt jedoch der Grundgegensatz zwischen der Vervielfachung der Menschheit in der nach Jahrhunderten zu bemessenden Zeitspanne der Adamsgenealogie und der Vernichtung eben dieser Menschheit in den vierzig Tagen der Flut (Gen 7,12.17). Wie auch in den vorhergehenden Textpaaren findet sich hier ein Moment der Verschonung, das der Menschheit das Weiterleben nach der Katastrophe ermög-

16 *C. Westermann*, Genesis, I. Teilband Genesis 1–11, BK I/1, Neukirchen-Vluyn 1974, 431.

licht; die Verschonung hat in diesem Textpaar sogar tragende, vervielfachte Funktionen und drückt sich in mindestens zwei Erzählgrößen aus: der rettenden Arche und dem Bogen Gottes in den Wolken als Zeichen des dauernden Segenswillens Gottes.

Das vierte und letzte Textpaar bilden die Völkergenealogie (Gen 10) und die Erzählung vom Turmbau zu Babel (Gen 11,1–9); in diesem Textpaar stehen sich thematisch zwei Konzepte einer globalisierten Menschheit gegenüber. In der Genealogie in Gen 10 entfaltet und differenziert sich die auf Völker und Gebiete verteilte Menschheit aus der Genealogie der Noahsöhne heraus. Die drei Söhne Noahs, Japhet, Ham und Sem, und deren jeweilige Nachkommenschaft stehen – grob gesehen – für die drei Weltgegenden des antiken Mittelmeerraumes: Japhet für die Völker und Gebiete des westlichen Mittelmeerraumes von Zypern über Griechenland (Jawan – Ionien) bis nach Spanien; Ham für den südöstlichen Mittelmeerraum mit Ägypten, Äthiopien, Südarabien und die Küstengebiete der Levante (also etwa das Ägypten des Neuen Reiches); Sem für die Völkerschaften des Zweistromlandes und Syriens, aus denen in der folgenden Vätergeschichte auch Israel seine Herkunft ableiten wird. Den Kontrapunkt dazu bildet die Turmbauerzählung (Gen 11,1–9). Auch sie hat es mit der Differenzierung der Menschheit zu tun. Sie nimmt dazu jedoch die unterschiedlichen Sprachen als Differenzkriterium in den Blick. Die Differenzierung selbst geschieht im katastrophalen Scheitern des Versuches der Menschheit, sich »einen Namen (zu) machen«, also die Herrschaft über die Welt anzutreten. Gott bricht die Macht der noch einsprachigen, geeinten Menschheit, indem er sie in alle Winde zerstreut und mit Vielsprachigkeit einander entfremdet. Ein ausdrückliches milderndes oder verschonendes Moment findet sich in diesem Gegentext nicht mehr.

Zusammengefasst lässt sich das Gegenüber von Text und Gegentext in der Urgeschichte so darstellen:

Text: Die Genealogie von Himmel und Erde (Gen 1–2,4a).	*Gegentext:* Die Erzählung von der Vertreibung der Menschen aus dem Dienst im Garten zum Dienst an der Ackererde in eine Welt voller Mühsal und Tod. Moment der Milderung: Fellkleider für die Menschen (Gen 2,4b–3,24)
Text: Die Erzählung vom Brudermord des Bauern Kain an dem Hirten Abel (Gen 4,1–16). Moment der Verschonung: Das Kainsmal als Schutzzeichen für den Brudermörder.	*Gegentext:* Die Genealogie Kains und die Differenzierung der Menschen, Berufe und Lebenswelten: Städtebauer, Zeltbewohner und Viehzüchter, Zither- und Flötenspieler, Schmiede (Gen 4,17–26).
Text: Die Genealogie Adams und die Mehrung der Menschheit (Gen 5).	*Gegentext:* Die Vernichtung der Menschheit und die Rettung Noahs in der Flut (Gen 6–9). Momente der Verschonung und Rettung: Arche und Bogen in den Wolken.
Text: Die Genealogie der Noahsöhne und die »globale« Differenzierung der Menschheit auf Völker und deren Wohngebiete (Gen 10).	*Gegentext:* Die Erzählung vom Turmbau zu Babel und die Entfremdung der Menschheit in unterschiedliche Sprachen. Moment der Verschonung: –

Dass es in diesen Texten um Phänomene geht, die wir als »kulturell« bezeichnen, liegt auf der Hand. Die Feldarbeit und ihre Mühsal (Gen 3), Hirte und Bauer, Städter und

Nomade, Handwerker und Künstler (Gen 4), Völkerfamilien und Sprachen (Gen 10f.) sind Grundfiguren menschlicher Lebenswelt. Die Kulturphänomene werden aber nicht nur dargestellt, sondern werden als solche auch bewusst gemacht und reflektiert. Das Kulturverständnis der Urgeschichte hat also durchaus so etwas wie eine theoretische Tendenz. Dass z. B. die Genealogie eine Grundform der literarischen Darstellung ist, setzt die Institution der Familie nicht nur voraus, sondern zeugt auch von der Einsicht in deren Funktionsweisen und Probleme. Auch dass die Differenzierung der Menschheit in Völker von zwei Seiten, der geographischen (Gen 10) und der linguistischen (Gen 11,1–9) her entwickelt wird, zeigt den Reflexionsstand der Urgeschichte. Mehr noch: Das kulturelle Bewusstsein der Urgeschichte ist nicht nur auf einzelne Erscheinungen bezogen, sondern nimmt die kulturelle Welt als Ganze oder doch zumindest die Menschen als kulturelle Wesen in den Blick. Dies geht vor allem hervor aus der bewussten Gestaltung der Urgeschichte in den Kontrasten von Text und Gegentext, von Spiel und Widerspiel. In diesen Gegensätzen werden die jeweiligen kulturellen Größen aus unterschiedlichen Perspektiven ins Auge gefasst, ja als in sich widerstreitend thematisiert. Menschliche Kultur ist demnach eine in sich ambivalente, konfliktgeladene Größe. Dies ist – so möchte ich als Arbeitshypothese festhalten – der Kern der biblischen »Kulturtheorie«. Sie soll nun an zwei besonders signifikanten Motiven der Urgeschichte präzisiert und erhärtet werden.

2. Die Motive von »Mehrung« und »Dienst« in der Urgeschichte

Mit den beiden biblisch-urgeschichtlichen Motiven der »Mehrung« (hebr. רבה, viel sein, viel machen) und des »Dienstes« (hebr. עבד, dienen, bearbeiten)[17] kommt das

[17] Die beiden biblisch-urgeschichtlichen Motive von »Mehrung« (hebr. רבה, viel sein, viel machen) und »Dienst« (hebr. עבד, dienen, bearbeiten) haben bis heute eine begriffliche Leitfunktion. Auf die beiden

Moment der Regularität ins Spiel der Urgeschichte, wodurch wir auch wieder den Anschluss an unsere Spieltheorie gefunden haben.

Das Grundmotiv der Mehrung erscheint zuerst im Schöpfungssegen in Gen 1. Dieser Segen geht zunächst an die Tiere (1,22) und gipfelt dann im Mehrungs- und Herrschafts*auftrag* an die Menschen (Gen 1,28f.), der ersten »Regel« der Urgeschichte:

»Und Gott segnete sie [also das Menschenpaar] und sprach zu ihnen: Seid fruchtbar und mehret euch (פְּרוּ וּרְבוּ) und füllt die Erde (וּמִלְאוּ אֶת־הָאָרֶץ) und unterwerft sie (וְכִבְשֻׁהָ); herrscht über die Fische des Meeres, die Vögel des Himmels und alle wilden Tiere, die über die Erde wuseln. 29 […] siehe hiermit gebe ich euch jedes samentragende Kraut auf der Erde, jeden Baum auf ihr – jeden samentragenden Fruchtbaum – euer sei er zum Essen.«

Der grundlegende Auftrag an die Menschen im so genannten ersten Schöpfungstext ist also der der Selbstmultiplikation – verbunden mit der Herrschaftszusage über die Tiere und über die pflanzlichen Lebensressourcen.

Im Gegentext, der Paradieserzählung von Gen 2 und 3, sind tragende Motive aus dem Mehrungs- und Herrschaftsauftrag aus Gen 1 aufgenommen: Mittels der Namensgebung für die Tiere (Gen 2,20) übt der Mensch auch in der Paradieserzählung Herrschaft über seine Mitgeschöpfe aus. Auch in der Paradieserzählung sind ihm die Fruchtbäume zu seiner Ernährung überlassen, nun allerdings mit der einen, bekannten Ausnahme – sie bildet die zweite, nun durchaus negativ formulierte Regel der Urgeschichte (die auch als solche, nämlich als »Gebot«, bezeichnet wird):

Begriffe gehen sowohl die rabbinischen wie die neuhebräischen Abstraktbegriffe für »Kultur« zurück. Im heutigen, in Israel gesprochenen Hebräisch lautet der generelle Begriff für »Kultur« תרבות, was ganz wörtlich wiedergegeben soviel wie »Vielheit« bedeutet. In landwirtschaftlichen Kontexten erscheint neuhebräisch auch עבד, z. B. עבוד־אדמה, wörtlich: Land-Arbeit oder Land-Kultivierung.

וַיְצַו יְהוָה אֱלֹהִים עַל־הָאָדָם לֵאמֹר מִכֹּל עֵץ־הַגָּן אָכֹל תֹּאכֵל
וּמֵעֵץ הַדַּעַת טוֹב וָרָע לֹא תֹאכַל מִמֶּנּוּ כִּי בְּיוֹם אֲכָלְךָ מִמֶּנּוּ מוֹת תָּמוּת

»Da gebot JHWH-Gott über den Menschen folgendermaßen: Von jedem Baum des Gartens magst du ohne Weiteres essen. Aber vom Baum der Erkenntnis des Guten und Bösen – nicht essen sollst du von ihm, denn an dem Tag, an dem du von ihm isst, wirst du sterben« (Gen 2,16f.).

Gott begründet hier sein Verbot dem Menschen gegenüber nicht. Er versucht auch nicht, es einsichtig zu machen. Eine Auslegung und Begründung des Gebotes im uns vertrauten Sinne der Hybris ergeht erst später, und zwar aus dem Munde der Schlange: »[…] ihr werdet wie Gott sein, wissend Gutes und Böses« (Gen 3,5). Zunächst muss sich Adam, der Mensch, mit dem Verbot als solchem und einem Verweis auf die tödlichen Folgen seiner Missachtung begnügen. Die Unbedingtheit dieses Gebots erinnert durchaus an Spielregeln, die im Rahmen eines Spiels fraglos gelten und auch nur durch ihre Funktion im Spielablauf begründet sind. Wer sich an die Regel nicht hält, fällt aus dem Spiel – genau dies wird dem Menschenpaar widerfahren.

Inhaltlich ist diese Regel eng mit dem »Dienst« verknüpft, den der Mensch im »Garten Eden« zu leisten hat und der in die bekannten Worte gekleidet ist:

וַיִּקַּח יְהוָה אֱלֹהִים אֶת־הָאָדָם וַיַּנִּחֵהוּ בְגַן־עֵדֶן לְעָבְדָהּ וּלְשָׁמְרָהּ

»Da nahm JHWH-Gott den Menschen und setzte ihn in den Garten Eden, um ihn zu bearbeiten [oder auch: ihm zu dienen] und zu bewachen« (Gen 2,15).

Mit Adams »Dienst« rückt nun auch wieder ein zentrales kulturelles Phänomen ins Blickfeld: der Garten. In der altorientalischen Umwelt des AT, aber auch im AT, sind Gärten und Gärtner nicht selten königliche und göttliche Größen. Könige und Götter werden als Gärtner dargestellt. Könige und Götter pflanzen und verwalten Gärten.[18]

[18] Vgl. *K. Stähler*, Der Gärtner als Herrscher, in: *R. Albertz / S. Otto* (Hg.), Religion und Gesellschaft. Studien zu ihrer Wechselbeziehung in den Kulturen des Antiken Vorderen Orients, AOAT 248, Münster

Ihre planvolle Anlage, aber auch ihr ökonomischer Nutzen, lassen Gärten zu einem Inbegriff von Kultur werden.

Abb. 8. Ein assyrischer Tempelgarten; aus: O. Keel, Bildsymbolik, Abb. 202.

Dazu einige atl. Belege:
Nicht nur in Gen 2 und 3 treffen wir den Urmenschen in einem Garten an, sondern auch in Ez 28,11f. Im Ezechielbuch ist noch deutlicher als in der Paradiesgeschichte, dass der Garten so etwas wie ein Palastgarten Gottes ist, in dem der Mensch in königlichem Gewand die Nähe Gottes genießt. Dem entspricht auch die Bezeichnung »Garten Eden«, die mit »Lustgarten« wiederzugeben ist.

Die fiktive Königstravestie von Koh 2,5 lässt den König Salomo als Schöpfer und Pfleger seiner Palastgärten erscheinen:

1997, 109–114. Das Motiv klingt auch noch nach im NT, wenn Maria Magdalena den Auferstandenen anfangs mit dem Gärtner verwechselt (Joh 20,15; vgl. 19,41). – Vgl. die Darstellung des Palastgartens im assyrischen Ninive bei *O. Keel*, Bildsymbolik, Abb. 202.

»Ich machte meine Werke groß,
baute mir Häuser und pflanzte mir Weinberge,
ich legte mir Gärten
und Parks (*pard^e^sim*) an,
und pflanzte in ihnen jederlei Fruchtbäume.
Ich machte mir Wasserteiche, um den Baumwald daraus zu bewässern.
Ich kaufte Diener und Mägde […].«

Königliche, genauer gesagt: königlich-persische Gärten setzt das Nehemiabuch voraus. Nehemia, der designierte Statthalter Jerusalems und der Provinz Juda, bittet seinen persischen Auftraggeber, König Artaxerxes, um einen Brief an einen – wir würden sagen – königlichen Forstmeister mit dem Befehl, ihn, Nehemia, für seine Aufbauarbeit in Jerusalem mit Bauholz aus dem persischen Staatswald auszustatten. Auf Hebräisch liest sich die Berufsbezeichnung dieses königlich-persischen Forstmeisters wie folgt:

אָסָף שֹׁמֵר הַפַּרְדֵּס אֲשֶׁר לַמֶּלֶךְ

»Asaf, der Wächter des Pardes für den König« (Neh 2,8).

Das persische Lehnwort »pardes«, auf das unser »Paradies« zurückgeht, bedeutet mit dem Zusatz »für den König« eben »Staatswald« oder »königlicher Park« (durchaus vergleichbar den ausgedehnten Waldungen der Wittelsbacher um München herum, z. B. die Forsten- und Fürstenrieder Parks). Der Anklang an die Funktion Adams im Garten Eden als dessen »Schomer« (שֹׁמֵר, ebensosehr »Wächter« als »Bewahrer«) liegt auf der Hand.

Von daher gesehen ist der Ur-Mensch in seiner ersten Kulturfunktion nichts anderes als ein – ziemlich hochgestellter – Gärtner in Gottes Palast- und Lustgarten. Er soll ihn bearbeiten und bewachen und darf ihn dabei nach Herzenslust nutzen. Nur den einen Baum hat der gott-königliche Herr davon ausgenommen – und eben diese eine und einzige Spielregel einzuhalten, ist der Mensch nicht in der Lage. Der daraus resultierende sogenannte »Sündenfall« (Gen 3,1–7) hat für die Menschen als Kulturwesen einschneidendste Folgen.

Diese Folgen werden in Gen 3 wieder unter Rückgriff auf das Leitmotiv der »Mehrung« ausgedrückt. In der Fluchrede JHWHs an den Menschen, genauer gesagt: an die Frau, lesen wir:

הַרְבָּה אַרְבֶּה עִצְּבוֹנֵךְ וְהֵרֹנֵךְ בְּעֶצֶב תֵּלְדִי בָנִים

»Viel, ja viel machen will ich deine Beschwernisse und in Mühsal sollst du Söhne gebären [...]« (Gen 3,16).

Der Mehrungssegen des ersten Schöpfungstextes ist zwar nicht aufgehoben, aber er wird mit viel, ja betont: mit sehr viel Mühsal für die Gebärende belastet und gemindert. Der Mann verliert seinen privilegierten »Arbeitsplatz« in Gottes Palastgarten. Die Lebensmittel für sich und die Seinen muss er künftig erarbeiten: im Schweiße seines Angesichts, im Kampf mit widrigen Unkräutern und letztlich immer den Tod vor Augen (Gen 3,18f.). Die Erzählung resümiert die neue Situation unter Aufnahme unseres Leitwortes »dienen«: »Da warf ihn JHWH-Gott aus dem Garten Eden, damit er (künftig) der Adama, Ackererde, diene, von der er genommen war« (Gen 3,23). Nicht mehr der Mensch ist »Wächter« des Gartens, sondern ein mit einem Lichtschwert bewaffneter Cherub (3,24). Der Mensch ist aus dem Lustgarten aufs Feld verbannt, gewissermaßen degradiert auf eine mindere Kulturstufe, jedenfalls aber versetzt in eine durch Leid, Mühe und Konflikte geminderte Kulturexistenz. Die Ursache dafür ist die Unfähigkeit oder auch der bewusste Unwille des Menschen, sich an die Spielregeln zu halten. Der Mensch hat in dieser seiner Übertretung einerseits als freies, weltoffenes Kulturwesen gehandelt und ist andererseits mit der Regelhaftigkeit jeder Kulturexistenz in Konflikt geraten. Die konflikthafte Handlung ist damit aber noch keineswegs an ihrem Höhepunkt angelangt. Dies ist erst im dritten Textpaar von Adamsgenealogie und Flutgeschichte der Fall, in dem wieder das Mehrungsmotiv die Hauptrolle spielt.

Die Adamsgenealogie in Gen 5 hat für den Erzählgang der Urgeschichte insgesamt eine eminente Bedeutung. Sie stellt nämlich dar, dass der Schöpfungssegen und der Mehrungsauftrag von Gen 1 trotz der Minderung durch den »Sündenfall« und den Brudermord Kains weiter funktionieren. Die rätselhaften, exorbitant hohen Altersangaben der Urzeitväter stehen für die fulminante Zeugungs- und Gebärkraft der Männer und Frauen zwischen Adam und Noah: Die Männer fangen nach 65–187 Lebensjahren mit der Erzeugung von Nachkommen überhaupt erst an und leben dann noch weitere 300 bis 840 Jahre und zwar nicht etwa als erschlaffte Greise, sondern als nimmermüde Erzeuger ungezählter Söhne und Töchter. So wird in kaum tausend Jahren aus der Ursippe Adams eine nach Millionen Köpfen zählende Menschheit, die den Schöpfungssegen nun kollektiv weiterträgt.

Dabei aber bleibt es nicht. Die auftragsgemäße, gewaltige Vermehrung der Menschen geht einher mit einer ebenso gewaltigen Multiplikation von Unheil und Verbrechen, und damit sind wir bei der Fluterzählung:

וַיַּרְא יְהוָה כִּי רַבָּה רָעַת הָאָדָם בָּאָרֶץ
וְכָל־יֵצֶר מַחְשְׁבֹת לִבּוֹ רַק רַע כָּל־הַיּוֹם

»Da sah JHWH, dass die Bosheit des Menschen *viel war* auf Erden und all sein Gestalten aus vernünftigem Planen nur Unheil brachte immerzu« (Gen 6,5).

וַתִּשָּׁחֵת הָאָרֶץ לִפְנֵי הָאֱלֹהִים
וַתִּמָּלֵא הָאָרֶץ חָמָס

»Da war die Erde verderbt vor Gottes Angesicht und *erfüllt* die Erde von Gewalt« (Gen 6,11).

Wie gesagt: der Mehrungsauftrag von Gen 1,28 hat funktioniert; auch die zunehmende Mühsal und Arbeit, ja selbst der individuelle Tod hat die Menschen nicht aufgehalten, zur Menschheit zu werden.[19] Aber diese erneute

[19] Gen 6,5 deutet darüber hinaus an, dass sich auch die Produktionsweisen vermehrt und differenziert haben; der Mensch arbeitet und dient

Vervielfachung und Verfeinerung menschlicher Weltbewältigung hat nicht nur zur positiven Erweiterung der menschlichen Lebensgrundlagen beigetragen, sondern sie hat im gleichen, ja im höheren Maß Unheil und Gewalt vermehrt. Wie im Gegenüber von Schöpfungs- und Paradieserzählung stehen sich wieder Freiheit der Weltgestaltung und Regularität des Verhaltens in einem essenziellen Konflikt gegenüber. Der Mensch hat die Erweiterung seiner Möglichkeiten gegen die – noch ungeschriebenen, aber sehr wohl vorausgesetzten – Regeln zum Bösen hin genutzt. Nun aber kann es nicht mehr mit einer weiteren Minderung der menschlichen Kulturexistenz sein Bewenden haben, wie noch im Gefolge der Paradiesgeschichte. Nun ist »das Ende allen Fleisches da« (Gen 6,13) – das Spiel ist aus. Die menschliche Kultur blickt in den Abgrund ihrer Vernichtung. Der Mensch ist von sich aus unfähig zur Kulturexistenz, weil er unfähig ist, die mit dem Kulturspiel eröffnete fundamentale Freiheit in Einklang zu bringen mit der ebenso fundamentalen Regelgebundenheit des Spiels.

Nun wissen wir alle, wie die Fluterzählung aus- und weitergeht. Sie mündet in eine »Bestandsgarantie« für die Kultur, der die »Gezeiten« des Kosmos dienen und die nur durch den Bestand der Erde selbst begrenzt ist: »Solange die Erde steht, soll nicht aufhören Saat und Ernte, Frost und Hitze, Sommer und Winter, Tag und Nacht« (Gen 8,22). So ist die Frage zu stellen: Weshalb lässt Gott die Kultur weitergehen, weshalb gibt es bis heute menschliche Kultur? Die Flutgeschichte der Genesis und deren »Parallelerzählungen« aus dem Alten Orient bieten auf diese Frage eine Reihe von Antworten.[20] Wir konzentrieren uns hier auf *eine* dieser Antworten. Diese Antwort führt uns zu den abschließenden Bemerkungen über das Verhältnis

(עבד) nicht mehr nur, er gestaltet (יצר) wie der Schöpfer selbst und plant unter Einsatz seiner instrumentellen Vernunft (חשב לבו).

[20] Vgl. etwa: *V. Fritz*, Solange die Erde steht – Vom Sinn der Jahwistischen Fluterzählung in Gen 6–8, ZAW 94 (1982), 599–614.

von Kultur und Religion im Verständnis des Alten Testaments.

III. Noahs Opfer: Kultur und Religion in der Sicht des Alten Testaments

Das kulturunfähige Kulturwesen Mensch verdankt seine Fortexistenz letztlich einem Beschluss Gottes, den dieser wider besseres eigenes Wissen zugunsten des Menschen gefasst hat. Die urgeschichtlichen Zeichen dafür sind Noahs Altar und Opfer (Gen 8,22) sowie der Bogen Gottes (Gen 9,13).

Mit der Szene am Altar, den Noah nach der glücklichen Landung der Arche gebaut hat (Gen 8,20–22), möchte ich diesen Überlegungsgang abschließen: Als Noah dem JHWH ein Opfer darbringt (die biblische Flutgeschichte nimmt damit ein altes mythisches Motiv aus ihren vorderorientalischen Vorgängererzählungen auf), nimmt es dieser, dem Ritus gemäß, wohlgefällig entgegen.

Dabei lässt uns die Erzählung ein Selbstgespräch Gottes mithören. Gott spricht über den Menschen in einer Mischung aus illusionslosem Realitätssinn und entschlossener Gnade:

> 20 Noah aber baute dem JHWH einen Altar und nahm von allem reinen Vieh und von allen reinen Vögeln und opferte Brandopfer auf dem Altar.
> 21 Und der JHWH roch den lieblichen Geruch und sprach bei sich selbst: Ich will hinfort nicht mehr die Ackererde verfluchen um der Menschen willen; denn das Dichten und Trachten des menschlichen Herzens [wörtl.: das Gestalten des Herzens des Menschen] ist böse von Jugend auf. Aber ich will hinfort nicht mehr schlagen alles, was lebt, wie ich getan habe. 22 Solange die Erde steht, soll nicht aufhören Saat und Ernte, Frost und Hitze, Sommer und Winter, Tag und Nacht.

Die biblische Urgeschichte und ganz besonders die Flutgeschichte versteht menschliche Kultur als ein unauflösliches Paradoxon: Von sich aus ist der Mensch der Grundspannung von spielerischer Freiheit und Regularität, die jede Kulturexistenz bestimmt, nicht gewachsen und doch existiert diese Kultur fort und fort. Noahs Opfer und Gottes Reaktion darauf zeigen, dass Gott wider alle Erfahrung, ja wider besseres Wissen und wider alle Voraussicht, die natürlichen Grundlagen für die menschliche Kulturexistenz als »Diener der Adama« bereithält und garantiert. Gott verhält sich danach ähnlich paradox wie sein Geschöpf, der Mensch: »Der gleiche Befund, der im Prolog Gottes Strafgericht begründet, läßt im Epilog Gottes Gnade und Nachsicht offenbar werden«[21] (G. v. Rad).

Dies zeigt m. E., dass zum biblisch-alttestamentlichen Verständnis von Kultur das Bewusstsein der Unverfügbarkeit ihrer Grundlagen und ihres Bestandes dazu gehört. In der biblischen Kulturtheorie ist die Kultur eben letztlich kein menschliches Produkt, sondern göttliche Segensgabe über und gegen alles menschliche Vermögen. Dies wird in der biblischen Urgeschichte theologisch formuliert und im Opfer Noahs, das man hier getrost pars pro toto für jeden Gottesdienst setzen kann, religiös vergegenwärtigt.

Literatur

Fritz, V.: Solange die Erde steht – Vom Sinn der Jahwistischen Fluterzählung in Gen 6–8, ZAW 94 (1982), 599–614.

Huizinga, J.: Homo ludens. Vom Ursprung der Kultur im Spiel (1938), rde 21, Hamburg 1966.

Hübner, U.: Spiele und Spielzeug im antiken Palästina, OBO 121, Fribourg / Göttingen 1992.

Keel, O.: Die Welt der altorientalischen Bildsymbolik und das Alte Testament. Am Beispiel der Psalmen, Zürich 1972.

–: Die Weisheit spielt vor Gott. Ein ikonographischer Beitrag zur Deutung des m^{e}saḥäqät in Sprüche 8,30f., Fribourg / Göttingen 1974.

Meinhold, A.: Die Sprüche, Teil 1: Sprüche Kapitel 1–15, ZBK 16,1, Zürich 1991.

Pannenberg, W.: Anthropologie in theologischer Perspektive, Göttingen 1983.

Rad, G. v.: Das erste Buch Mose, Kap 1–12,9, ATD 2, Göttingen 1949.

[21] *G. v. Rad*, Das erste Buch Mose, Kap. 1–12,9, ATD 2, Göttingen 1949, 100.

Stähler, K.: Der Gärtner als Herrscher, in: *R. Albertz / S. Otto* (Hg.), Religion und Gesellschaft. Studien zu ihrer Wechselbeziehung in den Kulturen des Antiken Vorderen Orients, AOAT 248, Münster 1997, 109–114.

Utzschneider, H.: Die »Realia« und die Wirklichkeit. Prolegomena zu einer Sozial- und Kulturgeschichte des alten Israel am Beispiel der Handweberei in Israel und seiner Umwelt, WuD 21 (1991), 59–80 (in diesem Band, S. 51–82).

Westermann, C.: Genesis, I. Teilband Genesis 1–11, BK I/1, Neukirchen-Vluyn 1974.

B) Anthropologie des Alten Testaments

Vergebung im Ritual

Zur Deutung des *ḥaṭṭā't*-Rituals (Sündopfer) in Lev 4,1–5,13

Schuld und Vergebung gehören zu den zentralen Themen der christlichen Theologie und Lebenspraxis. Ein »Erbstück« aus der hebräischen Bibel ist die Möglichkeit des kultisch-rituellen Umgangs mit der Schuld. Dafür stehen der berühmte »Sündenbock« ebenso wie das »Sünd-« oder »Sühnopfer«. Vor allem im Buch Leviticus ist davon die Rede. Ich möchte hier versuchen, dieses Erbe unter neuen Gesichtspunkten zu erschließen und zwar exemplarisch am »Sündopfer«, neutraler gesagt dem »*ḥaṭṭā't*«-Ritual (dafür künftig vereinfacht »Hatta't-Ritual«), wie es in Lev 4,1–5,13 überliefert ist. Der Gegenstand ist sperrig und dem modernen Leser nicht gerade vertraut. Daher beginne ich mit einigen allgemeinen Überlegungen zu Kult und Ritual aus moderner, theologisch-kirchlicher Sicht.

Die protestantische Theologie hat die im Alten Testament eröffnete Möglichkeit kultisch-ritueller Schuldbewältigung lange Zeit mit tiefer Skepsis wahrgenommen. So hat etwa die zur Mitte unseres Jahrhunderts vielgelesene Theologie des Alten Testaments von Ludwig Köhler den Kult schlicht als die »Selbsterlösung der Menschen«[1] bezeichnet. Er sei ein Stück »ethnisches Leben«, direkter gesagt: Heidentum.[2] In diesem Vorstellungskreis hat sich

1 *L. Köhler*, Theologie des Alten Testaments, Tübingen [4]1966, 171.

2 Ebd. So schon *J. Wellhausen*, Israelitische und Jüdische Geschichte, Berlin [9]1958, 174. Vgl. dazu etwa *B. Janowski*, Sühne als Heilsgeschehen. Studien zur Sühnetheologie der Priesterschrift und zur Wurzel KPR im Alten Orient und im Alten Testament, WMANT 55, Neukirchen 1982, 6ff.; *A. Schenker* (Hg.), Studien zu Opfer und Kult im AT, FAT 3, Tübingen 1992, IIIff.

protestantische Theologie lange Zeit bewegt; auch die Entgegensetzung von Religion und christlichem Offenbarungsglauben im Gefolge K. Barths kann in diesem Zusammenhang gesehen werden.

Dies hat sich in den letzten Jahrzehnten spürbar geändert.[3] Auch die Fachtheologie hat über das Phänomen des Rituellen neu nachgedacht. Die gewichtigste Frucht dieses Nachdenkens ist das Buch »Symbol und Ritual. Anthropologische Elemente im Gottesdienst« (1977) des Tübinger Professors für Praktische Theologie Werner Jetter gewesen.

Entgegen dem bis dahin herrschenden Trend hat Jetter die »ethnischen«, besser gesagt: die allgemein-menschlichen Dimensionen kultisch-rituellen Handelns nicht als gleichsam »heidnisch« perhorresziert, sondern theologisch fruchtbar gemacht. Dazu hat er die anthropologischen Elemente des Kultisch-Rituellen in einer breiten Synthese psychologischer, soziologischer, kommunikationstheoretischer und philosophischer Theorieelemente aufgearbeitet.

Beachtliche Ansätze dazu sind auch in der neueren atl. Wissenschaft zu verzeichnen.[4] Zunehmend werden nichttheologische Theorieentwürfe diskutiert, wie der von

3 Dieser Umschwung in der Einstellung zum Rituellen lässt sich vielleicht sogar datieren. In Umfragen der Jahre 1972 und 1973 entdeckte man als »unwahrscheinliche Kirchenbesucher« Menschen vor allem aus der Altersgruppe zwischen 16 und 20 Jahren, »die am Gottesdienst mit einiger Regelmäßigkeit teilnehmen, obwohl ihre innere Einstellung zu den kirchlichen Glaubenslehren dies nicht erwarten ließe« (*W. Jetter*, Symbol und Ritual. Anthropologische Elemente im Gottesdienst, Göttingen ^{2}1986, 13). Man belegte diese Gruppe mit dem Etikett »(jugendliche) Ritualisten«. Man darf vermuten, dass in dieser demographischen Beobachtung eine Tendenz zum Ausdruck kam, die »in der Luft« lag (a. a. O., 14). Bis heute scheint mir dies spürbar in den vielfältigen Bemühungen, der »Spiritualität« neuen Raum und dem Gottesdienst neue Formen zu erschließen. Dies ist nicht selten mit einem gewissen Misstrauen gegenüber der »Kopflastigkeit« des herkömmlichen kirchlich-theologischen Kommunikationsverhaltens verbunden.

4 Vgl. etwa: *K. Koch*, Sühne und Sündenvergebung um die Wende von der exilischen zur nachexilischen Zeit, EvTh 26, 1966, 217–239; *B. Janowski*, Sühne.

René Girard, Walter Burkert oder Mary Douglas.[5] Diese Theorien stellen ihren Gegenstand, vor allem das Opfer, jeweils in eine bestimmte Perspektive, z. B. in eine sozialpsychologische (Girard), eine religionsgeschichtliche (Burkert) oder kulturanthropologische (Douglas). Solche – durchaus anregende – Entwürfe können allerdings bisweilen auch als Korsett wirken, da sie dazu neigen, bestimmte Aspekte der Thematik zu verabsolutieren. Der entscheidende Vorzug des Ansatzes von W. Jetter liegt darin, dass er nicht einzelne Rituale oder Ritualgruppen, wie das Opfer oder den Sündenbockritus, sondern das religiöse Ritual, den Gottesdienst schlechthin, zum Thema macht. Die Theorie wird so weniger als Korsett, denn als heuristischer Rahmen etabliert. Dem von W. Jetter vorgeschlagenen Theorierahmen wenden wir uns daher zunächst zu.

1. Rituale als symbolische Kommunikation

Rituale können zunächst wie andere soziale Verhaltensweisen auch als Institutionen verstanden werden.[6] Wie gewöhnliche Institutionen sind sie konstruierte Wirklichkeit, »veranstaltete Situation«, ein »Rollenspiel«[7], in dem es engagierte Mitspieler und Regeln gibt. Wie jede andere

5 *R. Girard*, La violence et le sacré, Paris 1972, dt. Das Heilige und die Gewalt, Frankfurt 1987; *W. Burkert*, Homo necans. Interpretation altgriechischer Opferriten und Mythen, RVV 32, Berlin 1972; *M. Douglas*, Reinheit und Gefährdung (1966), Berlin 1985 (vgl. dazu die Bibliographie von *V. Rosset*, in: *A. Schenker* [Hg.], Studien, 107ff.). Vgl. auch *J. Henninger*, Art. Sacrifice, EncRel(E) 12, 544ff. Einen kulturanthropologischen Ansatz vertritt auch *A. Marx*, Sacrifice pour les péchés ou rite de passage? Quelques réflexions que la function du hatta't, RB 96, 1989, 27–48. Zur Diskussion um das hatta't vgl. *A. Schenker*, Interprétations récentes et dimensions spécifiques du sacrifice hattat, Bib 75, 1994, 59–70.

6 »Es zeigt sich, daß die sozialen Begegnungen weithin rituell organisiert sind und daß jedenfalls alle sozialen Ordnungen im Grunde rituelle Ordnungen sind […]«, *W. Jetter*, Symbol, 91.

7 A. a. O., 149.155.

Institution hat auch das Ritual eine bestimmte Form: Es besteht aus einem Set typischer Akte, die mit jeweils bestimmten, typischen Akteuren verbunden sind. »Gewöhnliche« Institutionen haben einen unmittelbaren Sinn, der zweckrational darauf gerichtet ist, Bedürfnisse der menschlichen Lebensgestaltung zu erfüllen; so ist institutionelles Handeln als »permanente Lösung für ein permanentes Problem«[8] anzusehen.

Der entscheidende Gedanke W. Jetters besteht u. E. darin, dass er Rituale von der »Symbolisierung« als einem Grundakt menschlichen Verstehens und Kommunizierens her versteht.[9] Rituale werden so Texten[10] vergleichbar.

Sie sollen »expressiv« wirken und wollen »verstanden werden«.[11] Zwar kann auch »gewöhnliches« institutionelles Handeln mit dem Sinnhorizont menschlichen Lebens in Verbindung gebracht werden und dadurch über seine unmittelbare Funktion hinausweisen.[12] Für Rituale gilt aber wesentlich und grundsätzlich, dass sie etwas zum Ausdruck bringen, das über sie hinausweist: Sie sind zeichenhaft. Eben darin liegt ihre kommunikative Funktion und ihre »symbolische« Qualität, ihr – wie Jetter sich ausdrückt – »symbolischer Mehrwert«[13]: »Das Ritual ist eine darstellende symbolische Handlung. In ihr stellen sich die Beteiligten selber mit dar und auf symbolische Weise dem Gott ihres Glaubens und ihrer Glaubensgemeinschaft zur

8 *P. L. Berger / T. Luckmann*, Die gesellschaftliche Konstruktion der Wirklichkeit, eine Theorie der Wissenssoziologie, Frankfurt [4]1974, 74; vgl. dazu meine Studie: Die »Realia« und die Wirklichkeit. Prolegomena zu einer Sozial- und Kulturgeschichte des alten Israel am Modell der Handweberei in Israel und seiner Umwelt, WuD 21, 1991, 59–80, 68 (vgl. in diesem Band S. 51–81).

9 Vgl. etwa *W. Jetter*, Symbol, 87. Im Grundansatz ist *Jetter* vor allem *P. Ricœur* verbunden.

10 »Rituale gelten zurecht als [...] kulturanthropologische Texte: sie sind die Ursprache der Religion«, a. a. O., 99.

11 A. a. O., 94.

12 Vgl. *Utzschneider*, Realia, 75ff. *Berger / Luckmann* sprechen von den »symbolischen Sinnwelten«.

13 *W. Jetter*, Symbol, 120; vgl. 29f.

Verfügung.«[14] Daraus ergibt sich eine Reihe von Folgerungen, aus der wir zwei besonders hervorheben:

1. Rituale sind als Handlungen in ihrer Zeichenhaftigkeit nicht eindeutig, sondern deutungsbedürftig und deutungsoffen.[15] Die Deutungsoffenheit ist grundsätzlicher Natur: »Symbolisches wird nicht ausgedeutet, sondern behält seinen andeutenden Verweisungscharakter; solange es noch auf etwas verweist, verweist es immerzu weiter. Die Deutungen gehen seinen Bedeutungen nach.« Diese Deutung geschieht zunächst »im handelnden Nach- und Mitvollzug«[16]. Daraus ergibt sich zuerst, dass es *die* Bedeutung eines Rituals nicht gibt. Wie eine Art »Black Box«[17] ist das Ritual nur von außen durch seine Interpretationen und Wirkungszusammenhänge erfassbar. Über die primäre, im Vollzug geschehende Deutung hinaus bedürfen Rituale weiterer, gewissermaßen sekundärer Deutungen: der sprachlichen Bearbeitung[18] und der diskursiven Erklärung.[19] Als sekundär erweisen sich diese Deutungen auch dadurch, dass sie die Rituale nie völlig erschließen. Anders herum und nicht zuletzt im Blick auf eine wissenschaftliche Beschäftigung mit Ritualen gesagt: Die diskur-

14 A. a. O., 121.

15 Auch darin sind sie vielen religiösen, zumal biblischen Texten vergleichbar. Vgl. dazu *H. Utzschneider*, Das hermeneutische Problem der Uneindeutigkeit biblischer Texte – dargestellt an Text und Rezeption der Erzählung von Jakob am Jabbok (Gen 32,23–33), EvTh 48, 1988, 182–198.

16 *W. Jetter*, Symbol, 120.

17 »Black Box […], die, Wissenschaftsmethodik: kybernet. System (Technik, Informationsverarbeitung, Sozialwissenschaft, Biologie), dessen innerer Aufbau unbekannt oder im Rahmen einer vergleichenden Untersuchung unerheblich ist. […] Die Erschließung dieser inneren Strukturen wird z. T. durch experimentelle Einwirkung möglich […]« (Großer Brockhaus, Bd. 3, [18]1983, 159). Der innere Aufbau von Ritualen ist zwar nicht unbekannt; unbekannt bleibt aber die »Bedeutung« ihrer Handlungen und Handlungsfolgen ohne die Kontexte ihres Vollzuges.

18 *W. Jetter*, Symbol, 29.

19 Vgl. a. a. O., 107ff.

sive Erklärung der Rituale »verschließt« nicht deren Deutungsoffenheit.

2. Rituale stehen in »Verweisungszusammenhängen«[20], aus denen sie ihren »symbolischen Mehrwert« beziehen. Zunächst »spiegeln sie Ordnungen wider, stellen sie dar und geben damit dem Gemeinschaftsleben eine tragfähige Basis«, lassen »konkrete Gemeinschaften in eine gegliederte Welt und die Nachwachsenden in ein konkret geformtes Gemeinschaftsleben und seine Rhythmen hineinwachsen [...]«[21], dabei wirken sie »orientierend in einer konkreten geschichtlichen Gemeinschaft [...], heben bestimmte Lebensgesetze und Lebenswerte, Kräfte, Ziele oder Leitgedanken hervor [...]«[22]. Ihr Sinn, ihre Verweisungskraft reicht aber über »immanente« Zusammenhänge weit hinaus: »Das Leben hat überall und zu jeder Zeit offene Flanken, an denen das Übermächtige schicksalhaft drohend bereitsteht. In der Begehung begibt man sich dorthin, um diese Übermacht zu erkennen, anzuerkennen, mit ihr umzugehen und das ungeschützte Leben gerade dort, wo es ständig bedroht ist, begehbar zu machen.«[23] Rituale erschließen also auch die Räume jenseits des »Schemas der Welt«, machen sie »begehbar«.

W. Jetter hebt hervor, dass Rituale ohne diese Verweisungszusammenhänge in gefährliche Missverständnisse führen können: »Ihr unsymbolisches Verständnis wäre ihr Unverständnis und würde sie zu Instrumenten einer magischen Praxis [...] machen.«[24] In eine sakrale Sonderwelt eingefasst, werden sie zum frommen Alibi. Sie führen ihre Teilnehmer in die Klerikalisierung[25] und werden selbst zur

20 A. a. O., 119: »Wie Texte stets nur zusammen mit ihrem Kontext verstanden werden, so auch und erst recht Rituale. Sie werden nur in ihren Verweisungszusammenhängen lebendig.«
21 A. a. O., 97.
22 A. a. O., 98f.
23 A. a. O., 118.
24 A. a. O., 99.
25 Vgl. a. a. O., 102.

»Mumie«[26], zur »ästhetischen Konserve«. Zur Deutung von Ritualen gehört also notwendig die Frage nach ihren Verweisungen über den engeren kultisch-sakralen Raum hinaus.

Soweit W. Jetter zum Ritual als Handlung symbolischer Kommunikation. Von hier wenden wir uns nun dem Ritualtext von Lev 4,1–5,13 zu.

2. Der Ritualtext von Lev 4,1–5,13 als Deutung eines Rituals der Vergebung

2.1. Der Text und seine Deutungsrichtungen

Altisraelitische Rituale sind uns unmittelbar nicht mehr gegenwärtig. Es gibt keine Möglichkeit der Teilnahme an ihnen und damit auch keine unmittelbare, primäre Deutung mehr, die ja – wie Jetter betont – im Nach- und Mitvollzug geschieht. Daraus ergibt sich, dass die altisraelitischen Ritualtexte jedenfalls in den Bereich der »sekundären Deutungen« gehören. Dies gilt grundsätzlich auch für den Ritualtext Lev 4,1–5,13 und das in ihm entworfene »Hattaʾt-Ritual«. Der Text erschließt nicht das Ritual »selbst«, sondern Deutungen desselben. Diese Deutungen oder Deutungsrichtungen führen dann weiter auf die »Verweisungszusammenhänge«, in denen das Ritual steht.

So geht es im Folgenden darum, zunächst überblickshaft die Richtungen herauszuarbeiten, in denen unser Text das Ritual deutet, und so den Zugang zu dessen »Verweisungszusammenhängen« zu eröffnen.[27]

26 A. a. O., 104.

27 Mit dieser Fragestellung verbunden sein können weitere Fragen wie diese: a) Welche Hinweise gibt der Text auf die institutionelle Form des Rituals, seine Handlungsfolge, seine Beteiligten und seine Regeln? b) Deutet der Text ein tatsächliches Ritual oder bietet er einen imaginären, idealen Entwurf für ein Ritual? Ist er m. a. W. eher »deskriptiv« oder eher »präskriptiv« orientiert? c) Inwieweit partizipiert

Dem dient bereits eine erste Überlegung zu den Grenzen unseres Textes. Er ist gerahmt durch zwei als Redeeinleitungen formulierte Überschriften in Lev 4,1f. und 5,14, deren erste ihn als Rede des HERRN an Mose über das Hatta᾽t-Ritual ausweist.[28] Diese Redeeinleitung steht gewissermaßen wie eine Klammer vor einem mathematischen Ausdruck und hat somit eine hohe interpretative Bedeutung. Sie verweist den Ritualtext insgesamt in den Kontext der Sinaitexte und hier wiederum in den Bereich des Textes zum Sinaiheiligtum (Ex 24 – Lev 9). Was es damit auf sich hat, kann hier nur angedeutet werden:[29] Das Sinaiheiligtum, mit seinem Zentrum, dem »Begegnungszelt« (Luthers »Stiftshütte«), erscheint in diesen Texten als idealer Entwurf eines künftigen Heiligtums Israels für die nachexilisch-persische Zeit. Es ist zunächst – im Gegensatz zum alten, zerstörten königlichen Tempel Jerusalems, den das Jeremiabuch als »Räuberhöhle« qualifizierte (Jer 7,11) – entworfen als ein Ort des göttlichen Gesetzes. Dies ist m. E. ganz konkret zu verstehen: Das »Gesetz« – die Rechtsüberlieferungen Israels, so wie sie im Dekalog (Ex 20), im Bundesbuch (Ex 20–23) und im »Privilegrecht« (Ex 34,10ff.) niedergeschrieben sind –

der Ritualtext an der Deutungsoffenheit des Rituals? Ist er eher an diskursiver, möglichst geschlossener Erklärung interessiert oder lädt er ein zur Fortführung der Deutung?

28 Der Bezug des Textes zur unmittelbar folgenden Darstellung des »᾽ascham«-Rituals in Lev 5,14–26 ist nicht geklärt. Ich halte den Text in den durch die Redeeinleitungen markierten Grenzen für eine sinnvolle Einheit. Diese formal begründete Abgrenzung wird von einigen Forschern mit inhaltlichen Gründen infrage gestellt (vgl. etwa *A. Schenker*, Anlässe zum Schuldopfer Ascham, in: *ders.*, Studien, 48ff.): Lev 5,1–13 gehöre nicht mehr zur Darstellung des Hatta᾽t-Rituals, sondern bereits zum im Folgenden beschriebenen ᾽ascham-Ritual. Zur Zusammengehörigkeit von Lev 5,1–13 mit Lev 4 unter der Rubrik hatta᾽t vgl. *R. Rendtorff*, Leviticus, BK III,1, Neukirchen-Vluyn 1985ff., 188f.; 208.

29 Vgl. dazu *H. Utzschneider*, Das Heiligtum und das Gesetz. Studien zur Bedeutung der sinaitischen Heiligtumstexte, OBO 77, Fribourg / Göttingen 1988, passim.

wird in der Lade (Ex 25,21) an der zentralen und »heiligsten« Stelle des Sinaiheiligtums aufbewahrt.[30] Von dort aus redet der HERR zu Mose »alles, was ich dir gebieten will für die Israeliten« (Ex 25,22). Auch die Rede des Mose zum Hatta't-Ritual ist von diesem Ort her gedacht.[31] D. h. aber, dass das Hatta't-Ritual von der Basis der nichtkultischen Rechtsüberlieferung her interpretiert wird, zumindest aber auf sie bezogen gedacht ist. Zugleich wird damit das Heiligtum selbst mit all seinem kultisch-rituellen Leben in die Rechtsüberlieferung inkorporiert und nicht zuletzt von ihr her legitimiert.[32] All dies liegt uns wesentlich als literarischer Entwurf vor.[33] Der historische Bezug des Sinaiheiligtums und seiner Ritualgesetze zum nachexilischen Jerusalemer Heiligtum oder gar zum Tempel der hellenistischen Zeit und den »tatsächlich« dort geübten Ritualen ist durchaus ungeklärt.

Soweit dieser erste – literarische – Deutungsrahmen, in den unser Ritualtext gestellt ist. Wir werden darauf zurückzukommen haben.

Da die weiteren Deutungshorizonte nur aufgrund einer genaueren Kenntnis des Textes erschließbar sind, biete ich den Text nun in einer eigenen Übersetzung dar. Diese Übersetzung enthält Markierungen, die unserem Ziel, die Deutungsrichtungen des Textes herauszuarbeiten, dienlich sein können: In » S p e r r « schrift sind Teilüberschriften gehalten, die Aufschluss über die thematische

30 Vgl. *H. Utzschneider*, Heiligtum, 110ff.; *M. Köckert*, Leben in Gottes Gegenwart. Zum Verständnis des Gesetzes in der priesterschriftlichen Literatur, JBTh 4, 1989, 29–61, 61.

31 Ausdrücklich wird dies in der die Opfertora insgesamt eröffnenden Überschrift in Lev 1,1 gesagt. Vgl. dazu *R. Rendtorff*, Leviticus, 21ff.

32 Dies betont neuerdings auch *E. Otto*, Vom Rechtsbruch zur Sünde. Priesterliche Interpretationen des Rechts, JBTh 9, 1994, 24–52, zusammenfassend 51: »Die Theologisierung des Rechts gehört zu den Voraussetzungen für die Ausbildung der Sünden- und Sühnetheologie und begleitet sie.«

33 Vgl. dazu neuerdings *R. Knierim*, Text and Concept in Leviticus 1:1–9, FAT 2, Tübingen 1992. Er spricht für die ʿolah-Gesetzgebung von der »genuinely literary nature of the text and the specific fact, that it is part of an original literary composition« (101).

Struktur des Textes geben. In *kursiver* Schrift stehen Elemente expliziter Deutung (Interpretamente) im Text selbst. Darunter werden alle Aussagen verstanden, die nicht das rituelle »Rollenspiel« selbst betreffen. Textelemente, die zur Beschreibung dieses Rollenspiels gehören (also die Darstellung der »Black Box« des Ritualvollzuges), sind mit einem »+« gekennzeichnet.

(Überschrift für die Hatta't-Rituale – nächste Überschrift 5,14)

(4,1) Da redete der HERR zu Mose
(V. 2) Rede mit den Israeliten:
Wenn jemand sündigt aus Versehen gegen irgendeines der Gebote des HERRN, die man nicht tun darf, und tut eines von ihnen,

(Hatta't-Ritual für das Volk 1 – Versündigung gegen Gebote durch den **gesalbten Priester** mit einem **Jungstier**)

(V. 3) Wenn etwa der gesalbte Priester sündigt, so dass er das Volk in Schuld bringt
\+ so soll er *für seine Sünde, die er getan hat,* einen jungen Stier darbringen, der ohne Fehler ist, *dem HERRN zum Sündopfer.*
\+ (V. 4) Und er soll bringen den Stier zum Eingang des Begegnungszeltes vor den HERRN.
\+ und er soll stemmen seine Hand auf den Kopf des Stieres
\+ und schlachten den Stier vor dem HERRN.
\+ (V. 5) Und es soll nehmen der gesalbte Priester vom Blut des Stieres und es in das Begegnungszelt bringen
\+ (V. 6) und es soll der Priester seinen Finger in das Blut tauchen
\+ und er soll besprengen von dem Blut sieben Mal vor dem HERRN den Vorhang des Heiligen.
\+ (V. 7) Und es soll geben der Priester etwas von dem Blut an die Hörner des Weihrauchaltars vor dem HERRN, der im Begegnungszelt steht.
\+ Und alles andere Blut des Stiers soll er gießen an den Fuß des Brandopferaltars, der vor dem Begegnungszelt steht.
\+ (V. 8) Und alles Fett des Sündopferstiers soll er abheben, nämlich das Fett, das die Eingeweide bedeckt, und alles Fett über den Eingeweiden, (V. 9) und die beiden Nieren und das Fett, das daran ist, das an den Lenden und den Lappen über der Leber ist, an den Nieren soll er es abtrennen

(V. 10) wie man es abhebt vom Rind beim »Gemeinschafts-Schlacht-opfer«[34],
+ und in Rauch aufgehen lassen soll es der Priester auf dem Brand-opferaltar.
+ (V. 11) Aber das Fell des Stieres und all sein Fleisch samt seinem Kopf und seinen Schenkeln und seine Eingeweide und den Inhalt seiner Gedärme – (V. 12) er soll hinaustragen den ganzen Stier aus dem Lager an einen reinen Ort, an die Aschenschütte.
+ und er soll ihn verbrennen auf Holz mit Feuer,
+ auf der Aschenschütte soll er verbrannt werden.

(Hatta't-Ritual für das Volk 2 – versehentliche Versündigung gegen Gebote durch die **»Gemeinde«** mit einem **Jungstier**)

(V. 13) *Wenn aber die ganze Gemeinde Israel aus Versehen handelt und die Angelegenheit vor den Augen der Versammlung verborgen bleibt, und wenn sie tun eins von all den Geboten des HERRN, die man nicht tun soll, und sie so in Schuld geraten (V. 14) und die Sünde, die sie getan haben, bewusst wird,*
+ dann soll die Versammlung darbringen einen jungen Stier *als Sündopfer*
+ und sie sollen bringen ihn vor das Begegnungszelt.
+ (V. 15) Und es sollen die Ältesten der Gemeinde ihre Hände stemmen auf den Kopf des Stieres vor dem HERRN
+ und man soll schlachten den Stier vor dem HERRN.
+ (V. 16) Und der gesalbte Priester soll etwas vom Blut des Stieres ins Begegnungszelt bringen
+ (V. 17) und der Priester soll seinen Finger eintauchen in das Blut
+ und er soll besprengen siebenmal vor dem HERRN die Vorderseite des Vorhangs.
+ (V. 18) Und etwas von dem Blut soll er an die Hörner des Weihrauchaltars geben, der vor dem HERRN steht im Begegnungszelt,
+ alles andere Blut aber soll er an den Fuß des Brandopferaltars gießen, der vor dem Begegnungszelt steht.
+ (V. 19) All sein Fett aber soll er abheben
+ und er soll es in Rauch aufgehen lassen auf dem Altar
+ (V. 20) und soll den Stier behandeln, wie er den Stier des Sündopfers behandelt hat, so soll er ihn behandeln.

34 So geben wir mit *R. Rendtorff*, Leviticus, 115ff., den Opfertermi-nus »zäbach-schᵉlamim« wieder.

(Schlusssatz des Hatta't-Rituals für das Volk 1+2)

damit der Priester Sühne schaffe für sie und ihnen vergeben wird.
+ (V. 21) Und er soll den Stier hinaustragen vor das Lager und er soll ihn verbrennen, wie er den vorigen Stier verbrannt hat.
Ein Sündopfer der Versammlung ist dies.

(Hatta't-Ritual für einen **»Fürst«**, versehentliche Versündigung gegen Gebote – mit einem **Ziegenbock**)

(V. 22) *Wenn ein Fürst sündigt und tut eines von all den Geboten des HERRN, seines Gottes, die man nicht tun soll, aus Versehen, und gerät so in Schuld (V. 23) und wenn ihm bewusst wird seine Sünde, durch die er gesündigt hat,*
+ dann soll er bringen als seine Darbringung einen Ziegenbock, männlich, ohne Fehler
+ (V. 24) und er soll stemmen seine Hand auf den Kopf des Bockes
+ und er soll ihn schlachten an dem Ort, wo man die Brandopfer schlachtet vor dem HERRN;
ein Sündopfer ist es.
+ (V. 25) und es soll nehmen der Priester etwas von dem Blut des Sündopfers mit seinem Finger
+ und er soll es geben an die Hörner des Brandopferaltars
+ und sein Blut soll er gießen an den Fuß des Brandopferaltars.
+ (V. 26) All sein Fett aber soll er in Rauch aufgehen lassen auf dem Altar
gleichwie das Fett des Gemeinschafts-Schlachtopfers,
damit der Priester Sühne schaffe für ihn wegen seiner Sünde und ihm vergeben wird.

(Hatta't-Ritual für einen **Mann aus dem Volk 1**, versehentliche Versündigung gegen Gebote – mit einer **Ziege**)

(V. 27) *Wenn aber ein einzelner aus dem Volk des Landes aus Versehen sündigt, indem er tut irgendeines der Gebote des HERRN, die man nicht tun soll, und so in Schuld gerät (V. 28) und wenn ihm seine Sünde, die er getan hat, bewusst wird,*
+ dann soll er bringen als seine Darbringung eine Ziege ohne Fehler, weiblich, *für die Sünde, die er getan hat,*
+ (V. 29) und er soll stemmen seine Hand auf den Kopf des Sündopfers
+ und er soll das Sündopfer schlachten am Ort des Brandopfers.
+ (V. 30) Und es soll der Priester etwas von seinem Blut nehmen mit seinem Finger

+ und er soll es geben an die Hörner des Brandopferaltars
+ und er soll gießen all sein anderes Blut an den Fuß des Altars.
+ (V. 31) All sein Fett aber soll er abheben, wie man das Fett des *Gemeinschafts-Schlachtopfers* abhebt,
+ und er soll es in Rauch aufgehen lassen auf dem Altar *zum lieblichen Geruch für den HERRN,*
damit der Priester Sühne schaffe für ihn und ihm vergeben wird.

(Hatta't-Ritual für einen **Mann aus dem Volk** 2, versehentliche Versündigung gegen Gebote – mit einem **Schaf**)

(V. 32) Wenn er aber ein Schaf als Darbringung zum Sündopfer bringen will,
+ dann bringe er ein weibliches, das ohne Fehler ist,
+ (V. 33) und er soll seine Hand auf den Kopf des Sündopfers stemmen
+ und er soll es schlachten zum Sündopfer an dem Ort, wo man das Brandopfer schlachtet.
+ (V. 34) Und es soll nehmen der Priester etwas von dem Blut des Sündopfers mit seinem Finger und er soll es geben an die Hörner des Brandopferaltars
+ und all sein anderes Blut soll er gießen an den Fuß des Altars.
+ (V. 35) Aber all sein Fett soll er abheben, wie man das Fett vom Schaf des *Gemeinschafts-Schlachtopfers* abhebt,
+ und der Priester soll sie in Rauch aufgehen lassen auf dem Altar
als Gabe[35] *für den HERRN,*
damit der Priester Sühne schaffe für ihn wegen seiner Sünde, die er gesündigt hat, und ihm vergeben wird.

(Hatta't-Ritual bei unbewusster Unterlassung für einen **Mann aus dem Volk** – mit **Schaf oder Ziege**, vgl. 4,27–35)

(5,1) Wenn jemand damit sündigt, dass er die Ankündigung eines Fluches hört, er aber Zeuge ist, sei es, dass er es gesehen oder erfahren hat – wenn er es dann nicht anzeigt, so muss er seine Schuld tragen[36]*;*
(V. 2) oder wenn jemand etwas Unreines anrührt, sei es ein Aas von einem unreinen Wild oder ein Aas eines unreinen Haustiers oder ein Aas eines unreinen Kleingetiers, und es bleibt ihm verborgen und er unrein wird und so in Schuld gerät

35 So mit *R. Rendtorff*, Leviticus, 63ff., für »אִשֶּׁה« (*Luther*: »Feueropfer«).
36 Vgl. *J. Milgrom*, Leviticus 1–16, AncBib 3, New York 1991, 297; *R. Rendtorff*, Leviticus, 191.194.

(V. 3) oder wenn er anrührt die Unreinheit eines Menschen, in irgendeiner Unreinheit, womit er unrein werden kann, und es bleibt ihm verborgen und er aber sich dessen bewusst wird und so in Schuld gerät
(V. 4) oder wenn jemand schwört, indem es ihm über die Lippen fährt, zu Schaden oder zu Nutzen, wie denn einem Menschen ein Schwur entfahren mag, und es bleibt ihm verborgen und er aber sich dessen bewusst wird und so in Schuld gerät,
(V. 5) wenn also einer in Schuld gerät durch einen von diesen Umständen
+ so soll er bekennen, womit er gesündigt hat,
+ (V. 6) und er soll bringen *als seine Schuldgabe für den HERRN, wegen seiner Sünde, die er gesündigt hat,* ein weibliches Tier von der Herde, Schaf oder Ziege, *zum Sündopfer,*
damit der Priester Sühne schaffe wegen seiner Sünde.

(Hatta't-Rituale **für Arme**: mit **Tauben oder Mehl**)

(V. 7) Wenn er sich aber ein Stück Kleinvieh nicht leisten kann,
+ so bringe er *als seine Schuldgabe, weil er gesündigt hat*, zwei Turteltauben oder zwei andere Tauben für den HERRN, eine zum Sündopfer und eine zum Brandopfer,
+ (V. 8) und er soll sie zum Priester bringen.
+ Der soll die zum Sündopfer bestimmte als erste darbringen
+ und ihr den Kopf abknicken hinter dem Genick,
+ aber nicht ganz abtrennen,
+ (V. 9) und er soll etwas von dem Blut des Sündopfers an die Seite des Altars sprengen
+ und der Rest des Blutes wird ausgedrückt am Fuße des Altars;
ein Sündopfer ist es.
+ (V. 10) Die zweite aber soll er als Brandopfer behandeln *der Ordnung gemäß,*
damit der Priester Sühne schaffe für ihn wegen seiner Sünde, die er gesündigt hat, und ihm vergeben wird.
(V. 11) Wenn er sich aber auch zwei Turteltauben oder zwei andere Tauben nicht leisten kann,
+ so bringe er als seine Darbringung, *weil er gesündigt hat,* ein Zehntel Scheffel feinstes Mehl *als Sündopfer.*
+ Er soll aber kein Öl darauf gießen
+ noch Weihrauch darauf tun;
denn es ist ein Sündopfer.
+ (12) Und er soll es zum Priester bringen.
+ Der Priester aber soll eine Handvoll davon nehmen als Gedenkteil
+ und er soll es in Rauch aufgehen lassen auf dem Altar
als Gaben für den HERRN;
ein Sündopfer ist es,

(V. 13) damit der Priester wegen seiner Sünde, die er in einem jener Fälle getan hat, die Sühne schaffe für ihn und ihm vergeben wird.
+ Es soll dem Priester gehören wie das Speisopfer.
(V. 14) Da redete der HERR zu Mose folgendermaßen: […]

Überblickt man den Text,[37] so fällt zunächst ein hohes Maß an Wiederholung und Gleichförmigkeit auf. Dieser Eindruck wird durch verschiedene literarische Umstände hervorgerufen, aus denen wir hier drei besonders hervorheben.

1. Zunächst ist der Text in stereotypen Bedingungsgefügen formuliert. In diesen Bedingungsgefügen stehen als Vor-Sätze (als sogenannte Protasis) meist die Anlässe für das Ritual. In den mit »dann« eingeleiteten Nachsätzen, der Apodosis, folgt die Ritualhandlung sowie – diese beschließend – eine mehr oder weniger gleichförmige Notiz über den erwarteten Effekt des Rituals: »damit der Priester Sühne schaffe und ihm [scil. dem Opfernden] vergeben wird«[38].

Diese »Wenn-Dann«-Struktur unseres Ritualtextes[39] ist für sich genommen schon eine Interpretation des Ritu-

37 Wir betrachten ihn zwar hier »synchron«, d. h. in seiner vorliegenden Gestalt, ohne Rücksicht auf durchaus wahrscheinliche literargeschichtliche Vorstufen, aber nicht a-historisch. Vgl. dazu vor allem die minutiöse Literarkritik bei *K. Elliger*, Leviticus, HAT I,4, Tübingen 1966, 53ff.

38 Es sind allerdings auch Unterschiede in der Realisierung dieses Strukturprinzips, ja Abweichungen davon zu verzeichnen. Ich nenne nur die auffälligsten: Im Abschnitt über die Verfehlung des gesalbten Priesters (Lev 4,3–11) ist die Protasis auffällig kurz und mit der Überschrift in V. 2 verbunden. Der Schlusssatz »So soll der Priester Sühne schaffen […]« fehlt. Im Abschnitt Lev 5,1–6 besteht die Protasis aus vier Gliedern, die Apodosis ist auffällig kurz. Recht kurz gehalten sind wiederum die Protaseis in den Bereichen Lev 4,32–35 und Lev 5,7–13. In 4,32; 5,7.11 enthalten die Protasissätze nicht den Anlass für das Ritual, sondern Bedingungen für Abweichungen vom Ritual.

39 Sie findet sich auch im unmittelbaren Kontext der Opfertora (Lev 1–7), aber auch in Ritualtexten der ao. Umwelt Israels wieder. Vgl. dazu neuerdings *K. Koch*, Alttestamentliche und altorientalische Rituale, in: Die hebräische Bibel und ihre zweifache Nachgeschichte, FS

als, insofern sie dessen Realisierung in bestimmte Kontexte verlegt und Bedingungen unterwirft.[40] So geben die »Wenn-Sätze« die Hauptrichtung oder zumindest eine der Hauptrichtungen der Interpretation des Rituals in unserem Text an. Wir nehmen an (und werden dies zu erhärten haben), dass auch die jeweiligen Schlusssätze der Ritualdarstellung »damit der Priester Sühne schaffe für ihn und ihm vergeben wird«[41] in diese Hauptrichtung der Interpretation gehören.

2. Weiterhin wird der Eindruck der Wiederholung und Gleichförmigkeit hervorgerufen durch die Abfolge der am Ritual Beteiligten (Volk: Gesalbter Priester, Gemeinde, Fürst, Einzelner, Armer). Die Textdarstellung zeigt, dass dieser Gesichtspunkt die Anordnung der Bedingungsgefüge und damit die Gliederung des Textes insgesamt bestimmt (vgl. die »g e s p e r r t« gehaltenen Überschriften). Jedes Bedingungsgefüge entfaltet das Ritual von neuem für eine bestimmte Kategorie von »Sündern«; damit verbunden sind – innerhalb der Ritualdarstellung – jeweils bestimmte Variationen in Bezug auf die Opfergaben, in Bezug auf die weiteren Beteiligten (die Priester) sowie die Orte der Handlungen im Heiligtum. So lässt sich auch aufgrund dieses Gesichtspunkts ein Kontext erkennen, der einen interpretierenden Verweisungszusammenhang für das Ritual bildet.

3. Schließlich sind die in den jeweiligen »Dann-Sätzen« enthaltenen Ritualdarstellungen selbst weitgehend gleichlautend abgefasst. Allerdings sind sie innerhalb von Lev 4f. nicht völlig deckungsgleich; vor allem das Ritualelement »Blut« wird variiert. Zudem finden sich auch

R. Rendtorff zum 65. Geburtstag, hg. von *E. Blum, C. Macholz* und *E. Stegemann*, Neukirchen-Vluyn 1990, 75–85.

40 In den anderen Ritualdarstellungen, namentlich in Lev 1–3 und 6f., fehlen derartige ausführliche Kontextualisierungen.

41 Die Sätze gehören inhaltlich nicht mehr zu den Ritualhandlungen, sondern interpretieren gewissermaßen im Resultat. Deshalb geben wir sie nach GesK § 165a als Finalsätze wieder.

Verweise auf andere Ritualdarstellungen im engeren und weiteren Kontext unserer Perikope (vgl. Lev 4,10 – Lev 3; 4,35; 5,10; 5,13; auch diese Verweise sind als Interpretamente *kursiv* wiedergegeben). Die Darstellungen des Hattaʾt-Rituals sind also in bewusstem Bezug zu anderen Ritualen gestaltet und bilden mit diesen ein System, in dem explizite oder implizite Bezugnahmen, Wiederholungen und Variationen Deutung signalisieren.

Mit diesen drei Gesichtspunkten haben wir nun die Schlüssel zu den Deutungsrichtungen gefunden, in die der Text die Rituale stellt. Jede dieser Deutungsrichtungen erschließt einen bestimmten »Verweisungszusammenhang«. Darum geht es in den folgenden Abschnitten:

2.2. Schuld, Verantwortung und Vergebung
Der rechtlich-ethische Verweisungszusammenhang
2.3. Gemeinde und Vergebung
Der soziohistorische Verweisungszusammenhang
2.4. Das Blut als Mittel oder als Zeichen?
Ein Blick in die »Black Box«.

2.2. Schuld, Verantwortung und Vergebung
Der rechtlich-ethische Zusammenhang

Wir kommen zu den »Vor-Sätzen« und ihrer Deutungsrichtung. Inhaltlich geht es in diesen Sätzen um Normen, um normgemäßes Handeln sowie um das subjektive Bewusstsein der Handelnden. Es geht dabei immer auch um die Frage des Verhältnisses objektiver Schuld und subjektiver Verantwortung.

Der Normenhorizont der »Vor-Sätze« ist sehr weit gefasst, ja programmatisch entschränkt und damit für viele Deutungen offengehalten: Jedes Gebot ist ein Gebot des HERRN, so formuliert es die Gesamtüberschrift: »Wenn irgend jemand sündigt gegen irgendein Gebot des HERRN […]« (Lev 4,2). Dieser weite Horizont entspricht der Intention des sinaitischen Heiligtumsentwurfes, wie wir ihn oben skizziert haben. Es wird – zumindest dem Anspruch nach – damit gerechnet, dass grundsätzlich jedes Gottesgebot in den rituellen Zusammenhang des Hatta᾿t gehören kann.[42] Eine Einschränkung nimmt der Text von Lev 4 (nicht so der von Lev 5,1–4) im weiteren dann doch vor. Es handelt sich besonders um »negative Gebote«, »Gebote, die man nicht *tun* soll«.[43] Dies führt auf das Verständnis vom Handeln in unserem Text. Handeln ist vor allem »Tat-Handeln«, auch in seiner negativen, »sündigen« Form. Durch die Tat übertreten kann man streng genommen nur Verbote.[44]

Jede Übertretung jedweden Verbotes des HERRN kann potenziell einen Anlass für das Ritual bieten: Jedes Handeln, das »irgendeines aus allen den Geboten des HERRN, die man nicht tun soll«, übertritt, ist »Sünde«

42 Man kann natürlich versuchen herauszuarbeiten, welche Gebote die priesterlichen Verfasser besonders im Blick gehabt haben. So schlägt *J. Milgrom* aufgrund terminologischer Beobachtungen vor, unter den Geboten »religious commandments (fas)« (Leviticus, 230) zu verstehen. *F. Crüsemann*, Die Tora. Theologie und Sozialgeschichte des atl. Gesetzes, München 1992, kommt aufgrund literarhistorischer Kriterien zu dem ganz ähnlichen Ergebnis: es handle sich um »sakrale Vergehen« und schließt daran eine lange Liste solcher Vergehen an (Molochopfer, Totenbefragung, Passaverletzung, Blutgenuss, illegitime Opferdarbringungen und ähnliche kultische Vergehen) (a. a. O., 368). Solche Präzisierungen sind plausibel; sie sind indes durch die Formulierung unseres Textes weder gedeckt noch ausgeschlossen. Es könnte durchaus sein, dass die Verfasser / Leser unseres Textes solche Vergehen besonders im Auge hatten; der *Anspruch* des Textes geht u. E. aber darüber hinaus. M. a. W.: der Text ist – bewusst – hier deutungsoffen. Vgl. dazu auch die Überlegungen von *E. Gerstenberger*, Das dritte Buch Mose Leviticus, ATD 6, Göttingen 1993, 59f.

43 Wörtlich: »die nicht getan werden sollen«: 4,13.22.27. In Lev 5,1–4 werden die Fallbeschreibungen konkreter. Der sehr gerafft formulierte V. 1 hebt darauf ab, dass einem öffentlichen, mit einem Fluch bewehrten Aufruf (קול) zur Zeugenschaft nicht Folge geleistet wird (vgl. *Rendtorff*, Leviticus, z. St.). Es handelt sich also um eine »Unterlassungssünde«, wobei nicht gesagt wird, ob sie versehentlich oder aus Unkenntnis begangen wurde. V. 4 hat einen Eid zum Gegenstand, der unbedacht und / oder unbewusst geleistet wurde. Die V. 2f. heben auf Schuld ab, die durch eine – dem betreffenden verborgen gebliebene – sakrale Unreinheit entstanden ist.

44 Vgl. *J. Milgrom*, Leviticus, 229.

(Nomen חטאת[45]) oder sündiges, die Norm verfehlendes Handeln (Verbum חטא qal[46]), jede Übertretung lässt den Übertreter »in Schuld geraten« (Verbum אשם qal[47]).

»Sünde« hat hier keinerlei subjektive, psychologische Konnotation. Es ist eine Tat-Sünde und eine Tat-Sache. Auch die Schuld als Folge der Tat ist ein ebenso »objektiver Tatbestand« wie die Tat selbst.[48] Sie hat – so befremdlich das für unser modernes, durch die Psychologie geprägtes Empfinden sein mag – nichts mit »Schuldgefühlen« zu tun. Es gibt – außerhalb unseres Textes – für das Nomen אָשָׁם (ʾascham) einen eindrucksvollen Beleg für diese Objektivität des Schuldverständnisses: In der Geschichte von der »Gefährdung der Ahnfrau« in der Fassung von Gen 26,1–11 hat der König ein Auge auf Rebekka geworfen, ohne zu wissen, dass sie die Ehefrau Isaaks ist. Als ihm dies bekannt wird, macht er Isaak Vorwürfe: »Siehe, sie ist deine Frau. Wie hast du denn gesagt: sie ist meine Schwester? [...] Es wäre leicht geschehen, dass jemand vom Volk sich zu deiner Frau gelegt hätte und du hättest so eine Schuld (אשם) auf uns gebracht« (Gen 26,9f.).[49]

Dieses objektive Verschuldensprinzip lässt – grundsätzlich – nur eine Möglichkeit zu, mit der Sünde und der daraus erwachsenen Schuld umzugehen: den vollen Ausgleich, die Wiedergutmachung der durch die Tat erwachsenen »Schuld«.[50] In unserem Text deutet sich dies darin an, dass das Vergebungs-Ritual die gleiche Bezeichnung

45 Lev 4,3.14.23.26.28.35; 5,6.10.13.

46 Lev 4,3.14.22f.27f.35; 5,1.5.10.13.

47 Wir verstehen die Wurzel אשם mit *B. Janowski*, Sühne, 256, hier auf die Tat und deren Folge bezogen: Das Handeln des Übertreters macht diesen »schuldig«, »straffällig«.

48 Zu diesem »objektiven Verschuldensprinzip« des AT und seiner Umwelt vgl. *R. Knierim*, Die Hauptbegriffe für Sünde im AT, Gütersloh 1965, 67ff.

49 Vgl. auch Jer 51,5; Ps 68,22 und *D. Kellermann*, Art. אשם, ThWAT I, 463–472, 465.

50 Vgl. dazu: *A. Schenker*, Versöhnung und Widerstand. Bibeltheologische Untersuchungen zu Strafen Gottes und der Menschen besonders im Lichte von Ex 21–22, SBS 139, Stuttgart 1990, 25ff.

trägt wie die Sünde, um deretwillen es veranstaltet wird, eben: חטאת – Hatta'ṭ:[51] Macht das Hatta'ṭ-Ritual die Schuld der sündigen Tat – Hatta'ṭ – rückgängig?[52] Dafür könnte sprechen, dass das Verbum חטא (pi'el), von dem sich das Nomen hatta'ṭ wohl ableitet, im nicht-kultischen Gebrauch, wenn auch nur in einem einzigen atl. Beleg, den Ersatz eines schuldhaft verursachten Vermögensschadens bezeichnen kann (Gen 31,39).[53] Deutlicher ist der Befund für 'ascham. Als Nomen meint 'ascham eben sowohl die Schuld wie die »Entschädigung«, die den Ausgleich der Schuld herbeiführt.[54] Dieser Zusammenhang fügt sich in

51 Eindeutig als Bezeichnung des Rituals bzw. des Opfertieres erscheint das Nomen in Lev 4,21.24.29; 5,6.7.11.12. Die anderen Belege lassen sich u. E. sowohl mit »Sünde« als auch mit »Sündopfer« wiedergeben. So kann 4,3 statt »zum Sündopfer« auch mit »gemäß der / für die Sünde« (analog 4,33) wiedergegeben werden. Warum soll der »Sündopferstier« (4,8; analog 4,32) nicht auch als »Sündenstier«, das Sündopferblut (4,25.33) nicht auch als »Sündenblut« verstehbar sein. Es kommt uns bei diesem Übersetzungs»spiel« darauf an, die enge Assoziation zwischen sündiger Tat und Ritual zu zeigen: Das Ritual ist auf die Tat bezogen.

52 Vgl. dazu K. Koch Art. חטא, ThWAT II, 857–870. *Koch* erklärt den Zusammenhang unter der Voraussetzung seiner Theorie von der Sündensphäre so: »Der Betroffene kommt mit einem seiner Haustiere [...] zum Heiligtum. Dort wird durch die Darbringung in der wirksamen Gegenwart JHWHs das Tier [...] zur Sünde; d. h. die hatta'ṭ-Sphäre konzentriert sich auf ihm und wird gleichsam Fleisch in einem tierischen Wesen.« Eine große Rolle spielt bei *Koch* im weiteren der Tod des Tieres, denn: »Mit der Ausschüttung des Blutes [...] ist der Tod des Sündentieres stellvertretend für den menschlichen Eigentümer vollendet« (a. a. O., 867). Wir werden dieses Erklärungsmodell von »Sündensphäre« und stellvertretendem Sühnetod nicht übernehmen. Fragwürdig ist allein schon, ob nur »Sünden«, die mit einer Todessanktion bedroht sind, zu Debatte stehen (vgl. *F. Crüsemann*, Tora, 361.365). Nicht minder fragwürdig ist, ob es der Interpretation des Rituals nach Lev 4f. wirklich so entscheidend auf den (freilich unvermeidlichen) Tod des Tieres ankommt. Ein hatta'ṭ ist nach Lev 5,11 ja auch ohne den Tod eines Tieres denkbar (ausführlich dazu unten 2.3.).

53 Diese Konnotation geht verloren, wenn man, wie dies vor allem bei *J. Milgrom* geschieht, die Ritualtexte nur innerhalb des kultisch-rituellen Rahmens liest (vgl. Leviticus, 253).

54 In dieser Bedeutung in unserem Text Lev 5,6; vgl. *D. Kellermann*, אשם, 467.

eines der grundlegenden Anliegen atl. Rechtsdenkens: Wer Schaden verursacht, ist zu dessen Ausgleich verpflichtet. Dieses am möglichst friedlichen Schadensausgleich orientierte Rechtsdenken hat seine Wurzeln im »zivilen« Recht der Ortsgerichtsbarkeit.[55] Es ist dieses Rechtsdenken in unserem Text (nur) noch als »Prinzip« erkennbar – als solches aber sehr wohl. Kurz: wir meinen, die Interpretation des Hattaʾt-Rituals in Lev 4f. ist am Prinzip des Schuldausgleichs orientiert, der durch das Ritual nicht »real«, sondern eben symbolisch herbeigeführt wird.

Dieser im Ritual des Hattaʾt symbolisch vollzogene Schuldausgleich ist nun aber nicht beliebig möglich (etwa als besonders »billige« Form der Wiedergutmachung), sondern wird in einen Kontext gestellt, der das »subjektive Bewusstsein«, die subjektive Verantwortlichkeit des Täters oder der Täter einbezieht. Das Ritual soll nur dann eintreten können, wenn die Übertretung »aus Versehen / im Irrtum« (בִשְׁגָגָה)[56] geschieht. Dabei ist – sprachlich gesehen – das »aus Versehen« eine adverbielle Näherbestimmung des sündigen Handelns;[57] inhaltlich heißt das genauer: Dem Täter ist die sündhafte Qualität seines Tuns im Augenblick seines Handelns verborgen (ידע nifʿal, vgl. 4,13; 5,2–4). Erst wenn sie bewusst oder bemerkt wird (4,14 ידע nifʿal; 4,23.28 hofʿal; 5,3 qal), kann das Ritual einsetzen.

Auch diese Bestimmung ist deutungsoffen: Unter welchen Umständen geschieht eine Sünde »aus Versehen«? *Eine* der Möglichkeiten ist, dass der Täter die Tat selbst in vollem Bewusstsein begeht, dass er sich dabei aber nicht

55 So *E. Otto*, Theologische Ethik des AT, Stuttgart 1994, 66.

56 Lev 4,2.13.22.27; vgl. *R. Knierim*, Art. שׁגג, THAT II, 869–872 und vor allem die Zusammenstellung der Verstehenstatbestände bei *R. Rendtorff*, Studien zur Geschichte des Opfers im Alten Israel, WMANT 24, Neukirchen-Vluyn 1967, 200ff.

57 Vgl. *R. Rendtorff*, Leviticus, 149.

bewusst ist, dass es sich um eine Normverletzung handelt.[58] Es kann aber *auch* sein, dass die Tat selbst in einem Zustand herabgesetzten Bewusstseins und insofern »aus Versehen« geschieht. So bringt es etwa das Bild von der hirtenlos umherirrenden Schafherde (Ez 34,6) oder auch die Vorstellung der vom Wein taumelnden Priester und Propheten zum Ausdruck, die zu nüchterner Prophezeiung oder Rechtsprechung nicht mehr in der Lage sind (Jes 28,7). Ein »Versehen« kann schließlich durch unglückliche Umstände einfach »passieren«: Derart sind die »Versehen« der immer wieder zur Erläuterung herangezogenen Stelle Num 35,9–25 (vgl. auch Jos 20,3.9) über den »vorsätzlichen« und den »versehentlichen« Totschlag. Der »vorsätzliche« Totschlag geschieht mit Bedacht bei der Auswahl des Tötungsmittels (Num 35,16ff.; z. B. »ein Stein, mit dem jemand getötet werden kann«) aus »Hass«, mit »Hinterlist« oder aus »Feindschaft (Num 35,20f.). Num 15,30 bringt das vorsätzliche Tun auf die prägnante Formel vom »Tun mit erhobener Hand«. Wer dagegen aus Versehen getötet hat, hat dies getan ohne bewusste Wahl eines Tötungsmittels (Num 35,23ff. z. B.: »irgendein Stein«), ohne böse Absicht oder Feindschaft, ohne dass er es wahrgenommen hat. Es ist eben passiert.[59]

Das tertium comparationis der »Tatbestände« des Versehens ist – für den rechtlichen und sakralrechtlichen[60] Kontext – die herabgesetzte Verantwortlichkeit des Täters für seine Tat. Letztlich ist diese herabgesetzte Verantwortlichkeit eine Folge der menschlichen Schwäche, die den Menschen immer wieder scheitern lässt bei dem Versuch, sein Handeln mit seinem Wollen und dieses wiederum mit dem Horizont der Normen in Einklang zu bringen. Dabei

58 So die – meist abgelehnte – These bei *J. Milgrom*, The Cultic segaga and its Influence in Psalms and Job, in: *ders.*, Studies in Cultic Theology and Terminology, SJLA 36, Leiden 1983, 122–132.

59 Nach Num 35 wird dem Versehenstäter die Möglichkeit eröffnet, an eine Asylstätte, ein Heiligtum, zu fliehen und so dem Bluträcher zu entgehen, dem der absichtliche Täter unweigerlich verfällt.

60 Vgl. auch noch Lev 22,14; Ez 45,20. Leider sagen die Stellen nichts über die Art des Versehens aus. Vgl. allerdings Ps 119,118.

handelt es sich nicht nur um eine bedauerliche Schwäche bestimmter Individuen, sondern um eine allgemein-menschliche Unzulänglichkeit: Ein »Versehen« kann jedem »passieren«.

Damit wird das objektive Verschuldensprinzip mit der Verantwortung als einer subjektiven Qualität des oder der Täter in Verbindung gebracht. Die Schuld als solche besteht unabhängig von der Verantwortlichkeit. Aber der Schuldausgleich, die »Strafe«, wird durch das Maß der Verantwortlichkeit mitbestimmt. Dieses Problem hat in der atl. Rechtsüberlieferung auch außerhalb der Opfertexte einen festen Platz[61] und zwar vor allem im Tötungsrecht, wie bereits an Num 35,9ff. gesehen, und im Körperverletzungsrecht.[62] Somit zeigt sich hier der Verweisungszusammenhang unserer Ritualinterpretation. Der wird noch deutlicher, wenn wir das Ziel des Rituals, also Sühne und Vergebung, nun genauer in den Blick nehmen.

Dazu ziehen wir die Schlussformeln mit in Betracht. Sie deuten das rituelle Geschehen resümierend so:

וְכִפֶּר עָלָיו הַכֹּהֵן וְנִסְלַח לוֹ׃ (4,31)

»[…] damit der Priester Sühne schaffe für ihn und ihm vergeben wird« (vgl. die Parallelformulierungen!).

Die bedeutungstragenden Worte sind die Worte »Sühne schaffen« (כִּפֶּר, dafür künftig vereinfacht: »kipper«) und »vergeben« (סלח, dafür künftig: »salach«).

Vor allem für die Sühnevorstellung betreten wir ein in der atl. Forschung heiß umstrittenes Gebiet.[63] Wenn wir hier versuchen, die resümierenden Schlusssätze in der bisher verfolgten Deutungsrichtung zu lesen, so bedeutet dies eine Grundentscheidung gegenüber jenen Ansätzen, die

61 Vgl. dazu umfassend *F. Crüsemann*, Tora, 370ff. und *D. Daube*, Sin, Ignorance and Forgiveness in the Bible, London 1960.

62 Vgl. dazu im Einzelnen: *E. Otto*, Theologische Ethik, 25f.35f.

63 Vgl. den Überblick bei *B. Lang*, Art. כִּפֶּר, ThWAT IV, 303–318; insb. 308f.

den kultisch-rituellen Gebrauch von »kipper« grundsätzlich getrennt sehen vom nicht-kultischen Gebrauch des Wortes und der Wortgruppe.[64] Diese Ansätze wären u. E. semasiologisch nur zu rechtfertigen, wenn die Sprache der atl. Ritualtexte als eine vom allgemeinen Sprachgebrauch streng isolierte priesterliche »Fachsprache« erweisbar wäre. Dies ist aber nicht nur mit dem Bezug der priesterlichen Texte zur Gesamttora (vgl. dazu oben 2.1.) schwer vereinbar, es widerspricht auch dem »Verweisungscharakter« der Rituale selbst. Letztlich spricht u. E. aus dem Postulat der kultischen Sonderbedeutung von »kipper« ein Verständnis von Kult, das diesen zur Insel, zum sakralen Sonderbereich macht – mit allen Gefahren, die damit verbunden sind (siehe dazu oben 1.).

64 Bei *B. Janowski*, Sühne, wird die Grundentscheidung wesentlich mit der Annahme begründet, »daß ›hebr. כִּפֶּר‹ ›sühnen, Sühne schaffen‹ als Terminus der Kultsprache (Ez 40–48, P, ChrG) die zu kuppuru ›kultisch reinigen‹ führende Bedeutungsentwicklung von akk. kaparu II ›ab-, auswischen‹ bereits voraussetzen kann und wahrscheinlich in Kenntnis jungbabylonischer Ritualtradition [...] – allerdings kaum vor Ezechiel [...] – auf dieses kuppuru auch zurückgegriffen hat« (179, vgl. auch 57ff.; 10–102).
Auch bei *J. Milgrom* obwaltet diese Trennung – vielleicht noch radikaler als bei *Janowski*. *Milgrom* zufolge bedeutet hattaʾt als Opfer »Reinigungsopfer« und kipper in diesem Zusammenhang »›purge‹ and nothing else« (Leviticus, 255). »Gereinigt« werde das Heiligtum vom »Miasma der Sünden« (vgl. a. a. O., 257), nicht aber der Sünder. Eine Auseinandersetzung mit *Milgrom* würde den Rahmen bei weitem sprengen; es soll und kann aber nicht bestritten werden, dass kipper und hattaʾt diese Konnotation annehmen können (vgl. etwa Lev 16,16). Sie haben sie aber nicht, jedenfalls nicht primär, im Zusammenhang von Lev 4. In dessen interpretierenden Elementen spielt das Heiligtum keine Rolle, wohl aber das Sündigen des Sünders. Vgl. auch die vermittelnde Position von *N. Kiuchi* in seiner Monographie »The Purification Offering in the Priestly Literature. Its Meaning and Function«, JSOTS 56, Sheffield 1987, 65f. »[...] there is no essential distinction between purification and expiation. Thus since the verb חִטֵּא is also deeply rooted in the idea of purification it may be inferred that חטאת (sin) is a kind of uncleanness. Further, since ›uncleanness‹ symbolizes an aura of death, so does חטאת (sin).« Als isolierter Fachterminus erscheint kipper ganz explizit bei *R. Rendtorff*, Leviticus, 176, der vom »ritualtechnischen Gebrauch von kipper« spricht.

Aus den mannigfachen Stellen der nichtpriesterlichen Rechtsüberlieferung, insbesondere im sog. »Bundesbuch«, die auf die reduzierte Verantwortung des Täters hinweisen (vgl. etwa Ex 21,13[65]), ist für uns vor allem Ex 21,28–30 mit den drei Rechtsfällen um einen »stößigen Stier« von Belang.[66] An dieser Stelle erscheint nämlich unser Schlüsselbegriff »kipper« als Nomen *kopær* (künftig: »kofär«)[67]:

(28) Und wenn ein Stier einen Mann oder eine Frau stößt, so dass sie sterben, so muss der Stier gesteinigt, sein Fleisch darf nicht gegessen werden, aber der Besitzer des Stieres ist straffrei.
(29) Wenn der Stier aber wiederholt gestoßen hat und es seinem Besitzer mitgeteilt wurde, er ihn aber trotzdem nicht verwahrt hat, so dass er einen Mann oder eine Frau zu Tode gebracht hat, dann muss der Stier gesteinigt werden, aber auch sein Besitzer muss getötet werden.
(30) Wenn ihm aber ein Sühnegeld (»kofär«) auferlegt wird, muss er es als Lösepreis seines Lebens (*pidjon napšô*) entsprechend dem ganzen Umfang geben, in dem es ihm auferlegt wurde.

Die drei Fälle lassen ein abgestuftes Verhältnis zwischen objektiver Schuld und subjektiver Verantwortlichkeit erkennen. Grundsätzlich gilt zunächst, dass der Täter für seine Tat haftbar ist; er hat also für den Fall eines von ihm verschuldeten Todes seinerseits mit dem Tod einzustehen.[68] Täter können nach altisraelitischem Recht das Tier und der Tierhalter sein. Letzterer wird von Schuld und Schuldausgleich freigestellt, wenn er den Angriff des Tieres nicht voraussehen konnte (V. 28), wenn er also nicht voll verantwortlich dafür war. Wenn ihm aber die Gefährlichkeit seines Tieres bekannt war und wenn er

65 Dazu neuerdings ausführlich unter unserem Gesichtspunkt *F. Crüsemann*, Tora, 205.

66 Vgl. dazu vor allem *A. Schenker*, Versöhnung und Widerstand, 61ff.

67 Dies ist auch lexikalisch von Bedeutung, denn bekanntlich spricht manches dafür, dass das Verbum »kipper« als Piʿelform ein »denominales« Verbum, mithin von »kofär« abgeleitet ist.

68 Es kann hier dahingestellt bleiben, ob das Motiv für die Todessanktion die Generalprävention (*Otto*) oder der »negative Schuldausgleich« (*Schenker*) ist.

gleichwohl keine Vorkehrungen dagegen getroffen hat, dann ist auch er schuldig und verantwortlich und mithin strafbar (V. 29). (Es wird also grobe Fahrlässigkeit mit Vorsatz gleichgestellt.) Indessen lässt V. 30 noch einen weiteren Weg offen: Der absolute Strafanspruch im Gefolge einer quasi-vorsätzlichen Tat kann hier durch eine finanzielle Ersatzleistung, ein »kofär«, abgelöst werden, wenn dies von dritter Seite (wohl vonseiten der Familie des Geschädigten und / oder der Ortsgerichtsbarkeit) zugelassen wird. Wie ist dies von der »Logik« des vorliegenden Zusammenhangs wie des allgemeinen Rechtsdenkens her möglich? Es kann m. E. nur dann angehen, wenn nicht ausgeschlossen wird, dass eben doch ein nicht-beabsichtigtes Nachlassen der Vorsicht dem Stier die Möglichkeit gegeben hat zu töten, wenn also die volle Verantwortung des Tierhalters in Zweifel steht.[69] Das »Bundesbuch« legt es in die Entscheidung der Sippe des Getöteten und / oder der örtlichen Gerichtsbarkeit, zugunsten des Tierhalters zu entscheiden, den eigentlich bestehenden absoluten Strafanspruch herabzusetzen und sich mit einem Lösegeld, dem »kofär«, zu bescheiden. Wohlgemerkt: Das Gericht und die Geschädigten können dies tun, sie müssen es nicht.

»kipper«-Handeln heißt hier also: Ein bestehender, absoluter, das Leben des Schädigers betreffender Strafanspruch wird durch eine finanzielle Ersatzleistung, eben ein »kofär« abgedeckt. Zur Voraussetzung hat dieses »kipper«-Handeln aber zweierlei: erstens die »Vergebungs«-bereitschaft aufseiten des Geschädigten, d. h. seiner Sippe oder des Gerichts, und zweitens eine – und sei es auch nur möglicherweise – herabgesetzte Verantwortlichkeit des Schädigers.

Das Äquivalent der finanziellen Ersatzleistung ist m. E. nicht – wie manche meinen[70] – das Leben des Getö

69 Vgl. *A. Schenker*, Versöhnung und Widerstand, 64f.

70 Auch hier unterscheidet sich meine Sicht der Dinge von der *B. Janowskis*, wie er sie in seinem ausführlichen Aufsatz »Auslösung ver-

teten oder des (totgeweihten) Schädigers, sondern der Strafanspruch der Familie des Getöteten.[71] Sie, vielleicht auch das Gericht, jedenfalls die Instanz, die über den Strafanspruch verfügt, legt ja auch die Höhe des »kofär« fest und bestimmt so, was ihr der Anspruch wert ist, auf den sie verzichtet.[72]

Wie steht es nun mit der »Vergebung«? Auch hier lassen sich Indizien dafür finden, dass »salach«[73] mit dem Schuldausgleich aufgrund einer unklaren »Verantwortungssituation« zu tun hat. Anders als »kipper« / »kofär« bedeutet salach aber nicht nur die Reduzierung des Strafanspruches aufgrund einer Ersatzgabe, sondern den völligen Verzicht auf den Rechts- oder Strafanspruch. Dem sakralrechtlichen Bereich entstammt Num 30,9.13. Hier geht es um die Frage der Gültigkeit von Gelübden. Ein Gelübde ist ein »Versprechen, Gott [etwas] zu geben, ihm eine Sache oder eine Person, einen Zehnten, Gn 28,20ff.,

wirkten Lebens. Zur Geschichte und Struktur der biblischen Lösegeldvorstellung«, ZThK 79, 1982, 25–59, entwickelt hat. Nach *Janowski* ist die kofär-Summe zu verstehen »nicht nur als eine die Schuld ausgleichende Ersatzgabe, sondern als die Auslösung des verwirkten individuellen Lebens (pidjon napso) und d. h.: als Existenzstellvertretung, als Lebensäquivalent […]«. Zweifelhaft ist mir, dass eine Summe Geldes als »Lebensäquivalent« verstanden werden kann. Zwar wird letztlich das Leben des Schädigers ausgelöst, deshalb ist der *kopær* auch *pidjon napšô*, »Lösegeld für sein Leben«. Aber das »Äquivalent« der Lösesumme ist nicht das Leben, sei es des Getöteten, sei es des Verursachers, sondern der Strafanspruch an den Verursacher.

71 Weitere atl. Belege für *kipper / kopær*, in denen »Sühne schaffen« als »Herbeiführung des Verzichts auf Strafansprüche« verstanden werden kann: Dtn 21,8; 1Sam 3,14; 2Sam 21,3; Jes 22,14; Jes 43,7; Spr 13,8. *Schenker* fasst für Ex 21,30 zusammen: »[…] le nom *koper* signifie la somme qui remplace la peine violente de la condamnation à mort, dans un contexte de procédure légale« (a. a. O., 37). Für Ritualtexte vgl. *ders.*, Versöhnung und Sühne. Wege gewaltfreier Konfliktlösung im AT. Mit einem Ausblick auf das NT, BiBe 15, Fribourg 1981, 107.

72 So gesehen kommt der positive Gebrauch von »kofär« auch dem negativen Gebrauch als »Bestechungsgeld« (1Sam 12,3; Am 5,12; Prov 6,35; Sir 46,19) im gerichtlichen Verfahren nahe. Positiv wie negativ geht es um finanzielle »Abdeckung« von Rechtsansprüchen.

73 Vgl. dazu *J. Hausmann*, Art. סלח, ThWAT V, 859–867.

ein Opfer, 2Sam 15,8, die Beute eines Krieges, Num 21,2, eine Person, Ri 11,30f.; 1Sam 1,11, zu weihen«[74]. Gelübde können – vonseiten des Gelobenden – mit der Erwartung einer Gnade vonseiten Gottes verbunden werden. Dann aber binden Gelübde den Gelobenden gegenüber Gott unbedingt; der Gelobende steht in einer Art Vertragsverhältnis mit Gott. Es gibt nun aber Fälle, und von solchen redet Num 30,6.9.13, in denen Gott auf seinen aus einem Gelübde rührenden Rechtsanspruch verzichtet, in denen er »vergibt«. Dies ist etwa der Fall, wenn eine Frau sich vor der Ehe durch ein »unbedachtes Versprechen« (»eine Unbesonnenheit ihrer Lippen«, vgl. Lev 5,4!) gebunden hat. Dann kann der Ehemann durch seinen unverzüglichen Widerspruch die Verpflichtung lösen mit der Folge, dass »der HERR ihr vergibt« (וַיהוָה יִסְלַח־לָהּ). In ähnlicher Weise verzichtet Gott auf seine Ansprüche, wenn ein nichtverheiratetes Mädchen (V. 4ff. – durch den Vater) oder eine verheiratete Frau (V. 11ff.) ein unbedachtes Gelübde getan hat. Hier ist – zeit- und kontextbedingt – die eingeschränkte Verantwortungsfähigkeit der Frau der Grund für den Anspruchsverzicht, für die »Vergebung« Gottes.

In ganz ähnlicher Weise kann »Vergebung« in einem völlig anderen Text verstanden werden: Nach Gen 18,20ff. ist Gott »herabgestiegen«, weil ihm ein »großes Geschrei« über die schweren Sünden (hatta’t!) der Einwohner von Sodom und Gomorra zu Ohren gekommen ist. Die Erzählung lässt keinen Zweifel daran, dass Gott entschlossen ist, an den beiden Städten ein furchtbares Strafgericht zu vollziehen. Da fällt ihm bekanntlich Abraham in den Arm mit dem Argument: »Willst du denn den Gerechten mit dem Gottlosen umbringen? Es könnten vielleicht fünfzig Gerechte in der Stadt sein, wolltest du die umbringen und dem Ort nicht vergeben (וְלֹא־תִשָּׂא לַמָּקוֹם) um fünfzig Gerechter willen […]?« (V. 23f.). Gott lässt sich darauf ein: »Finde ich fünfzig Gerechte zu Sodom in der Stadt, so will

74 *R. de Vaux*, Das AT und seine Lebensordnungen II, Freiburg 1962, 318.

ich um ihretwillen der ganzen Stadt vergeben (וְנָשָׂאתִי לְכָל־הַמָּקוֹם)«. Zwar ist die Vergebungszusage hier nicht mit unserem Stichwort salach formuliert, wohl aber ist dies der Fall in Jer 5,1: »Geht durch die Gassen Jerusalems und schaut und merkt auf und sucht auf den Straßen der Stadt, ob ihr jemand findet, der auf Recht und Wahrheit hält, so will ich ihr vergeben (וְאֶסְלַח לָהּ).« Deutlich wird hier auf Gen 18 angespielt.[75] Das Vergebungsverständnis in Jer 5 und Gen 18 ist also wohl gleichartig. In beiden Texten ist der HERR bereit, auf seinen Strafanspruch gegenüber *der Stadt* zu verzichten, wiewohl deren Schuld unzweifelhaft ist, wenn *einzelne Mitglieder* der Gemeinschaft (in Gen 18 bis zu 10, in Jer 5,1 nur einer) als unschuldig erfunden werden. Ein einziger Gerechter in einer Gemeinschaft lässt deren Verantwortung für eine bestehende Schuld bereits soweit reduziert sein, dass sich Gott zu einem Strafverzicht geradezu genötigt sieht. Gewiss ist hier kein »Versehen«, keine »Unachtsamkeit« die Ursache für die reduzierte Verantwortlichkeit; gleichwohl bleibt das Prinzip bestehen, um das es uns geht: Vergebung hängt mit Verantwortung zusammen. Für eine Schuld wird nur dann der volle Ausgleich gefordert werden, wenn an der Verantwortlichkeit des oder der Schuldigen nicht der geringste Zweifel besteht.

Zurück zur Deutung des Hatta'̓t-Rituals! Die »Vor-Sätze« und die Schlusssätze der einzelnen Abschnitte stellen – so meinen wir – das Ritual in einen Deutungskontext, dem sehr grundsätzliche Überlegungen zum Zusammenhang von Schuld, Verantwortung und Vergebung zugrunde liegen. Die Normenwelt der Tora stellt jeden Menschen in einen objektiven Zusammenhang von Sünde und Schuld. Wenn Schuld besteht, so ist ein Schuldausgleich, gegebenenfalls eine »Strafe« erforderlich. Eingeschränkt wird dieses Prinzip aber durch die Verantwortlichkeit des Schuldigen. Die Gründe für diese reduzierte Verantwortlichkeit liegen in der menschlichen Schwäche, Wollen und

75 *J. Hausmann*, סלח, 863.

Tun in Einklang zu bringen. Eine reduzierte Verantwortlichkeit führt zur Reduktion des Schuldausgleichs (kipper), ja zum völligen Verzicht (salach) darauf. Dieser Zusammenhang wird im Ritual dargestellt (– oder hergestellt).

Kurz: das Hatta't-Ritual nach Lev 4f. bedeutet vonseiten des Schuldigen die stillschweigende[76] Anerkenntnis sowohl seiner objektiven Schuld wie seiner subjektiven Schwäche in deren bewusster Wahrnehmung; der Vollzug des Rituals führt zum »Schuldausgleich« durch eine teilweise oder völlige Entlastung von den Folgen der Schuld, und in diesem Sinne zu deren »Sühne und Verzeihung«.

2.3. Gemeinde und Vergebung
Die soziohistorischen Verweisungszusammenhänge

Wir kommen nun zu den Deutungsrichtungen, die mit dem Aufriss des Ritualtextes Lev 4,1–5,13 verbunden sind. Dabei spielen die Opfernden selbst und ihre soziale Stellung eine Rolle, aber auch die Opfergaben sowie die Orte der Handlungen im Heiligtum sind von Bedeutung. Eine Übersicht soll zunächst die Zusammenhänge verdeutlichen.

76 Hier ist der vielfach bemerkten Tatsache zu gedenken, dass die Ritualtexte der Opfertora – im Gegensatz zu vergleichbaren Texten der ao. Umwelt Israels – »stumm« sind. D. h., sie enthalten keinerlei liturgische Texte, die vor oder während der Ritualhandlung zu sprechen wären und die Aufschluss über die Deutungsrichtung des Rituals in seinem Vollzug geben könnten. In den einschlägigen, vor allem babylonischen Vergleichstexten ist dies ganz anders! Vgl. dazu *K. Koch*, Rituale, 84 und als Beispiele TUAT II, 255ff. Ob man aus der Stummheit der Texte schließen darf, dass die »Sinairituale einen nahezu wortlosen Gottesdienst vorauszusetzen scheinen« (*K. Koch*, ebd.), soll hier dahingestellt bleiben. Die Wirkung dieser Stummheit ist jedenfalls die einer »Leerstelle« und damit einer erhöhten Deutungsoffenheit der Ritualtexte.

Text	Beteiligte	Gabe	Ort
Lev 4,3–13	der gesalbte Priester	junger Stier	Tür des Zeltes im Zelt Brandopferaltar vor dem Zelt
Lev 4,13–21	Gemeinde Israels / Versammlung / Älteste gesalbter Priester	junger Stier	vor dem Zelt im Zelt Brandopferaltar vor dem Zelt
Lev 4,22–26	Fürst der Priester	Ziegenbock	Brandopferaltar Brandopferaltar
Lev 4,27–31	Jemand aus dem Volk Priester	Ziege	Brandopferaltar Brandopferaltar
Lev 4,32–35	(jemand aus dem Volk) Priester	Schaf	Brandopferaltar Brandopferaltar
Lev 5,1–6	Jemand Priester	weibliches Tier Schaf oder Ziege	
Lev 5,7–10	Jemand, der sich Kleintiere nicht leisten kann Priester	Tauben	Brandopferaltar
Lev 5,11–13	Jemand, der sich Tauben nicht leisten kann Priester	Mehl	Altar

Der Befund kann so zusammengefasst werden:

Alle wesentlichen Gruppen des Volkes, die Repräsentanten der Gemeinschaft ebenso wie der Einzelne, sollen das Ritual vollziehen. Die Gruppierungen sind dabei offensichtlich in einem hierarchischen Verhältnis zueinander gedacht. Dies kommt in den jeweiligen Orten der Handlung zum Ausdruck. Das Opfer des »gesalbten Priesters« und der gesamten Gemeinde gelangt bis ins Innere des Heiligtums-Zeltes. Die Opfer der »Fürsten« (vgl. dazu unten) und die Opfer aller Einzelnen gelangen nur in den Hof des Heiligtums. Die Opfergaben selbst sind nach ihrem Wert und ihrer Größe abgestuft. Die obersten Repräsentanten haben einen jungen Stier zu opfern, das wertvollste, was an Haustierbesitz denkbar ist; die niederen Repräsentanten (die Fürsten) einen Ziegenbock. Der Mann aus dem Volk bringt Schafe und Ziegen, also Tiere aus den Herden des normalen Bauern; wer sich auch dies nicht leisten kann, bringt eine Taube oder gar nur ein wenig Mehl.

Was lässt sich daraus für die Deutung des Rituals entnehmen?

Zunächst wird ein weiteres Mal deutlich, wie eng unser Ritualtext mit dem Entwurf der sinaitischen Heiligtumstexte verbunden ist (vgl. dazu oben 2.1.). Die angesprochenen Orte und die dafür verwendeten Bezeichnungen entsprechen weitgehend den in den Bautexten von Ex 25–40 verwendeten Termini.[77] Der gedachte Ort der Rituale ist das Sinaiheiligtum. Dort sind die Israeliten »vor dem HERRN« (vgl. Lev 4,4.6.7.15.18.24).

Der Entwurf des Sinaiheiligtums impliziert über die reinen örtlichen Vorstellungen hinaus einen Gesellschaftsentwurf; auch daran ist unser Ritualtext orientiert. Die »Figuren« des Rituals sind Figuren dieses Gesellschaftsentwurfs.

Zunächst ist der »gesalbte Priester« (Lev 4,3) eine Gestalt aus den sinaitischen Heiligtumstexten. Nach Ex 29,7ff. werden zunächst Aaron und seine Söhne (Ex 29,7–9) gesalbt werden. Damit wird nicht gesagt, dass alle Priester gesalbt werden, sondern allein Aaron und seine

77 Zu פתח אהל מועד und לפני יהוה vgl. *H. Utzschneider*, Heiligtum, 124ff. מזבח העלה (Ex 38,1 – Lev 4,7.18.25.30 u. ö.); מזבח הקטרת (Ex 37,25 – Lev 4,7); פרכת הקדש (Lev 4,6; vgl. Ex 26,31ff.).

Nachkommen, soweit sie Nachfolger Aarons sind. »Der ›gesalbte Priester‹ ist immer nur einer.«[78] Es ist Aaron oder dessen Nachfolger. Als solcher ist er »Eigenpriester Jahwes« und der herausragende Repräsentant des Volkes vor Gott.[79]

Auch die Figur des »Fürsten« (נשׂיא) von Lev 4,22 erscheint in den Heiligtumstexten (Ex 35,27). Dort sind *die* »Fürsten« als Stifter besonders wertvoller Gaben für die Ausstattung des Priesterornats und des Heiligtums gezeichnet. Sie stehen in dieser Funktion neben anderen Angehörigen der »Gemeinde«; es handelt sich also wohl um hervorgehobene Einzelne, Notable. Wer sich hinter *dem* נשׂיא von Lev 4,22 verbirgt, wird diskutiert. In Frage kommen der König nach Ez 45,9ff. oder Notable, »Stammesfürsten« entsprechend Ex 35,27 (vgl. auch Num 2 und 7). M. E. ist an die zweite Möglichkeit zu denken. Dabei ist die Tendenz der sinaitischen Heiligtumstexte in Rechnung zu stellen, den (davidischen) König aus dem Heiligtumsentwurf herauszuhalten. Das Sinaiheiligtum ist ein Heiligtum ohne König![80]

Vom »Volk« (עָם Lev 4,3) ist in Lev 9,7.15.23f. die Rede. Lev 9 ist ein tragender Pfeiler der Heiligtumstexte. In ihm wird die »Weihe« des Sinaiheiligtums erzählt, erstmals opfert das Volk und zwar alle vier Opferarten der Opfertora (insb. Lev 1–5), einschließlich des Hatta't (Lev 9,15ff.). Auch die Vorstellung der »Volksversammlung« (קהל), als die sich die »ganze Gemeinde Israels« (עדה) konstituiert (Lev 4,27), ist in den Heiligtumstexten vorgebildet und zwar in Ex 35,1 (vgl. auch 4,20 und Lev 9,5), wenn es heißt:

78 *R. Rendtorff*, Leviticus, 151.

79 Vgl. *H. Utzschneider*, Heiligtum, 168–181.

80 Vgl. dazu etwa *R. Rendtorff*, Leviticus, 181f. Zu beachten ist: In Ez 40ff. ist immer von *dem* Fürsten die Rede; es ist dort also ein einzelner Funktionsträger im Blick, während Lev 4,22 im Singular ohne bestimmten Artikel und Ex 35,27 im Plural formuliert. Zum Sinaiheiligtum und dem König vgl. *H. Utzschneider*, Heiligtum, 84ff. und 287ff.

»Da versammelte Mose die ganze Gemeinde der Israeliten […].«

וַיַּקְהֵל מֹשֶׁה אֶת־כָּל־עֲדַת בְּנֵי יִשְׂרָאֵל

Die »Ältesten« als Repräsentanten der Gemeinde (Lev 4,15) schließlich werden in Lev 9,1 von Mose zusammen mit der aaronitischen Priesterschaft einberufen.

Es bedarf keiner weiteren Worte mehr, dass der Gesellschaftsentwurf der Heiligtumstexte in Lev 4 vorausgesetzt wird. Die Bezüge gehen aber noch tiefer. In einer bestimmten Hinsicht nämlich verdeutlicht der Ritualtext den Gesellschaftsentwurf der Heiligtumstexte: Im Heiligtumstext spielen die freiwilligen Gaben der Israeliten zum Bau des Heiligtums eine große Rolle. Nach Ex 35 werden diese freiwilligen Stifterleistungen der Israeliten sozial abgestuft entrichtet. Am Ende einer Liste von Gebern aus dem Volk mit – in absteigender Reihenfolge – kostbaren Gaben[81] heißt es: »Und alle Frauen, die solche Arbeit verstanden und dazu willig waren, spannen Ziegenhaare.« Kurz: »Jedermann und Jedefrau« (כל איש ואשה Ex 35,29) sollen an der Stiftung des Heiligtums teilhaben können, ohne Rücksicht auf ihre Vermögen. Darum geht es auch in den abgestuften Opfergaben des Hattaʾt-Rituals und vor allem im »Armutsopfer« (Lev 5,7ff.): Auch wer keine Kleinviehherde mit Ziegen und Schafen (geschweige denn eine Rinderherde) sein eigen nennt, soll am Hattaʾt-Ritus teilnehmen können. Daran, dass jemand die Opfergabe nicht aufbringen kann, soll es nicht scheitern.

M. E. wird hier auch klar, dass das Hattaʾt-Ritual in Lev 4f. als ein »Opfer« verstanden wird, für das die »Darbringung« von Gaben wesentlich ist.[82] Dieser Gesichtspunkt überwiegt bei weitem andere mögliche Gesichtspunkte, wie etwa den des »rituellen Blutvergießens« (vgl. dazu unten 2.4). Allerdings ist die Gabe des Hattaʾt mehr

81 Gold, kostbare Felle, Silber, Kupfer, Akazienholz, Stoffe (Ex 35,22–26).

82 Dies wurde und wird gelegentlich bestritten, so neuerdings von *I. Willi-Plein*, Opfer und Kult im alttestamentlichen Israel. Textbefragungen und Zwischenergebnisse, SBS 153, Stuttgart 1993, 96.

vom Geber her und weniger auf den Empfänger zu gedacht.[83]

Insgesamt: Nach Lev 4f. gehört das Hattaʾt-Ritual in die ideale Ordnung der Sinai-Gemeinde hinein. Diese Gemeinde soll in allen ihren Gliederungen vom höchsten Repräsentanten bis hin zum unscheinbarsten Einzelnen durchdrungen sein von diesem Ritual und der Vergebung, die es eröffnet.

Die Frage stellt sich, von welchen historischen Erfahrungen und welchen theologischen Voraussetzungen her so von Vergebung gesprochen wird.

Es ist zu erwägen, ob der Hintergrund dieser Deutung des Rituals nicht aus einer ganz bestimmten Diskussion um Schuld und Schuldwirkung hervorgegangen ist, die sich in Texten wie Ez 18; 33,10–20; Thr 5,7 und Jer 31,29 manifestiert. Ez 18,2 und Jer 31,29 zitieren gleichlautend den »Volksmund« mit einer Parole, die die »Gerechtigkeit Gottes« in höchst dringlicher Weise infrage stellt: »Die Väter haben saure Trauben gegessen und den Söhnen sind die Zähne stumpf geworden« (Ez 18,2 = Jer 31,29). Thr 5,7 sekundiert dieser Parole: »Unsere Väter haben gesündigt und es gibt sie nicht mehr, wir aber haben ihre Untaten zu tragen.«

Diese Parolen sind in der Zeit nach dem Ende Jerusalems gesprochen, in denen die Söhne und Enkel der Katastrophengeneration – sei es im Exil, sei es im Lande – unter jämmerlichen Umständen zu leben haben. In den Parolen »mengt sich die Verzagtheit, aber auch der Zynismus einer Hoffnungslosigkeit, die Gottes Gerechtigkeit über dem Erlittenen nicht mehr zu sehen vermag«[84]. Ezechiel weist sie zurück in einer verwickelten Argumentation, deren Hauptthesen lauten:

83 Vgl. dagegen die Empfängerorientierung des »Gemeinschafts-Schlachtopfers« nach Lev 3,16: »Eine Gabe-Speise zum beruhigenden Duft ist alles Fett für JHWH« (Übers. *Rendtorff*).

84 *W. Zimmerli*, Ezechiel 1, BK 13,1, Neukirchen-Vluyn 1969, 415. Vgl. aber die Modifizierung dieser Sicht bei *N. Kilpp*, Eine frühe Interpretation der Katastrophe von 587, ZAW 97, 1985, 210–220.

הַנֶּפֶשׁ הַחֹטֵאת הִיא תָמוּת׃

»Jeder, der sündigt, soll sterben!«[85] (18,4)

וְאִישׁ כִּי־יִהְיֶה צַדִּיק וְעָשָׂה מִשְׁפָּט וּצְדָקָה [...] בְּחֻקּוֹתַי יְהַלֵּךְ וּמִשְׁפָּטַי שָׁמַר
[...] צַדִּיק הוּא חָיֹה יִחְיֶה

»Jeder, der gerecht ist und Recht tut […] in meinen Satzungen wandelt und meine Rechte beachtet […] – gerecht ist er, leben soll er« (V. 5–9).

Aus beiden Prämissen wird der Schluss gezogen:

הַנֶּפֶשׁ הַחֹטֵאת הִיא תָמוּת
בֵּן לֹא־יִשָּׂא בַּעֲוֺן הָאָב
וְאָב לֹא יִשָּׂא בַּעֲוֺן הַבֵּן
צִדְקַת הַצַּדִּיק עָלָיו תִּהְיֶה
וְרִשְׁעַת הָרָשָׁע עָלָיו תִּהְיֶה

»Jeder, der sündigt – sterben wird er.
Ein Sohn soll nicht tragen die Schuld des Vaters
und ein Vater soll nicht tragen die Schuld des Sohnes.
Die Gerechtigkeit des Gerechten soll auf ihm ruhen.
Und die Gottlosigkeit des Gottlosen soll auf ihm ruhen« (V. 20).

Daran schließt noch eine wichtige Ergänzung an:

וְהָרָשָׁע כִּי יָשׁוּב מִכָּל־חַטֹּאתָו [...]
חָיֹה יִחְיֶה לֹא יָמוּת [...]
הֶחָפֹץ אֶחְפֹּץ מוֹת רָשָׁע [...] הֲלוֹא בְּשׁוּבוֹ מִדְּרָכָיו וְחָיָה

»Der Gottlose, der von seiner Sünde umkehrt […] leben soll er, nicht sterben. […] Meint ihr, dass ich am Tode des Gottlosen Gefallen habe […], nicht vielmehr daran, dass er umkehre und lebe« (V. 21–23).

In diesen und anderen Sätzen in Ez 18, die nach Sprache und Thematik deutlich dem priesterlichen Bereich verpflichtet sind,[86] wird die heute lebende Generation ange-

85 Das »Sterben« hat hier wohl nicht eine Todessanktion im rechtlichen Sinne im Auge, sondern die »Gottferne«, die der Ausschluss aus der Gemeinde nach sich zieht und die Tod bedeutet. Vgl. *N. Kilpp*, Interpretation, 219.

86 Vgl. *W. Zimmerli*, »Leben« und »Tod« im Buche des Propheten Ezechiel (1957), in: *ders.*, Gottesoffenbarung. Ges. Aufsätze, ThB 19, München 1963, 178–191.

sprochen. Der »Bann der Belastungen durch die Väter«[87] soll zerschlagen werden. Es ergeht ein »Ruf ins Heute«[88], ein Ruf in die jeweils neue Verantwortung für das eigene Handeln nach dem Maßstab der Normen Gottes. Merkwürdig schwebend bleibt dabei die Frage nach den Adressaten dieses Rufes. Nach dem Sprichwort in Ez 18,2 geht es um das kollektive Schicksal Juda-Jerusalems. Nach dem Fortgang der Argumentation sind wirkliche »Einzelne« angesprochen. Geht es in Ez 18 wirklich darum, eine »Lehre von der kollektiven Vergeltung« durch eine »Lehre von der individuellen Vergeltung (und Vergebung!)« zu ersetzen?

Genau an diesem Punkt nun nehmen unsere Ritualtexte die im Ezechielbuch und anderen exilisch-nachexilischen Texten dokumentierte Diskussion und Fragestellung auf und führen sie weiter. Zunächst nehmen sie den »Ruf ins Heute« auf. Ein Ritual bedeutet immer Vergegenwärtigung, allerdings nicht eine einmalige Vergegenwärtigung, sondern Vergegenwärtigung je und je. So vergegenwärtigt das Hatta't-Ritual seinen Teilnehmern, dass sie jeweils zu *ihrer* Zeit und jeweils in *ihrem* Verhalten in der Verantwortung stehen, sich jeweils selbst zu prüfen haben und dass sie jeweils zu *ihrer* Zeit und auf *ihr* spezifisches Verhalten hin Vergebung erwarten dürfen. Der Ritualvollzug gibt diesem »Ruf ins Heute« eine jeweils unmittelbare, dramatische Realität. Dafür ist übrigens die Deutungsoffenheit des Rituals, die wir in den vorigen Abschnitten hervorgehoben haben, eine notwendige Bedingung.

Die Ritualtexte führen Ezechiel weiter, indem sie die Frage von kollektiver und individueller Verantwortung nach ihrem Gemeinde-Entwurf differenzieren und akzentuieren. Ihr »Ruf ins Heute« richtet sich an das Volk und seine Repräsentanten (dabei kommen sie ohne König aus!) ebenso wie an die Einzelnen und stellt für jede relevante Größe einen spezifischen Ort und eine spezifische

87 *W. Zimmerli*, Ezechiel, 416.
88 Ebd.

Weise bereit, in der dieser Ruf ins Heute der Verantwortung Realität werden kann. Die Frage »kollektive« oder »individuelle« Verantwortung und Vergebung ist für Lev 4f. keine Alternative mehr: Die Hatta't-Rituale gestatten beides, jeweils auf seine Weise.

2.4. Das Blut als Mittel oder als Zeichen? Ein Blick in die »Black Box«

Wir kommen nun abschließend zu den Darstellungen der Ritualhandlung nach Lev 4,1–5,13. Wir werden dabei versuchen, doch noch einen Blick in die »Black Box« des Rituals zu werfen. Dabei kann es sich allerdings nicht darum handeln, die Ritualhandlung als solche zu erklären. Unser Ziel ist vielmehr, die »Impulse«, die vom Ritual insgesamt oder von einzelnen seiner Handlungen auf die Deutung des Rituals ausgehen, genauer zu verorten. Es geht – anders gesagt – um das Verhältnis von Ritualhandlung und Deutung.

Für diese Fragestellung gibt uns der Ritualtext selbst Anhaltspunkte: Wie oben angedeutet (vgl. 2.1.), ist er ebenso in sich variiert, wie er in Bezug zu den umgebenden Ritualtexten der Opfertora steht und diese variiert.[89] Es ist anzunehmen, dass diese Variationen »deutungshaltig« sind.

Um diesen Deutungen auf die Spur zu kommen, stellen wir die wichtigsten Variationen zusammen; zunächst die »internen« Varianten, die allerdings nicht ohne Seitenblicke auf die anderen Texte der Opfertora zu behandeln sind.

Die Ritualabläufe innerhalb von Lev 4f. unterscheiden sich vor allem an folgenden Punkten:[90]

1. Die »Blutzeremonie« der beiden Rituale für das Volk (Lev 4,4–11.14–21) ist zweigeteilt. Zunächst soll der »gesalbte Priester« ein Quantum des Stierblutes ins Innere

89 Vgl. dazu zusammenfassend *R. Rendtorff*, Studien, 212ff.
90 Vgl. auch *J. Milgrom*, Leviticus, 261f.

des Begegnungszeltes bringen und davon mit dem Finger siebenmal den »Vorhang« des Heiligen besprengen (נזה Hi) und etwas davon an die Hörner des Räucheraltars applizieren (נתן). Den Rest des Blutes soll er dann an den Fuß des Brandopferaltars außerhalb des Begegnungszeltes schütten (שׁפך).

Die Blutzeremonie im Zusammenhang mit den Hatta't-Ritualen für Einzelne sieht die Applikation von Blut an die Hörner des Brandopferaltares vor, der Rest des Blutes wird an den Fuß des Brandopferaltares gegossen (Lev 4,25.30.34; 5,9).

Einem Vorschlag H. Geses folgend spricht man meist vom »großen« und vom »kleinen« Blutritus.[91]

2. Ebenfalls in den Volks-Hatta't und den Hatta't für Einzelne unterschiedlich gehandhabt wird der Umgang mit der Opfermaterie im Anschluss an die Ritualhandlungen von Schlachtung, Blutritus und Fettverbrennung: Während im Volks-Hatta't die Reste des Opfertieres außerhalb des Heiligtumsbezirkes an einem reinen Ort verbrannt werden sollen, wird für die Hatta't für Einzelne auf das Verfahren beim »Gemeinschafts-Schlachtopfer« verwiesen (Lev 4,26.31.35). Beim Vogelopfer steht ein Verweis auf das Brandopfer (Lev 1).

Der Verweis auf das »Gemeinschafts-Schlachtopfer« hebt wohl darauf ab, dass die Teile des Opfertieres, die nicht Fett und Blut sind (vgl. Lev 3,17), gegessen werden – beim »Gemeinschafts-Schlachtopfer« von Laien, beim Hatta't von Priestern (Lev 6,19–23). Davon nimmt Lev 4,11f.20f. den Hatta't-Stier ausdrücklich aus.

Nun zu den Besonderheiten des Hatta't gegenüber den anderen Opferarten der Opfertora.[92]

91 *H. Gese*, Die Sühne, in: Zur biblischen Theologie. Atl. Vorträge (1974), München ^{2}1983, 85–106. Vgl. *B. Janowski*, Sühne, 221ff.

92 Vgl. dazu *R. Rendtorff*, Studien, 89ff.153ff.212ff.; *B. Janowski*, Sühne, 199. Beide Studien sind diachron an der Überlieferungsgeschichte der Opferarten, ihren Vorformen bzw. ursprünglichen For-

Das Grundmuster des Hatta'ʾt-Rituals stimmt mit dem Grundmuster der anderen in der Opfertora überlieferten Riten weitgehend überein; mit der ʿolah teilt es die Elemente »Darbringen«, »Handaufstemmen«, »Verbrennen«. Gegenüber der ʿolah besonders gestaltet ist die Blutzeremonie: Die ʿolah sieht nur ein »Sprengen« (שׁרק) rings um den Altar vor. Mit dem »Gemeinschafts-Schlachtopfer« teilt es die Elemente »Darbringen«, »Handaufstemmen«, »Schlachten«, »Abheben des Fetts« und »Verbrennen« sowie – modifiziert – das »Gemeinschaftselement« des Essens. Auch im »Gemeinschafts-Schlachtopfer« wird das Opferblut rings um den Altar gesprengt.

Es zeigt sich also, dass die besonders gestaltete und differenzierte Blutzeremonie – und zwar nur diese[93] – das Proprium des Hattaʾt-Rituals gegenüber den anderen Opferarten darstellt. (Zwar ist auch das Essen bestimmter Teile des Opfertiers im Hattaʾt besonders akzentuiert; dies geschieht jedoch innerhalb von Lev 4,1–5,13 erheblich weniger deutlich. Es wird dort eben nicht gesagt, dass die

men interessiert. Diese Frage kann zurücktreten, wenn es um die Interpretation der Rituale durch die Texte geht. Interpretiert wird dabei ja nicht so sehr die Vorform der Rituale, die sich aus den diversen Nachrichten über sie rekonstruieren lässt, als vielmehr ein aktuelles Ritual (oder eine aktuelle Ritualvorstellung). Dieser diachrone Aspekt, so interessant er ist, wäre für unsere Fragestellung nur dann von hervorgehobenem Interesse, wenn sich erweisen ließe, dass sich der Hattaʾt-Text selbst mit den Vorformen des Rituals auseinandersetzt.

93 *B. Janowski*, Sühne, 199, nennt darüber hinaus den Handaufstemmungs-Gestus als Spezifikum des Hattaʾt-Ritus. Dies ist gerade auch aufgrund *Janowskis* eigener tabellarischer Aufstellung der atl. Belege für diesen Gestus (a. a. O., 200) nicht recht verständlich. Die Hervorhebung dieses Gestus wird einerseits wohl durch die These begründet, die Handaufstemmung sei ein »ursprüngliches« Element des hattaʾt. Dies hatte *R. Rendtorff* in seinen »Studien«, 214ff., postuliert, in seinem neuen Leviticus-Kommentar revoziert er es aber ausdrücklich (Leviticus, 38f.) und votiert in aller Vorsicht. Andererseits spielt die »Handaufstemmung« eine zentrale Rolle in *Janowskis* Theorie der »Subjektübertragung« im Rahmen seiner Sühnetheologie. Letztlich geht diese Theorie auf das von *H. Gese* entwickelte Sühneverständnis zurück: »Sühne geschieht durch die Lebenshingabe des in der Handauflegung mit dem Opferherrn identifizierten Opfertieres« (*H. Gese*, Sühne, 97).

Priester Teile des Opfertieres essen. Wir lassen diesen Aspekt deshalb hier beiseite.)

Nun also zur Blutzeremonie.
Die atl. Opfertexte sind einerseits gerade in diesem Aspekt geeignet, in der modernen Welt Befremden, ja Abscheu hervorzurufen; dafür eine Stimme für viele: »Es bedarf keines Wortes, daß die im Tempel praktizierte Schlächterei in höchstem Maß unappetitlich war. Insgesamt glich der Tempel mehr einem Schlachthaus als einem Bethaus.«[94]

Andererseits hat eben dieser Aspekt der blutigen Tötung in der neueren theologischen und religionswissenschaftlichen »Szene« eine intensive Aufmerksamkeit gefunden, ja eine gewisse Faszination ausgeübt.

Dafür steht etwa W. Burkerts Studie mit dem Titel »Homo necans«[95]. Nicht nur für das griechische Opfer hält er fest: »Das Grunderlebnis des ›Heiligen‹ ist die Opfertötung. Der homo religiosus agiert und wird sich selbst seiner bewußt als homo necans.«[96] »Besondere Aufmerksamkeit gilt dem Blut: Es darf nicht zur Erde fließen, es muß den Altar, den Herd, die Opfergrube treffen. Kleine Tiere hebt man über den Altar, bei anderen fängt man das Blut mit einer Schale auf und besprengt damit den Altarstein: Er allein darf, und er muß immer neu vom Blut triefen.«[97]

Breit rezipiert wird die Opfertheorie R. Girards[98] in seinem »Das Heilige und die Gewalt« betitelten Buch. Für

94 So *H. Haag* in einem der Welt des AT und des Judentums gegenüber höchst prätentiösen Artikel (»Jesus wollte keine Priester, Abschied vom Klerus. Plädoyer gegen die hierarchische Struktur der Kirche«) in der Wochenendbeilage der »Süddeutschen Zeitung« Nr. 47 vom 25. / 26. Februar 1995.

95 Vgl. oben Anm. 5.

96 *W. Burkert*, Homo necans, 9.

97 A. a. O., 12.

98 Vgl. oben Anm. 5 und das Literaturverzeichnis zur »Girard-Diskussion« bei *V. Rosset*, in: *A. Schenker*, Studien, 109f.

ihn ist das zentrale Geschehen des Opfers die rituelle Gewalt, und zwar in der Funktion, gesellschaftliche Gewalt gleichsam abzuleiten. Das herausragende Zeichen dieser Gewalt ist – das »Blut«: »Es ist klar, daß das Blut das ganze Handlungsspektrum der Gewalt in bemerkenswerter Weise veranschaulicht.«[99]

In diese Reihe passt nun auch die Deutung des Opferblutes in der für die Theologie einflussreichen Studie H. Geses zur Sühne. »Die besondere Bedeutung des Blutes liegt nicht darin, daß es eine dynamisierte und damit dynamisierende Materie ist, sondern daß es bei der Opferung auftritt, dem rituellen Töten. [...] Das Tötungsritual der Schlachtung, der kultisch legitimen Tötung, ist eine durch den Schächtschnitt erzwungene Blutausgießung. Verschwindet hier das Leben im rituellen Tod, so wird Blut frei. [...] Rituelle Freisetzung des Blutes ist Freisetzung des (individuellen) Lebens, der *näpäš,* und das Blut ist im kultischen Sinne die freigelegte Lebenssubstanz.«[100]

Die Verbindung dieser Grundanschauung des Opfers mit der Sühnetheologie erfolgt dann über eine Bemerkung in Lev 17,11, die Gese erklärend so wiedergibt: »Die *näpäš* (das Leben des Individuums, die Seele) des Fleisches (des animalischen körperlichen Wesens) ist im Blut. Ich (Gott) gebe es euch auf / für den Altar, um für eure *n^{e}pašôt* (euer individuelles Leben, eure Seele) zu sühnen; denn das Blut sühnt durch die *näpäš*.«[101]

Durch die Einbeziehung der »Handaufstemmung« in den Theoriezusammenhang der Sühne wird die Tötung des Opfertieres sogar noch unmittelbarer das Ziel der Ritualhandlung: »Weil der Opfernde durch das Aufstemmen seiner Hand auf das Opfertier an dessen Tod realiter partizipiert [...], geht es im Tod des Opfertieres [...] um den

99 *R. Girard*, Gewalt, 59.

100 *H. Gese*, Sühne, 97f.

101 A. a. O., 98. Vgl. *Janowski*, Sühne, 242f.: »›Das Blut sühnt durch das Leben‹ – Lev 17,11 als Summe der kultischen Sühnetheologie.«

eigenen, von dem sterbenden Opfertier stellvertretend übernommenen Tod des Sünders.«[102]

Diese Opferdeutungen einschließlich der zur Sühnetheologie erweiterten Deutung Geses beruhen darauf, dass sie den Gewalt-Akt des rituellen Tötens zum Zentralaspekt des Opfers erklären. Nun kann füglich nicht bestritten werden, dass Tieropfer mit Tötung notwendig verbunden sind. Mithin sind Tieropfer-Rituale, auch das Hatta᾿t, für diese Deutung offen. Ich bestreite aber, dass für unseren Opfertext der Akt des rituellen Tötens und das dahinfließende Blut die Deutung bestimmen. Dies ist nun abschließend zu diskutieren.

Eine wichtige Frage in diesem Zusammenhang ist zunächst die: Wie unmittelbar ist der Zusammenhang von Blut und Sühnefunktion in unserem Text gesehen? Verbreitet ist, wie gesagt, die Deutung, das Blut sei das »Mittel«[103], sei es als »Sühnemittel« kraft des in ihm enthaltenen Lebens[104] oder sei es als »ritual detergent«, mithin als »rituelles Waschmittel«[105].

Dazu ist m. E. zunächst festzuhalten, dass in den Ritualdarstellungen von Lev 4,1ff., wie überhaupt in der Opfertora, auf der *Tötung* des Opfertieres kein besonderer Nachdruck liegt.[106] Die Tiere werden geschlachtet; mehr wird nicht gesagt. Der Text leistet keinerlei weitere Beihilfe zur »Ausmalung« von Tötung, Sterben oder Tod des Tieres.

102 *B. Janowski*, Sühne, 220; vgl. zum Element der Handaufstemmung schon oben Anm. 93.

103 *J. Milgrom*, Leviticus, 254.

104 *B. Janowski*, Sühne, 220.

105 So *J. Milgrom*, Leviticus, 254, im Rahmen seiner Reinigungstheorie; vgl. dazu oben Anm. 64.

106 Dies ist anders etwa im Falle der Erzählung von Gen 22, wenn hier, wie *I. Willi Plein* plausibel darstellt (Opfer und Kult, 87), ein ʿolah-Ritual zugrunde liegt. Die Erzählung strebt auf den Höhepunkt der Tötung Isaaks zu; zur Erleichterung des Hörers oder Lesers findet sie dann nicht statt.

Auch der Zusammenhang zwischen Blut und Sühne bzw. Reinigung wird in unserem Text niemals direkt hergestellt: Die jeweiligen Abschlussformeln (»damit der Priester Sühne schaffe […]«) blicken auf den gesamten Ritualablauf zurück. Sie nennen dabei den Priester als menschliches Subjekt des Sühnevollzuges (4,20.26.31.35; 5,6.10.13). Aber der Priester vollzieht nicht nur die Blutzeremonien im Begegnungszelt und an den Altären, er sorgt auch für Verbrennung der dazu bestimmten Opfermaterie an den dazu bestimmten Orten, namentlich am Altar. D. h., er bringt das Opfer im eigentlichen Sinne »vor den HERRN«. Bisweilen wird dieser Aspekt durch Interpretamente der Verbrennung wie »zum beruhigenden Geruch für den HERRN« (Lev 4,31) oder »als Gabe für den HERRN« (4,35; 5,12) auch ausdrücklich hervorgehoben. Schließlich ist nicht zu vergessen, dass in der Darstellung des zweiten Armutsopfers (Lev 5,11–13), zweimal ausdrücklich hervorgehoben wird: »[…] es ist ein Hattaʾt« (Lev 5,11f.). Es handelt sich dabei bekanntlich um ein Opfer ohne Tötung und Blut.[107]

Kurz: Sühne und Vergebung sind nach Lev 4,1–5,13 mit dem Ritualvollzug insgesamt verknüpft, an dem wesentlich ist, dass er »vor dem HERRN« (vgl. oben 2.3), bisweilen auch »für den HERRN« stattfindet. In diesen größeren Zusammenhang ist die Blutzeremonie eingefügt; ja mehr noch: ihm ist sie untergeordnet.

Sie ist in ihn eingefügt, insofern als die Blutzeremonien nach den Opfernden und ihrer Stellung im Volk differenziert sind. Der »große Blutritus« findet für das Volk, um seiner Sühne und der Vergebung willen statt. Im Vollzug dieses großen Blutritus dringt der gesalbte Priester als Repräsentant des Volkes bis ins Innere des Begegnungszeltes vor. Eine größere Nähe »vor dem HERRN« wird nur anlässlich des Versöhnungstages (Lev 16) erreicht. Der »kleine Blutritus« findet für Einzelne, um ihrer Sühne und Vergebung willen statt. Er bleibt am Brandopferaltar,

107 Vgl. dazu auch *A. Schenker*, Versöhnung und Sühne, 101.

also im Bereich »vor dem Begegnungszelt«, dem Versammlungsort der Laien-Gemeinde.[108] So markieren die Blutriten mit ihren Besprengungs- und Applikationshandlungen die Nähe »vor dem HERRN«. Sie sind das Zeichen der Nähe, in die die Opfernden mit ihrer Gabe vor Gott kommen. Auf dieses Zeichen kann im Not-Fall (Lev 5,11–13) eben auch verzichtet werden. Wichtiger als dieses Zeichen ist, dass niemand von der im Hatta't-Ritual eröffneten Möglichkeit, Sühne und Vergebung zu erlangen, ausgeschlossen wird.

Man kann natürlich nach dem »tieferen Sinn« dieses Zeichens fragen und damit weitere Türen der Deutung öffnen wollen. Der Text von Lev 4,1–5,13 hält dafür, wenn ich recht sehe, keine Schlüssel bereit.

Lässt man sich gleichwohl von der Suche nach solchen Schlüsseln nicht abhalten, so könnte man zu der Opferszene von Ex 24,4b–6 gelangen. An diese Szene schließt, wie I. Willi-Plein neuerdings zu Recht bemerkt, »P seine Heiligtumsgesetzgebung, d. h. die fertige Ritualsammlung [...] in Gestalt der Anweisungen für den Bau, die Einrichtung, die Einweihung und die Bedienung der Stiftshütte« an.[109] In der anschließenden Deutung der Ritualszene in Ex 24,7f. wird das Blut des Opfers als »Blut des Bundes« interpretiert, den der HERR mit euch geschlossen hat, »auf Grund aller dieser Worte«. D. h., das Blut wird Zeichen der Normenwelt, auf die das Ritual damit bezogen wird. Dies entspricht auch der Deutung, die das Hatta't-Ritual in Lev 4,1–5,13 erfahren hat (vgl. 2.2.).

Eine andere Möglichkeit der Deutung des Hatta't-Rituals ist die von Lev 17,11 her. »Ich habe es [das Blut] euch für den Altar gegeben, damit es euch persönlich Sühne schaffe.« Es ist dies aber u. E. eine Deutung, die den Deutungsrichtungen von Lev 4,1ff. – im Gegensatz zur vorigen – nicht entspricht, auch wenn sie aus einer literarisch und theologisch verwandten Literatur stammt.

108 Vgl. dazu *H. Utzschneider*, Heiligtum, 126.
109 *I. Willi-Plein*, Opfer und Kult, 67f.

Das Blut wird dadurch in der Tat zum Sühne*mittel*. In Lev 4,1ff. ist es u. E. Sühne*zeichen*.

Die Deutungsschlüssel, die die rituelle *Tötung* zum Zentralelement des Hatta'tRituals machen, liegen u. E. außerhalb der Deutungsrichtungen des Hatta't-Textes. Diese Schlüssel sind auch von ganz unterschiedlicher Herkunft. Für H. Gese ist wohl doch die Deutung des Todes Jesu als Opfer richtungsweisend gewesen.[110] Ich meine aber, dass die atl. Deutung des Hatta't-Rituals in Lev 4f. *diese* gesamtbiblisch-theologische Perspektive nicht nahelegt.

3. Inszenierte Vergebung

Versuchen wir ein Resumé!

Die wichtigste theoretische Vorgabe für unsere Überlegungen war, dass Rituale keine Welt für sich bilden, sondern dass sie in Deutungs- und Verweisungszusammenhängen stehen und nur von daher ihre »Bedeutung« empfangen. Diese Vorgabe, die wir vor allem W. Jetter verdanken (vgl. 1.), hat sich für unsere Überlegungen zum Hatta't-Ritual als weiterführend und erhellend erwiesen.

Das atl. Sündopfer bildet – betrachtet man es in den Zusammenhängen, in die es Lev 4f. stellt – keine »kultische Insel« im atl. Nachdenken über Schuld und Vergebung. Es hat zunächst Teil am atl. Rechtsdenken und seinem Prinzip des friedlichen Schadensausgleichs. Es sieht dabei objektive Schuld und subjektive Verantwortung zusammen. »Sühne« und »Vergebung« können »Schuld« nicht ungeschehen machen; »Sühne« und »Vergebung« erwachsen aus der Rück-Sicht auf die Unzulänglichkeit und Schwäche menschlichen Wollens und Handelns. Sie setzen die Ein-Sicht in diese Unzulänglichkeit und Schwäche voraus (vgl. 2.2.).

110 Vgl. *H. Gese*, Sühne, 104ff.

Das atl. Sündopfer in der Deutung von Lev 4f. hat seinen Platz in einem idealen Gesellschaftsentwurf des AT, der um ein Heiligtum zentriert, aber nicht darauf beschränkt ist. Dieser Entwurf betritt Neuland in der Geschichte Israels. Es ist ein Entwurf ohne König und ein Entwurf, in dem die Gliederungen des Volkes unbeschadet der wirtschaftlichen und politischen Unterschiede »vor dem HERRN« und dem »Gesetz« einerseits gleichermaßen verantwortlich, andererseits aber auch gleichermaßen der Wohltat der Vergebung teilhaftig sind (vgl. 2.3.).

Als »Ritualhandlung« ist das atl. Sündopfer wesentlich zeichenhaft. Die »Grundbedeutung« dieses Zeichens ist die Gabe. Weitere einzelne Elemente des Rituals, wie die Tötung oder das Blut, sind demgegenüber nicht hervorgehoben. Insbesondere ist das Opferblut kein »medium salutis«, kein Heilsmittel, sondern im Rahmen des Gesamtrituals das »signum«, das Zeichen der Bereitschaft Gottes, den Sünder in seine Nähe gelangen zu lassen und sich mit ihm zu versöhnen (2.4.).

Das eigentliche »Heilsmittel« des Ritualtextes ist danach Gott selbst, der dem Menschen in seinem Gesetz und in seiner Vergebungsbereitschaft nahe ist. Beides realisiert sich rituell im Heiligtum, »vor dem HERRN«. Das Heiligtum ist die sinnenfällige »Bühne«, das Szenarium, auf dem dieses Geschehen zwischen Gott und Mensch in der Symbolsprache des Rituals dargestellt wird. Insofern ist das Sündopfer nach Lev 4f. »inszenierte Vergebung«.

Der Beginn des Lebens

Die gegenwärtige Diskussion um die Bioethik und das Alte Testament[1]

Die Frage nach dem Beginn des Lebens ist in der gegenwärtigen Diskussion um die Bioethik eine Schlüsselfrage. Nach dem deutschen Embryonenschutzgesetz von 1990 gilt als »Embryo [...] bereits die befruchtete entwicklungsfähige Eizelle vom Zeitpunkt der Kernverschmelzung« (§ 8,1). Damit wird der Lebensbeginn punktgenau festgelegt auf einen bestimmten biologischen Vorgang und auf einen bestimmten Zeitpunkt. In der Interpretation der beiden großen Kirchen in Deutschland hängt an diesem Zeitpunkt aber noch viel mehr: Mit ihm beginnt nicht nur eine umfassend entwicklungsfähige, »totipotente« menschliche Zelle zu leben und sich zu entwickeln, sondern ein Mensch, ein Individuum, das mit Menschenwürde ausgestattet und dessen Leben uneingeschränkt schutzwürdig ist.[2] Aufgrund ihres Potentials, ein Mensch zu werden, steht die befruchtete Eizelle vom ersten Moment ihrer Existenz an einem geborenen Menschen rechtlich und – aus der Sicht der Gesellschaft – ethisch gleich.

1 Der Beitrag ist die gekürzte und überarbeitete Fassung eines Vortrages, der am 7.12.2001 auf dem »Augustana-Tag« der Augustana-Hochschule Neuendettelsau gehalten wurde.

2 Vgl. etwa die Erklärung des Rates der EKD vom 22.5.2001, die die Artikel 1 und 2 GG ausdrücklich auf die In-vitro-Fertilisation bezieht und die Erklärung der Päpstlichen Akademie für das Leben vom 25.8.2000. Ihr zufolge ist der »Embryo von der Verschmelzung der Keimzellen an ein menschliches Subjekt mit einer ganz bestimmten Identität, das sich von diesem Zeitpunkt an kontinuierlich entwickelt und in keinem nachfolgenden Stadium als einfache Zellmasse betrachtet werden kann«.

Bekanntlich ist diese Sicht und Interpretation des Lebensbeginns in den gegenwärtigen bioethischen Diskussionen und Entscheidungsvorgängen nicht unumstritten. Die folgenden Beobachtungen und Überlegungen an Texten der Bibel, vor allem des AT, wollen einen exegetisch-theologischen Beitrag leisten zur Klärung der Frage des Lebensbeginns.

Nun sind biblisch begründete Argumente in der bioethischen Diskussion nicht neu. Vor allem wird die biblische Denkfigur der »Gottebenbildlichkeit« des Menschen[3] als Begründungsmetapher für die neuzeitliche Basisnorm der Menschenwürde angeführt.[4] Dabei wird aber kaum thematisiert, welchen Stellenwert diese Tradition im Zusammenhang der Bibel hat. Vom Menschen als Bild Gottes ist im AT nur in der Urgeschichte und dort nur an drei Kernstellen (Gen 1,26f.; 5,1; 9,6) die Rede; d. h., die Gottebenbildlichkeit ist kein Allgemeingut biblischen Denkens, sie ist im AT eine hochtheologische und hochtheoretische Spitzenaussage.[5] Auch im NT spielt die Bezugnahme auf den schöpfungstheologischen Gedanken der Gottebenbildlichkeit (Röm 8,29; 1Kor 11,7; 1Kor 15,48f. und 2Kor 3,18) »eine allenfalls marginale Rolle«[6]. Die »Gottebenbildlichkeit« gewinnt ihr Gewicht nicht so

3 Vgl. *W. Groß*, Gen 1,26.27; 9,6f.: Statue oder Ebenbild Gottes? Aufgabe und Würde des Menschen nach dem hebräischen und dem griechischen Wortlaut, in: Menschenwürde, JBTh 15, Neukirchen-Vluyn 2001, 11–38.

4 Vgl. z. B. *U. H. J. Körtner*, Evangelische Sozialethik, Göttingen 1999, 213ff.; *G. Rager* (ed.), Beginn, Personalität und Würde des Menschen. Grenzfragen, München ²1998, 273ff.; »Gott ist ein Freund des Lebens«. Herausforderungen und Aufgaben beim Schutz des Lebens (Studie der EKD und der deutschen Bischofskonferenz), 1991, Ziff. IV,1–4.

5 Persönliche Menschenwürde – und das ist Zielpunkt der Argumentation – haben danach *auch schon* Embryonen, aber *auch noch* Menschen in einem lang dauernden Koma.

6 *M. Gielen*, Grundzüge paulinischer Anthropologie im Licht des eschatologischen Heilsgeschehens in Jesus Christus, in: Menschenwürde, JBTh 15, Neukirchen-Vluyn 2001, 119–147, 134f. Die Christusebenbildlichkeit, um die es Paulus vorrangig geht, ist keine protologische, sondern eine eschatologische Größe (1Kor 15,49; 2Kor 3,18).

sehr durch die Breite des biblischen Zeugnisses denn als biblisch begründbarer, systematisch-theologischer Topos. Dies gilt ähnlich auch für die »Rechtfertigungslehre«, insofern sie in der bioethischen Diskussion den sog. transzendentalen Personbegriff[7] begründet: Der Mensch hat die Würde einer selbstständigen Person nicht, weil er zu bestimmten Leistungen, etwa seines Bewusstseins, in der Lage ist, sondern wenn und weil er vor Gott und von Gott als ein solcher Mensch immer schon erkannt und anerkannt ist. In diesem Sinne wird die dem Propheten Jeremia geltende (und aus der altorientalischen Königsprädikation stammende) Zusage »Noch ehe ich dich im Mutterleib bereitete, habe ich dich erkannt […]« (Jer 1,5) auf alle Menschen, ja den Menschen schlechthin ausgedehnt.[8]

Solche Deutungen biblischer Traditionselemente haben von der christlich-theologischen Tradition her hohes Gewicht und Überzeugungskraft, die hier auch gar nicht gemindert werden sollen. Aber (und das lässt mich als Bibelwissenschaftler ein wenig unbefriedigt) sie erfassen den biblischen Befund vorwiegend an theologischen Spitzensätzen und damit sehr unvollständig. Die Bibel, das AT zumal, redet vom Lebensbeginn nicht nur auf der Ebene theologischer Begründungen, sondern viel konkreter, auf der Ebene der Wahrnehmung und Erfahrung alltäglicher Phänomene wie Zeugung, Schwangerschaft und Geburt.

Diese Wahrnehmungsebene wird – wie sich zeigen wird – literarisch in unterschiedlichster Weise manifest. Einen ersten Zugang, der jeder Bibelleserin, jedem Bibelleser vertraut ist und der zugleich mitten in die Problemlage der Gegenwart führt, soll eine Szene aus den Familienerzählungen der Genesis eröffnen: Abraham sitzt in der Mittagshitze vor seinem Zelt, er hebt den Blick und

7 *U. H. J. Körtner*, Sozialethik, 212.

8 Vgl. *G. Rager*, a. a. O., 267. Ähnlich wird Jes 43,1 (»Und nun, so spricht JHWH, dein Schöpfer, Jakob, und dein Bildner, Israel: Fürchte dich nicht […]«) gedeutet; dabei wird – wie nicht selten in christlichen Deutungen des AT – der Bezug auf das Volk Israel unterschlagen.

sieht, wie sich drei Männer – dargestellt sind sie meist in weißen Kleidern – langsam aus dem dunstigen Horizont lösen und auf ihn zukommen. Er nimmt die Fremden gastlich auf. Die Überraschung kommt nach Tisch. Er und Sara – so teilen ihm die drei (oder ist es nur einer?) mit – werden den lang ersehnten leiblichen Nachkommen haben, übers Jahr soll er da sein. Sara hört mit und lacht: In unserem Alter!? Doch es bleibt dabei: Übers Jahr ist der Nachkomme da. *Jitzchaq-El*: »Gott lacht« ist sein voller Name. Auf geheimnisvolle Weise jenseits des Menschenmöglichen ist seine Entstehung mit den drei Männern und dem Gotteslachen der Sara verbunden (Gen 18).

Diese Erzählung und mit ihr viele andere biblische Geschichten – zu denken ist an die unfruchtbare Rebekka mit den beiden rabiaten Zwillingen in ihrem Leib (Gen 25,19ff.), an die junge, aber schwer gebärende Rahel (Gen 29f.), an die Mutter Simsons (Ri 13), an Hanna, die Mutter Samuels (1Sam 1), an Elisabeth und Zacharias (Lk 1,5ff.) –, sie alle kreisen um *ein* Thema: den unerfüllten Kinderwunsch. Ihn doch noch zu erfüllen, werden alle Register gezogen, listige und schmerzhafte, natürliche und übernatürliche: der Liebeszauber (Gen 30,14), das Gelübde (1Sam 1,11), Leihmutterschaft (Gen 16) und Leihvaterschaft (Gen 38, s. u.) und eben das Wunder der göttlich verheißenen Geburt. Ihm verdankt Isaak sein Leben – und wir die Weihnachtsgeschichte. So mögen die antike Welt der Bibel und die moderne Welt der Biomedizin im Hinblick auf die Mittel und Wege meilenweit von einander entfernt sein. In ihren Grunderfahrungen, Grundbedürfnissen und Grundkonflikten sind sie sich sehr nahe. Es ist eben nicht Ausdruck des Machbarkeitswahns der Moderne, dass der unerfüllte Kinderwunsch eine wesentliche Triebfeder zur Herstellung von befruchteten Eizellen im Labor gewesen ist. Den bisweilen unbändigen Kinderwunsch teilen moderne Eltern mit den Erzeltern. Als ein Menschheitsbuch, das solche Erfahrungen bewahrt, reflektiert und im Licht des jüdisch-christlichen Gottesglaubens bewertet, soll nun die Bibel, zumal das AT, zu den Problemen und Konflikten befragt werden, denen sich Gesellschaft und Politik in der gegenwärtigen Entscheidungssituation gegenübersehen.

1. Biblische Wahrnehmungen zum Beginn des Lebens

1.1. Lebensbeginn und Lebensglück

Noch breiter belegt und ebenso aufschlussreich wie der Zugang über die Familienerzählungen ist der semantisch-lexikalische Befund, der sich von den beiden Worten und Wortfeldern erheben lässt, die in der hebräischen Bibel fundamental auf den Beginn des Leben bezogen sind.[9]

Das weiteste und im AT am besten belegte Wortfeld gruppiert sich um die hebräische Verbalwurzel *yālad*, die gemeinhin mit »gebären« wiedergegeben wird. Doch schon hier ergibt sich ein überraschender Befund: Das hebräische Verbum *yālad* wird nicht nur für das weibliche Gebären, sondern ebenso für das männliche Zeugen wie auch für das Geborenwerden verwendet.[10]

Jer 16,3 macht daraus ein kunstvolles Laut- und Sinnspiel (vgl. auch Jer 29,6):

»Ja, so hat JHWH gesprochen
über die Söhne und über die Töchter, die geboren wurden [*hayyillôdîm*] an diesem Ort,
und über ihre Mütter, die sie gebaren [*hayyol^{e}dôt*],
und über ihre Väter, die sie zeugten [*hammôlidîm*, wörtl. etwa: die ihre Geburt veranlassten]
in diesem Lande. […]«

Es überrascht dann nicht mehr, dass auch das Wort für das »Produkt« dieses Vorgangs mit derselben Wortwurzel bezeichnet wird, nämlich als *yælæd*, »Kind«. An diesem sprachlichen Befund zeigt sich, dass die Hebräische Bibel den Beginn des Lebens als eine in sich kaum differenzierte

9 Vgl. dazu auch *A. Kunz*, Die Vorstellung von Zeugung und Schwangerschaft im antiken Israel, ZAW 111 (1999), 561–582.
10 Vgl. die Belege nach HAL^{3}, Bd. II, 393f.

Lebensphase denkt, in der Vater, Mutter und Kind in enger Gemeinschaft gesehen werden. Die väterliche Rolle beim Zeugungsakt ist so etwas wie die »Initialzündung«; zusammen mit der vorgeburtlichen Phase im Mutterleib und deren Ende, der Geburt, bildet sie ein Ganzes.

Ähnliches lässt sich am zweiten, auf den Vorgang von Zeugung, Geburt und Nachkommenschaft bezogenen Wortfeld zeigen, dem Feld um die Zentralworte »Samen«, »Säen« (*zr'*) und »Frucht« (*pry*). Dies klingt zunächst nach einem metaphorischen, an Vorgängen im Pflanzenreich orientierten Verständnis des menschlichen Lebens. Aber das hebräische Wort für Same wird unterschiedslos für Pflanzen, Tiere und Menschen gebraucht und ist m. E. in keinem dieser Bereiche metaphorisch aufzufassen.[11] Zunächst empfängt die Frau den männlichen Samen (Num 5,28) so wie das Land (Dtn 29,22; Ez 36,9), das mit den Samen der Feldfrüchte besät wird. Dies ist weniger androzentrisch oder sexistisch gedacht, als es für unsere heutigen Ohren vielleicht klingt, zumal die altägyptische Vorstellung, der männliche Same sei bereits der Mensch in nuce, der im Mutterleib wie in einer Nährlösung nur bis zur Geburtsreife heranwächst, im AT so nicht geteilt wird.[12] Vielmehr ist die Rolle von Mann und Frau gleichwertig und gewissermaßen kooperativ gedacht.[13] Im erotischen Spiel erweckt die Frau den Samen des Mannes zum Leben, so die Töchter Lots nach Gen 19,32.34. In der spätatl. Schrift der Weisheit Salomos findet sich die Vorstellung, dass die Lust des Beischlafs das Kind mit zustande bringt (Sap 7,2).

Dieser gleichwertigen Rollenverteilung von Mann und Frau in der Zeugung entspricht es, dass die aus dem Säen und dem Empfangen hervorgehende »Frucht« sowohl als

11 Anders *B. Kedar Kopfstein*, Art. פָּרָה *pārāh*, ThWAT VI, 740–755, 747.

12 Vgl. für die ägyptische Vorstellung: *E. Feucht*, Das Kind im alten Ägypten. Die Stellung des Kindes in Familie und Gesellschaft nach altägyptischen Texten und Darstellungen, Frankfurt 1995, 93f. Zur atl. Vorstellung der Vorgänge im Mutterleib siehe unten 1.2.

13 Vgl. *A. Kunz*, a. a. O., 564f.

eine solche des väterlichen (vgl. Mi 6,7) wie des mütterlichen Leibes (Gen 30,2; so auch im Gruß der Elisabeth an die schwangere Maria, Lk 1,42: »gebenedeit ist die Frucht deines Leibes«) gesehen wird. Und schließlich können der Begriff »Same« wie auch die Wortverbindungen mit »Frucht« Inbegriff für die Nachkommenschaft selbst sein. Der »Same Abrahams« beispielsweise sind die aus Abraham hervorgegangenen Nachkommen (vgl. etwa Jes 41,8; Jer 33,26).

Säen, Samen und Frucht sind in unserem Zusammenhang also nicht metaphorisch gemeint. »Frucht« des menschlichen Leibes, die menschliche Nachkommenschaft, ist neben den pflanzlichen Früchten und dem tierischen Nachwuchs Teil, ja Inbegriff des göttlichen Segens für das Land und seine Bewohner:

»Und JHWH wird dir Überfluss geben an Gutem [oder auch: an Glück] – an der Frucht deines Leibes und an der Frucht deines Viehs und an der Frucht deines Ackerlandes – auf dem Land, das dir zu geben JHWH deinen Vätern geschworen hat« (Dtn 28,11).

So ist jeder Beginn eines menschlichen individuellen Lebens Teil einer Ernte, die die Lebensressourcen, das Lebensglück der Familien und der sie tragenden größeren Gruppen sichert und mehrt. Die gewählte Sprache und Bilderwelt machen wahrscheinlich, dass diese Sicht des Lebens aus einer agrarisch bestimmten Kultur hervorgeht.

Der anthropologische Gehalt dieser Anschauung des AT über den Beginn des Lebens lässt sich auf zwei Komponenten reduzieren: 1. Im Sinne einer elementaren Humanbiologie, über die selbstverständlich auch schon die Menschen des Alten Israel verfügten, ist der Beginn des Lebens die durch Zeugung eingeleitete, vorgeburtliche Existenz des Menschen im Mutterleib. 2. Schon am Beginn des Lebens wird dessen gemeinschaftlicher, sozialer Bezug deutlich. Dieser Bezug realisiert sich erstmals in der elterlichen Zeugung, sie findet ihren Ausdruck im Verständnis des Kindes als elterlicher Leibesfrucht. Leben, das menschliche wie jedes andere, lebt, um zu leben und Leben zu ermöglichen. Diese Zwecksetzung des

Lebens[14] wurde im AT – soweit ich sehe – niemals als Gegensatz zu dem gesehen, was wir Menschenwürde nennen, wie nun gleich zu zeigen sein wird.

1.2. Lebensbeginn und Ichbewusstsein

Die Bibel, das AT zumal, ist kein durchgegliedertes Gesetzeswerk und kein systematischer Traktat, sondern vielfältig wie das Leben selbst. Es ist also nicht verwunderlich, dass in ihr dieselbe Sache aus ganz unterschiedlichen, auch entgegengesetzten Blickwinkeln gesehen werden kann. Einen solchen – im Vergleich zum Vorhergehenden – ganz anderen Blickwinkel auf den Beginn des Lebens eröffnen uns Ps 139 und Ijob 10.[15] Beide Texte sind Gebete. In ihnen sprechen Erwachsene zu Gott, beide Beter befinden sich in der Grenzerfahrung der Todesnähe. Der Psalmist sieht sich von Feinden verfolgt bis aufs Blut (Ps 139,19), und Ijob meint sich von Gott selbst an den Rand seiner Existenz gebracht. Von dieser Grenze gehen die Gedanken der Beter zurück an die andere Grenze ihrer Existenz: den Beginn des Lebens, in den Mutterleib. Und eben von dort her begreifen sie sich als »Ich«, als individuelle menschliche Wesen.

Ich beginne mit Ps 139,13–16:

13 »Ja, du bildetest meine Nieren.
Du wobst mich in meiner Mutter Leib.
14 Ich preise dich darüber,
dass ich auf eine erstaunliche, ausgezeichnete Weise gemacht bin.
Wunderbar sind deine Werke,
und meine Seele erkennt es sehr wohl.

14 Darin liegt auch eine gewisse utilitaristische Komponente. Die ziemlich scharfe Auseinandersetzung, die manche modernen theologischen Ethiker (vgl. etwa *U. H. J. Körtner*, Von Mäusen und Menschen. Zur Auseinandersetzung mit utilitaristischen Ansätzen medizinischer Ethik, ZEE 39, 1995, 26–42) mit dem Utilitarismus führen, ist im modernen Kontext durchaus nachvollziehbar und nötig (*P. Singer*!); dabei sollte aber m. E. das »Kind nicht mit dem Bade ausgeschüttet werden«.

15 Vgl. dazu auch *K. A. Tångberg*, Die Bewertung des ungeborenen Lebens im alten Israel und im alten Orient, SJOT 1 (1987), 51–65, 58ff.

15 Nicht verborgen war mein Gebein vor dir,
als ich gemacht wurde im Verborgenen,
gewoben in den Tiefen der Erde.
16 Meinen Embryo [hebr: *gålmî* > *golæm*, ›das Ungeformte‹] sahen deine Augen.
Und in dein Buch sind sie alle eingeschrieben:
die Tage, die [einst] gebildet werden, und von denen [jetzt noch] nicht einer ist.«

Die Vorstellungen des Textes von der vorgeburtlichen Existenz des Menschen setzen sich aus einer – aus der Sicht des heutigen Wissens – rudimentären Biologie einerseits sowie theologischen Elementen andererseits zusammen, sie bilden gewissermaßen eine Biotheologie.[16] Ansatzweise biologisch ist die Anschauung vom »*Goläm*«; sie ist nur hier in der hebräischen Bibel belegt.[17] Der griechischen Bibel und Parallelbegriffen aus anderen semitischen Sprachen nach zu schließen, bedeutet das Wort das »Ungeformte«. Dahinter steht eine – wie auch immer erlangte – konkrete Anschauung des menschlichen Embryos in einem sehr frühen Stadium.[18] Das Bild vom Weben Gottes im Mutterleib ist hingegen theologisch, nicht biologisch gemeint. In gemeinantiker Tradition ist Weben eine der typisch weiblichen Handlungsrollen und wird oft mit Zeugung und Geburt verbunden.[19] Als Schöpfer des Individuums nimmt einerseits Gott die weibliche

16 Einen guten Einblick in die einschlägigen »Biotheologien« des AT und seiner Umwelt vermittelt *D. Arnaud*, Le fœtus et les dieux au Proche-Orient sémitique ancien. Naissance de la théorie épigénétique, RHR 213 (1996), 123–143.

17 Der Goläm ist besser bekannt aus der mittelalterlichen jüdischen Legendenbildung, über den Prager Rabbi *Loew* und seinen Goläm sowie den einschlägigen literarischen Rezeptionen (*G. Meyrink*). Der Goläm ist hier ein durchaus »geformtes«, menschenähnliches Wesen, das von dem Wunderrabbi als sein Ebenbild und Diener erschaffen wird.

18 Vgl. auch unten 1.3. zur LXX-Fassung von Ex 21,22.

19 Vgl. *H. Utzschneider*, Die »Realia« und die Wirklichkeit. Prolegomena zu einer Sozial- und Kulturgeschichte des alten Israel am Modell der Handweberei in Israel und seiner Umwelt, WuD 21 (1991), 59–80, 69ff. (im vorliegenden Band, S. 51–81).

Handlungsrolle an und wird gewissermaßen Frau, während andererseits die Schwangere, für den göttlichen Schöpfer handelnd, den ungeformten Golām zu einem kunstvoll strukturierten Ganzen, eben dem Menschen, heranbildet.

Der zweite Text aus dem Buch Ijob entfaltet seine Biotheologie mehr von männlichen Handlungsrollen und von der Zeugungsbiologie des Mannes her:

8 »Deine Hände haben mich ganz gebildet und gestaltet um und um,
und [nun] verschlingst du mich!
9 Bedenke doch, dass du mich wie Ton gestaltet hast!
Und [jetzt] willst du mich zum Staub zurückkehren lassen!
10 Hast du mich nicht hingegossen wie Milch
und wie Käse mich gerinnen lassen?
11 Mit Haut und Fleisch hast du mich bekleidet
und mit Knochen und Sehnen mich durchwoben.
12 Leben und Huld hast du mir gewährt,
und deine Obhut bewahrte meinen Geist« (Ijob 10,8–12).

Zunächst spielt Ijob, Beter und Gottesrebell, auf die Erzählung von der allgemeinen, urzeitlichen Menschenschöpfung in Gen 2 und 3 (»aus Ton« Gen 2,7 – »zu Staub« Gen 3,19) an. Dabei ist Gott in der Rolle des Töpfers. Eine zweite Reihe von Vorstellungen beginnt mit einer milchähnlichen Flüssigkeit, dem männlichen Samen, der zu einer leidlich festen Masse gerinnt und mit Haut und Fleisch gleichsam bekleidet wird. In diesen Protoplasten werden dann Knochen und Sehnen eingewoben. Grundsätzlich wie der Psalmist sieht Ijob die vorgeburtlichen Vorgänge im Mutterleib biologisch als eine fortschreitende Strukturierung und Festigung. Der Text reproduziert hier, in einer eigenständigen Mischung, Vorstellungselemente, die in ägyptischen und indischen Texten ebenso anzutreffen sind wie bei Plinius oder im Qur'an.[20]

In der Sicht dieser Gebete ist der Mutterleib jener Ort, an dem aus den stofflichen Substraten des Lebensbeginns das Ich wird, als das die Beter nun sprechen. Dies ist ein

20 *E. Feucht*, a. a. O., 93ff.

zugleich natürlicher und übernatürlicher[21] Vorgang. Er bringt die Individualität der Beter durch ein geheimnisvolles, wunderbares Wirken Gottes hervor, das dem physisch-stofflichen Vorgang unterlegt ist.[22]

Der Lebensbeginn ist – so stellt es sich aus biblischer Sicht dar und so wollen wir das bisher Gesagte zusammenfassen – ein dreidimensionales Geschehen: 1. Der Mensch geht aus der intimen Gemeinschaft der Eltern hervor, wächst im Mutterleib heran und bringt sein Leben in die größere Gemeinschaft der Familien und Sippen ein. In dieser Gemeinschaft ist er von seiner Zeugung an aufgehoben (soziale Dimension). 2. Der Lebensbeginn ist an stoffliche, wir würden sagen: »natürliche« Substrate gebunden, den Samen und den Mutterleib. In dieser stofflichen Umgebung und aus ihr heraus wird der Mensch, wie es gelegentlich in einer durchaus technischen Metapher (vgl. Dtn 25,9) heißen kann, »gebaut« (biologische Dimension). 3. Der Mutterleib ist schließlich auch der diskrete Ort, an dem durch göttliches Wirken, jedenfalls aber auf wunderbare und unverfügbare Weise das Individuum, die Person gebildet wird, die später zu sich selbst »Ich« zu sagen vermag (»schöpfungstheologische« Dimension). In allen drei Dimensionen ist der Lebensbeginn kein isolierbarer Augenblick, kein Zeitpunkt, sondern eine Lebensphase, ein Prozess, in dem der Mensch biologisch Gestalt gewinnt, sich über seine Eltern einem sozialen Kontext einstiftet und – in der Rückschau des Erwachsenen – durch

21 Vgl. *D. Arnaud*, a. a. O., 127.

22 Bisweilen kann diese Dimension auch ohne ausdrückliche Erwähnung Gottes ausgedrückt sein, so in der Weisheit Salomos: »Auch ich bin ein sterblicher Mensch wie alle andern, ein Nachkomme des ersten aus Erde geschaffenen Menschen, und bin Fleisch, im Mutterleib zehn Monate lang gebildet, im Blut zusammengeronnen aus Mannessamen und der Lust, die im Beischlaf dazukam. Auch ich habe, als ich geboren war, Atem geholt aus der Luft, die allen gemeinsam ist, und bin gefallen auf die Erde, die alle in gleicher Weise trägt; und Weinen ist wie bei den andern mein erster Laut gewesen, und bin in Windeln gelegt und voll Fürsorge aufgezogen worden« (Sap 7,1–4).

Gottes Schöpferhand seine Personalität und Individualität, seine Würde, empfängt.

1.3. Störungen und Grenzfälle

Selbstverständlich weiß auch das AT, dass dieses Geschehen und Gefüge empfindlich gestört sein kann, dass es dabei – in unterschiedlichen Richtungen – Grenzbereiche und Grenzfälle geben kann, bisweilen geben muss. Auf zwei solcher Stör- und Grenzfälle ist hier einzugehen.

Der erste Fall dreht sich um den Juda-Sohn »Onan«. Wir sind in der Erzählung von Gen 38 mitten in einer tragisch zu nennenden Familiengeschichte. Von zwei verheirateten Brüdern namens Er und Onan stirbt der Erstgenannte. Dessen Frau Tamar bleibt kinderlos zurück. Von Onan wird nun erwartet, Tamar zu schwängern (nicht etwa: sie zu ehelichen). Die aus dieser Verbindung hervorgehenden Kinder gelten dann als Kinder des Verstorbenen und seiner Witwe. Diese etwas missverständlich »Leviratsehe« genannte Institution ist – in heutigen Worten gesagt – eine Art Leihvaterschaft, die anzutreten sich besagter Onan weigert:

> »Da aber Onan wusste, dass die Nachkommen [wörtl. der Same] nicht ihm gehören würden, geschah es, wenn er zu der Frau seines Bruders einging, dass er [den Samen] auf die Erde [fallen und] verderben ließ, um seinem Bruder keine Nachkommen zu geben. Und es war böse in den Augen JHWHs, was er tat; so ließ er auch ihn sterben« (Gen 38,9f.).

JHWH bestraft diese Handlungsweise Onans so hart, nicht etwa weil dieser mit seinem wiederholten coitus interruptus einen sexuellen Tabubruch begangen hat, sondern weil er der Familie seines Bruders (und nicht zuletzt: der Frau) die Nachkommenschaft, also Same und Leibesfrucht, und die damit verbundene erbrechtliche Sicherung aus Eigennutz verweigert.[23] Die Pointe der Onanepisode

23 Vgl. dazu *T. Krüger*, Genesis 38 – ein »Lehrstück« alttestamentlicher Ethik, in: *ders.*, Kritische Weisheit. Studien zur weisheitlichen

ist sozialethisch. Sie unterstreicht, dass menschliches Leben von seinem Beginn an keinen ihm fremden Zwecken unterworfen werden darf, vor allem nicht den Kosten-Nutzen-Rechnungen Einzelner.

Der zweite Grenz- und Störungsfall betrifft die Frage, ob innerhalb der vorgeburtlichen Phase Stadien minderer oder höherer Lebensintensität zu unterscheiden sind. Dass es dazu in atl. Zeit Überlegungen gegeben hat, zeigt der Musterrechtsfall nach Ex 21,22ff.,[24] für den es auch im altorientalischen Recht Parallelen gibt:

»Wenn Männer sich raufen und [dabei] eine schwangere Frau stoßen, so dass ihre Kinder [oder auch: ihre Leibesfrucht] abgehen, aber kein ernster [tödlicher] Schade entsteht, so muss dem Schuldigen eine Geldbuße auferlegt werden, je nachdem, [wie viel] ihm der Eheherr der Frau auferlegt, und er soll nach dem Ermessen von Schiedsrichtern geben. Falls aber ein ernster [tödlicher] Schade entsteht, so sollst du geben Leben um Leben, Auge um Auge, Zahn um Zahn, Hand um Hand, Fuß um Fuß, Brandmal um Brandmal, Wunde um Wunde, Strieme um Strieme« (Ex 21,22–25).

Der Fall ist in dieser Form nur in groben Umrissen klar und kann infolgedessen unterschiedlich gedeutet werden. Die mir wahrscheinlichste Deutung ist die Folgende: Es geht um eine Verletzung, die eine schwangere Frau durch »raufende« Männer erleidet und die zum Abgang ihrer Kinder (*yldm*[25]) führt. Dabei wird unterschieden zwischen einem minder schweren und einem schweren Unterfall. Ersterer rechnet mit dem Abgang des Kindes / der Kinder, wahrscheinlich eines lebensunfähigen Fötus. Dieser Fall wird als Schadensfall behandelt und im Streitschlichtungsverfahren durch Zahlung einer Buße beigelegt. Im

Traditionskritik im Alten Testament, Zürich 1997, 1–22, bes. 7f. Vgl. auch den Fall Ruts, Rut 4.

24 *E. Otto*, Theologische Ethik des Alten Testaments, Stuttgart 1994, 25f.78; *C. Houtman*, Exodus, Vol. 3 (Historical Commentary on the OT), Leuven 2000, 160ff. (Lit!).

25 Der hebr. Text (er bietet eine Pl. Form) differenziert hier nicht zwischen ausgetragenem, geborenem Kind und Foetus. Beides kann »*yælæd*» sein, was vom Bedeutungsspektrum des Verbums her (s. o.) auch einleuchtet.

zweiten, gravierenderen Fall kommt es zum Abgang und zu einer schweren, vielleicht tödlichen Verletzung der Frau und / oder eines lebensfähigen Fötus. Deren Tod zieht die Todessanktion für den Verursacher nach sich.

Soweit eine mögliche Deutung des Falles. Was besagt er für unseren Zusammenhang? Er lässt erkennen, dass der Fötus als ein Rechtssubjekt behandelt werden kann, das dem erwachsenen Menschen rechtlich nicht gleich steht. Das bedeutet aber keineswegs, dass – wie man bisweilen liest – das ungeborene Leben keine eigene Rechtsstellung hätte.[26] Es bedeutet allerdings, dass in einem Grenzfall, bei dem das Leben eines ausgewachsenen Menschen gegen das fahrlässig beendete Leben eines Fötus auf dem Spiel steht, zugunsten des Ersteren entschieden wird. In der Folgezeit hat dieser biblische Rechtsfall weitergehende Deutungen gefunden. Für uns besonders aufschlussreich ist die Deutung, die der Fall in der griechischen Übersetzung des AT, der Septuaginta, erfahren hat. Die Septuaginta bezieht die Verletzung in beiden Unterfällen nicht auf die schwangere Frau, sondern auf den Fötus bzw. das Kind und nimmt für den leichteren Fall ein noch ungeformtes, »unausgebildetes Kind«, im zweiten schweren Fall ein »ausgebildetes, als Mensch erkennbares Kind« an. Auch die Septuaginta sieht den einen Fall als einen der Schlichtung und Ersatzleistung zugänglichen Fall an, den anderen als Fall für die Todessanktion.

Beide Versionen dieses Rechtsfalles machen deutlich, dass es Störungen und Grenzfälle geben kann, in denen sich die Gemeinschaft gezwungen sieht, das werdende Leben entweder in sich oder gegenüber dem geborenen Leben rechtlich differenziert zu sehen und in seinem Rechtsstatus unterschiedlich zu würdigen. Allerdings ist – und das muss unterstrichen werden – im AT kein Fall überliefert, der einen Eingriff in das Lebensrecht des vorgeburtlichen Lebens zulässt.

26 *R. Jütte*, Geschichte der Abtreibung, München 1993, 28.

2. Folgerungen

Was ergibt sich aus diesen Beobachtungen für die Frage nach dem Beginn des menschlichen Lebens im modernen Kontext? Festzuhalten ist m. E. zunächst: In biblisch-atl. Sicht ist der Beginn des Lebens nicht auf den Akt und den Zeitpunkt der Zeugung, nicht in vivo, im Körper der Frau und noch weniger in vitro, im Labor, einschränkbar. Aus biblischer Sicht braucht es die Intimität, die Diskretion des Mutterleibes, den sozialen Kontext der werdenden Eltern und der Familie, in dem der Same zur Frucht reifen kann und in dem das schöpfungstheologische Geheimnis der Personwerdung Raum zur Entfaltung hat. Der Lebensbeginn wird so als ein prozessuales und vor allem multidimensionales Geschehen begriffen, das nach biblischer – und übrigens auch nach moderner jüdischer – Anschauung seinen Ort und seine Zeit im Mutterleib sowie den ihn umgebenden sozialen und – wenn der Ausdruck gestattet ist – metaphysischen Bezügen hat.[27] Der erste der beiden be-

27 Diesen prozessualen und gemeinschaftsbezogenen Aspekt betont auch die Denkschrift »Verantwortung für das Leben. Eine evangelische Denkschrift zu Fragen der Biomedizin«, Wien 2001, die im Auftrag des Evangelischen Oberkirchenrats A. und H. B. der Evangelischen Kirche A. und H. B. in Österreich von *U. H. J. Körtner* und *M. Bünker* erarbeitet und durch wichtige Gremien der österreichischen evangelischen Kirchen angenommen wurde. U. a. heißt es dort: »Es entspricht […] der biblischen Tradition […], den Menschen als ein geschichtliches Wesen zu betrachten, dessen Dasein und Personsein dadurch charakterisiert ist, dass es eine Geschichte hat, zu der auch die früheste Entwicklungsphase gehört. Außerdem ist zu bedenken, dass Personalität einerseits ein Zuschreibungsbegriff ist und andererseits eine dialogische oder intersubjektive Struktur hat« (a. a. O., 22). Diese – auch in ihren konkreten Konsequenzen sehr sorgfältig abgewogene – Denkschrift hat in der nach meinem Eindruck mehr konfessorisch als argumentativ geführten Diskussion in Deutschland bisher leider keine Rolle gespielt. Davon, dass der Mensch »mehr ist als sein Genom«, vom »Beziehungsgefüge«, in dem er steht, und davon, dass »es ohne Perspektive auf eine Biographie auch keine Menschen im eigentlichen Sinne gibt«, spricht auch die jüngste Stellungnahme evangelischer Ethiker zur Debatte um die Embryonenforschung (»Pluralismus als Markenzeichen«, FAZ 23.2.2002, Nr. 19, 8).

sprochenen Grenzfälle zeigt, dass in atl. biblischer Sicht das Leben – und zwar auch das potenzielle Leben – vor eigenmächtigen und vor allem eigensüchtigen Übergriffen zu schützen ist.

Die These von der vollen Menschwerdung im Moment und durch Akt der Zeugung, genauer gesagt: der »Fertilisation« allein, leidet m. E. an einer Überbetonung der biologischen Dimension des Lebensbeginns. Wenn diese These mit der vollständigen genetischen Ausstattung des Embryos begründet wird, scheint sie mir geradezu biologistisch. Auf die Möglichkeiten der modernen Biomedizin bezogen, erkennen die Vertreter dieser These – vermutlich gegen ihre Intention – an, dass Menschen nun wirklich Menschen machen. Dies aber ist ganz gewiss eine göttliche Prärogative (Gen 1,26ff.; Ps 8,4f.).

Der friedvolle und der bittere Tod

Einstellungen und Horizonte gegenüber Tod und Sterben im Alten Testament[1]

1. Was hat das Alte Testament zum Tod zu sagen?

»Die alttestamentliche Religion kann mit dem Tod nichts anfangen.«[2] Dieses apodiktische Urteil des Ägyptologen Jan Assmann ist zu lesen und zu verstehen auf dem Hintergrund »seiner« Welt des Alten Ägyptens, in dem der Tod »der Inbegriff des Heiligen, die Urform des Göttlichen«, ja schlicht »das Umfassende« sei. »Kultur« entspringe in Ägypten »dem Wissen um den Tod und die Sterblichkeit«.[3] Sie sei der »Versuch, einen Raum und eine Zeit zu schaffen, in der der Mensch über seinen begrenzten Lebenshorizont hinaus denken und die Linien seines Handelns, Erfahrens und Planens ausziehen kann in weitere Horizonte und Dimensionen, in denen sein Sinnbedürfnis Befriedigung findet und das schmerzliche […] Bewusstsein seiner existenziellen Begrenzung […] zur Ruhe

1 Der vorliegende Aufsatz geht auf Vorträge zurück, die Vf. vor Seelsorgerinnen und Seelsorgern des Collegium Augustinum in München und der Diakonie Neuendettelsau gehalten hat. Nach vielen gemeinsamen Jahren in Neuendettelsau weiß ich mich mit *Wolfgang Stegemann* nicht zuletzt im Engagement für die Belange der Diakonie verbunden.
2 *J. Assmann*, Der Tod als Thema der Kulturtheorie. Todesbilder und Totenriten im Alten Ägypten, mit einem Beitrag von *Thomas Macho*, Tod und Trauer im kulturwissenschaftlichen Vergleich, Frankfurt a. M. 2000, 47. Vgl. auch *J. Assmann*, Tod und Jenseits im alten Ägypten, München 2001.
3 *J. Assmann*, Tod als Thema der Kulturtheorie, 47.

kommt«[4]. Ein »stärkerer Gegensatz zum biblischen Gottesbild des ›lebendigen Gottes‹«[5] lasse sich nicht denken.

Diese Zentriertheit der altägyptischen Kultur auf den Tod prägt sich schon dem schlichten Museumsbesucher oder Touristen ein, wenn er oder sie sich die komplizierten Bestattungsriten vor Augen führen lässt oder vor den imposanten, dem Totenkult gewidmeten Grab- und Tempelanlagen entlang des westlichen Nilufers steht. Angesichts der in ihrer Fülle und ihrem Raffinement überwältigenden Zeugnisse wird man zugestehen müssen (und können), dass die im Alten Testament tradierten Vorstellungen von der menschlichen Kultur entschieden diesseitiger sind als die altägyptischen. Die alttestamentliche Anschauung, dass der Mensch »zur Erde zurückkehren wird, weil er von ihr genommen ist«, und zum »Staub werden wird«, weil er »Staub« ist (Gen 3,19), zentriert die Lebenswelt der Menschen ins »Land der Lebendigen« (Ijob 28,13; Ps 27,13; 52,7; Jes 38,11 u. ö.).

Dies bedeutet nun allerdings nicht, dass das Alte Testament den Tod ignoriert oder gar verdrängt. Auch die Menschen, die das Alte Testament hervorgebracht und gelesen haben, waren in ihrem Leben vom Tod umfangen. Das Wissen um die Sterblichkeit hat auch ihre Erfahrungen und Einstellungen geprägt und auch sie nach Horizonten fragen lassen, in denen Sterben und Tod Sinn gewinnen. Dem soll im Folgenden in drei Schritten nachgegangen werden:

Der erste Schritt wird die alttestamentlichen Einstellungen zum Sterben und zum Tod erkunden. Mit »Einstellungen« meinen wir typische Wahrnehmungs- und Handlungsmuster, die das Alte Testament für die Erfahrungen mit Tod und Sterben zur Sprache bringt. Dabei handelt es sich um »Idealtypen«, die auf eine bunte Vielfalt von Einzelzeugnissen zurückgreifen, die ihrerseits wieder auf einer noch vielfältigeren Erfahrungswelt beruht. In meis-

4 Ebd., 13f.
5 Ebd., 47.

terhafter Weise hat der französische Kulturwissenschaftler Philippe Aries in seinem Opus magnum »Geschichte des Todes«[6] aus einer kaum übersehbaren Fülle literarischer, historischer und ethnologischer Zeugnisse für die westliche Welt typische Einstellungen zu Sterbens- und Todeserfahrungen herausgearbeitet und sie mit Bezeichnungen wie »der gezähmte«, der »eigene« oder der »verwilderte Tod« etikettiert. In Anlehnung an diese Terminologie werden wir vom »friedvollen« und vom »bitteren« Tod als den typischen Einstellungen des Alten Testaments sprechen.

Im zweiten Schritt werden die alttestamentlichen Deutungshorizonte von Sterben und Tod nachzuzeichnen sein. Ich verstehe darunter traditionell gewachsene Vorstellungs- und Verhaltensmuster, die das einzelne Todeserleben von Sterbenden und ihren Angehörigen in umfassende Lebens- und Sinnwelten einzeichnen. Solche Deutungshorizonte haben sicher auch die Funktion, die Beunruhigung über die im Tod manifest werdende Fragmentierung und Begrenzung des menschlichen Lebens zu besänftigen oder ein darüber aufbrechendes Sinnbedürfnis zu befriedigen. Vielleicht noch wichtiger ist es, dass solche Horizonte Kommunikation über das Todesgeschehen ermöglichen. Das Alte Testament entwirft nicht nur einen, sondern eine Reihe solcher Horizonte, die ko-existieren, aufeinander beziehbar und transparent sind. Diese Pluralität der Horizonte ist – wie sich zeigen wird – den Problemstellungen des heutigen Umgangs mit Tod und Sterben besonders angemessen. Dies unterscheidet die Kultur, aus der das Alte Testament hervorgegangen ist, auch grundsätzlich von der altägyptischen. In ihr bildet – Jan Assmann zufolge – der »Unsterblichkeitstrieb«, kraft dessen die Menschen »die Grenzen des Ich und der Lebenszeit zu transzendieren« versuchen, den entscheidenden »Kultur-Generator«.[7] Einen derartigen alles überwölbenden und sammelnden

6 *P. Aries*, Geschichte des Todes, München 1980 (frz. Originalausgabe 1978).

7 *J. Assmann*, Tod als Thema der Kulturtheorie, 15.

Horizont lässt das Alte Testament zumindest für den Umgang mit dem Tod nicht erkennen. Allerdings ist ihm die Totenauferstehung auch nicht ganz fremd (vgl. dazu unten 3.4),[8] aber sie ist nicht – wie in Ägypten – *der* Horizont, sondern allenfalls einer unter mehreren Horizonten.

Im letzten Schritt sollen die alttestamentlichen Befunde auf mögliche Impulse abgehört werden, die auf den Umgang mit Sterbenden und Verstorbenen in der modernen Kranken- und Altenpflege ausgehen können. Dazu ist zunächst einmal zu fragen, was die Bibel dazu eigentlich beitragen kann. Die alttestamentlichen Schriften sind über viele Jahrhunderte hinweg in einer fernen Zeit entstanden und haben in langen Zeiträumen Erfahrungen in einer zeitbedingten Gestalt aufgenommen und tradiert. Im Prozess der literarischen und vor allem der poetischen Verdichtung wurden diese Erfahrungen indessen aus ihrer unmittelbaren Verhaftung an bestimmten Situationen gelöst; sie wurden verallgemeinert und typisiert zu menschlichen Grunderfahrungen. Zwar können auch solch allgemeine Erfahrungsgehalte oder »Einstellungen« nicht unmittelbar normativ sein. Es ist aber möglich und hilfreich, gegenwärtige Erfahrungen an den Ver-Dichtungen der Bibel zu messen. Insofern ist das Menschheitsbuch »Bibel« durchaus ein Kanon im wörtlichen Sinne, d. h. ein »Maßstab«, an dem sich das eigene Verhältnis zur Welt messen und einschätzen lässt. Jeder Mensch – nicht nur die gläubige Bibelleserin und der Bibelleser – kann sich dieses Maßstabes zur Einschätzung der je eigenen Erfahrungen bedienen.

8 *Bernd Janowski* hat *Jan Assmann* dafür kritisiert, dass er der hebräischen Bibel diesen Horizont ganz abspreche. Diese Kritik ist sicher berechtigt, allerdings wird man auch zugestehen müssen, dass der Horizont der Unsterblichkeit im Alten Testament nur vergleichsweise schwach leuchtet. Vgl. *B. Janowski*, Sehnsucht nach Unsterblichkeit. Zu J. Assmann, Tod und Jenseits im Alten Ägypten, JBTh 19 (2005), 431–445, bes. 441ff.

2. Alttestamentliche Einstellungen zu Sterben und Tod

Das Alte Testament hat die vielen Sterbens- und Todeserlebnisse, die in seine Texte eingegangen sind, zu zwei Idealtypen verdichtet:[9] den »friedvollen Tod« und den »bitteren Tod«.

2.1. Der friedvolle Tod[10]

Vom Tod »in Frieden« hören wir im Alten Testament vor allem im Zusammenhang der Erzväter- und Erzmüttergeschichten in der Genesis. Charakteristisch sind die Formulierungen für Abraham, dem Gott in Aussicht stellt:

וְאַתָּה תָּבוֹא אֶל־אֲבֹתֶיךָ בְּשָׁלוֹם תִּקָּבֵר בְּשֵׂיבָה טוֹבָה׃

»Du aber, du wirst zu deinen Vätern fahren *in Frieden*, du wirst begraben werden in gutem Alter« (Gen 15,15).

Das Ereignis seines Todes wird dann so erzählt: »Und Abraham verschied und starb in einem guten Alter, alt und gesättigt an Lebenszeit, und wurde zu seinen Stammvätern versammelt [vgl. dazu unten 3.1.]. Und es begruben ihn seine Söhne Isaak und Ismael in der Höhle von Machpela […] auf dem Feld, das Abraham von den Hethitern gekauft hatte. Da ist Abraham begraben mit Sara, seiner Frau. Und nach dem Tode Abrahams segnete Gott Isaak seinen Sohn […]« (Gen 25,8–11). Ähnliche Formulierungen finden wir für Isaak (Gen 35,29) und Jakob (Gen 47,29–31). Tod und Sterben sind nach diesen Texten soziale Ereignisse im Rahmen der Großfamilie. Der oder die Sterbende hat ein hohes Alter erreicht (»alt und gesättigt an Lebenszeit«); er oder sie ist im Sterben von seinen oder

9 Vgl. zu diesen gegensätzlichen, idealtypischen Vorstellungen auch *E. Zenger*, Das alttestamentliche Israel und seine Toten, in: *K. Richter* (Hg.), Der Umgang mit den Toten. Tod und Bestattung in der christlichen Gemeinde (QD 123), Freiburg 1990, 132–152, 132.

10 Dieser Typus der Todeswahrnehmung entspricht im Wesentlichen dem »gezähmten Tod« bei *P. Aries*, Geschichte des Todes, 13ff.

ihren Kindern und Kindeskindern umgeben, die den Verstorbenen oder die Verstorbene rituell beweinen und im heimatlichen Grab bestatten.

Allerdings sind sich Leserinnen und Leser des Alten Testaments bewusst, dass ein solcher Tod und das Leben, das er voraussetzt, kaum je erfüllte Idealzustände[11] sind. Ein »eschatologisches« Prophetenwort macht das Sterben nach einer erfüllten Lebenszeit zum Kriterium des neuen Himmels und der neuen Erde und lässt so implizit durchblicken, dass dieses Ideal eben nicht erreicht wird: »[...] es sollen keine Kinder mehr da sein, die nur noch einige Tage leben, oder Alte, die ihre Jahre nicht erfüllen. Als Knabe soll gelten, wer im Alter von hundert Jahren stirbt [...]« (Jes 65,20ff.). Der 90. Psalm[12] bringt zunächst das Ideal des erfüllten, langen Lebens zum Klingen: »Die Dauer unserer Jahre [...] ist siebzig Jahre, wenn wir bei Kräften sind, sind es achtzig Jahre« – und kontrastiert es sofort mit der Realität der mühsamen und vor allem kurzen Lebenszeit: »[...] und ihr Getriebe ist Mühsal und Trug, denn es ist bald vorüber und wir fliegen dahin.«[13] Gleichwohl bleibt zumindest als Anspruch und Möglichkeit bestehen, dass ein erfülltes Leben seinen Abschluss in einem friedvollen Tod finden kann. Der Horizont dafür ist – wie wir gleich noch genauer sehen werden – das Aufgehobensein des sterbenden und verstorbenen Menschen in der Gemeinschaft der Mehrgenerationenfamilie.

11 Zu dieser Todeserfahrung als Ideal vgl. auch *K. J. Illmann* u. a., Art. מות *mûṯ*, ThWAT IV (1984), 763–787, 773.

12 Vgl. dazu *C. Hardmeier*, Stark wie der Tod ist die Liebe. Der Mensch und sein Tod in den Schriften des AT, in: *M. Herbst* (Hg.), Der Mensch und sein Tod. Grundsätze der ärztlichen Sterbebegleitung, Frankfurt a. M. 2001, 210–227, 221ff.

13 Die Wiedergabe in *Luthers* Bibel von 1545 »Vnd wen's köstlich gewesen ist / so ists Mühe vnd Erbeit gewesen« ist viel poetischer als der hebräische Originaltext, aber auch ziemlich euphemistisch.

2.2. Der bittere Tod

Eine Schlüsselszene für den bitteren Tod erzählt 1 Sam 15,32: Nach dem Kampf wird ein feindlicher König gefangen vor Samuel gebracht. Hoffnungsvoll spricht er den Gottesmann auf das Ende der Kriegshandlungen an: »Gewichen ist die Bitternis des Todes [מַר־הַמָּוֶת].« Samuel aber tötet den gefangenen Feind: »Wie dein Schwert Frauen um ihre Kinder gebracht hat, so sei [nun] kinderlos deine Mutter unter den Frauen« (1 Sam 15,32). »Bitter« ist mithin der Tod in jungem Alter, der gewaltsame, durch Krieg (es gibt kein *»dulce et decorum est pro patria mori«*!) oder Verbrechen, durch Krankheit und andere Lebenskatastrophen herbeigeführte Tod. Bitter ist es, einsam, ohne Kinder und in der Fremde zu sterben. Am bittersten für den Sterbenden und Zurückbleibenden ist es, wenn dabei der soziale Kontext des Sterbens wegbricht, wenn der Verstorbene nicht beweint, betrauert und bestattet wird. Das Jeremiabuch kann sich kein schlimmeres Gericht vorstellen:

»An tödlichen Krankheiten werden sie sterben und nicht beklagt noch begraben werden, [sondern] Dung werden auf dem Acker. Durch Schwert und Hunger sollen sie umkommen, und ihre Leichname sollen den Vögeln des Himmels und den wilden Tieren zum Fraß werden« (Jer 16,4).

Der Prophet selbst wird Teil dieses Schreckensszenarios:

»Du sollst in kein Trauerhaus gehen, weder um zu trauern noch um zu trösten [wörtlich: als Zeichen der Anteilnahme den Kopf zu schütteln], denn ich [Gott ist als Sprecher zu denken] habe meinen Frieden weggenommen von diesem Volk« (Jer 16,5).[14]

So bitter dieses Gotteswort klingt, *via negationis* zeigt es doch, dass es – von ganz extremen Lebenslagen abgese-

14 Die hebräische Formulierung: כִּי־אָסַפְתִּי אֶת־שְׁלוֹמִי מֵאֵת הָעָם־הַזֶּה könnte kontrastierend an die bekannte Formel des friedvollen Todes von »versammeln zu den Stammvätern« anspielen: וַיֵּאָסֶף אֶל־עַמָּיו, vgl. dazu unten 3.1.

hen – auch für den bitteren Tod Momente der Tröstung und damit des Friedens geben kann. Alles verloren ist erst, wenn Gott den »Frieden« weggenommen hat. Ein bekanntes alttestamentliches Beispiel für solchen Trost in einer bitteren Todessituation ist Ijob mit seinen Freunden. Ijob hat seine Kinder, seine Knechte, sein Vieh und zuletzt seine Gesundheit verloren; auch seine Frau wendet sich von ihm ab. Da suchen ihn seine drei Freunde auf, sie erkennen ihn kaum wieder, trauern laut mit ihm. Schließlich setzen sie sich zu ihm auf die Erde und schweigen sieben Tage und sieben Nächte mit ihm, denn »sie sahen, dass der Schmerz sehr groß war« (Ijob 2,11–13). Es ist diese schweigende Geste der Solidarität, die die Erstarrung Ijobs löst und sein duldendes Schweigen erst in hellen Aufruhr und schließlich in Einsicht in das eigentlich Uneinsehbare verwandelt. So sind wir auch im Erleben des bitteren Todes dort angelangt, wo wir auch beim friedvollen Tod schon waren: Nach biblisch-alttestamentlicher Erfahrung ist es in erster Linie die mitmenschliche, einfühlsame Solidarität mit dem Sterbenden und den Angehörigen, die die Erfahrung des Sterbens durchzustehen und den Tod zu ertragen helfen.

3. Alttestamentliche Deutungshorizonte des Todes und des Sterbens

Unter besonders tragischen Umständen bezeichnen wir Tod und Sterben als »sinnlos«. Glücklicherweise verhalten wir uns aber nicht danach, denn wenn und solange Menschen den Tod bewusst wahrnehmen und – und wieder ist das Paradoxon angebracht – »lebendig« mit ihm umgehen, haben sie sich darum bemüht, ihn in ihr Weltbild einzuzeichnen und Sinnhorizonte zu finden, auf die hin das Sterben geschieht. Diese Sinnhorizonte dienen – wie gesagt – der Verständigung in Sterbens- und Todessituationen. Dies gilt auch für den Umgang mit dem Tod in der Sicht des Alten Testaments.

3.1. Der Horizont der Mehrgenerationenfamilie

Der Horizont des friedvollen Todes ist die patrilineare Mehrgenerationenfamilie. Dafür steht die Formel vom »Versammeltwerden« (אסף Ni.) zu den Stammvätern (hebr.: עַמִּים, Gen 25,8.17; 49,29; Num 20,24; Dtn 32,50 u. ö.) bzw. Vätern (אָבוֹת, Ri 2,10; 2Kön 22,20). Für das Verständnis dieser Formel ist entscheidend, dass עַם nicht das Kollektivum »Volk« meint, sondern den »Stammvater«, noch genauer wohl: den »Vatersbruder«;[15] der in der Formel verwendete Plural verweist also auf »die Verwandten vom Vater her«, die »väterliche Linie«. Dieser individuelle Gebrauch der Vokabel עַם ist vor allem in Personennamen (z. B. Amminadab, »Mein Stammvater / Vatersbruder ist freigiebig«; z. B. Num 1,7) bezeugt und lässt sich weit in die vorbiblische Zeit zurückverfolgen.[16] Auch wenn die Formel als Euphemismus für »sterben« verstanden werden kann, zeigt die lange Vorgeschichte ihres Zentralbegriffes עַם, dass sie eine verbreitete und tief verwurzelte Denkweise widerspiegelt.

Die patrilineare Familie bildet auch den Hintergrund dafür, dass die Söhne gemeinsam den Vater begraben und betrauern und dass sie sich, wie die zwölf Jakobssöhne, an seinem Totenbett versammeln, um seine letzten Worte zu hören und seinen Segen zu empfangen. Diese Bräuche implizieren die Anerkennung des familiaren Systems mit seinen Platzanweisungen, nach denen einer der Söhne, in der Regel der erstgeborene, die einflussreiche Funktion des *pater familias* übernimmt, und die anderen Söhne ihre Rivalität zugunsten des Familieninteresses zurückstellen.[17] Der Tod im Kreise der Familie ist also nicht nur friedvoll für den Abschied nehmenden Sterbenden, sondern Frieden stiftend für die Nachkommen und ihre Zukunft. So ge-

15 KBL^3, 792; vgl. Lev 19,16; Ez 18,18 u. ö.

16 Vgl. *E. Lipinski*, Art. עַם *'am*, ThWAT VI (1989), 177–194, 185f.

17 Vgl. *H. Utzschneider*, Patrilinearität im alten Israel – eine Studie zur Familie und ihrer Religion, BN 56 (1991), 60–96, 69ff. (vgl. in diesem Band S. 3–49).

sehen sind Erzählungen bzw. formelhafte Vergegenwärtigungen des friedvollen Todes nicht nur familien- oder heilsgeschichtliche Reminiszenzen, sondern auch Ermahnungen an alle Nachgeborenen. Sie sollen nach dem Ableben des *pater familias* Frieden erhalten (vgl. den letzten Willen Jakobs, auf den sich die Brüder Joseph gegenüber berufen; Gen 50,16).

Architektonisch dargestellt, ja gewissermaßen inszeniert, ist dieser familiare Sinnhorizont des Todes in einem ganz bestimmten Typus des palästinischen Grabes, dem sog. Felskammergrab.[18] Seine Grabkammer besteht aus drei oder vier Grablegen. Bei Neubestattungen werden die Gebeine von den Grablegen in Knochengruben deponiert. Die Verstorbenen werden mit Beigaben wie Schmuck, Elfenbeinlöffeln und Trinkgefäßen versehen wie zu einem immerwährenden, festlichen Bankett. Auch wenn die Formel des »Versammeltwerdens zu den Vätern« nicht unmittelbar mit dem Begräbnis verbunden ist, so wird ihre Bedeutung im Grabtypus des Kammergrabes doch sinnenfällig. Die Archäologie sagt uns allerdings, dass dieser bauliche Horizont des Todes nur von wohlhabenden Familien zu realisieren war.

3.2. Der Horizont der Mutter Erde

Auf einen anderen symbolischen Horizont des Todes lenkt die archäologische Beobachtung, dass das Regelbegräbnis – schon aus ökonomischen Gründen – nicht die aufwendige Grabanlage des Felskammergrabes, sondern das einfache Erdgrab außerhalb der Siedlungen gewesen sein dürfte (2 Kön 23,6: »Gräber des gemeinen Volkes«).[19] Zunächst rein assoziativ legt sich hier der Gedanke an die Fluchworte in der Paradieserzählung nahe, mit denen Gott

18 Vgl. dazu *R. Wenning / E. Zenger*, Tod und Bestattung im biblischen Israel, in: *L. Hagemann / E. Pulsfort* (Hg.), »Ihr alle aber seid Brüder«, FS A. Th. Koury (WFMR.R 14), Würzburg 1990, 285–303, 290ff.

19 Vgl. dazu a. a. O., 288.

Adam auf seine Sterblichkeit außerhalb des Paradieses vorbereitet. Sie finden sich in unserer heutigen Bestattungsformel wieder: »Ja, Erde bist du und zu Erde sollst du werden« (Gen 3,19). Auch an Koh 3,19f. können wir denken: »Das Schicksal des Menschen gleicht dem Schicksal der Tiere […]. Beide müssen sterben […]. Sie alle sind aus Staub entstanden und alle kehren sie zum Staub zurück.« Diese Sätze klingen höchst nüchtern, naturhaft, ja materialistisch. Wahrscheinlich stehen sie jedoch im größeren Zusammenhang der Vorstellung von der Erde als Mutter. Danach entsteht der Mensch vorgeburtlich im Schoß der Erde, der mit dem Uterus der Mutter zusammengesehen wird. So heißt es in Ps 139,15: »[…] ich bin gewoben in den Tiefen der Erde […].«[20] Im Tod kehrt der Mensch dorthin zurück; in diesem Zusammenhang jedenfalls wird dann die Aussage Ijobs verständlich, der von sich sagt: »[…] nackt bin ich aus dem Leib meiner Mutter hervorgekommen, nackt kehre ich *dorthin* zurück« (Ijob 1,21; vgl. Sir 40,1).

3.3. Die Unterwelt und der bittere Tod

Die im Alten Testament am meisten verbreitete und auch literarisch am deutlichsten ausgeprägte Vorstellung des Horizonts für Tod und Sterben ist die Unterwelt, hebr. die *Sch^{e}'ol*[21], das »Reich des Todes« unseres Apostolischen Glaubensbekenntnisses. Es ist auffällig, dass der Vorstellungshorizont der Unterwelt in der Regel mit dem bösen, dem bitteren Tod[22] in Verbindung gebracht ist. Die *Sch^{e}'ol*

20 Vgl. dazu *O. Keel*, Die Ω-Gruppe. Ein mittelbronzezeitlicher Stempelsiegel-Typ mit erhabenem Relief aus Anatolien-Nordsyrien und Palästina, in: *ders.* / *H. Keel-Leu* / *S. Schroer*, Studien zu den Stempelsiegeln aus Palästina / Israel II (OBO 88), Fribourg / Göttingen 1989, 39–87, 70f. Anders *K. Seybold*, Die Psalmen (HAT I,15), Tübingen 1996, 517.

21 *T. Podella*, Grundzüge atl. Jenseitsvorstellungen: שאול, BN 43 (1988), 70–89.

22 *L. Wächter*, Art. שְׁאוֹל *š^{e}'ôl*, ThWAT VII (1993), 901–910, 909.

ist kein Ort, an dem sich in Frieden tot sein lässt. Beispielhaft deutlich wird dies am Erzvater Jakob in der Josephsgeschichte. Der vermeintliche Tod seiner Lieblingssöhne Joseph und Benjamin macht Jakob untröstlich, er sieht eine lange Trauerphase vor sich, an deren Ende er »in die Unterwelt« fahren bzw. hinabsteigen würde (vgl. Gen 37,5; 42,38). Jakobs Abstieg in die Unterwelt wäre die Folge des Zerbrechens seines familiaren Horizonts durch die böse Tat der Brüder. Nachdem die Familie jedoch in Ägypten vereint und versöhnt ist und Gott das Böse zum Guten gewendet hat, kann der Patriarch in Frieden sterben (vgl. oben).

Synonyme oder parallel gebrauchte Begriffe für *Sch*^{e}*ʾol* wie »Zisterne« (Ps 30,4), »Grube« (Ps 16,10) oder »Grab« (Ps 88,4) lassen erkennen, dass mit der *Sch*^{e}*ʾol* die Vorstellung eines Ortes verbunden ist: eine Welt *unter* der Welt der Lebendigen (*descensus ad inferos*). Die *Sch*^{e}*ʾol* ist ein Land des Staubs (Dan 12,2), ein Ort der Schwäche und des Zerfalls. So heißt es etwa in Ps 49 (die Rede ist von den Feinden des Beters): »Wie Schafe weidet sie der Tod, sie sinken zur *Sch*^{e}*ʾol* hinab; […] ihre Gestalt zerfällt, die *Sch*^{e}*ʾol* ist ihre Wohnung.« Die Schwäche der Bewohner der *Sch*^{e}*ʾol* rührt daher, dass sie dort von Gott abgeschnitten sind, wie es der Beter von Ps 88,5f. ausdrückt: »Ich bin gerechnet zu denen, die in die Grube hinabfahren. Ich bin wie ein Mann, der keine Kraft hat, unter die Toten hingestreckt, wie Erschlagene, die im Grab liegen, derer du [sc. Gott] nicht mehr gedenkst. Denn sie sind von deiner Hand abgeschnitten.« Aus dieser *Sch*^{e}*ʾol* gibt es kein Entrinnen: »Zu den Gründen der Berge bin ich hinabgestiegen«, so beschreibt der Jona-Psalm den *descensus ad inferos*, »die Erde, ihre Riegel [schlossen] mich ewig [ein]« (Jona 2,7).

Dem scheinen Aussagen vor allem in den Psalmen zu widersprechen, in denen ein Beter von Gott die Errettung aus der *Sch*^{e}*ʾol* erwartet, ja aus ihr heraufgeholt werden möchte. Im eben zitierten Psalm bezeugt Jona noch im selben Vers seine Rettung aus der vermeintlich unentrinnbaren Gefangenschaft im Totenreich: »Aber du hast mein

Leben aus dem Verderben heraufgeführt, JHWH, mein Gott« (Jona 2,7). Auch der Beter von Ps 30 blickt auf eine solche Erfahrung zurück: »JHWH, du hast meine Seele aus der *Sch^{e}ʾol* heraufgeholt, hast mich am Leben erhalten [und bewahrt] vor dem Hinabfahren zur Grube« (Ps 30,4; vgl. 40,3; 86,13 u. ö.). Hier schält sich eine merkwürdige Doppelbödigkeit der *Sch^{e}ʾol*-Vorstellung heraus: Einerseits ist der *Sch^{e}ʾol* das mythisch-kosmische Totenreich, von dem sich der Gott der Lebendigen fern hält und aus dem es kein Entrinnen mehr gibt, andererseits steht *Sch^{e}ʾol* für einen Seelen- und Leibeszustand der Schwäche und Gottverlassenheit *von Lebenden.*

Dies ist nur so zu erklären, dass in der Sicht der Menschen des Alten Testaments der Tod seinen Herrschaftsbereich oft weit ins Land der Lebendigen hinein schiebt. Der Tod erscheint auch unter den Lebenden, in einer lebensbedrohlichen Krankheit, einer abgrundtiefen Depression oder einer tödlichen Gefahr – und eben von dort kann Gott heraus- und ins Leben zurückholen. Vielleicht ist es eben diese Ambiguität der biblischen Todes- und Unterweltvorstellung, die die Brücke bildet zum letzten hier anzusprechenden Todeshorizont: dem der Auferstehung der Toten.

3.4. Die Totenauferstehung – ein Horizont des Alten Testaments?

Der Gedanke der Totenauferstehung im Sinne einer Rückkehr aus dem Totenreich ins Land der Lebendigen hat sich dem Alten Testament erst spät erschlossen und ist dort deshalb marginal geblieben (vgl. dazu schon oben 1.). Immerhin gibt es einige deutliche Spuren dafür.

Zunächst finden sich in dem einen oder anderen Psalmentext Perspektiven für die »Überwindung der Todesgrenze«[23]. In Ps 16,10f. ist von einem Weg zum Leben die

23 Vgl. dazu *B. Janowski*, Die Toten loben JHWH nicht. Ps 88 und das atl. Todesverständnis, in: *ders.*, Der Gott des Lebens. Beiträge zur Theologie des AT 3, Neukirchen-Vluyn 2003, 201–243, bes. 240.

Rede, der vor Gottes Angesicht, d. h. im Tempel, in der rituell erlebten Gottesnähe ewige Freuden verspricht. Allerdings ist damit kein ewiges Leben im Sinne des Weiterlebens nach dem Tode gemeint, sondern eine dauerhafte Rettung und Lebensfülle in einem neuen Diesseits.

»Ja, du überlässt meine *næpæš* nicht der Scheol.
Du lässt es nicht zu, dass ein Frommer die Grube schaut.
Du zeigst mir den Weg zum Leben,
Sättigung an Freuden vor deinem Angesicht,
Wonnen zu deiner Rechten für immer.«[24]

Der klassische und – neben Dan 12,1–3 – auch einzig unumstrittene alttestamentliche Beleg für eine Totenauferstehung steht in der sog. Jesajaapokalypse (Jes 26,19):

»Deine Toten werden leben, [meine Leichen] werden auferstehen, aufwachen und jubeln werden die Bewohner des Staubes.«

Wahrscheinlich ist dieses – in den Einzelheiten schwer deutbare – Wort die göttliche Antwort auf eine Klage, in der die Betenden eingestehen, mit ihrer Lebenskraft am Ende zu sein:

»Wir wurden schwanger, wanden uns und als wir gebaren, gebaren wir – Wind« (Jes 26,18).

Gegen diese fundamentale Leibesschwäche hat Gott die Toten mobilisiert, er holt sie aus der Staubwelt der *Sch^{e}ʾol*, macht sie lebendig und lässt sie jubeln. Was Gott den Betern der Klagepsalmen in ihrer irdischen Todesnähe gewährt, erstreckt sich nun auf die Toten der Unterwelt. Gott unterwirft sich auch jenen letzten Winkel dieser Welt, eben die *Sch^{e}ʾol*, von dem er sich bisher ferngehalten hat. Überspitzt gesagt: Gott hat den Ort des Todes ins lebendige Diesseits geholt. Nun lobt man Gott – um es in Umkehrung eines Psalmwortes zu sagen (vgl. Ps 6,6) – auch

24 Übersetzung nach *Janowski*, ebd.

bei den Toten. Auch diese Vorstellung von der Totenauferstehung ist diesseitig, innerhalb von Raum und Zeit gedacht.

Exkurs: Die Selbsttötung

Von der Selbsttötung oder der Tötung auf Verlangen ist in der Bibel nur selten die Rede; Verena Lenzen führt insgesamt zehn biblische »Fälle« von Selbsttötung auf, die im Einzelnen sehr unterschiedlich gelagert sind und beurteilt werden können.[25] Für jeden Fall von Selbsttötung gilt jedoch, dass er als Akt der Verzweiflung in einer – wirklich oder vermeintlich – aussichtslos katastrophalen Lebenssituation aufgefasst und dargestellt wird.

Ein Beispiel dafür ist die Gestalt König Sauls. Er stürzt sich nach einer verlorenen Schlacht in sein Schwert (1 Sam 31,5). Aber nicht nur die schmachvolle Niederlage ist dafür ursächlich, sondern ein langer und quälender Abstieg des Königs von seiner Macht, der dabei zusehen muss, wie David im selben Maß an Ansehen bei Gott und den Menschen zunahm. Ein weiteres Beispiel ist Simson. Seine Geliebte hat ihn an die Philister verraten, die ihn gefangen nehmen, blenden und ihren Spott mit ihm treiben. In dieser verzweifelten Situation tötet er sich selbst und nimmt viele seiner Peiniger mit in den Tod (Ri 16,28ff.).

Es fällt auf, dass Saul und Simson keineswegs als Bösewichte gestaltet sind, sondern als in ihrem Versagen und noch mehr in ihrer Tragik sympathische Gestalten. Simson spricht vor seinem schrecklichen Tod sogar noch ein Gebet (Ri 16,28). Vor allem aber wird für beide Gestalten vermerkt, dass sie betrauert und bestattet werden. Dies gilt auch für Ahitofel, den Ratgeber des David-Sohnes Abschalom, der sich erhängt, weil der Königssohn ihn missachtet hat (2 Sam 17,23). So wird nicht ausgeschlossen, dass auch die Bitternis dieser Todesart durch Elemente des friedvollen Todes gelindert wird.

25 Vgl. *V. Lenzen*, Selbsttötung in der Bibel. Für eine Ethik der Liebe zu den Leidenden, BiKi 47 (1992), 87–93.

Gewiss kennt die Bibel auch weniger »sympathische« Selbstmörder, deren Taten als *Folge* schuldhaften Fehlverhaltens des Betreffenden, mithin als »Sünde« dargestellt sind. Zu nennen sind hier alttestamentliche Gestalten wie der selbstherrliche Abimelech (Ri 9,54) oder Simri, ein in der alttestamentlichen Geschichtsdarstellung besonders übel beleumundeter König des Nordreichs (1 Kön 16,18). Der einzige neutestamentliche Fall ist Judas, der Verräter Jesu (Mt 27,4).

In keinem der biblischen Fälle – und auch nicht unabhängig von ihnen – wird die Selbsttötung als solche ausdrücklich geächtet. D. h.: Ein über das allgemeine Tötungsverbot des Dekalogs hinausgehendes Verbot der Selbsttötung gibt es nicht. Auch hebt die Selbsttötung die soziale Pflicht der solidarischen Trauer und der Bestattung nicht auf. (Dieser biblische Befund steht in besonders krassem Gegensatz zu dem lange geübten kirchlichen Brauch, Selbstmörder nicht kirchlich zu bestatten.) In den biblischen Horizonten des Todes gesehen, ist die Selbsttötung einer jener Übergriffe des Totenreichs in die Welt der Lebenden, gegen die die Hilfe Gottes angerufen und die Solidarität der Lebendigen in Anspruch genommen werden kann.

4. Biblische Impulse für heutige Fragen um Sterben und Tod

Die in den biblischen Vorstellungen, Einstellungen und Orientierungen zum Tod und seinen Horizonten enthaltenen menschlichen Grunderfahrungen bedürfen der Adaption an die spezifischen Bedingungen heutiger Kontexte und der Rekonstruktion unter diesen Bedingungen. So können von ihnen etwa folgende Impulse für unseren heutigen Umgang mit Sterben ausgehen:

4.1. Sterben und Empathie

Ein friedvolles Sterben kann heute nur noch selten auf die bergenden Strukturen einer Mehrgenerationenfamilie zurückgreifen. Unverzichtbar ist jedoch ein empathisches soziales Umfeld für das Sterben auch alleinstehender und vereinsamter Menschen. Vielleicht ist ein Weg dazu die Substitution des familiaren Umfeldes durch andere Formen der Gemeinschaft. In Altenheimen und auf Pflegestationen scheint es mir hilfreich, Netzwerke unter den Bewohnerinnen und Bewohnern zu bilden, die sterbende oder auch in ihren Lebenskräften reduzierte Mitbewohnerinnen und Mitbewohner menschlich begleiten. Das ist wohl nicht immer selbstverständlich und kann von »jüngeren Alten« wohl auch als Zumutung empfunden werden.

Wenn es gelingt, das soziale Umfeld, das in den biblischen Texten die Familie bildet, durch die Wohngemeinschaft der Seniorinnen und Senioren bis zu einem gewissen Grad zu substituieren, dann könnte dies auch über das Sterben hinausreichen. So wäre darüber nachzudenken, ob und wie die Bestattungs- und Grabkultur enger mit den Einrichtungen der Altenpflege verbunden werden können. Müssen Verstorbene in der Anonymität der großen kommunalen Friedhöfe »verschwinden«? Wäre es denkbar, kleinere Begräbnisplätze im Umfeld der Wohneinrichtungen anzulegen und diese den Menschen in einem noch ganzheitlicheren Sinn zur Heimat werden zu lassen?

4.2. Den friedvollen Tod stärken!

Das Sterben und der Tod bleiben bitter, allerdings kann dies in mehr oder weniger starkem Maß der Fall sein. Es kommt m. E. darauf an, die versöhnlichen und friedvollen Momente des Sterbens zu stärken. Dazu kann die Medizin, namentlich die so genannte palliative, heute entscheidend beitragen. Umso bedauerlicher ist, dass auch das Gegenteil der Fall sein kann: Manche Angst vor einem bitteren Tod – etwa die vor einem langen und einsamen Sterben auf der Intensivstation – wird durch die Medizin allererst hervorgerufen. Vielleicht wird diese Sterbensphase durch ein modernes »Apathie«-Ideal besonders bitter, ein Ideal, das lebenswertes Leben mit Aktivität und Gesundheit allzu sehr gleichsetzt. Die biblisch-christliche Tradition kann diesem Apathie-Ideal Leitbilder entgegensetzen. Der leidende Gottesknecht (Jes 53) und Jesus als leidender und auferstandener Christus sind Leitbilder, die Leiden integrieren und gesellschaftlich akzeptabel machen. Dies ist ein Aspekt, der in der Diskussion um die Kreuze in öffentlichen Einrichtungen allzu leicht übersehen wird. Das Kreuz ist eben kein Symbol christlicher bzw. konfessioneller Machtansprüche oder gar Ausdruck einer kruden Opfertheologie, sondern ganz wesentlich ein Zeichen der Akzeptanz des Leidens. Mehr noch: Im Gottesknecht und im Gekreuzigten wird im Grunde ein Horizont eröffnet, der dem Leiden und dem ihm folgenden bitteren Tod Sinn gibt, nicht insofern als Leiden gerechtfertigt oder Klage beschwichtigt wird, sondern insofern als Leiden als stellvertretendes, versöhnendes, ja heilsames Handeln entdeckt wird.

4.3. Sterben und Tod Horizonte geben!

Ein Kennzeichen der modernen Einstellung scheint die Tendenz zu sein, Sterben und Tod zu marginalisieren. Das Sterben wird einerseits aus dem Alltagsleben verbannt. Andererseits wird es in den elektronischen Medien virtualisiert und ins Reich der Fiktion verdrängt. Beides läuft darauf hinaus, den Tod als Erfahrung totzuschweigen. Vielleicht ist dies darauf zurückzuführen, dass uns für den Tod die Horizonte abhanden gekommen sind. Sie sind es, die Kommunikation über den Tod und über den Tod hinaus allererst ermöglichen, indem sie Sprach- und Denkformen zur Verfügung stellen, in denen das Unsagbare zum Ausdruck kommen kann. Immer wieder wird berichtet, dass die Texte der Tradition, Psalmen und Gesangbuchlieder, Hilfen sind, die Sterbens- und Todeserfahrung zu erleichtern.

Wichtig und zeitgemäß ist weiterhin, dass die Bibel den Tod nicht auf *einen* Horizont festlegt, auch nicht den der Auferstehung der Toten. Die Bibel denkt und spricht über den Tod plural, sie hat Acht auf das Nächstliegende: das soziale Umfeld des Sterbens und die Grabstätte, sie lässt naturhafte Erklärungen neben mythischen und psychologischen Deutungen zu. Trotz ihrer Pluriformität ist die Sicht der Bibel auf den Tod und das Sterben nicht beliebig. Sie zieht einerseits klare Grenzen: Die Welt der Lebendigen soll sich nicht durch den magischen Verkehr mit dem Totenreich von diesem bestimmen lassen. Die Befragung von Toten und Totengeistern ist weitgehend perhorresziert (Jes 8,19; 1 Sam 28). Andererseits reißt die Bibel in der Auferstehungshoffnung den geschützten Bereich des Todes potenziell nieder.

Im Todeserleben vieler Menschen ist der Horizont der Totenauferstehung indessen nicht ohne weiteres einsehbar und erreichbar. Auch unter Christinnen und Christen gibt es wahrscheinlich nicht allzu viele, die die Paulusworte »Christus ist mein Leben, Sterben ist mein Gewinn« (Phil 1,27) und »ich habe Lust aus der Welt zu scheiden und bei Christus zu sein« (Phil 1,23) ohne weiteres Bedenken nachzusprechen in der Lage sind. Biblische Sterbeerfahrungen und biblische Sterbehorizonte sind nicht auf diesen Horizont einzuengen, auch wenn er vom Neuen Testament her *der* christliche Horizont des Todes ist.

4.4. Das Leben in den Tod tragen, nicht den Tod ins Leben holen!

Eine letzte Überlegung zur Problematik der Sterbehilfe: Seiner großen Tendenz nach will der biblische Glaube das Leben in den Tod hineintragen und nicht umgekehrt den Tod ins Leben holen. Dies hat sich an der Mehrdeutigkeit des Horizontes der *Sch*^{e}*'ol* gezeigt (vgl. oben 3.3.). D. h. aber: Eine »aktive« Sterbehilfe, die Selbsttötung oder Tötung auf Verlangen impliziert, geht den biblischen Einstellungen zum Tod auch dann fundamental gegen den Strich, wenn sie in Einzelfällen ein durch Leiden verbittertes

Sterben lindern und abkürzen will. Noch wesentlich schwerer wiegt aber m. E., dass durch die allgemeine rechtliche Sanktionierung solcher – wie »gut« auch immer begründeter – Einzelfälle eine Art Sog entstehen kann, durch den sich wirklich oder vermeintlich Todkranke in Zugzwang gesetzt sehen können. Weil sie Angehörigen nicht zur Last fallen wollen, weil die Kosten der Pflege untragbar zu werden scheinen, sehen sie sich unter Druck, »es« auch zu tun. Damit stoßen die Hilfe zur Selbsttötung und die so genannte aktive Sterbehilfe sehr schnell an die Grenze des biblischen Tötungsverbots. Gleichermaßen gilt jedoch dies: Weder Verstorbenen, die für sich als Individuen diesen Weg gewählt haben, noch deren Angehörigen, die sie dabei begleitet haben, dürfen verbleibende Möglichkeiten eines friedvollen Todes verwehrt oder christliche Horizonte des Todes verschlossen werden.

Von der Würde der Geschöpfe

Was Christen meinen, wenn sie von »Schöpfung« reden – und was damit für ein gutes Klima gewonnen sein könnte[1]

1. »Schöpfung« als Zentralwort christlicher Weltwahrnehmung

Seit Carl Friedrich von Weizsäcker im Jahr 1986 zu einer »Weltversammlung der Christen für Gerechtigkeit, Frieden und Bewahrung der Schöpfung« aufgerufen hat,[2] ist die Rede von der Schöpfung und ihrer »Bewahrung« fester Bestandteil, eine Art sprachlicher Fußabdruck der kirchlichen Sprachwelt, wenn es um Umwelt, Naturschutz und Klima geht. Manchmal, so mein Eindruck, geht uns in der Kirche die Rede von der Schöpfung etwas zu selbstverständlich, ja formelhaft von den Lippen. Man sagt nichts Falsches damit – aber was sagt man damit eigentlich?

Dazu kommt eine weitere Beobachtung: Wer sich in heute maßgebliche Texte zum Klimawandel, etwa die Sachstandsberichte des »Zwischenstaatlichen Ausschusses zur Klimaänderung« einlesen will, muss sich an Diagramme und Graphiken gewöhnen, darf auch vor mathematischen Formeln nicht davonlaufen und sollte sich die Definitionen von Begriffen wie »Biosphäre« oder »Ökosystem« vergegenwärtigen. Die Kategorie der »Schöp-

1 Vortrag vor der Landessynode der Evangelisch-Lutherischen Kirche in Bayern in Bad Windsheim am 31. März 2009. Die Synode stand unter dem Thema »Mit Energie für ein gutes Klima«.

2 *Carl Friedrich von Weizsäcker*, Die Zeit drängt. Eine Weltversammlung der Christen für Gerechtigkeit, Frieden und Bewahrung der Schöpfung, München 1986.

fung« spielt hingegen bei Naturwissenschaftlern, Technikern und Ökonomen so gut wie keine Rolle.[3] Allenfalls in populärwissenschaftlichen Titeln wird darauf angespielt.[4]

In der Vielfalt des Sprachgebrauchs drücken sich Differenzen der Weltwahrnehmung aus. Die Bewältigung der globalen Umwelt- und Klimaprobleme ist indes auf Verständigung angewiesen. Deshalb dürfen die kirchlich-religiöse Sprache und die Sprachen, die in den Naturwissenschaften, in der Ökonomie oder bei anderen Beteiligten gesprochen werden, nicht fremd nebeneinander stehen. Als Christen sollten wir wissen und kommunizieren, was wir meinen, wenn wir von Schöpfung reden, und wir sollten uns und anderen erklären können, was damit für ein gutes Klima oder, etwas weiter gefasst, für ein heilsames Verhältnis des Menschen zu seiner Umwelt gewonnen ist.

Ich will deshalb zunächst vier Grundlinien zum Verständnis der christlichen Rede von der Schöpfung ziehen:

a) Wenn Christen von »Schöpfung« reden, erzählen sie die biblischen Geschichten von Gott, dem Schöpfer, und seinen Geschöpfen nach. Ohne die Welt der biblischen, insbesondere der alttestamentlichen Schöpfungstexte ist die christliche Rede von der Schöpfung

3 Sie erscheint beispielsweise nicht im Vierten Sachstandsbericht des IPCC [= »Intergovernmental Panel on Climate Change«] (AR4), Klimaänderung 2007: Zusammenfassung für politische Entscheidungsträger, Deutsche Fassung, Bern u. a. 2007, dem wissenschaftlich wohl am besten fundierten und politisch einflussreichsten Dokument zum Thema. Ich habe sie nicht gefunden in dem Bestseller *Thomas L. Friedmans*, Was zu tun ist. Eine Agenda für das 21. Jahrhundert, 2008, dt. Frankfurt a. M. 2009, ja nicht einmal die von »Brot für die Welt«, »Evangelischer Entwicklungsdienst« und dem »Bund für Umwelt und Naturschutz, Deutschland« herausgegebene Studie des Wuppertalinstituts »Zukunftsfähiges Deutschland in einer globalisierten Welt. Ein Anstoß zur gesellschaftlichen Debatte«, Frankfurt a. M. 2008, redet von »Schöpfung«.

4 Vgl. z. B. Germanwatch (Hg.), Die Welt am Scheideweg. Wie retten wir das Klima, Hamburg 2008, wo von der »Vertreibung aus dem Paradies eines stabilen Klimas« (98) die Rede ist.

und das Bekenntnis zu Gott, dem Schöpfer des Himmels und der Erde, nicht denkbar und nicht verständlich.

b) Biblische Schöpfungstexte erzählen meist – nicht immer – vom Ursprung der Welt. Darin besteht aber nicht ihre eigentliche Intention. Indem die Bibel von der Entstehung der Welt, von ihrer Erhaltung und Neuerschaffung durch den Schöpfergott redet, beschreibt sie vielmehr die Welt, wie sie ist und wie sie sein kann. Biblische Schöpfungserzählungen sind – dies sei gerade auch im Darwin-Jahr 2009 gesagt – keine Naturgeschichten, wie sie die dafür zuständigen Naturwissenschaften, etwa die Paläontologie, erforschen.
c) Biblische Schöpfungstexte sind zumeist poetisch, d. h. sie beobachten nicht nur, sondern lassen auch der Phantasie Raum, sie beschreiben nicht einfach, sondern greifen Bilder auf und bringen Bilder hervor; sie sind nicht an wägender, objektivierender Distanz interessiert, sondern bemühen sich um Nähe, Subjektivität und Wertung. Ich könnte auch sagen: Sie gehen zu Herzen, sie wollen Verstand *und* Gemüt rühren. Ein allzu wörtliches Verständnis der biblischen Schöpfungstexte, wie es der fundamentalistische »Kreationismus« propagiert, verfehlt sie.
d) Schließlich muss bewusst sein, dass die biblischen Texte antike Texte sind, die ihr Wissen von der Welt und ihr Bildmaterial aus einer uns fernen Kultur beziehen.

Im Sinne dieser Grundlinien wende ich mich nun ausgewählten biblischen Schöpfungstexten zu, an denen ich jeweils zentrale Themen christlichen Schöpfungsdenkens aufzeigen und die ich auf ihre Bedeutung für das Weltverhältnis des Menschen unter den Bedingungen der heutigen Umwelt- und Klimakrise befragen möchte.

2. Der Wildesel und die Würde der Geschöpfe

Ein vielleicht weniger bekannter, deshalb aber nicht weniger bedeutender biblischer Schöpfungstext findet sich am Ende des Buches Hiob. Nachdem der Schmerzensmann Hiob seinen Freunden sein Leid geklagt und dabei Gott verzweifelt und wütend herausgefordert hat, richtet dieser nun endlich sein Wort an ihn. Aber anstatt sich vor ihm für das Leid, das er ihm zugemutet hat, zu rechtfertigen, hält Gott ihm eine Rede über seine Schöpfung (Hiob 38,1–42,6).[5] Er spricht zunächst von der unbelebten Natur, der Erde und den Meeren, den Gestirnen, den Wolken, den Winden, dem Regen sowie seiner, Gottes, Schöpfermacht, kraft derer er die natürliche Welt zusammenhält. Dann – und dies ist wohl der merkwürdigste Teil der Rede Gottes an Hiob – wendet sich Gott zehn Tieren zu, denen gemeinsam ist, dass sie sich des domestizierenden Zugriffs der Menschen entziehen. Zu einem dieser Freiheit liebenden, ja – aus Sicht der Menschen – geradezu anarchischen Tiere heißt es:

»Wer hat dem Wildesel die Freiheit gegeben,
und die Bande des Onagers, wer hat sie gelöst,
[des Onagers], dem ich die Steppe zum Hause gegeben habe und die Salzwüste zur Wohnung?
Er verlacht das Lärmen der Stadt,
die Schreie des Treibers hört er nicht;
er durchstreift die Berge, wo seine Weide ist,
und sucht, wo es grün ist« (Hiob 39,5).

5 Vgl. zum Folgenden: *Othmar Keel*, Jahwes Entgegnung an Hiob. Eine Deutung von Ijob 38–41 vor dem Hintergrund der zeitgenössischen Bildkunst, FRLANT 121, Göttingen 1978; *Helmut Utzschneider*, »... jetzt aber hat mein Auge dich gesehen« (Hi 42,5). Das Hiobbuch in ästhetisch-theologischer Perspektive, in: *Christiane Karrer-Grube / Jutta Krispenz / Thomas Krüger / Christian Rose / Annette Schellenberg* (Hg.), Sprachen – Bilder – Klänge. Dimensionen der Theologie im Alten Testament und in seinem Umfeld, Festschrift für Rüdiger Bartelmus zu seinem 65. Geburtstag, AOAT 359, Münster 2009, 321–338.

Der asiatische Wildesel, der Onager, ist ein bemerkenswertes Tier: Es ist ans Leben in der Wüste gewöhnt, ihr in Färbung und Lebensweise ideal angepasst. Ausdauernd und schnell bewegt er sich in Steppen, Salzwüsten und Gebirgen und findet immer eine grüne Oase mit Äsung und Schatten.[6] Gott ist in seiner Rede von diesem seinem Geschöpf merklich angetan, er freut sich an seiner unbändigen Lebenskraft und Freiheit und spricht von ihm mit verhaltenem Stolz, ein wenig wie ein Vater über sein erwachsen werdendes Kind. Wie für den Wildesel, so gilt dies für alle belebten und unbelebten Geschöpfe, auf die Gott in seiner Rede zu sprechen kommt – von den Gestirnen und Meeren über die wilden Tiere bis hin zu Behemoth und Leviathan, zwei Fabeltieren, die Grauen und Bewunderung zugleich erregen. All diesen Geschöpfen spricht Gott zu, was ich die »Würde der Geschöpfe« nennen möchte.

Wo aber bleibt der Mensch? Er wird durch Hiob, den Adressaten der Rede vertreten. Warum aber muss ausgerechnet dieser Mensch, der sich in einem tiefen Tal des Leidens befindet und aus diesem Tal zu Gott nach Gerechtigkeit schreit, eine Rede hören, die nicht – jedenfalls nicht ausdrücklich – von seiner Würde, sondern von der Würde anderer Geschöpfe spricht? Einem Menschen, der alles Recht auf Gottes höchste Aufmerksamkeit und Zuwendung zu haben glaubt und darauf Anspruch erhebt, ausgerechnet ihm mutet Gott die Einsicht zu, dass nicht er immer und jederzeit im Zentrum steht, sondern sich seinen Platz mit Geschöpfen zu teilen hat, die ihm in ihrer Würde, d. h. in ihrer Wertschätzung durch den Schöpfer, zumindest nicht nachstehen.

Für unser Verständnis der Naturvorgänge, die mit dem Klimawandel auf uns zukommen, ist dies eine sehr bedeutende Einsicht. Wie bedeutend sie ist, erschließt sich zunächst, wenn wir uns vor Augen halten, dass der Onager

6 Vgl. zum asiatischen Wildesel (*equus hemionus*) die Beschreibung auf der Website der »International Union for Conservation of Nature and Natural Ressources« www.iucnredlist.org/details/7951/0.

heute zu den bedrohten Tierarten der Erde zählt. Nach der »Roten Liste« der »International Union for Conservation of Nature and Natural Ressources« gibt es noch etwa 8000 Exemplare seiner Art bei abnehmender Tendenz. Es ist menschlicher Einfluss, der seinen Lebensraum einengt, und menschliche Gewalt durch illegale Bejagung, die ihn dezimiert. Was die Art der Wildesel in relativ kleinem Maßstab erfährt, das widerfährt – wie wir inzwischen wissen – der Umwelt im ganz großen Maßstab: der Atmosphäre, den Meeren und den Gletschern. Sie werden von den Einflüssen der menschlichen Zivilisation so beeinflusst und bedrängt, dass ihre natürlichen Abläufe empfindlich gestört und aus dem Gleichgewicht gebracht sind. Aus der Sicht des Hiobbuches verstößt dies gegen die Würde der Geschöpfe, zu denen nicht nur der asiatische Wildesel, sondern auch »Wolken, Luft und Winde« gehören, von denen das Kirchenlied sagt, Gott habe ihnen »Wege, Lauf, und Bahn« (EG 361) gegeben. Die Freiheit und Eigengesetzlichkeit dieser Geschöpfe zu achten, ist inzwischen mehr als ein Gebot des Respekts vor ihrer Würde. Es ist ein Gebot menschlicher Selbsterhaltung geworden. Der Bibel geht es aber nicht darum allein. Für den Mann Hiob erweist sich die Rede Gottes und die Sicht, die sie ihm auf die Schöpfung eröffnet hat, als beglückende Erfahrung: »Vom Hörensagen hatte ich von dir gehört, jetzt aber hat mein Auge dich gesehen« (Hiob 42,5). So antwortet Hiob auf Gottes Schöpfungsrede, in der ihm Gott vor allem seine Schöpfung vor Augen gemalt hat. Indem der Mensch eine exzentrische Sicht seiner selbst annimmt, also gewissermaßen von sich ab-sieht und die Schöpfung als Ganze in ihrer Würde zu sehen lernt, erschließt sich auch ihm ein neuer Zugang zu Gott. Damit sind wir auch schon bei der Frage, wie die Bibel die Schöpfung als Ganzheit versteht.

3. Der Blick aufs Ganze: Die Schöpfung als Ökosystem nach Genesis 1

Der Tag, an dem das heute vorherrschende Bild von der Welt als einer Ganzheit entstand, lässt sich exakt angeben. Es war der Heilige Abend (24. Dezember) 1968, als der Astronaut Bill Anders aus einer Mondumlaufbahn heraus erstmals den Aufgang des »Blauen Planeten« Erde fotografierte. Dieses Bild ist zur Mutter von unzähligen Graphiken, Fotomontagen und Logos geworden, es ist in Schulbüchern, auf Buchcovern und auf Stickern zu sehen. Da man im 6. Jh. vor Christus weder auf ein Apollo-Raumfahrtprogramm zugreifen konnte, noch eine Kamera zur Hand war, taten die Autoren der Bibel, was ihnen vertraut war, sie schrieben ihre Vorstellung der Ganzheit der Welt als Erzählung nieder. Sie alle kennen den Text, der dabei herauskam, er steht in Gen 1:

»Am Anfang schuf Gott den Himmel und die Erde
und die Erde war wüst und leer
und es war finster auf der Tiefe
und der Geist Gottes schwebte auf dem Wasser [näher am hebräischen Text wäre: ›der Atem Gottes vibrierte über den Wassern‹].
Und Gott sprach: Er werde Licht. Und es ward Licht.
Und Gott sah, dass das Licht gut war.
Da schied Gott das Licht von der Finsternis
und nannte das Licht Tag, und die Finsternis nannte er Nacht.
Da ward aus Abend und Morgen der erste Tag […]« (V. 1–5).

Die Vorstellung von der Ganzheit, die sich im Verlauf der Erzählung von Gen 1 herausschält, lebt davon, dass Gott die Lebensräume, Geschöpfe und Lebewesen miteinander so vernetzt,[7] dass sie füreinander Funktionen wahrnehmen. Also etwa:

7 Vgl. zur Gesamtanlage des Schöpfungstextes *Odil Hannes Steck*, Der Schöpfungsbericht der Priesterschrift. Studien zur literarkritischen und überlieferungsgeschichtlichen Problematik von Genesis 1,1–2,4a, FRLANT 115, 2. erw. Aufl., Göttingen 1981, 211ff.

- Der Rhythmus von Tag und Nacht ist der Raum der Gestirne, die wiederum für Mensch und Tier den Jahresrhythmus vorgeben und speziell für die Menschen den Kalender für ihre Feste.
- Der Raum zwischen der Erde und dem Himmelsfirmament ist der Ort der Vögel. Zugleich hält das Firmament den Himmelsozean, den man in der Antike vermutete, davon ab, auf die Erde zu stürzen. So bleiben die Bereiche von Meer und festem Land geschieden und die Lebensräume für die Fische einerseits und die Landlebewesen – einschließlich des Menschen – andererseits gesichert.
- Die Erde, die die Erzählung mitsamt ihrem Pflanzenkleid in den Blick nimmt, ist nicht nur Lebensraum, sondern auch Lebens- und Nahrungsspenderin für Landtiere und Menschen, die die Bibel hier einer Großgattung von Lebewesen zurechnet.

Die Vorstellung, die uns Gen 1 von der Welt als ganzer und ihren Teilen vermittelt, ist mithin systemisch. Die entsprechende Definition von »Ökosystem« im 4. Sachstandsbericht des schon erwähnten »Intergovernmental Panel on Climate Change« lässt sich problemlos darauf anwenden, auch wenn die systembildenden Elemente im 6. Jh. vor Christus anders gesehen wurden als im 21. Jh. nach Christus.[8]

Der Schöpfungstext macht sich nun allerdings Gedanken zu einer Frage, zu der das IPCC nichts zu sagen weiß, zu der Frage nämlich, was dieses System eigentlich zusammenhält. Die Antwort der biblischen Schöpfungserzählung ist klar: Es ist das Schöpfungshandeln Gottes. Aus diesem Bezug zu Gott wächst nicht nur – wie in der Gottesrede des Hiobbuches – jedem einzelnen Geschöpf

8 Vgl. Vierter Sachstandsbericht des IPCC (AR4), 82; nach der Definition des IPCC ist ein Ökosystem »ein System von sich gegenseitig beeinflussenden lebenden Organismen und ihrer physischen Umwelt. Die Definition variiert je nach Schwerpunkt der Untersuchung. Deshalb kann das Ausmaß eines Ökosystems von sehr kleinräumig bis weltumspannend sein.«

Würde zu, sondern der Schöpfung als Ganzer, ihrem inneren Gleichgewicht, den systemhaften Bezügen der Geschöpfe zueinander, die ihre Existenz insgesamt sinnhaft sein lässt. Wenn Christen von Schöpfung reden, dann meinen sie diesen sinnhaften Bezug der Geschöpfe zueinander, man könnte auch sagen: das Geflecht der Dienste, die sich die Geschöpfe untereinander erweisen. Und wenn Christen vom Schöpfer reden, dann meinen sie die Quelle dieser Bezüge. In den Worten der Schöpfungserzählung: »und Gott sah an alles, was er gemacht hatte, und siehe es war sehr gut […]« (Gen 1,31).

4. Aufgaben und Würde des Menschen in der Schöpfung

Es ist dem christlichen Welt- und Menschenbild nicht selten vorgehalten worden, dass es zu anthropozentrisch sei, d. h. den Menschen als »Krone der Schöpfung« auf Kosten der anderen Geschöpfe zu sehr in den Mittelpunkt gerückt habe. Nun haben wir an der Schöpfungstheologie des Hiobbuches gesehen, dass dies aufs Ganze gesehen sicher nicht zutrifft. Allerdings widmen die biblischen Schöpfungstexte dem Verhältnis des Menschen zu seiner Mitwelt in der Tat sehr hohe Aufmerksamkeit. Dies gilt vor allem für die ersten drei Kapitel der Genesis, die allein drei Leitbilder menschlichen Weltverhältnisses entwickeln. Sie lassen sich folgendermaßen zusammenfassen:

1) Der Mensch als Diener und Wächter des Gartens Eden (Gen 2,15).
2) Der Mensch als Ebenbild Gottes und Herrscher über die Geschöpfe (Gen 1,26).
3) Der Mensch als Diener des Erdbodens (Gen 3,23; vgl. auch V. 17–19).

Diese drei Aussagen gehören in unterschiedliche Stationen der Schöpfungserzählung des ersten Buches Mose hinein und sind zu unterschiedlichen Zeiten niedergeschrieben worden. Auch sachlich passen sie nicht ohne weiteres zusammen. Gleichwohl meine ich, dass die drei

Texte jeweils wesentliche Aspekte menschlichen Weltverhältnisses zur Sprache bringen, die in ihrer Zusammenschau ein stimmiges Bild vom Weltbezug der Menschen ergeben. Nun zu den drei Leitbildern im Einzelnen.

4.1. Der Mensch als Diener und Wächter des Gartens Eden (Gen 2,15)

Die Überschrift »der Mensch als Diener und Wächter des Gartens« spielt auf Genesis 2,15 an, wo erzählt wird, welche Aufgabe Gott dem Menschen zugedacht hat, als er ihn in den Garten Eden versetzte: »Und Gott, der Herr, nahm den Menschen und setzte ihn in den Garten Eden, dass er ihn bebaute und ihn bewahrte.« Von dieser Stelle ist auch die Formel von der »Bewahrung der Schöpfung« abgeleitet. Es ist leicht zu sehen, dass diese Formel mit ihrer biblischen Grundlage nicht präzise übereinstimmt. Die Worte »Garten Eden« oder auch »Paradies« sind mit »Schöpfung« oder »Welt« nicht einfach gleichzusetzen. D. h., das Wort in Gen 2,15 macht auf einen ganz bestimmten Aspekt menschlichen Weltverhältnisses aufmerksam.

Hinter dem Garten Eden, aus dem Hebräischen übersetzt etwa »Lustgarten« oder »Wonneland«,[9] steht die Vorstellung vom Palastgarten eines Königs, der parkartigen Umgebung eines großen Tempels, er ist durchwegs mit Frucht tragenden Bäumen bestanden. Der Gottkönig sucht in ihm in der Abendkühle Erholung. Dieser Gottesgarten ist das Ideal einer überaus lebensfreundlichen Landschaft, in der Menschen, Tiere und Pflanzen in Harmonie leben können. Eine solche Idealwelt ist für die Bibel so nur in unmittelbarer Nähe Gottes, eben in seinem Garten denkbar. Diese Nähe genießen die beiden Urmenschen in der Rolle des Dieners und Wächters des Gottesgartens, solange sie nicht dem Wahn erliegen, Gottes Stelle selbst einnehmen zu wollen. Dabei ist bemerkenswert, dass die Formel »bebauen und bewahren«, hebräisch

9 *Claus Westermann*, Genesis, I. Teilband Genesis 1–11, BKAT I,1, Neukirchen-Vluyn 1974, 285ff.

gelesen, religiöse Obertöne hat. »Bebauen«, im Hebräischen wörtlich: »dienen«, kann auch für den »Gottesdienst« stehen, »bewacht« bzw. »bewahrt« wird nicht nur der Garten, sondern auch die göttlichen Gebote (vgl. z. B. Dtn 5,10; 7,11 u. ö.).

Eben darin besteht m. E. der Anknüpfungspunkt, der dieses Erzählmotiv mit unserem modernen, christlichen Verständnis von Schöpfung und der Rede von ihrer Bewahrung verbindet. Das Motiv vieler christlich geprägter Menschen, sich in Umweltfragen zu engagieren, ist ein Ideal, das der Paradiesvorstellung der Bibel sehr nahe kommt und die Bewahrung dieser Schöpfung als religiöse Pflicht versteht und gewissermaßen spirituell unterlegt. Auf der Tagung der bayerischen Landessynode im November 2008 in Straubing haben die Synodalen vom »Ökumenischen Aktionskreis ›Lebendige Donau‹«, Niederalteich, und dem »Arbeitskreis ›Christen und Ökologie‹«, Oberalteich, ein Büchlein mit dem Titel »Das Kreuz am Fluss«[10] überreicht bekommen, in dem sich Gebete und Meditationen mit bezaubernden Landschaftsaufnahmen des Donauabschnittes zwischen Straubing und Vilshofen abwechseln. Diese Verbindung von Gottesdienst und Dienst an einer schönen Landschaft erinnern an den Paradiesgedanken des Schöpfungstextes in Genesis 2. Er realisiert sich heute in einer Schöpfungsspiritualität, die von der Vision einer intakten Welt getragen ist. Die spirituelle Kraft, die Menschen dazu bewegt, dieser Vision als Leitmotiv ihres Handelns zu folgen, kann bedeutende politische Kräfte freisetzen und ist auch der Antrieb hinter dem Motto der bayerischen Frühjahrssynode 2009: »Mit Energie für ein gutes Klima«.

10 Das Kreuz am Fluss, Donau – Segnungen, Gebete, Wegweisungen, Winzer, o. J [2008], vgl. etwa die Abb. S. 15.

4.2. Der Mensch als Ebenbild Gottes und Herrscher über die Geschöpfe (Gen 1,26)

Nun zum zweiten Leitbild des Verhältnisses zwischen Mensch und Mitwelt in Gen 1,26: »Und Gott sprach: Lasst uns Menschen machen, ein Bild, das uns gleich sei. Und sie sollen herrschen über die Fische im Meer und über die Vögel unter dem Himmel und über das Vieh und über alle Tiere des Feldes und über alles Gewürm, das auf Erden kriecht.« Diese Aussage ruft – gerade bei Menschen, die ökologisch engagiert sind und sich zur Paradiesvision hingezogen fühlen – nicht selten Befremden hervor. Hat nicht die Herrschaft des Menschen über die Geschöpfe oder – allgemeiner gesprochen – über die Kräfte der Natur zu eben jenem ökologischen Desaster geführt, in das wir hineinzuschlittern im Begriff sind? Ist dieses Desaster gar eine der »gnadenlosen Folgen des Christentums« (Carl Amery)[11] und seines Schöpfungsdenkens?

Im wörtlichen und ursprünglichen Verständnis des Textes von Gen 1 gehören Gottesebenbildlichkeit und Herrschaft des Menschen über die Geschöpfe (im weiteren Sinne der Natur und ihrer Kräfte) eng zusammen. Im antiken Verständnis des Bildes repräsentiert ein Standbild (und eben dies bedeutet das entsprechende Wort im hebräischen Text) den Dargestellten in Person, das kann ein König in seiner Hauptstadt oder ein Gott im Tempel sein.[12] Dieses Verständnis überträgt der Text auf den Menschen und sein Verhältnis zum Schöpfergott. Er soll Gott in seiner Schöpfung repräsentieren und in Gottes Sinn über diese herrschen. Dieser Zusammenhang von Gottebenbildlichkeit und Herrschaft verleiht dem Menschen eine

11 *Carl Amery*, Das Ende der Vorsehung. Die gnadenlosen Folgen des Christentums, Hamburg 1972, besonders 191ff.

12 Die Literatur zur »Gottesebenbildlichkeit« ist uferlos. Vgl. etwa *Bernd Janowski*, Die lebendige Statue Gottes. Zur Anthropologie der priesterlichen Urgeschichte, in: *Markus Witte* (Hg.), Gott und Mensch im Dialog, Festschrift für Otto Kaiser zum 80. Geburtstag, Bd. 1, BZAW 345,1, Berlin 2004, 183–214.

hohe Würde, bürdet ihm aber eine ebenso hohe, buchstäblich übermenschliche Verantwortung auf. Denn als Repräsentant des Schöpfers über dessen Geschöpfe zu herrschen, kann nur heißen, Gottes Schöpfung, das System des Zusammenlebens der Geschöpfe, zu erhalten und wenn nötig weiter zu entwickeln.

In der Entstehungszeit des Textes waren die Möglichkeiten der Menschen, auf ihre Umwelt einzuwirken, noch vergleichsweise begrenzt. Heute sind sie durch Naturwissenschaft, Technik, aber auch durch ökonomische und politische Steuerungsinstrumente ins nahezu Unermessliche gestiegen – zum Guten und zum Schlechten. Nun könnte man angesichts der sich auftürmenden Probleme versucht sein, Gott die Verantwortung für seine Schöpfung zurückzugeben und so als sein »Ebenbild« gewissermaßen abzudanken. Dies aber ist ganz undenkbar. Wir würden dann ja die Macht, die uns Menschen zugewachsen ist, nur so lange gebrauchen wollen, bis wir den Kosmos ruiniert haben, und uns dann aus der Verantwortung stehlen. Nein – gerade jetzt, wo es wirklich gefährlich wird, sollten wir alles daransetzen, alle Möglichkeiten zur Heilung des kranken Planeten nach bestem menschlichem Wissen und Gewissen einzusetzen. Nur dann werden wir der Verantwortung, derer Gott uns gewürdigt hat, gerecht. Es führt also an naturwissenschaftlichem, technischem und ökonomischem Wissen und Können kein Weg vorbei, z. B. an der Erschließung neuer Arten der Energieeinsparung und -erzeugung, am intelligenten Handel mit CO_2-Zertifikaten, an der Durchsetzung neuer Standards. Kurz: Die Industriegesellschaft kann sich nicht ausgerechnet jetzt abschaffen wollen, sie muss sich vielmehr neu erfinden. Sie braucht dazu die Kunst der Ingenieure, das Know-How des Handwerks, das Wissen der Ökonomen und das ökologische Gewissen jedes einzelnen Menschen. Auch ein intelligentes kirchliches Umweltmanagement wie der »Grüne Gockel« gehört in diesen Zusammenhang.

4.3. Der Mensch als »Diener« des Erdbodens (Gen 3,23; vgl. auch V. 17–19)

Was aber, wenn unsere menschlichen Kräfte versagen, wenn unser Wissen in die Irre geht, wenn wir Widerstand erfahren, wenn der Alltag die Kräfte und unsere hohen Ideale verzehrt, wenn wir müde werden, unsere Mängel und Grenzen erfahren? Auch davon handelt die Paradiesgeschichte.

Sie erzählt bekanntlich, dass sich das Menschenpaar gegen Gottes Gebot aufgelehnt hat und den Gottesgarten verlassen musste. Die traditionelle christliche Deutung liest die Erzählung in Gen 3 als Ursprungsgeschichte der menschlichen Sündhaftigkeit. Aber davon handelt sie nicht, jedenfalls nicht im moralischen Sinn. Worum es eigentlich geht, bringt Gottes Rede an das Menschenpaar zum Ausdruck: »[...] verflucht sei der Erdboden um deinetwillen! Mit Mühsal sollst du dich von ihm nähren dein Leben lang. Dornen und Disteln soll er dir tragen, und du sollst das Kraut auf dem Acker essen. Im Schweiße deines Angesichts sollst du dein Brot essen, bis du wieder zu Erde werdest, davon du genommen bist. Denn Erde bist du und zu Erde sollst du werden« (Gen 3,17–19). Die Rede beschreibt hier die Existenz des Menschen in der Realität seiner alltäglichen Mühsal, in der er der Natur seinen kärglichen Lebensunterhalt abringen muss, in der er die Kräfte der Natur als feindlich erfährt, ihnen am Ende erliegt und dem Ackerboden gleich wird, mit dessen Bearbeitung er seine Tage zugebracht hat. Der Mensch ist nicht »Diener des Gartens«, sondern »Diener des Erdbodens« (Gen 3,23).

In der sich abzeichnenden Klimakrise hat diese ernüchternde Perspektive bestürzende Weiterungen. Es ist denkbar, dass unsere technischen und politischen Fähigkeiten versagen und unsere spirituellen Kräfte versiegen, dass wir der Resignation und damit letztlich der Krise erliegen. Die biblische Urgeschichte malt eine solche katastrophale Möglichkeit in der Erzählung von der Sintflut aus.

Doch lässt uns die Bibel auch darin nicht ohne Hoffnung zurück. Der Erzähler der Paradiesgeschichte gibt dafür zwei Zeichen. Das erste lässt er Adam, den Menschen, selbst setzen. Dieser gibt seiner Frau den Namen »Chawwa«, Eva, »denn sie wurde die Mutter alles Lebendigen« (Gen 3,20). D. h., Adam bleibt auch als »Diener des Erdbodens« entschlossen zu leben. Das zweite Zeichen setzt Gott. Bevor er die Menschen aus dem Gottesgarten vertreibt, kleidet er sie in Mäntel aus Fell (Gen 3,21). So signalisiert er, dass die Menschen in ihrer Situation als Mängelwesen auf seine Fürsorge zählen können. Auch in der Flutgeschichte gibt es ein solches Zeichen: den Regenbogen, mit dem die Verheißung verbunden ist, »dass hinfort nicht mehr alles Fleisch verderbt werden soll durch die Wasser der Sintflut und hinfort keine Sintflut mehr kommen soll, die die Erde verderbe« (Gen 9,12f.). Der Bogen ist in der antiken Kultur ein Zeichen der Herrschaft, der Herrschaft Gottes über die Welt. Als Christen vertrauen wir darauf, dass Gott seine Welt trägt und hält, auch in den Fährnissen der Klimakrise.

Eine Bemerkung zum Schluss: Wir sollten die drei Leitbilder aus den ersten drei Kapiteln des 1. Buches Mose nicht alternativ, sondern assoziativ, sich ergänzend, lesen. Das heißt: Wir können und sollen Gottes Schöpfung mit ganzem Herzen und aller Begeisterung zugetan sein und mögen uns dabei fühlen wie seine Paradiesgärtner. Unter der Voraussetzung, dass wir die Würde der Geschöpfe achten, können und sollen wir für sie alles Wissen und alle Tatkraft einsetzen, derer uns Gott gewürdigt hat, und dabei Realitätssinn mit Lebenswillen verbinden. Wenn sich Widerstände auftun – und sie werden sich auftun, sei es aus der Natur, sei es in uns selbst –, dann dürfen wir uns von Gott getragen fühlen.

Wir sind nicht Methusalem

Biblisch-theologische Bemerkungen über das Alter

Vorbemerkung

Der Aufsatz geht zurück auf einen unveröffentlichten Vortrag, den ich im Wintersemester 2004/2005 vor der »Diakoniewissenschaftlichen Sozietät« der Augustana-Hochschule gehalten und für die Veröffentlichung aktualisiert habe. Die interdisziplinäre Veranstaltung stand unter dem Motto »Methusalem ante portas. Kirche, Diakonie und Gesellschaft vor einer neuen Herausforderung«. Anlass dazu war das 2004 erschienene Buch »Das Methusalem-Komplott«[1] des 2015 verstorbenen Publizisten und Herausgebers der *Frankfurter Allgemeinen Zeitung* Frank Schirrmacher, das den »demographischen Wandel«, sprich: die überproportionale Zunahme des Anteils alter Menschen an der Gesamtbevölkerung, mit einem Schlag in die öffentliche Diskussion »katapultiert« hat. Diese Herausforderung hat in der Zwischenzeit nichts an Brisanz verloren. Im Gegenteil, sie wird immer konkreter, vor allem in der Diskussion um die künftige Finanzierung der Altersrente. Die einen warnen vor einer grassierenden Altersarmut und fordern eine langfristige Stabilisierung des Rentenniveaus, die anderen wenden sich an »die Jungwählerinnen und Jungwähler« mit der Warnung: »Du zahlst!«[2] Selbstverständlich kann eine Besinnung über

1 *Frank Schirrmacher*, Das Methusalem-Komplott, München 2004. Das Buch hat bereits im ersten Jahr seines Erscheinens weit über dreißig Auflagen erzielt.

2 So eine arbeitgebernahe »Initiative Neue Soziale Marktwirtschaft« (www.insm.de) in einer ganzseitigen Zeitungsanzeige (Süddeutsche

biblische Positionen zum Alter und zum Verhältnis von Jung und Alt keine unmittelbaren Ratschläge in diesen Entscheidungssituationen geben. Aber sie kann doch anthropologische und ethische Grundlinien aufzeigen, die dazu hilfreich sein können. Dazu bieten Schirrmachers profilierte Thesen, auch wenn man sie nicht teilt, nach wie vor ein gutes Gegenüber. Dabei ist es mir eine Ehre, mit diesem Aufsatz zu einer Festschrift für Jutta Hausmann beitragen zu dürfen, die eine ausgewiesene Vertreterin des Forschungsfeldes der biblischen Anthropologie ist.

1. Methusalem redivivus?

Methusalem, hebr. ›*m^{e}tûšœlaḥ*‹, ist eine Gestalt der biblischen Urgeschichte. Von ihm heißt es in Gen 5,25–27:

> Metuschelach war 187 und zeugte Lamech und lebte danach 782 Jahre und zeugte Söhne und Töchter, dass sein ganzes Alter ward 969 Jahre, und starb.[3]

Eben jenem biblischen Altersheros nachzueifern, rief und ruft Frank Schirrmachers Buch *Das Methusalem-Komplott* die künftigen Alten auf und fasst dazu das Problem ohne sprachliche »Samthandschuhe« an.

Auf der einen Seite stehe der unumkehrbare Trend einer zunehmenden Lebenserwartung der Bevölkerung weiter Teile dieser Welt. Diese Entwicklung werde auf

Zeitung vom 28.10.2016, 7). Der ganze Anzeigentext lautet: »Liebe Jungwählerinnen und Jungwähler, die große Koalition entscheidet über die Zukunft der Rente. Sie will zum zweiten Mal in dieser Legislaturperiode teuere Wahlgeschenke machen. Egal ob Haltelinie beim Rentenniveau, Ausweitung der Mütterrente, Angleichung der Ostrenten oder Lebensleistungsrente – die Rechnung zahlt immer ihr. Das ist nicht fair.«

3 Die biblischen Zitate sind z. T. nach den Übersetzungen der Lutherbibel (1984) oder der Zürcher Bibel wiedergegeben, die jeweils am hebräischen Text überprüft wurden, z. T. handelt es sich um eigene Übersetzungen des hebräischen Textes.

das soziale Gefüge der betroffenen Gesellschaften Auswirkungen haben, die einem Erdbeben vergleichbar sind. Wir gehen auf ein »age-quake«[4] (Altersbeben) zu. Auf der anderen Seite und im Kontrast dazu stehe ein ungebrochener Jugendkult. Er wirke sich aus als eine Art Altersrassismus, der alternde und alte Menschen diskriminiert, ja sie in eine Abwärtsspirale zwingt bis dahin, dass eine »Pflicht zum Tode im Alter«[5] denkbar wird. Eben dagegen müsse sich das »Methusalem-Komplott« richten, eine Verschwörung der Alten »gegen die Ideologie der Jungen«. Sie soll »Möglichkeiten der Freiheit [...] schaffen, Entscheidungsräume der freien selbstbestimmten Wahl [...] öffnen, und zwar dort, wo sie dem Menschen in atemberaubender Weise geraubt werden: in seinem Alter.«[6]

Die steigende Lebenserwartung und das Hinausschieben der »Lebensgrenze« sind nicht nur ein Problem, sie weisen auch den Ausweg. »Wenn demnächst 80-Jährige so gesund sein werden wie 70- oder gar 60-Jährige, warum erlauben wir ihnen dann nicht, bis zum 80. Lebensjahr zu arbeiten?« So fragte Schirrmacher und gab selbst die Antwort: »In der Tat: warum nicht? Weil wir immer noch in dem Terror unserer jugendgetriebenen Kultur leben.«[7] – »Wir [sind] [...] eine Mehrheit«, rief Schirrmacher den künftigen Alten zu und räumte nur in einem Nebensatz ein, »dass wir aber ab einem gewissen Umschlagpunkt schwächer und hilfebedürftiger werden.«[8]

Was macht Methusalem zu einem geeigneten Protagonisten für Schirrmachers wehrhafte Altersgesellschaft? »Anders als die griechische Antike bei dem greisen Tithonos [der von Zeus zwar das ewige Leben gewährt bekam, aber nicht die ewige Jugend und so zum Typus des hinfälligen Greises wurde, H. U.] redet die Bibel bei ihrem Äl-

4 *Schirrmacher*, Methusalem, 45.
5 *Schirrmacher*, Methusalem, 127.
6 *Schirrmacher*, Methusalem, 82.
7 *Schirrmacher*, Methusalem, 102.
8 *Schirrmacher*, Methusalem, 115.

testen nicht von Altersschwäche, sondern von Fruchtbarkeit und Stärke. Und deshalb ist der mächtige Methusalem die Figur, in der unserer Zukunft Gestalt zitierbar wird.«[9] Es sind die Macht und die Stärke, genauer noch: die Lendenkraft des uralten Methusalems, die Schirrmacher faszinieren. Er begeistert sich – »Viagra« sei Dank – für »seine zweite sexuelle Aufklärung«[10], in deren Gefolge »eine nachwachsende Generation [...] zu einem wachsenden Teil ältere, mehrfach verheiratete Väter haben [wird], die gleichzeitig Urgroßväter anderer Abstammungslinien sind.«[11] In der Tat: Darum geht es auch beim biblischen Methusalem.

Gegen Schirrmacher möchte ich nun aber behaupten, dass die Methusalemgestalt im Alten Testament keineswegs als Modell oder Ideal für ein gelingendes Alter, geschweige denn für das Generationenverhältnis gedacht ist. Dafür hält das Alte Testament ganz andere Perspektiven und Vorbilder bereit, die zu bedenken auch in unserer gegenwärtigen Problemlage hilfreich sein kann. Ihnen wenden wir uns im Folgenden zu, dabei werden wir gelegentlich kritische Seitenblicke auf Schirrmachers Thesen werfen und am Schluss auf Methusalem und seine Bedeutung im Alten Testament zurückkommen. Wir beginnen mit der Frage: Was heißt für das Alte Testament und das alte Israel eigentlich »alt«?

2. Was heißt im Alten Testament »alt«?

Unter dem deutschen Wort »Alter« wird gemeinhin – neben der jeweils erreichten Zahl der Lebensjahre (›ich bin nn Jahre alt‹) – die letzte oder zumindest eine späte Phase im Ablauf eines Menschenlebens zwischen Geburt und Tod verstanden. Auch im Alten Testament finden wir die

9 *Schirrmacher*, Methusalem, 85.
10 *Schirrmacher*, Methusalem, 85.
11 *Schirrmacher*, Methusalem, 88.

Vorstellung eines in Abschnitten eingeteilten Menschenlebens. Jer 6,11 etwa unterscheidet fünf Lebensphasen oder -zustände:

»Kind auf der Gasse« (עולל בחוץ),
»Jünglinge« (בחורים) in ihrem »Kreis« (סוד)
»Mann samt Frau« (איש עם אשה)
»Alter samt Hochbetagter« (זקן עם מלא ימים)[12]

Was »alt« ist, bestimmt sich demnach aus den Grenzen und den Beziehungen des Lebenszustandes »alt« zu den vorangehenden Lebenszuständen einerseits und zu dem, was folgt, dem Lebensende, andererseits. Wir wenden uns deshalb zunächst den Grenzen dieses Lebensabschnittes zu und fragen, wie sie im AT gezogen sind: dabei geht es uns unter der Überschrift »Lebenserwartungen« (2.1.) um die Begrenzungen vom Lebensende des Menschen her. Die Grenze von der anderen Seite her, dem Lebensanfang, der Jugend und dem Erwachsenenalter, werden wir unter der Überschrift »Altersgrenzen« (2.2.) in den Blick nehmen. Sowohl für die Lebenserwartungen als auch die Altersgrenzen wird sich zeigen, was wir durch den Gebrauch der Mehrzahlformen schon angedeutet haben: Sie lassen sich nicht eindeutig und scharf bestimmen.

2.1. Lebenserwartungen

Eine erste Möglichkeit, Lebensgrenzen vom Ende her zu bestimmen, ist die Lebenserwartung im statistischen Durchschnitt. Im antiken Israel gab es weder Personenstandsregister noch Statistik. Gleichwohl ist die Frage nach der durchschnittlichen Lebenserwartung der Bevölkerung annäherungsweise zu beantworten, sowohl aus menschlichen Überresten, die die Archäologie zu Tage gefördert hat, wie auch aus literarischen Quellen. In der Archäologie wurde etwa »[…] für die Mittelbronzezeit

12 Vgl. auch Jer 51,22f. und Lev 27,1–8 (vgl. dazu unten) sowie *Hans Walter Wolff*, Anthropologie des Alten Testaments, München ^{4}1984, 179.

(1. Hälfte des 2. Jts. v. Chr.) in Lachisch und Jericho ein Durchschnittsalter von 30 bis 40 Jahren errechnet, wobei die Frauen durchschnittlich früher starben als die Männer«[13]. Zu beachten ist, dass diese Durchschnittsalter nicht von Geburt an gerechnet sind, sondern vom Erwachsenenalter an. Sie berücksichtigen also nicht die hohe Kindersterblichkeit.[14] Dies gilt auch für die biblischen Angaben zu den israelitisch-judäischen Königen, aus denen sich für 14 Könige das erreichte Lebensalter annähernd bestimmen lässt. Es schwankt zwischen 21 und 66 Jahren, woraus sich dann eine durchschnittliche Lebenserwartung von 44 Jahren errechnen lässt.[15] Das Durchschnittsalter von ca. 40–50 Jahren gilt also wohl nur für Erwachsene höherer Bevölkerungsschichten. Die mittlere Lebenserwartung für »normale« Menschen dürfte wesentlich unter 40 Jahren gelegen haben. Nochmals niedriger – bei vielleicht 20–25 Jahren – lag die durchschnittliche Lebenserwartung, wenn die Kindersterblichkeit mit in die Berechnung einbezogen wird. Die Menschen des alten Israel hatten also – anders als die Menschen heute in den

13 *Frank-Lothar Hossfeld*, Graue Panther im Alten Testament – das Alter in der Bibel, ArztChr 36 (1990), 1–11, hier 2. Vgl. *Thomas Pola*, Eine priesterschriftliche Auffassung der Lebensalter (Leviticus 27,1–8), in: *Michaela Bauks / Kathrin Liess / Peter Riede* (Hg.), Was ist der Mensch, dass du seiner gedenkst? (Psalm 8,5). Aspekte einer theologischen Anthropologie, Festschrift für Bernd Janowski zum 65. Geburtstag, Neukirchen-Vluyn 2008, 389–408, 404 mit Anm. 117 (Lit!).

14 Ähnliche Berechnungen wurden für das römische Ägypten angestellt, dabei zeigte sich, dass die Lebenserwartung seit Geburt noch einmal signifikant niedriger lag, nämlich bei 20–25 Jahren. S. dazu *Andrea McDowell*, Legal Aspects of Care of the Elderly in Egypt to the End of the New Kingdom, in: *Marten Stol / Sven P. Vleeming* (Hg.), The Care of the Elderly in the Ancient Near East, SHANE 14, Leiden 1998, 199–221, hier 199.

15 So die Rechnung *Hans Walter Wolffs*. Vgl. *ders*., Anthropologie, 177f. *Pola*, Auffassung, 404, rechnet diejenigen Könige heraus, die »infolge von Fremdeinwirkung gestorben sind«, und kommt auf einen Durchschnitt von etwa 50 Jahren. Indessen ist auch ein durch »Fremdeinwirkung« herbeigeführter Tod eine statistisch erhebliche Todesursache.

entwickelten Gesellschaften – nicht viel Zeit, alt zu werden und zu sein. Die Phase des Alters setzte für die meisten Menschen, wenn sie das Erwachsenenalter erreichten, spätestens um das 40. Lebensjahr herum ein und dauerte kaum je länger als bis in das 6. Lebensjahrzehnt hinein. Im Jerusalem des ausgehenden 1. Jahrtausends wurden, so glaubt man feststellen zu können, nur 6 % aller Bewohner älter als 60 Jahre.[16]

Selbstverständlich sagen die statistischen Werte der durchschnittlichen Lebenserwartung nichts darüber aus, wie alt Menschen werden konnten und welche individuellen Lebensalter im günstigen Fall gewünscht und erreicht werden konnten. Das Alte Testament hält für diese Art der Lebenserwartung, die wir die potenzielle Lebenserwartung nennen wollen, Erfahrungssätze bereit, die auch heute noch gerne zitiert werden, z. B. die recht illusionslose Aussage von Ps 90,10 in seiner hebräischen Fassung:

> Die Dauer unserer Lebensjahre ist von sich aus 70 Jahre
> und mit Krafttaten sind es 80 Jahre
> und ihr Drängen ist Mühsal und Unheil,
> denn wenn es schnell dahin gegangen ist, sind wir [schon] davon geflogen.[17]

Der Psalm setzt voraus, dass 70 Jahre die längste Lebenszeit ist, die nach menschlichem Ermessen erreichbar ist. Auf 80 Jahre lässt sich diese Lebensspanne nur durch besondere Kräfte erhöhen, und damit sind wohl nicht

16 Vgl. *Hossfeld*, Graue Panther, 2f.

17 Übersetzung nach *Thomas Krüger*, Psalm 90 und die »Vergänglichkeit des Menschen« (1994), in: *ders.*, Studien zur weisheitlichen Traditionskritik im Alten Testament, Zürich 1997, 67–98, hier 69. Vermutlich bezieht sich der Text in seiner primären historischen Bedeutung auf die Not des siebzigjährigen babylonischen Exils (die siebzig Jahre sind deshalb nicht nur anthropologisch zu verstehen). Er appelliert an Gott, diese Notlage doch abzuwenden, denn sonst bestehe für einen erwachsenen Betroffenen aus Gründen des Lebensalters keine Chance mehr, die Wendung des Gefangenschaftsschicksals zu erleben, die sich die Beter sehnlich wünschen: »Erfreue uns entsprechend den Tagen, an denen du uns gebeugt hast, entsprechend den Jahren, in denen wir Unglück gesehen haben« (Ps 90,5). Vgl. *Krüger*, Psalm 90, 84.

menschliche Kräfte, sondern göttliche Wunderkräfte (so ausdrücklich Ps 71,16) gemeint. Mit 70 Jahren als höchster potenzieller Lebenserwartung rechnet auch Jes 23,15, wo die Zeitspanne von 70 Jahren als Entsprechung zur Lebensdauer eines Königs bezeichnet wird.

Neben der statistischen und potenziellen Lebenserwartung spielen im Alten Testament schließlich auch ideale Lebenserwartungen eine Rolle. Diese beginnen bei 100 Jahren.[18] Ein ideales menschliches Alter von 120 Jahren (vgl. auch Gen 6,3) erreicht Mose und zwar unter außergewöhnlichen Begleitumständen. Als er sich auf Gottes Geheiß auf dem Berg Nebo zum Sterben legt, »war sein Auge nicht schwach geworden und seine Lebenskraft nicht gewichen« (Dtn 34,7). Für das neue Jerusalem auf einer neuen Erde und unter einem neuen Himmel wird erwartet, dass »es keinen Säugling mehr geben wird, der nur Tage lebt und keinen Alten, der seine Tage nicht erfüllt, sondern als Knabe wird gelten, der hundertjährig stirbt, und der die hundert Jahre nicht erreicht, gilt als verflucht« (Jes 65,20). Diese Idealalter von 100 Jahren und mehr erreichen nur außergewöhnliche Menschen; neben Mose sind dies vor allem die Patriarchen Abraham (175), Isaak und Jakob. Joseph erreicht das ägyptische Idealalter[19] von 110 Jahren (Gen 50,26).

Festzuhalten bleibt zunächst, dass das exorbitant hohe Lebensalter Methusalems und der Stammväter der adamitischen Generation von Gen 5 weder der statistisch durchschnittlichen, noch der potenziellen noch auch den idealen Lebenserwartungen der Menschen im Alten Israel entspricht. Das ist nicht anders zu erwarten und auch nicht herbeizurechnen, etwa indem man die 969 Lebensjahre als Monate zählen zu können meint. Nirgendwo im Alten Testament erscheinen die hohen Lebensalter der Adam-

18 100 Jahre + als ideales Alter spielt auch im Alten Orient eine Rolle, vgl. *Hossfeld*, Graue Panther, 4, mit Verweis auf ägyptische Königsgebete.

19 *McDowell*, Legal Aspects, 199.

Noah-Generation als ideale menschliche Lebenserwartung. Im Gegenteil: unmittelbar im Anschluss an Gen 5 führt die Bibel 120 Jahre als Höchstlebensalter der Menschen ein. Gen 6,3 begründet dies Gott selbst wie folgt: »Mein (Lebens-)Geist soll also nicht ewig im Menschen bleiben, denn er ist Fleisch und seine Lebenszeit [wörtl.: seine Tage] sollen 120 Jahre sein.« Es ist also – wie eingangs schon vermutet – durchaus zweifelhaft, ob Methusalem überhaupt eine sinnvolle Vergleichsgröße für den menschlichen Altersbegriff darstellt.

2.2. Altersgrenzen

Mit dem Begriff Altersgrenze markieren wir den Übergang des Menschen von den Lebensphasen der Kindheit, der Jugend und des Erwachsenenalters in die Phase des Alters. In den meisten westlichen Staaten galt dafür lange das vollendete 65. Lebensjahr, ja, es wurde gewissermaßen als naturgegeben angesehen. In der Sache ist dieser Altersbegriff an den Faktor Arbeit gebunden. Als Altersgrenze gilt die ziemlich willkürlich und schematisch angenommene Grenze der Arbeitsfähigkeit.[20] Erst in jüngster Zeit und nicht zuletzt angestoßen durch den »demographischen Wandel« setzt dazu ein Umdenken ein.

Für eine von der Arbeitsfähigkeit her bestimmte Altersgrenze kennt das Alte Testament durchaus Analogien. Beispielsweise ist in Lev 27,1–8 ein Katalog mit Jahrestarifen überliefert, der den Arbeitswert von Menschen in Geldeswert auszudrücken versucht. Er diente dazu, einem Heiligtum geweihte Menschen durch Geldzahlungen von ihrer (zumindest im Kindesalter eher theoretischen) Arbeitspflicht freizustellen.

20 Sie verdankt sich indessen einer versicherungsmathematischen Momentaufnahme im deutschen Reich Otto von Bismarcks, in dem eine durchschnittliche Lebenserwartung von 45 Jahren erwarten ließ, dass die Rentenzahlungen ab dem 65. Lebensjahr im Rahmen der finanziellen Möglichkeiten des damaligen Staates bleiben würden. Vgl. *Raymond Westbrook*, The Care of the Elderly in the Ancient Near East. Introduction, in: *Stol / Vleeming*, Care of the Elderly, 1–22, hier 8.

Danach werden
ein männliches Kind von 5 Monaten bis 5 Jahren mit 5 Schekel Silber,
ein Jugendlicher von 5 Jahren bis 20 Jahren mit 20 Schekel,
ein Mann zwischen 20 bis 60 Jahren mit 50 Schekel und schließlich
ein Mann ab 60 Jahren mit 15 Schekel bewertet.[21]
Die Werte von Mädchen und Frauen sind um die Hälfte bis zu einem Drittel niedriger.

Dieser Katalog ist von einer »Tendenz zur Idealisierung«[22] geprägt. Nur wenige Menschen haben, wie wir gesehen haben, überhaupt das 60. Lebensjahr erreicht. Dennoch rechnet der Katalog auch nach dieser Schwelle noch mit einer, wenn auch reduzierten, Arbeitsleistung. Man wird daraus den Schluss ziehen dürfen, dass im Alten Israel mit dem Faktor Arbeit – anders als in unserer Kultur – keine absolute Altersgrenze verbunden war. Männer und Frauen arbeiten im Allgemeinen[23] solange sie können und mit der Intensität, die ihre – allerdings abnehmenden – körperlichen und geistigen Kräfte zulassen. Dabei stellt das Alte Testament zwei Möglichkeiten vor Augen: die rüstigen Alten, die – wie Abraham und Sara bei der Bewirtung der drei himmlischen Boten – durchaus zupacken können (Gen 18,6–8), und andererseits Alte »im Ruhestand« wie der erblindete Isaak, der in seinem Zelt sitzt und sich von seiner noch aktiven Frau Rebekka samt ihren Söhnen bedienen lässt, aber auch übertölpeln lassen muss (Gen 27,1ff.). Sach 8,4f. zeichnet den idealen Ruhestand der Alten in eine mediterrane Straßenszene ein:

So spricht der HERR der Heerscharen: Noch werden Greise [z^{e}qenim] und Greisinnen [z^{e}qenot] auf den Plätzen von Jerusalem sitzen, jeder seinen Stab in seiner Hand wegen der Fülle der Tage. Und die Plätze der Stadt werden voll von Jungen und Mädchen sein, die auf ihren Plätzen spielen.

21 Vgl. dazu *Pola*, Auffassung, 405–408.
22 *Pola*, Auffassung, 406f.
23 Eine Ausnahme, deren praktische Bedeutung allerdings nicht einschätzbar ist, stellt die »Altersgrenze« der Leviten dar. Leviten werden in der Regel mit 50 Jahren entpflichtet (Num 4,30; 8,24).

So wenig die Arbeitsfähigkeit eine feste Altersgrenze darstellt, so bewusst werden im Alten Testament die abnehmenden Kräfte wahrgenommen. Sie sind die eigentlichen Gradmesser und Grenzmarken, die den Übergang von der Welt der Jugend und der Erwachsenen in die Welt des Alters markieren. Ein beredtes Zeugnis dafür findet sich in der Erzählung von Davids Thronnachfolge. Sie legt einem gewissen Barsillai, einem hochbetagten Verbündeten des selbst nicht mehr jugendlichen Königs, die folgende Selbstcharakteristik in den Mund. (Barsillai lehnt damit das Angebot Davids ab, den Lebensabend als dessen Gast am Hof zu Jerusalem zu verbringen.)

Achtzig Jahre bin ich heute alt. Kann ich [da noch] zwischen Gutem und Bösem unterscheiden? Oder kann dein Knecht schmecken, was ich esse und was ich trinke? Oder kann ich noch auf die Stimme der Sänger und der Sängerinnen hören? Wozu sollte dein Knecht meinem Herrn, dem König, noch zur Last fallen? Kurz nur kann dein Knecht mit dem König über den Jordan gehen. Und warum will der König mir diese [große] Vergeltung erweisen? Lass doch deinen Knecht zurückkehren, dass ich in meiner Stadt sterbe, beim Grab meines Vaters und meiner Mutter. (2Sam 19,36–38)

Der Text hebt auf das Schwinden der Sinne »Schmecken und Hören«, vor allem aber auf das Nachlassen der geistigen Kräfte ab, die den Menschen dazu befähigen, selbstständige Entscheidungen darüber zu treffen, was ihm zuträglich ist oder nicht (»zwischen Gut und Böse«). In heutiger Terminologie gesagt: Barsillai fürchtet, dement zu werden. Das Schwinden der Sinne, insbesondere des Augenlichts (vgl. Gen 27,1 – Isaak; Gen 48,10 – Jakob) und der geistigen und körperlichen Kräfte, wird auch sonst notiert. Eine besondere Rolle spielt dabei das Versiegen von Potenz und Fruchtbarkeit. Davon erzählt die Episode von dem jungen Mädchen Abischag von Schunem, die den ständig frierenden alten König David bedienen und mit ihrem Körper wärmen soll. Der Plan scheitert, was ebenso lapidar wie vielsagend notiert wird:

Das Mädchen aber war überaus schön, und sie wurde Pflegerin des Königs und bediente ihn; aber der König erkannte sie nicht. (1Kön 1,3)

Auch in Gen 18,11f. sind versiegende Potenz und Fruchtbarkeit Kennzeichen des Alters von Mann und Frau:

Abraham und Sara aber waren alt, hochbetagt; es erging Sara nicht mehr nach der Frauen Weise. Und Sara lachte in ihrem Innern und sagte: Nachdem ich alt geworden bin, sollte ich [noch] Liebeslust haben? Und [auch] mein Herr ist ja alt!

In Ps 71, einem der klassischen Alterstexte der Hebräischen Bibel,[24] ist das Alter als die Phase der abnehmenden Lebenskräfte ohne Beschönigung benannt. Dabei atmet der Text weder den Geist der Resignation, noch den der Rebellion oder – um mit Schirrmacher zu sprechen – des »Komplotts«. In der Sicht des Psalms ist die angemessene Reaktion auf den Verfall der Kräfte das Gebet als Gotteslob und die Bitte um Gottes Geleit in dieser Lebensphase:

Mein Mund sei voll deines Lobpreises,
jeder Tag sei erfüllt von deiner Pracht.
Verwirf mich nicht zur Zeit des Alters,
wenn meine Kraft zur Neige geht, verlass mich nicht. (Ps 71,8f.)

Ja, der Beter sieht es als seine Aufgabe an, als alter Mensch die großen Taten Gottes, die und von denen er im Leben erfahren hat, den nachfolgenden Generationen zu verkündigen:

Gott, du hast mich von Jugend auf gelehrt,
und noch jetzt verkündige ich deine Wunder.
Auch im Alter, Gott, verlass mich nicht,
und wenn ich grau werde,
bis ich deine Macht verkündige Kindeskindern
und deine Kraft allen, die noch kommen sollen. (Ps 71,17f.)

24 Vgl. dazu die Auslegungen von *Kathrin Liess*, »Jung bin ich gewesen und alt geworden«. Lebenszeit und Alter in den Psalmen, in: *Thorsten Fitzon* u. a. (Hg.), Alterszäsuren. Zeit und Lebensalter in Literatur, Theologie und Geschichte, Berlin 2012, 131–170, insbesondere 145f., 152–154.

Das Alte Testament ist sich sehr bewusst, dass der Horizont dieses Lebenszustandes von Sterben und Tod gebildet wird. Wir haben dies bereits Davids Freund Barsillai ohne jede Bitterkeit oder Angst aussprechen hören: »Lass doch deinen Knecht zurückkehren, dass ich in meiner Stadt sterbe, beim Grab meines Vaters und meiner Mutter« (2Sam 19,38). Er fühlt sich dabei jetzt in seiner Stadt, wir würden vielleicht sagen: »der Heimat«, und in der Reihe der Ahnen seiner Großfamilie geborgen.

Ein hochpoetischer, menschlich bewegender und theologisch tiefgründiger Lehrtext auf das Alter und den Tod steht am Ende des Buches des Predigers Salomo (Koh 11,9–12,7). Der Text ist nicht in wenigen Zeilen auszuschöpfen.[25] Gleichwohl können und wollen wir hier nicht auf ihn verzichten.

11,9 So freue dich, junger Mann, in deiner Jugend
und lass dein Herz guter Dinge sein in deinen jungen Tagen.
Tu, was dein Herz gelüstet
und deinen Augen gefällt;
aber wisse, dass dich Gott um das alles vor Gericht ziehen wird.
10 Lass den Unmut fern sein von deinem Herzen
und halte fern das Übel von deinem Leibe;
denn Kindheit und Jugend [wörtl. etwa: Zeit der dunklen Haare] sind Windhauch [Luther »eitel«].

12,1 Gedenke deines Schöpfers in den Tagen deiner Jugend
bevor die schlechten Tage kommen
und Jahre herannahen, von denen du sagen wirst: Ich habe an ihnen kein Gefallen! –
2 Bevor sich die Sonne verfinstert und das Licht und der Mond und die Sterne
und die Wolken wieder aufziehen nach dem Regen,
3 wenn die Wächter des Hauses zittern und die starken Männer sich krümmen
und die Müllerinnen ruhen, weil [sie] so wenige sind,
und sich verdunkeln, die aus dem Fenster sehen.
4 Und die Türen zur Straße hin verschlossen werden.
Wenn das Geräusch der Mühle leiser wird

25 Vgl. neuerdings dazu *Thomas Hieke*, Das Gedicht über Freude, Alter und Tod am Ende des Koheletbuches (Prediger Salomonis), in: *Fitzon*, Alterszäsuren, 171–191.

und es höher wird wie das Zwitschern der Vögel
und alle Lieder verklingen.
5 Selbst vor einer Anhöhe fürchtet man sich
und vor Hindernissen auf dem Weg.
Wenn der Mandelbaum blüht,
und die Heuschrecke schwer wird,
und die Kaper platzt;
doch der Mensch geht ein in sein ewiges Haus
und die Trauernden ziehen durch die Straße.
6 Bevor noch die silberne Schnur zerreißt
und die goldene Schale zerspringt
und der Krug an der Quelle zerbricht
und der Staub zur Erde zurückkehrt wie es gewesen ist.
7 Der Lebenshauch aber wird zu Gott zurückkehren, der ihn gegeben hat.

Angesprochen ist nicht ein alter, sondern ein junger Mensch.[26] Der Sprecher gibt ihm zu bedenken, dass die Tage der Jugend »Windhauch« sind, also vergänglich, nicht festzuhalten – und gibt ihm dann einen tiefen Einblick in die Zeit jenseits der Jugend, die »schlechten Tage« des Alters: Sie werden in stark metaphorischen, wie Rätsel anmutenden Bildern charakterisiert:[27] Dunkelheit

26 *Hieke*, Gedicht, 178, denkt an eine weisheitliche Schulszene. »Der in 11,9 angesprochene ›junge Mann‹ (*bāḥûr*) ist vermutlich der aus der üblichen Weisheitsschule bereits ›Graduierte‹, der sich anschickt, eine Laufbahn in der Gesellschaft einzuschlagen und eine Familie zu gründen – für dieses Publikum formuliert Kohelet seine Erkenntnisse.«

27 Es gibt eine verbreitete, bereits in der antiken und mittelalterlichen jüdischen Tradition bezeugte und bis heute vertretene Auslegung, die die Bilder des Textes allegorisch auf das Alter und seine Beschwerden bezieht: der Verlust des Augenlichts und des Gehörs, die Schwäche der Glieder und des Skeletts. Vgl. zu dieser antiken Auslegungstradition: *Thomas Krüger*, Kohelet (Prediger), BKAT 19 (Sonderband), Neukirchen-Vluyn 2000, 350f. *Krüger* selbst lehnt diese Auslegung ab. Namhafte neuere Ausleger, die diese Sicht des Textes vertreten, sind z. B. *Martin A. Klopfenstein*, Die Stellung des alten Menschen in der Sicht des AT, in: *Walter Dietrich*, Leben aus dem Wort, BEATAJ 40, Bern 1996, 261–273; *Josef Scharbert*, Altersbeschwerden in der ägyptischen, babylonischen und biblischen Weisheit, in: *Manfred Görg* (Hg.), Lingua Restituta Orientalis, Festgabe für J. Assfalg, ÄAT 20, Wiesbaden 1990, 289–298, hier 294ff.; *ders.*, Das Alter und die Alten in der Bibel, Saec. 30 (1979), 338–354, hier 348f.; *Norbert Lohfink*,

bricht herein und hält an (nach dem Regen klart es nicht mehr auf, V. 2), die Kräfte schwinden (starke Männer krümmen sich, V. 3; selbst vor einer Anhöhe fürchtet man sich, V. 5), Geräusche entschwinden (die Lieder verklingen, V. 4), unumkehrbarer Verfall setzt ein (der Krug an der Quelle, wir würden sagen: am Brunnen, zerbricht, V. 6). Wie es bei poetischen Bildern nicht anders zu erwarten ist, ist die Bildwelt auch dieses Textes in ihren Bedeutungen schwebend und keinen eindeutigen »Sachhälften« zuzuordnen. Klar zu Tage aber liegen Rahmen und Ziel des bildhaften Szenarios. Auch das »blühende Leben« der Jugendtage geht auf den Tod zu, der »Mensch [...] zu seinem ewigen Hause« (V. 5). Dabei ist und bleibt er aber gehalten von Gottes Schöpferwillen: der Staub wird zur Erde zurückkehren, der (Lebens-)Geist (רוח) aber wieder zu Gott, der ihn gegeben hat, emporsteigen (V. 6f.; vgl. auch Koh 3,2 und die Paradieserzählung Gen 2,7).

Was Kohelet hier poetisch inszeniert, ist grundsätzlich gesamtbiblische Überzeugung: Gemäß göttlicher Bestimmung geht der Mensch in seinem Leben auf den Verfall seiner natürlichen, körperlichen und geistigen Kräfte zu und stirbt. Wenn dieser Prozess merklich einsetzt, beginnt das Alter. Die spezifische Lehre, die Kohelet daraus zieht und die er den Adressaten seines Gedichts, dem Menschen in seinen jungen Jahren, einschärft, geht aber darüber hinaus. Sie nimmt den cantus firmus des Buches auf: »Freue dich ...« (Koh 11,9; vgl. Koh 3,12.22; 5,18; 8,15; 10,19; 11,8), solange du dazu irgend in der Lage bist, denn die Lebensfreude ist, wie der Lebensgeist, eine Gottesgabe (Koh 5,18).[28]

Es sei dahingestellt, ob Frank Schirrmacher Recht hat, wenn er heute die Fesseln der Lebenserwartung gesprengt sieht und mit Lebensaltern »von 115 und mehr Jahren«[29] rechnet. Jedenfalls würde er sich damit dem biblischen

Kohelet, NEB, Würzburg ^{2}1980, 83f.; *Hieke*, Gedicht, 182f. mit Anm. 19.

28 Vgl. dazu *Hieke*, Gedicht, 181f.

29 *Schirrmacher*, Methusalem, 151.

Idealalter annähern und könnte sich von Kohelet in gewisser Weise bestätigt sehen. Der Mensch müsse, so weitet Schirrmacher sein Szenario aus, »[…] lernen, dass Altern längst kein degenerativer und auf ewig definierter Prozess mehr ist, auch wenn die Menschen, die alt werden, so aussehen.«[30] Dies würde Kohelet kaum gelten lassen. Vermutlich würde er ihm entgegenhalten: Auch dies ist »Windhauch«, ein windschiefes, fragiles Konstrukt. Im Kern stehen sich Kohelets und Schirrmachers Lehren unvereinbar gegenüber: Was man Kohelet aus gesamtbiblischer Sicht freilich entgegenhalten kann, ist dies: Der Lebensabschnitt des Alters ist nicht nur durch Verfall gekennzeichnet. In der Bibel, der Hebräischen zumal, werden ihm einerseits besondere Potentiale und andererseits auch spezifische Bedürfnisse zugeschrieben. Mit diesen Potentialen und Bedürfnissen kommt die soziale Dimension des Alterns in den Blick, deren Kernpunkt das Verhältnis zwischen jungen und alternden Menschen darstellt.

3. Potentiale und Bedürfnisse des Alters – oder: Das Verhältnis zwischen Jung und Alt

In Frank Schirrmachers »Methusalem-Komplott« ist das Verhältnis zwischen den Generationen der Kernpunkt. Schirrmacher beschreibt dieses Verhältnis fast ausschließlich als Konflikt, ja als Kampf. Immer wieder stößt man auf martialische Vokabeln, wie die folgenden Zitate belegen (Hervorhebungen von mir H. U.): »Die Vorhut [scil. einer stark erhöhten Lebenserwartung, H. U.] ist unterwegs. Wir sind die Armee, die ihr folgt.«[31] Wir stehen vor einem »Generationenkrieg«, der »der älteste und zugleich modernste aller Kriege« sei. Er sei »biologisch programmiert« und werde als »psychologischer Krieg […] der

30 *Schirrmacher*, Methusalem, 145.
31 *Schirrmacher*, Methusalem, 26.

Worte und Demütigungen« geführt.[32] Es komme zur »Katastrophe«, »wenn wir die rassistische Diskriminierung der Älteren nicht bekämpfen [...]«.[33] Die Waffen der Jugend, allen voran »Schönheit und Sexualität«, werden für »die neue Mehrheit der Menschen zur Bedrohung«.[34]

Wir werden sehen, dass es auch unter den Menschen der Bibel harte Konflikte zwischen Alt und Jung um den Ausgleich der Bedürfnisse gegeben hat. Die Frage allerdings ist, und wir werden sie von der Bibel her auch an Schirrmacher zu stellen haben, ob für die Lösung dieser Konflikte wirklich der Kampf das Mittel der Wahl ist oder ob nicht gerade der Kampf der Generationen das Übel ist, das es tunlichst zu vermeiden gilt. Wir werden uns damit gleich beschäftigen unter der Überschrift »Generationenkonflikt und Elternehrung«. Zunächst jedoch zu den positiven sozialen Potentialen, die das Alte Testament den Älteren zuschreibt.

3.1. Die Potentiale des Alters

Einen ersten, ganz elementaren Hinweis auf die Potentiale des Alters gibt das bei weitem geläufigste hebräische Wort[35] für »alt«: זקן *zāqen*. Abraham und Sara bezeichnen sich gegenüber den himmlischen Boten, die ihnen einen späten leiblichen Erben ankündigen, als »alt, in die Tage gekommen« (זקנים באים בימים, Gen 18,11; vgl. Gen 24,1; Jos 13,1f.; 23,1; 1Kön 1,4). An anderer Stelle steht *zāqen* mit der Wendung »gesättigt an Tagen« (זקן ושבע ימים, Gen 35,29; Hiob 42,17; 1Chr 23,1 u. ö.) zusammen. Die hebräische Lexikographie leitet das Wort ziemlich einhellig

32 *Schirrmacher*, Methusalem, 50.

33 *Schirrmacher*, Methusalem, 63.

34 *Schirrmacher*, Methusalem, 77.

35 Zur »Altersterminologie« der Hebräischen Bibel vgl. etwa *Scharbert*, Das Alter, 339–341. Zur Bedeutung von *zāqen* vgl. besonders *Athalja Brenner*, Age and Ageism in the Hebrew Bible in an Autobiographical Perspective, in: *Alastair G. Hunter / Philip R. Davies* (Hg.), Sense and Sensitivity. Essays on Reading the Bible in Memory of Robert Carroll, JSOTSup 348, Sheffield 2002, 302–310.

von זקן *zāqān*, Bart, ab. Ein *zāqen* ist also zunächst ein »Bartträger«. Auch die andere, weniger häufige Wortfamilie mit dem Bedeutungsspektrum »alt«, »Alter« oder »alt sein« (שׂיב) verbindet das Alter mit einer Eigenschaft der menschlichen Haare, nämlich der Farbe grau (vgl. etwa 1Sam 12,2, wo »alt sein« und »grau[haarig] sein« synonym gebraucht werden).

Nun kann man(n) nicht nur im Alten Israel bekanntlich schon in ziemlich jungen Jahren einen Bart tragen oder grau werden. Welchen Sinn macht angesichts dessen die angedeutete bedeutungsgeschichtliche Verbindung zwischen »Bart« und »alt«? Die plausibelste Erklärung ist, dass Bärte in der Antike als Zeichen von Würde, Wissen und Macht angesehen wurden. Auf ägyptischen Darstellungen beispielsweise tragen nicht nur Pharaonen, sondern auch männliche Götter – ganz unabhängig von ihrem Alter – Bärte. Im Alten Testament wird die Mehrzahlform *z^e^qenîm* nicht nur für betagte Menschen, sondern auch, ja mehrheitlich, für »die Ältesten« als Angehörige der Versammlung der Notablen eines Dorfes oder einer Stadt,[36] eines Stammes bzw. einer Region[37] oder eines Volkes[38] gebraucht.[39] Diese »Ältesten« werden in einem Atemzug mit anderen Machthabern wie Stammeshäuptern oder hohen Beamten (שׂרים) genannt (vgl. 1Kön 8,1; 21,11). Sie sind Laienrichter oder Zeugen (vgl. Dtn 21,2: Älteste und Richter; 1Kön 21,11; Ruth 4,2ff.) im Rechtsverfahren, sie halten öffentliche Sitzungen ab[40] und beraten den König (1Kön 12,6). Überhaupt ist die עצה, der Ratschlag, die

36 Dtn 21,2f.

37 Ri 11,7 u. ö. die Ältesten Gileads, d. h. einer Region; 1Sam 30,26 u. ö., die Ältesten von Juda.

38 Z. B. Ex 3,18 u. ö. die »Ältesten [des Volkes] Israels«; Num 22,7: die Ältesten Moabs.

39 Der historische Ursprung dieser Ältestenversammlung soll in die Stammesverfassung der vorstaatlichen Zeit zurückreichen. Die Institution soll über die staatliche und die persische hinweg bis in die hellenistische Zeit hinein überdauert haben und erscheint schließlich in den Gemeindeältesten des Neuen Testaments (πρεσβύτεροι 1Tim 5,17ff.).

40 Spr 31,23: »Ihr Mann ist bekannt in den Toren, wenn er Sitzung hält mit den Ältesten des Landes.« Vgl. Ps 107,32.

Hauptfunktion der »Ältesten« (Ez 7,26). Das eigentliche Kennzeichen dieser »Ältesten« ist, und dafür steht auch der »namengebende« Bart, der Besitz der »paternal authority«.[41] »Älteste« müssen dazu nicht »alt« im Sinne vieler Lebensjahre sein, sie können es aber sehr wohl. Für unseren Zusammenhang entscheidend ist, dass die Hochschätzung einer einflussreichen und angesehenen Institution mit dem Lebensabschnitt des Alters zusammen gesehen wird.

In einem gewissen Zusammenhang damit steht noch eine weitere, im AT und den Kulturen des Alten Orients hochgeschätzte Eigenschaft, die den Alten zugeschrieben wird: die Weisheit.

Die Furcht JHWHs ist der Weisheit Anfang;
und Erkenntnis des [allein] Heiligen ist Einsicht.
Denn durch mich [es spricht die Weisheit] werden deine Tage zahlreich werden,
und die Jahre des Lebens werden sich mehren (Spr 9,10f.).

»Weisheit und langes Leben korrelieren miteinander, und diese Korrelation wird an vielen Stellen geradezu eingeschärft (Spr 3,18; 4,13; 8,35; 13,14).«[42] Wer weise ist, kann ein langes glückliches Leben erwarten, und wer lange lebt, ist – im Umkehrschluss – von Weisheit erfüllt.

Zusammen genommen sind es also zwei machtvolle gesellschaftliche Potentiale, die die Hebräische Bibel dem Alter zuschreibt: Autorität und Weisheit. Unabhängig davon, ob die Alten diese Potentiale auch tatsächlich umsetzen können, z. B. durch Einfluss auf politische, ökonomische oder rechtliche Entscheidungen, ist damit hohes Ansehen, ja eine religiöse Würde verbunden:

Vor grauem Haar sollst du aufstehen
und einen alten Menschen ehren;
du sollst dich vor deinem Gott fürchten.
Ich bin JHWH. (Lev 19,32)

41 *Brenner*, Age, 360.
42 *Hossfeld*, Graue Panther, 8.

Bemerkenswert ist nun aber, dass das Alte Testament auch Tendenzen durchscheinen lässt, die einer Überschätzung der Potentiale des Alters entgegen gerichtet sind und den »Alterskult«, wenn es denn einer ist, konterkarieren.[43]

In den kritischen Weisheitstexten des Alten Testaments, insbesondere bei Hiob, finden sich Warnungen davor, die Weisheit des Alters zu überschätzen. So fragt Hiob 12,12f.: »Findet sich bei Greisen wirklich Weisheit und ist langes Leben schon Einsicht?« Die Antwort ist: »Bei ihm [JHWH] ist Weisheit und Macht, sein ist Rat und Einsicht.« Noch unverblümter spricht es Elihu, der Jüngste im Quartett der Freunde Hiobs aus:

»Ich dachte: Mag erst das Alter reden,
und die Menge der Jahre Weisheit erkennen lassen?
Im Gegenteil – es ist doch der Geist im Menschen
und der Atem des Allmächtigen, der sie verständig macht.
Nicht [nur] die Betagten sind weise,
noch verstehen [nur] die Alten das Recht.« (Hiob 32,7–9)[44]

Es zeigt sich also zweierlei: Das Alte Testament traut dem Lebensabschnitt des Alters – trotz des Gefälles zum Tode hin – gewichtige Potentiale zu und verleiht ihm damit ein hohes Ansehen, was den Intentionen Schirrmachers sicher entgegenkommt. Eben diese Potentiale führen aber auch zu mehr oder minder offenen Konflikten zwischen den Generationen, die sich noch einmal verschärft darstellen im Verhältnis der Generationen in der Familie.

43 Dafür tritt übrigens auch *Brenner*, Age, 9f., engagiert ein.

44 Wiederum anders gesetzt sind die Akzente in der Erzählung vom Ende des vereinigten Königreichs Davids und Salomos, in der der Rat der »Alten, die vor König Salomo gestanden haben« (1Kön 12,6), gegen den »Rat der Jüngeren« (עצת הילדים 1Kön 12,14) steht. Der Nachfolger Salomos, der junge König Rehabeam, hält sich an die maß- und verantwortungslosen Einflüsterungen seiner Altersgenossen – und fährt damit das eben erst von seinem Vater Salomo übernommene Großreich krachend in den Untergang.

3.2. Bedürfnisse des Alters: Elternehrung und Generationenkonflikt

Die Elternehrung ist Gegenstand des vierten Gebotes, das uns in unterschiedlichen Fassungen überliefert und geläufig ist. Im Alten Testament finden wir es zunächst in Ex 20,12, wo es lautet:

> Ehre deinen Vater und deine Mutter, damit deine Tage lange währen auf dem Land [wörtlich: dem bebaubaren Boden], das dir JHWH, dein Gott, gibt.

Es gehört inzwischen zum Allgemeinwissen, oder sollte zumindest dazugehören, dass das alttestamentliche Elterngebot nicht – wie es Luthers Großer Katechismus auslegt[45] – das Verhältnis von Kindern oder Heranwachsenden zu ihren Eltern oder Lehrherren meint, sondern das Verhältnis zwischen erwachsenen Kindern zu ihren alt gewordenen Eltern.[46] Das Alte Testament knüpft damit an eine lange Tradition seiner altorientalischen Umwelt an, in der es seit Jahrtausenden üblich ist, dass die Söhne ihre Eltern bis zu deren Tod und Begräbnis versorgen.[47] Wir haben

45 In Luthers Kleinem Katechismus lautet es: »Du sollst deinen Vater und deine Mutter ehren, damit es dir wohl ergehe und du lange lebest auf Erden.« Luthers Formulierung steht Dtn 5,16 nahe. »Ehre deinen Vater und deine Mutter, wie JHWH, dein Gott, dir geboten hat, damit deine Tage lange währen und damit es dir gut geht in dem Land, das dir JHWH, dein Gott, gibt!«, und in Lev 19,3 schließlich lesen wir einfach: »Ihr sollt jeder seine Mutter und seinen Vater fürchten!«

46 Vgl. *Rainer Albertz*, Hintergrund und Bedeutung des Elterngebots im Dekalog, ZAW 90 (1978), 348–374; *Bernhard Lang*, Altersversorgung in der biblischen Welt, in: *ders.*, Wie wird man Prophet in Israel? Aufsätze zum AT, Düsseldorf 1980, 90–103; *Eckart Otto*, Biblische Altersversorgung im altorientalischen Rechtsvergleich, ZAR 1 (1995), 83–110. Vgl. neuerdings *Christian Frevel*, »Du wirst jemand haben, der dein Herz erfreut und dich im Alter versorgt« (Rut 4,15). Alter und Altersversorgung im Alten / Ersten Testament, in: *Rainer Kampling / Anja Middelbeck-Varwick* (Hg.), Alter-Blicke auf das Bevorstehende, Apeliotes Bd. 4, Frankfurt a. M. u. a. 2010, 11–43, insbesondere 38–42.

47 Vgl. auch die Beiträge in *Stol / Vleeming* (Hg.), Care of the Elderly.

guten und genauen Einblick in diese Sohnespflichten durch – auch für die moderne Diskussion hochinteressante – schriftlich überlieferte Versorgungsverträge, in denen festgehalten ist, was ein Sohn[48] den Eltern schuldet: jährliche Rationen an Nahrung und Kleidung, eine würdige Bestattung, Unterstützung vor Gericht sowie bei kultischen Verpflichtungen und vieles mehr. Im Gegenzug tritt der Adoptivsohn nach dem Tod der Eltern ihr Erbe an. In manchen dieser Verträge tauchen Formulierungen auf, die denen des biblischen Elterngebotes sehr nahe sind, so etwa die Formel »überall wird er sie [bzw. ihn] ehren« oder »solange sie leben, wird er ihnen Ehrfurcht erweisen und sie versorgen«.[49] Auf solche Versorgungsverpflichtungen der Söhne will auch das Elterngebot der Bibel hinaus.[50] Dabei geht es aber nicht nur darum, alte Menschen satt, sauber und gesund zu halten, sondern auch um Zuwendung und Würde in den langen und oft zermürbenden Phasen des körperlichen und geistigen Verfalls. Schlaglichtartig verdeutlicht dies der spätalttestamentliche Text Sir 3,12 in seiner hebräischen Version:

Mein Sohn, halte durch, deinen Vater zu ehren,
und lass nicht von ihm, solange du lebst!
Auch wenn sein Verstand nachlässt, lass ihn gewähren!
Beschäme ihn nicht, solange er lebt.

Insgesamt kann man mit Eckart Otto die Bedeutung des biblischen Elterngebotes so umschreiben: »Du sollst deinem Vater und deiner Mutter den geschuldeten Respekt und Unterstützung gewähren.«[51]

Die Eindringlichkeit und Vielfalt, mit der das Elterngebot im Alten Testament und seiner Umwelt behandelt

48 Die Verträge sind allerdings auf Sonderfälle eines Adoptivverhältnisses bezogen.
49 Vgl. *Otto*, Biblische Altersversorgung, 83.
50 Das hebr. Verbum kbd Pi., das in unseren deutschen Übersetzungen mit »ehren« wiedergegeben wird, hat exakte Parallelen in den altorientalischen Texten. Vgl. *Otto*, Biblische Altersversorgung, 92.
51 *Otto*, Biblische Altersversorgung, 83.

wird, lässt vermuten, dass seine Befolgung eben nicht selbstverständlich war. In der Tat kennt das Alte Testament hinreichend Belege dafür, dass die Bedürfnisse und die Würde alter Menschen missachtet wurden, ja dass es zu auch physischen Übergriffen kam. Dies zeigen u. a. die negativen, als Strafbestimmungen formulierten Versionen des Elterngebotes:

Ex 21,15: Wer seinen Vater und seine Mutter schlägt, der soll unbedingt sterben.

Ex 21,17: Wer seinen Vater und seine Mutter herabsetzt [*m^e^qallel*][52], der soll unbedingt sterben.[53]

Auch in der weisheitlichen Literatur[54] finden sich Hinweise auf solche Übergriffe, wie z. B. aus Spr 19,26 (vgl. Spr 28,24) erkennbar ist:

> Wer den Vater misshandelt und die Mutter verjagt, der ist ein schandbarer und schändlicher Sohn.[55]

Allerdings finden sich auch Hinweise auf gewaltsames Verhalten in der Gegenrichtung, also von Eltern gegenüber ihren heranwachsenden oder gar schon erwachsenen Kindern, insbesondere der Väter gegen die Söhne. Als Adressaten von gewaltsamen »Züchtigungen«[56] werden meist der Sohn, in 23,13; 29,15 auch der נער genannt, was

52 Wörtl.: »leicht macht«, vielleicht schwingt auch mit: »hungern lässt«.

53 Vgl. Lev 20,9. Es gibt dazu auch altorientalische Entsprechungen, etwa CH § 195: »Wenn ein Sohn seinen Vater schlägt, schlägt man seine Hand ab.« Vgl. *Otto*, Biblische Altersversorgung, 89f.

54 Zum Verhältnis der Generationen im Licht der älteren Weisheit vgl. die abgewogenen Darstellungen in *Jutta Hausmann*, Studien zum Menschenbild der Älteren Weisheit (Spr. 10ff.), FAT 7, Tübingen 1995, 105–122 (§ 7: Vater – Mutter – Sohn), 168–186 (§ 12: Erziehung).

55 Vgl. auch Hiob 30,1.9; Spr 20,20.

56 Die Wortfamilie *yśr* bzw. *mûśar*, die Luther mit »züchtigen« bzw. »Zucht« wiedergibt, meint eigentlich »erziehen« und hat für sich genommen keine gewaltsamen Konnotationen; sie nimmt sie aber an, wenn – wie in unseren Beispielen – weitere Annotationen von Gewalt, wie »Stock«, »Rute« oder »schlagen« hinzukommen.

meist mit »Knabe« wiedergeben wird, aber einen heranwachsenden jungen Menschen bis an die Schwelle des Erwachsenenalters meinen kann. Ich greife zwei Beispiele heraus:

Spr 13,24: Wer seine Rute schont, hasst seinen Sohn, wer ihn liebt, züchtigt ihn beizeiten.[57]
Spr 23,13: Verweigere deinem Knaben [נער] die Zucht nicht, wenn du ihn mit der Rute schlägst, wird er nicht sterben.

So zeichnet sich ab, dass das Verhältnis der Generationen im Alten Israel – aber beileibe nicht nur dort – von zwei Seiten gewalttätig sein kann. Es lässt sich u. E. zeigen, dass die Gewaltakte der Älteren gegen die Jungen und die der Jungen gegen die Alten in einem zirkulären Verhältnis stehen.[58] In der Sache dreht sich dieser unheilvolle Zirkel um den Zugang und die Verteilung des Besitzes der Familie. Eltern schlagen ihre heranwachsenden Söhne, um sich so lange wie möglich den Zugriff auf die Lebensressourcen, also vor allem den Ackerboden (vgl. die Formulierung des Elterngebots), des Familienbesitzes zu sichern. Und die gedemütigten Nachkommen, insbesondere die Söhne, schlagen zurück, wenn die Eltern aus Altersgründen schließlich doch loslassen müssen.

Sieht man das biblische Gebot der Elternehrung auf diesem Hintergrund, so wird deutlich, dass es ihm nicht nur um die Sicherung der Versorgung alter Menschen, sondern um Friedensstiftung zwischen den Generationen geht.

57 שׁחר$_2$ (Pi.) meint wörtlich etwa »dringlich suchen«. Eine verbreitete Übersetzung in Spr 13,24 versteht es hier zeitlich im Sinne von »früh, beizeiten« (vgl. KBL^2). Es kann aber auch Intensität meinen. So übersetzt *Jutta Hausmann*, Menschenbild, 11: »[…] wer ihn heimsucht mit Zucht«. Ges^{18} (1343) schlägt vor: »sucht ihn (beizeiten) mit Züchtigung heim«.

58 Vgl. Spr 19,18; 23,13f.; 29,15 und *Helmut Utzschneider*, Soziale Konflikte und theologische Perspektiven im Verhältnis der Generationen im Alten Israel, in: *Diakonisches Werk der EKD* (Hg.), Danken und dienen. Arbeitshilfen für Verkündigung, Gemeindearbeit und Unterricht, Stuttgart 1993, 79–91, insbesondere 84ff.

U. E. handelt fahrlässig und unverantwortlich, wer – wie gut gemeint auch immer – zu einem »Komplott« einer Generation gegen die andere aufruft bzw. nicht alles tut, um sich anbahnenden derartigen Konflikten entgegenzuwirken. Man kann fragen, ob ein Buch mit dem Titel »Methusalem-Komplott« einem solchen Konflikt nicht objektiv Vorschub leistet.

4. Wir sind nicht Methusalem

Wir haben mit der Frage begonnen, wie sich der Methusalem der Bibel zu Frank Schirrmachers Methusalem verhält. Für eine abschließende Antwort müssen wir die biblische Gestalt noch etwas besser kennen und einschätzen lernen.

Von Methusalems Alter, 969 Jahren, haben wir schon gehört und auch davon, dass es keinen Grund gibt, diese Jahre klein zu rechnen, indem wir sie etwa als Mondjahre oder Monate verstehen. Wie ist die exorbitant hohe Zahl an Lebensjahren aber dann zu verstehen?

Aufschlussreich ist zunächst das Sterbedatum Methusalems, das sich aus seinen Lebensdaten und denen der anderen zehn Urväter des Adamsgeschlechtes nach Gen 5 unschwer errechnen lässt und – nach den Intentionen der biblischen Autoren – auch errechnen lassen soll: Nach dem hebräischen Text der Bibel stirbt Methusalem im Jahr 1656 seit Erschaffung der Welt[59] – und das ist das Jahr der Sintflut. Er stirbt in diesem Jahr als letzter der Urväter des Adamsgeschlechts mit Ausnahme Noahs.

Was sagt dieses Datum? Nun – der Tod Methusalems markiert den Schlusspunkt der ersten Epoche der biblischen Menschheitsgeschichte. In der westantiken, griechi-

59 Vgl. die Aufstellungen bei *Martin Rösel*, Übersetzung als Vollendung der Auslegung. Studien zur Genesis-Septuaginta, BZAW 223, Berlin 1994; und *Jeremy Hughes*, Secrets of Times. Myth and History in Biblical Chronology, JSOTSup 66, Sheffield 1990.

schen Tradition heißt diese Epoche das »Goldene Zeitalter«. Der griechische Dichter Hesiod bemerkt in seinem Gedicht »Werke und Tage« über die Menschen des »Goldenen Zeitalters«:

Golden war ja zuerst das Geschlecht der sprechenden Menschen,
das die Unsterblichen schufen, die hohen Olympos-Bewohner.
[…]
Und sie lebten wie Götter und hatten das Herz ohne Kummer,
ohne Plagen und Jammer. Sogar das klägliche Alter
nahte nicht, […]
Wie vom Schlaf überwältigt starben sie. […][60]

Der jüdische Schriftsteller Flavius Josephus, ein Zeitgenosse Jesu, sieht das Adamsgeschlecht aus Gen 5 ähnlich wie Hesiod:

»[…] jene Menschen waren Lieblinge Gottes, von ihm selbst direkt geschaffen, und sie bedienten sich auch einer zweckmäßigeren Nahrung. Übrigens gab ihnen Gott auch deshalb ein längeres Leben, damit sie eifriger die Tugend üben […] könnten.« (Ant. I,3,9)

Auch das Alte Testament selbst kennt – dies zeigt die urzeitliche Genealogie in Gen 5 – jene vorzeitliche Epoche, bewertet sie aber keineswegs als »golden« oder besonders »tugendhaft«. Die ersten Nachkommen Adams sind zwar voller Lebens-, Zeugungs- und Gebärkraft und füllen damit die Erde, wie es Gottes Schöpfungssegen (Gen 1,28) vorgesehen hat. Aber mit der Zahl der Menschen nimmt auch die Gewalt zu und erfüllt schließlich die Erde in einem Ausmaß, dass Gott sich gezwungen sieht, eine Art kosmischer Notbremse zu ziehen: die Sintflut. »Das Ende allen Fleisches ist bei mir beschlossen, denn die Erde ist voller Gewalttat von ihnen [scil. den Menschen] her« (Gen 6,13). Ein bedeutender jüdischer Kommentator, Benno Jacob, beschreibt die Stellung der adamitischen Menschheit und damit Methusalems in der Spannung von

60 *Hesiod*, Werke und Tage, 109–116, in: *ders.*, Theogonie. Werke und Tage, Griechisch und Deutsch, hg. und übers. von *A. Schirnding*, Sammlung Tusculum, Darmstadt 1991, 90f.

Schöpfung und Flut folgendermaßen: »Die ersten zehn Geschlechter sollen lange leben, um die Erde mit Söhnen und Töchtern, aber auch mit Gewalttat und Frevel zu füllen [...].«[61] Methusalem befindet sich biblisch also keineswegs in guter Gesellschaft. Er ist ein Genosse von Gewalt- und Übeltätern, worauf auch sein hebräischer Name »Metuschälach« gedeutet werden kann: der »Mann des Wurfspeers«.[62] Die Bibel sagt es nicht ausdrücklich, aber die Mutmaßung liegt nahe, dass sie Metuschälach nicht nur als zeugungsstarken Stammvater, sondern auch als einen jener Gewalttäter ansieht, die die Flut hervorgerufen haben und durch sie verschlungen werden sollten.[63]

Kann ein urzeitlicher Held solchen Zuschnitts wirklich als Vorbild für die Lösung unserer demographischen Probleme mit der wachsenden Zahl alter Menschen dienen? Aus biblischer Perspektive mit Sicherheit nicht. Im Gegenteil: Mit einem solchen »Super-Opa« als Identifikationsfigur ist niemandem gedient, weder den alten noch den jungen Menschen.

Die Bibel hingegen zeichnet alte Menschen mit diesseitigem Realismus und mitmenschlicher Sympathie. Sie sieht sowohl ihre Stärke als auch die ihnen durch die Natur oder den Schöpfer eingestiftete Schwäche. Sie fordert Gerechtigkeit und Empathie für sie, ohne die Bedürfnisse der jüngeren Menschen aus den Augen zu verlieren. Bei alledem sind Frieden und Ausgleich zwischen den Generationen ein hohes, immer wieder neu zu erringendes Gut.

61 *Benno Jacob,* Das erste Buch der Tora. Genesis, übersetzt und erklärt, Stuttgart 2000, Nachdruck der Originalausgabe Berlin [1934], 160.

62 KBL^3, 618 und die Kommentare.

63 Noch deutlicher ist dieser Zusammenhang im Samaritanischen Pentateuch, vgl. dazu *Horst Seebass*, Genesis I. Urgeschichte (1,1–11,26), Neukirchen-Vluyn 1996, 181f.

C) Hermeneutik des Alten Testaments

»… jetzt aber hat mein Auge dich gesehen« (Hi 42,5)

Das Hiobbuch in ästhetisch-theologischer Perspektive*

I. Was mit ästhetischer Theologie des Alten Testaments[1] gemeint ist

Die »Ästhetik« als Fragestellung und Zugangsweise gewinnt in der Theologie immer mehr Freundinnen und Freunde. Die wissenschaftliche und theologische Bibelexegese verhält sich ihr gegenüber noch etwas reserviert, was nicht immer so war, wenn man sich Namen wie Johann Gottfried Herder, Martin Wilhelm Leberecht de Wette oder Hermann Gunkel ins Gedächtnis ruft. Die Zurückhaltung könnte daran liegen, dass der Begriff Ästhetik intuitiv etwas eng, ja exklusiv gefasst und nur als die Lehre vom Schönen oder von den Künsten verstanden wird. Dem Wortsinn nach und auch im wissenschaftlichen Gebrauch des Begriffs ist Ästhetik jedoch die Lehre von der menschlichen Wahrnehmung. Wahrnehmbar ist alles, wofür der Mensch Sinne hat, alles was er emotional und rational verarbeiten und »erkennen« kann. Es kann sich dabei um Gerüche oder Geschmäcker, Schmerzen oder

* Dem Artikel liegt eine Gastvorlesung an der Theologischen Fakultät der Universität Zürich vom 9. Oktober 2007 zugrunde. Ich grüße mit diesen Zeilen *Rüdiger Bartelmus*, mit dem mich nicht nur die Erinnerung an viele gemeinsame Jahre am »Institut für alttestamentliche Theologie« der Evangelisch-Theologischen Fakultät der Universität München verbindet, sondern eine damals gemeinsam entwickelte wissenschaftliche Kultur des sprachlich und sachlich genauen Hinsehens auf die Texte.

1 Vgl. zum Folgenden: *Utzschneider*, »Seht das Wort YHWHs …«, passim.

Lust, um Formen, Farben oder Bilder, Geräusche, Töne oder Musik, Laute, Worte oder Texte handeln. All diese Wahrnehmungsfelder sind im Alten Testament selbstverständlich vorausgesetzt und zwar auch – und darauf kommt es uns an – in der Darstellung des Verhältnisses der Menschen zu Gott und Gottes zu den Menschen.

1. Ästhetische Theologie setzt eine »synästhetische« Wahrnehmung Gottes voraus

Nehmen wir den Vers des Hiobbuches, aus dem der Titel dieses Artikels entnommen ist. Hi 42,5 lautet vollständig: »Vom Hörensagen hatte ich von dir gehört, jetzt aber hat mein Auge dich gesehen.« Der Text setzt voraus, dass an der Wahrnehmung nicht nur ein menschlicher Sinn beteiligt ist. Gott kann gehört werden; das ist uns, dem Wort, den Sprachen und Büchern so zugewandten Protestanten, vertraut. Er kann aber auch gesehen werden, sich sehen lassen; da wird es für manche schon schwieriger. Selbst der Geschmackssinn kann ein sensorisches Organ der Gotteswahrnehmung sein, wie der Psalmvers »Schmecket und seht, wie freundlich der Herr ist« (Ps 34,9) zeigt. Es ist also biblisches Gemeingut, dass menschliche Gotteswahrnehmung synästhetisch ist. Dem entspricht eine synästhetische Sinnlichkeit Gottes, auch Gott sieht und hört, empfindet Schmerz oder Wut. Im Hiobbuch ist davon z. T. sehr pointiert die Rede, etwa, wenn Gott den Satan fragt, ob er »auf Hiob Acht gegeben habe«. Für diese Gotteswahrnehmung in beide Richtungen würde ich den Begriff »Theoästhetik« vorschlagen.

Bemerkenswert an unserem Vers aus dem Buch Hiob ist auch, dass er den synästhetischen Charakter der Gotteswahrnehmung nicht nur voraussetzt, sondern ihn auch problematisiert. Er gibt hier dem »Sehen« den Vorzug (was immer damit im Kontext von Hi 42 gemeint ist). Es kann offenbar Abstufungen, unterschiedliche, ja angemessene oder weniger angemessene sinnliche Zugänge zu Gott geben. Das Kultbildverbot, die Verstockungsaussagen signalisieren, dass es auch Grenzen der Wahrnehmbarkeit Gottes gibt, ganz abgesehen von dem Grundsatz »kein Mensch kann mich [scil. Gott] sehen und am Leben bleiben« (Ex 33,20). Man könnte in Anlehnung an Wolfgang Welsch auch sagen: Gerade in einer auf Gott bezogenen Ästhetik ist eine An-Ästhetik immer mitzudenken.[2]

2. Die Wahrnehmung Gottes ist literarisch vermittelt

Die Theoästhetik im Alten Testament ist unhintergehbar mit dessen literarischer Gestalt verbunden. Sie ist immer literarisch inszeniert. Methodisch bedeutet dies zunächst, dass eine ästhetische Theologie des Alten Testaments eine literarische Ästhetik desselben voraussetzt, die gewissermaßen von der sprachlichen Oberfläche der Texte her deren ästhetische Tiefenstrukturen erschließt. Die literarische Gestalt der Theoästhetik hat aber auch eine theologische Pointe. Herman Timm, ein Wegbereiter der Ästhetik in der Theologie, hat von einem »Junktim zwischen literarischer Formierung (Buch) und existenziellem Gehalt (Botschaft)«[3] gesprochen. Dieses »Junktim« ermöglicht es auch dem modernen Leser, an der Gotteswahrnehmung, der Theoästhetik des Alten Testaments, teilzuhaben. Die Texte dafür zu erschließen, sehe ich als die Aufgabe einer ästhetischen Theologie des Alten Testaments an.

Das Hiobbuch hat die Theoästhetik in besonderer und vielfältiger Weise zum Inhalt und zum Thema, wie unser Titel aus Hi 42,5 zeigt. Auch sein literarischer Charakter fand und findet immer wieder besondere Aufmerksamkeit.[4] Deshalb möchte ich diesen Versuch ästhetischer Theologie des Alten Testaments an diesem Buch wagen. Ich beginne mit einigen Beobachtungen zur literarischen Inszenierung des Hiobbuches (II.) und werde mich von da aus den Gotteswahrnehmungen im Hiobbuch zuwenden.

2 *Welsch*, Aktualität, 98. Vgl. dazu auch *Utzschneider*, Inszenierung, 316f.

3 *Timm*, Sage und Schreibe, 37.

4 Vgl. neuerdings vor allem *Köhlmoos*, Auge; *Kaiser / Mathys*, Hiob.

Dabei werde ich zunächst die Theoästhetik in der Einleitungserzählung und in den Dialogen thematisieren (III. Die Gotteswahrnehmung und der sich verbergende Gott Hi 1–31) und mich dann den Gottesreden Hi 38–42 zuwenden (IV. Gott sieht die Welt – Hiob sieht Gott).

II. Beobachtungen zur literarischen Inszenierung des Hiobbuches

1. Fiktionalität

Das biblische Hiobbuch ist ein fiktionaler Text.[5] Dies erhellt zunächst daraus, dass das Buch seine »Bezugsfelder«[6] ausdrücklich und wohl auch für die ersten Leser erkennbar außerhalb der gewohnten biblischen Zeiten und Räume legt. Die Figuren des Buches sind nicht datiert, sie stehen außerhalb der biblischen (Heils-)Geschichte und sind – zumindest in der hebräischen Fassung des Buches – an die biblischen Familiengenealogien nicht anschließbar. Hiobs Herkunftsland »Uz« wird in Hi 1,3 nur vage verortet bei denen, »die im Osten wohnten«. (Im Blick sind wohl Gebiete südöstlich der Jordanlinie, vielleicht – nach heutiger Terminologie – in Nordwestarabien.[7]) Gott trägt den Namen YHWH im Hiobbuch nur dann, wenn er selbst auftritt, handelt oder spricht. Sonst werden allgemeine Bezeichnungen gebraucht, mit denen auch Götter anderer Provenienz bezeichnet werden,[8] d. h., auch Gott steht in Distanz zu dem Bezugsfeld, in dem ihn israelitische Leser zu sehen gewohnt sind. Für die Fiktionalität des Buches sprechen weiterhin die positiv und negativ starken Überzeichnungen von Personen und Vorgängen.

5 Vgl. schon *Alter*, Narrative, 33; anders *Blum*, Anfang, 16 Anm. 53. Von »bewusst gebrochene[r] Fiktion« spricht *Schmid*, Hiobprolog, 28.

6 Vgl. zu diesem Begriff *Anderegg*, Fiktion, 33ff. u. ö.

7 Vgl. etwa *Knauf*, Heimat.

8 YHWH ist – wie *Uehlinger* hervorhebt – als »der eine Gott des Universums charakterisiert […], nicht als ein Gott, der an irgendeine ethnische Gruppe, sei es Israel oder ein anderes Volk, besonders gebunden wäre« (*Uehlinger*, Hiob, 99f.).

Sie werden von manchen als »märchenhaft« empfunden,[9] so z. B. der unvergleichlich fromme, gottesfürchtige, aber auch begüterte Hiob (1,1.8; 2,3), der all sein Vermögen und alle seine Nachkommen an einem einzigen Tag (1,13–20) verliert.[10]

Für Autoren und Leser eröffnet die Fiktionalität des Buches den Freiraum, zu unerhörten Vorstellungen vorzustoßen und sich selbst in diese Räume einzuzeichnen. Dass und wie das Hiobbuch diese Möglichkeiten genutzt hat, werden wir vor allem an der Gottesvorstellung der Einleitungserzählung sehen (III.1).

2. Erzählung und erzählte Dialoge: Die Figuren und ihre Dynamik[11]

Das Hiobbuch in seiner vorliegenden Gestalt ist insgesamt eine Erzählung, in die eine Folge von meist dialogisch aufeinander bezogenen Redestücken fachwerkartig eingebaut ist. Durch diese Art der Kombination von Erzählung und Rede lassen sich die Außenseiten des Handlungsablaufes sowie der Szenerie *und* deren Innenseite im Wahrnehmen, Denken und Fühlen der Figuren darstellen. Vor allem die »Nahaufnahmen« der Dialoge zeigen, dass und wie sich die Figuren und ihre Einstellungen gegenseitig beeinflussen und dadurch wandeln. Auf diese Weise sind auch Entwicklungen und Wandlungen der Figuren und ihrer inneren Einstellungen darstellbar.

So lässt sich beobachten, wie sich der Gesprächston von freundschaftlicher Rücksichtnahme im ersten Dialog

9 Vgl. dazu *Schmid*, Hiobprolog, 27.

10 Der babylonische Talmud, also eine spätantike Rezeption, bezeichnet das Hiobbuch ausdrücklich als »Maschal«, mithin als Beispielerzählung. Er reiht Hiob und seine Freunde zusammen mit Bileam unter die »Propheten der Völker« ein (bBB 15b). Damit geben die Rabbinen ihre Einsicht in den fiktionalen Charakter des Buches zu erkennen; sie lassen allerdings auch keinen Zweifel an ihrer Missbilligung dieser literarischen Eigenart des Hiobbuches. Vgl. *Oberhänsli-Widmer*, Hiobtraditionen, 321.

11 Vgl. dazu auch *Engljähringer*, Streitgespräch, passim.

zwischen Elifas und Hiob (4,1; 6,1f.) zunehmend verschärft, bis dahin, dass Elifas seinem Gesprächspartner vorhält, seine Rede sei »windig« und »aufgebläht«, kurz: »Worte, die nichts nützen« (15,2f.). Hiob revanchiert sich mit dem Vorwurf, die Freunde seien »leidige Tröster« (16,2). Schließlich verbittet er sich ihre »Schmähungen« (19,3). Im Gleichklang mit der Verschärfung des Gesprächstones schärfen und klären sich jedoch auch die Positionen. Nachdem die Freunde (Elifas 4,17; Bildad 8,3) die Kategorien des Rechtes und der Gerechtigkeit gegen Hiobs Klagen in Stellung bringen, gibt Hiob ihnen anfangs noch Recht: »Gewiss, ich weiß, dass es so ist, wie könnte ein Mensch vor Gott im Recht sein?« (9,1). Im Übergang vom ersten zum zweiten Redegang gibt er sich dann aber entschlossen, sein Recht zu wahren: »Ich will zu Schadday reden und mit Gott zu streiten ist mein Wunsch!« (13,6), und klarer noch: »Seht ich bin gerüstet für den Rechtsfall; ich weiß, dass ich im Recht bin« (13,18). Dabei bleibt Hiob bis zu seiner den Dialogteil abschließenden großen Rechtfertigungsrede in Kap. 31 (vgl. 19,6; 23,6; 27,5).

Auf die Dynamik der Figur Gottes in seinen Reden (38,1–42,6) werden wir noch mehrfach aufmerksam werden. Er bewegt sich darin von der Haltung des Streits in die der Kontemplation.

Aber nicht nur Reden, sondern auch Schweigen baut Dynamik auf. Das siebentägige Schweigen der Freunde mit dem Schmerzensmann Hiob (Hi 2,13) gibt dem Moment, in dem dieser »seinen Mund auftut« (3,1) ein enormes dramatisches Gewicht. Es setzt eine Art Generalpause des Erzählgeschehens, in der sich aufstaut, was dann in den Reden hervorbricht. Auch die Gottesreden an Hiob (38–42) erhalten ihre Wucht dadurch, dass Gott im vorangehenden Dialogteil schweigt, aber immer gegenwärtig zu denken ist.[12]

12 Hiob spricht ihn bisweilen direkt an (7,7ff.; 9,27ff.; 10,2–14.16–18; 13,20ff. u. ö.), und YHWH selbst nimmt in den Einleitungen seiner

3. Die Raumkonzepte des Hiobbuches

Zu einer literarischen Inszenierung gehören Räume. Gewöhnliche Erzählungen sind in Szenen gegliedert, die durch die Konstellation der Figuren zustande kommen. Auf diese Weise ist auch die erzählende Einleitung des Hiobbuches in Szenen gegliedert, aus denen die beiden himmlischen (Hi 1,6–12; 2,1–6) besonders hervorragen. Auch in den Dialogen konstituieren die Reden und Anreden der Figuren Szenen und damit Raumvorstellungen. Es kommt aber ein weiteres Element hinzu: Die Redenden gewähren Einblick in ihre jeweilige Sicht, die sie von den Erzählräumen haben. Durch die unterschiedlichen Perspektiven der Figuren auf den gemeinsamen Raum und auch in der Dynamik ihrer Entwicklung kann der Raum gleichsam in ganz unterschiedlichen Beleuchtungen erscheinen. Im Hiobbuch sind m. E. vor allem drei Raumvorstellungen präsent, die auch ineinander verschränkt werden.

(1) Die Vorstellung des Grenzbereichs zwischen Leben und Tod erstreckt sich von der Ankunft der Freunde bei Hiob und ihrer gemeinsamen Trauer an (Hi 2,11–3,1) über das Buch.[13] Die Reden vergegenwärtigen diesen Raum immer wieder und auf je unterschiedliche Weise. Die eröffnende Rede Hiobs ist von Lebensüberdruss und Todessehnsucht durchzogen: »Warum durfte ich nicht umkommen im Mutterschoß, aus dem Mutterleib kommen und sterben. […] Ich läge schon jetzt und hätte Ruhe« (3,11.13; vgl. 10,18 u. ö.). Den Begegnungen mit Gott sieht er in der Erwartung entgegen, danach zu schweigen und zu sterben (13,19). Und noch in dem Votum nach den Gottesreden in 42,7 erwartet er den Tod, nun allerdings – wie wir noch genauer sehen werden – nicht mehr klagend

Reden auf Hiobs Worte Bezug (38,2; 40,2.7ff.). Vgl. *Engljähringer*, Streitgespräch, 99.

13 »Der Dialogteil muss in Synchronie mit der Rahmensituation und durchgehend von ihr als letzter übergeordneter Position her gelesen werden, ohne dass man sich dem Sog des Dialogs entzieht« (*Kaiser* / *Mathys*, Hiob, 21).

wie in Hi 3, auch nicht trotzig-entschlossen wie in Hi 13,19, sondern getröstet.[14] Insgesamt ist die Gotteswahrnehmung Hiobs von seiner Existenz im liminalen Raum zwischen Leben und Tod bestimmt. Als Grenzgänger, der die »Pfeile Gottes« in sich stecken fühlt (Hi 6,4), hat er eine andere Gotteswahrnehmung als die Freunde, die in diesem Raum gleichsam nur zu Besuch sind.

(2) Die Vorstellung von der Gerichtsszene bzw. der Streitrede dominiert die Dialoge und reicht in die Gottesreden hinein. Die Vorstellung ist im Text durch die Leitworte *rīb* bzw. *ʿānā* repräsentiert. Hiob bezeichnet das Gespräch mit den Freunden ebenso als Streitrede bzw. Rechtsstreit (*rīb* 13,6–8) wie die erhoffte und erwartete Begegnung mit Gott (9,3; 10,2; 13,6–8; 19; 23,6–9). Wie Gott diese Erwartung schließlich erfüllt und zugleich transzendiert, werden wir sehen. In Hi 31 werden die Raumvorstellung des Rechtsstreites und der Todesnähe verknüpft. Andreas Kunz-Lübcke hat wahrscheinlich gemacht, dass der Autor dieses Textes »auf Bilder, Motive und Normen zurück[greift], die denen der ägyptischen Vorstellung vom Jenseitsgericht entsprechen«[15]. Bevor der Mensch in die Totenwelt überwechselt, hat er sich dem Totengericht und der in Hi 31,6 ausdrücklich erwähnten Herzenswägung zu stellen und seine Unschuld zu erweisen – eben dies tut Hiob in Hi 31. Wie in der ägyptischen Vorstellung der Verstorbene als Gerechtfertigter dem Totengott gegenübertritt, so erwartet Hiob, sich Gott »wie ein Fürst« zu nahen (Hi 31,37).

(3) In den Gottesreden schließlich erfährt – wie schon angedeutet – die szenische Vorstellung des Streitgesprächs eine merkwürdige Metamorphose. Zwar spricht Gott Hiob zunächst durchaus streitig an und bezeichnet ihn ausdrücklich als einen, der mit Gott »rechtet« bzw. »Streitreden führt« (Hi 40,2). Aber je länger Gott spricht, desto weniger streitet er; er wechselt vielmehr in eine Haltung der Betrachtung, ja der Kontemplation über, in die er

14 Vgl. dazu *Strauß*, Tod.

15 Vgl. *Kunz-Lübcke*, Hiob prozessiert, 290.

Hiob und den Leser mit hinein nimmt. Wir werden darauf im Abschnitt IV ausführlich zurückkommen.

III. Die Gotteswahrnehmung und der sich verbergende Gott (Hi 1–31)

1. Gotteswahrnehmung als Provokation (Hi 1,1–3,1)

In der erzählenden Einleitung des Hiobbuches lässt sich Gott auf zwei Ebenen wahrnehmen, der irdischen und der himmlischen. Er ist allerdings nicht für alle Beteiligten auf beiden Ebenen gleichermaßen zugänglich. Hiob und den anderen menschlichen Figuren des Buches bleibt die himmlische Ebene verschlossen. Sie wissen nicht, was sich im Himmel abspielt und welche Wirkungen dies auf der irdischen Ebene entfaltet. Wir Leser hingegen haben das Privileg, aus der Erzählerperspektive Einblick in beide Ebenen zu nehmen.

Obwohl Gott für Hiob ein »deus absconditus«, besser gesagt, ein sich verbergender Gott ist, lassen Äußerungen und Handlungen Hiobs erkennen, dass dieser sich gleichwohl von bestimmten Vorstellungen über Gott leiten lässt. Er ist beispielsweise in einer ängstlichen, ja unterwürfigen Weise fromm. Für seine Söhne und Töchter bringt er vorsorglich Opfer dar, um sie vor etwaigen göttlichen Sanktionen etwaiger Sünden zu schützen. Als das Unglück über ihn selbst hereinbricht und er seinen gesamten Besitz und seine Kinder dazu verliert, rechnet er dies zwar Gott zu, gesteht diesem als eigentlichem Geber seines Besitzes aber das Recht zu, so zu handeln: »YHWH hat gegeben, YHWH hat genommen, der Name YHWHs sei gelobt« (Hi 1,21). Oder: »Das Gute nehmen wir an von Gott, das Böse sollten wir nicht annehmen?« (Hi 2,10). Ausdrücklich weigert er sich, Gott zu fluchen (*brk*). Scheinbar apathisch duldend fügt er sich in sein Unglück.

Wir Leser hingegen sehen nicht nur Hiob in seinem Unglück, sondern haben auch Einblick in die beiden himmlischen Szenen (Hi 1,6–12; 2,1–6) und damit in die

Ursache von Hiobs Unglück. Den Anlass dafür liefert bekanntlich der Satan mit seiner Frage, ob die Gottesfurcht des frommen Hiob eigentlich »umsonst« (*ḥinnām*, 1,9)[16] oder nicht vielmehr an den »Segen« geknüpft sei, mit dem YHWH ihn bisher gesegnet habe (*brk*, 1,10). Hiob werde Gott gewiss fluchen (*brk*), wenn ihm sein Segen genommen würde. Zweimal lässt Gott Proben der Frömmigkeit Hiobs zu, die diesem seinen Besitz, das Leben seiner Kinder und seine Gesundheit kosten, obwohl sich schon beim ersten Mal herausgestellt hat, dass sich Hiobs Gottesfurcht auch »ohne Gegenleistung« (ebenfalls *ḥinnām*) bewährt.

Der um das Leitwort *brk* mit seinen beiden gegenläufigen Bedeutungen »segnen« und »fluchen« herum konstruierte Antagonismus setzt Gott vor den Augen der Leser (und nur vor ihren Augen) auf eine fast schon groteske Weise ins Unrecht. Um vor dem Satan Recht zu behalten, lässt er einen völlig Unschuldigen, ihm treu ergebenen Menschen, den er selbst »meinen Diener« (Hi 1,8; 2,3) nennt, ins Unglück stürzen und an den Rand des Todes bringen. Diese Gottesvorstellung ist gegen Gott gerichtet. Unsere These ist, dass genau dies die Absicht der Erzählung ist. Unter dem Schutz der Fiktionalität lässt sie Unvorstellbares vorstellbar werden: einen Gott, der willkürlich, mitleidlos, zynisch über das Leid eines Menschen hinweggeht, kurz, sich ungerecht verhält. Da diese Gottesvorstellung ausschließlich aus der Leserperspektive heraus einsehbar ist, ist die Annahme nahe liegend, dass sie der Leserlenkung dient. Sie soll den Leser provozieren, sie soll bei ihm Reaktionen, Empfindungen, Deutungen und vor allem Fragen hervorrufen: Ist Gott in dieser Art vorstellbar? Wenn aber nicht, wie dann? Die Einleitung des Hiobbuches stellt die Gottesfrage e contrario und setzt dabei auf die Provozierbarkeit der Leser. Aus der Rezeptionsgeschichte des Hiobbuches ließe sich leicht zeigen, dass die Provokation auf vielerlei Weisen gelungen ist und immer wieder gelingt. Die Reaktionen reichen von der

16 *Ebach*, Umsonst, bes. 17ff.

Abwehr der negativen Gottesvorstellung bis hin zur empörten Ablehnung Gottes selbst. Dies kann hier nur punktuell verdeutlicht werden.

Abwehr zeigt sich z. B. in der hellenistischen Dichtung des »Testaments Hiobs«, die Gott als Verursacher der Leiden Hiobs ganz in den Hintergrund treten lässt und es auf einen Konflikt zwischen dem Satan und Hiob zurückführt, aus dem Hiob siegreich hervorgeht und – nun wieder wie im biblischen Hiobbuch – in dieser und der kommenden Welt reich belohnt wird.[17]

Empörung spricht auch noch aus modernen, auch wissenschaftlichen Deutungen der Hioberzählung, die Gott als »grausamen«[18], »sadistischen« Herrn und Menschenfeind, ja als »satanisch«[19] apostrophieren.

In diesem Zusammenhang ist die redaktionsgeschichtliche Annahme aufschlussreich, dass der vorliegenden Hioberzählung eine Erzählung vorausgegangen ist, in der die himmlischen Szenen und die Freunde (2,11–3,1) noch nicht vertreten waren und folglich noch keine Verbindung zu den Dialogen bestand.[20] Die Katastrophengeschichte des frommen, sein Leid ohne Widerwort ertragenden Hiob ging dann einfach mit der Erzählung seiner Wiederherstellung in Hi 42,12ff. weiter: »Da segnete YHWH Hiob danach mehr als zuvor [...].« Die Hioberzählung war – in dieser Gestalt gelesen – einfach die Geschichte eines Beispiel gebenden Frommen, der im Leiden an Gott festhält – und dessen a-pathische Loyalität letztlich doch nicht »ohne Gegenleistung« Gottes bleibt. Die vorliegende, fortgeschrittene Gestalt der Hioberzählung zeigt, dass sich die frühen Leser und Bearbeiter der Hiobüberlieferung mit solchen Deutungsmustern nicht zufrieden gaben, weder mit einem Gott, der seine Frommen bis zur A-Pathie leiden lässt, noch mit Frommen, die diese A-Pathie zur

17 Vgl. *Oberhänsli-Widmer*, Hiobtraditionen, 316ff.
18 *Schmid*, Hiobprolog, 33.
19 *Spieckermann*, Satanisierung.
20 Vgl. dazu *van Oorschot*, Entstehung, 171.

Grundlage ihres Gottesverhältnisses machen. Die Voraussetzung für diese neue, weiterführende Fassung der Hioberzählung war, dass Hiob aus seiner A-Pathie erwacht.

Zurück zum Duktus des vorliegenden Hiobbuches und den Dialogen. Auch hier gelingt die Provokation. Den Klärungsbedarf im Blick auf die Gottesvorstellung, den die Einleitungserzählung geschaffen hat, überträgt sie auf Hiob und seine Freunde. Sie nehmen nach ihrem siebentägigen Trauerschweigen die Provokation der Erzählung auf und suchen nach möglichen Wegen, Gott angesichts von Hiobs Unglück angemessen zu begegnen.

2. Gott als Lehrsatz oder als Person? – Gotteswahrnehmungen in Hi 3–31

Schematisch gesehen stehen sich in den Dialogen Hiobs mit seinen drei Gefährten Elifas, Bildad und Zofar (wir überschlagen die Elihurede, Hi 32–37) zwei theoästhetische Möglichkeiten gegenüber. Die Freunde nehmen Gott durch die Brille menschlicher Lehrtraditionen, vornehmlich der Weisheit, wahr. Wie Hiob in der Einleitungserzählung geben sie sich dabei mit einem »deus absconditus« zufrieden. Hiob hingegen besteht auf einer unmittelbaren, personhaften Begegnung mit Gott. Er will Gehör bei ihm finden und ihn sehen.[21]

Der grundsätzliche Unterschied dieser beiden Perspektiven wird schon im ersten Dialog zwischen Hiob und Elifas deutlich. Elifas konfrontiert Hiob mit dem weisheitlichen Grundsatz des Tun-Ergehen-Zusammenhangs, als dessen Garanten er Gott namhaft macht (Hi 4,7–9):

21 *Van Hecke*, »Ich aber …«, 386, spricht von »Ijobs Sehnsucht nach Beziehung«. *Loader*, Gott, unterscheidet in diesem Zusammenhang die transzendenten Gottesvorstellungen, in denen Gott in majestätischer Ferne die Welt durch Prinzipien lenkt, von einer immanenten Gottesvorstellung, die Gott unmittelbar bei seinen Prinzipien behaftet. Hiob teilt zunächst die transzendente Gottesvorstellung seiner Freunde, gelangt dann aber zunehmend zu einer immanenten Vorstellung.

Bedenke: Wann ist je ein Schuldloser umgekommen
und wo wurden Aufrichtige je vernichtet?
Ich habe gesehen: Die Unrecht pflügen
und Unheil säen, die ernten es auch.
Durch Gottes Atem kommen sie um,
und vor dem Hauch seines Atems schwinden sie dahin.

Kein Mensch könne vor Gott je gerecht (*ṣdq*) oder rein sein (4,18). Allerdings könne Gott einen Menschen, den er zurechtweist und der seine Zucht nicht verachtet, auch heilen (*rp'*), retten (*nṣl*), ja erlösen (*pdh*) (5,17–20). Elifas bietet Hiob theologische Deutungsrahmen an, in denen er die Ursache seiner Not erklären (»vielleicht habe ich eben doch gesündigt«) und die dahinter stehende Weltordnung einsehen kann (»nur Gott ist wirklich gerecht«). Elifas' Angebot setzt voraus, dass zumindest objektiv aufseiten Hiobs Schuld vorhanden sein muss. Hiob macht aber keinen Versuch, sich in die angebotenen Deutungsrahmen einzupassen, obwohl oder gerade weil sie ihm – wie er später auch ausdrücklich versichern wird (12,1ff.) – nur allzu vertraut sind.

Die sich hier im ersten Redegang abzeichnende Struktur bleibt über den ganzen Dialogteil hinweg erhalten. Sie repräsentiert eine Auseinandersetzung um die Möglichkeiten der Wahrnehmung Gottes. Nachdem sich Hiob die drei Gefährten angehört hat, formuliert er den Konflikt ebenso ironisch wie klar:

Wahrhaftig, ihr seid die rechten Leute,
mit euch wird die Weisheit sterben.
Ich habe Verstand so gut wie ihr.
Ich stehe hinter euch nicht zurück,
und wer wüsste dies alles nicht?
Dem eigenen Freund werde ich zum Gespött,
der ich zu Gott rufe,
dass er mir antworte.
Gespött ist der Gerechte, der Schuldlose (12,2–4).

Schroff weist Hiob die theologischen und seelsorgerlichen Ratschläge der Freunde zurück: »Sprüche aus Staub sind eure Merksätze« (Hi 13,12). Wenig später wendet Hiob sich an Gott:

Tu deine Hand von mir,
und dein Schrecken wird mich nicht ängstigen.
Dann rufe und ich werde antworten
oder lass mich reden und gib mir Antwort (13,21f.).

Bekanntlich bleibt Gott dem Hiob über die ganze lange Strecke der Dialoge hin – wie den Freunden auch – verborgen. Hiob ist gezwungen, seinen Anspruch auf eine unmittelbare Begegnung mit Gott immer wieder neu zu formulieren und zu durchdenken. Dabei spielt er eine Reihe von Varianten durch:

In dem Ps 8 persiflierenden Antipsalm Hi 7,17ff. (»Was ist der Mensch, dass du ihn wichtig nimmst und auf ihn achtest, dass du ihn jeden Morgen prüfst, ihn jeden Augenblick erprobst?«) fleht Hiob geradezu darum, von Gottes Aufmerksamkeit verschont zu werden und nicht mehr als Zielscheibe göttlicher Sündenüberwachung herhalten zu müssen. Gott könne ihm ja verzeihen, wenn es etwas zu verzeihen gebe, er solle sich aber damit beeilen, denn eigentlich wolle er, Hiob, sich lieber in den Staub legen und sterben. Hiob provoziert; er ahnt die Nähe Gottes und sucht die unmittelbare Konfrontation mit ihm. Aber Gott ist ungreifbar und unheimlich.

In Hi 9 erwägt Hiob, was wäre, wenn Gott ihm nahe käme – und ist skeptisch. »Geht er an mir vorüber, sehe ich ihn nicht, und zieht er vorbei, erkenne ich ihn nicht« (V. 11). Selbst wenn Gott auf ihn aufmerksam würde, bedeutete das nicht, dass er ihm wirklich zuhört (Hi 9,16). Vorausweisend auf die Szenerie der Gottesreden (Hi 38,1: »Und Gott antwortete Hiob und sprach zu ihm aus dem Sturm«), stellt sich Hiob vor, dass ihn Gott im Sturm ergreift; seine Wunden werden dabei noch vermehrt (Hi 9,17). Die Nähe Gottes bleibt für Hiob ein liminaler Bereich.

In Hi 13,22f. spricht er Gott unmittelbar an und fordert ihn heraus »[…] dann rufe du und ich will antworten oder lass mich reden und gib du mir Antwort. Was sind meine Vergehen und Sünden?« Der aber entzieht sich: »Warum verbirgst du dein Angesicht?« (Hi 13,24).

In Hi 16,19ff. und 19,25ff. sucht Hiob nach Mittlern, die ihm den Zugang zu Gott eröffnen und Recht schaffen könnten. Der »Zeuge« und der Anwalt, auf die Hiob in Hi 16 seine Hoffnung setzt,[22] stellen sich ebenso wie der »Erlöser«, dessen er sich in Hi 19,25 gewiss zu sein scheint, letztlich als »Metaphern«[23] für Gott selbst heraus. »Mit Tränen blickt mein Auge *zu Gott*, dass er Recht schaffe dem Mann *bei Gott*« (Hi 16,20). Nemo contra deum nisi deus ipse.[24] Niemand kann gegen Gott etwas ausrichten, außer Gott selbst. So, auf diese paradoxe Weise, kann Hiob sich jetzt immerhin vorstellen, Gott zu sehen: »Ich werde ihn schauen für mich und meine Augen werden ihn gesehen haben und kein anderer« (19,27). Aber es wird ihn den letzten Rest von Leben kosten: »Und nachdem meine Haut so zerschunden wurde, werde ich Gott schauen ohne mein Fleisch« (V. 26).

Je länger Hiob sich die Nähe Gottes und die Streitrede mit ihm wünscht und vorstellt, desto mehr verzweifelt er daran. Gott ist und bleibt ungreifbar.

Wüsste ich doch, ihn zu finden und zu seiner Stätte zu gelangen.
Ich wollte den Rechtsfall vor ihm darlegen und meinen Mund mit Beweisen füllen.
Ich möchte wissen, was er mir erwidert.
Ich würde die Worte gerne wissen, die er mir erwidert,
und erfahren, was er mir zu sagen hat.
Würde er mit mir streiten in der Fülle seiner Macht,
wollte er doch auf mich achten […] (Hi 23,3–6).[25]

22 Vgl. zum Folgenden *Ebach*, Streiten I, 142ff. *Horst*, Hiob, 256, erwägt, ob Hi 16,20 mit dem »Zeugen« und »Anwalt« Hiobs eine »positive Umkehrung der […] Satansvorstellung« im Sinn hat und damit an die Eingangserzählung anknüpft.

23 *Kessler*, »Ich weiß …«, insbesondere 151ff.

24 Vgl. dazu *Ebach*, Streiten I, 166f.

25 Der Ausdruck »auf mich achten« könnte eine ähnliche Äußerung Gottes in der Einleitungserzählung aufgreifen, in der Gott den Satan fragt: »Hast du Acht gehabt auf meinen Knecht Hiob?« (Hi 1,8; 2,7; 7,17).

Aber:

Seht, gehe ich nach Osten, so ist er nicht da,
gehe ich nach Westen, so erkenne ich ihn nicht.
Wirkt er im Norden, so erblicke ich ihn nicht,
verbirgt er sich im Süden, so sehe ich ihn nicht (23,8ff.).

Die Verzweiflung spricht noch aus einer Anrede Hiobs an Gott am Beginn seiner Schlussrede: »Ich schreie zu dir, doch du antwortest nicht, ich stehe da und du bemerkst mich nicht« (30,20). Am Ende dieser Rede, jener mit Elementen des ägyptischen Totengerichts gestalteten Szene (vgl. oben II.3[2]), stellt Hiob sich vor, dass er eine gegen ihn gerichtete Klageschrift, die sich als haltlos herausgestellt hat, wie ein Diadem um sein Haupt gewunden hat und damit Gott, der sein Rechtsgegner und sein Entlastungszeuge, sein Richter und sein Anwalt in einem ist, gegenüber tritt »wie ein Fürst« (31,37). Auch diese Begegnung mit Gott führt an die Lebensgrenze, ja über sie hinaus.

Kurz: Im Dialogteil wird deutlich, dass im Raum des streitigen Diskurses allein eine unmittelbare Begegnung mit Gott nicht möglich, zumindest aber fragwürdig ist – sowohl wenn man sich – wie die Freunde – mit den Deutungsrahmen der Tradition zufrieden gibt, als auch, wenn man – wie Hiob – Gott auf menschlicher Augenhöhe herausfordert. Es bedarf eines weiteren Anlaufs, um die in der Einleitungserzählung aufgeworfene Frage einer angemessenen Gottesvorstellung und -wahrnehmung einer Lösung näher zu bringen.

IV. Gott sieht die Welt – Hiob sieht Gott

In Hi 38, zu Beginn der Gottesreden, gestaltet sich die Begegnung mit Gott zunächst so, wie es sich Hiob in den Dialogen vorgestellt und dringlich verlangt hatte (Hi 13,22). Allerdings ergeht die Antwort Gottes unter einer bemerkenswerten Begleiterscheinung: Sie erfolgt aus dem »Sturm«. Der Sturm ist eines der klassischen Zeichen der

Nähe und Wirksamkeit Gottes (vgl. 2Kön 2,1; Ez 1,4; Ps 148,8), in manchen Prophetentexten (Jer 23,19; 30,23; Ez 13,13) ist er indessen besonders mit dem »Grimm« YHWHs verbunden. Wie angedeutet, war Gott schweigender Zeuge der Dialoge und hat dabei Herausforderungen und Angriffe wohl gehört. Die Annahme liegt nahe, dass Gott deshalb im Sturm, also grimmig gestimmt, zum Gespräch mit Hiob erscheint.

Entsprechend seiner stürmischen Gestimmtheit beginnt Gott streitlustig: »Wer behauptet, mein Walten [wörtlich ›Plan‹ oder ›Ratschluss‹] sei finster und redet ohne Einsicht?!« (Hi 38,2). Er fordert Hiob auf, sich zu wappnen, und holt dann zu einer langen Rede aus, in der er sein Walten als Schöpfer, Erhalter und Lenker des Kosmos darstellt.[26] Er tut dies in der Ich-Form und in einer Reihe rhetorischer Fragen, mit denen er den Kosmos abschreitet und dabei die Erde, das Meer, die Unterwelt, den Himmel und ihre vielfältigen Erscheinungen (38,4–38) eingehend beschreibt. Die rhetorischen Fragen, in die Gott seine »Naturkunde«[27] einkleidet, gehören in die Szenerie, die Raumvorstellung des Streitgespräches. Dazu scheint auch die Thematik der Fragen zu passen: Hiob habe an der Erschaffung des Kosmos nicht mitgewirkt, hat nichts zur Aufrechterhaltung der kosmischen Ordnung beizutragen und keine Einsicht in die großen Zusammenhänge.

Hier jedoch können erste Zweifel aufkeimen, ob es in Gottes Beschreibung der Schöpfung wirklich nur um eine Auseinandersetzung mit Hiob geht. Man kann nämlich durchaus fragen, ob Hiob jemals behauptet hat, was Gott ihm vorhält. Meist wird dazu etwas summarisch auf Hi 3 verwiesen. Hiob habe dort den Vorwurf erhoben, die Welt sei chaotisch, ein Ort der »Finsternis« (Hi 3,4–6), und

26 *Kaiser* hat darauf hingewiesen, dass Gott sich in der Bibel nur hier so ausführlich selbst als Weltenschöpfer vorstellt. Die Ich-Form der göttlichen Rede ist sonst eher mit den Geschichtstaten Gottes verbunden. Vgl. *Kaiser / Mathys*, Hiob, 88.

27 Soweit ich sehe, hat *Barth*, Hiob, 83, diesen Ausdruck erstmals auf die Gottesreden angewandt.

damit Gottes Schöpfermacht angezweifelt.[28] Hiob hatte damit aber nicht den Kosmos insgesamt im Blick, sondern den Tag seiner Geburt verflucht, unmittelbar nachdem er nach siebentägiger Trauer »den Mund auftat«. Überlegen kann man, ob Hiobs ureigenes Verhalten im Ganzen den Unmut Gottes erregt hat: dass er seinen Mund überhaupt gegen Gott aufgetan hat, provozierend, zweifelnd, sehnsuchtsvoll, dass er sich durch nichts und niemanden davon hat abbringen lassen, seine Sache mit Gott persönlich von Angesicht zu Angesicht klären zu wollen. Jetzt – so kann man den Redeverlauf bis hierher deuten – ist es soweit, und Gott gibt Hiob erst einmal zu verstehen, mit wem er es zu tun hat. Geht es also um einen Machtdiskurs? Will Gott seinen Gesprächspartner »zusammendonnern«[29], wie H. D. Preuss bemerkt hat? Ist »Unterwerfung, nicht Einsicht […] das Ziel der Gottesreden«, wie es H. Spieckermann formuliert hat?[30]

M. E. übersehen solche Deutungen, dass die argumentierende Herrschaftsrhetorik, der *rīb*, nur eine Seite der Gottesreden darstellt. In Gottes Argumente eingeflochten sind Beschreibungen, in denen sich Gott als fürsorglicher Erhalter, als genauer, liebevoller, bisweilen vielleicht sogar amüsierter Beobachter seiner Geschöpfe erweist. Deutlich wird dies im zweiten Abschnitt der Rede, in dem sich Gott zehn wilden Tieren (Hi 38,39–39,30) zuwendet, denen gemeinsam ist, dass sie der Herrschaft des Menschen nicht unterworfen, nicht unterwerfbar und damit gewissermaßen »anarchisch«[31] sind. Jedes von ihnen porträtiert Gott in einer treffenden, anschaulichen Miniatur – und komponiert sich selbst in diese Bilder hinein: Die Löwenfamilie sucht er in ihrer Höhle bzw. im Dickicht auf und versorgt sie mit Beute (Hi 38,39f.). Den Rabeneltern hilft er, die gottserbärmlich schreiende Brut zu sättigen

28 *Keel*, Entgegnung, 54; *Ebach*, Streiten II, 123.
29 *Preuss*, Antwort, 337.
30 *Spieckermann*, Satanisierung, 443.
31 *Keel*, Entgegnung, 83.

(Hi 38,41). Er ist an der Tragzeit des Steinwildes interessiert, an seinem Gebären und der erstaunlich früh eintretenden Selbstständigkeit der Jungtiere (Hi 39,1–4). Der unnachahmlich komischen Straußenhenne hat er zwar die Weisheit der Brutpflege versagt, sie legt die Eier in den Sand ohne Rücksicht darauf, dass sie dort zertrampelt werden, dafür hat er sie aber mit einzigartiger Schnelligkeit begabt (Hi 39,13ff.).

Gewiss ist Gott in diesem Teil der Rede – wie Othmar Keel gezeigt hat[32] – nach dem altorientalischen Bildtypus des »Herrn der Tiere« gestaltet. Aber – und hier würde ich anders als Keel akzentuieren[33] – Gott hebt gerade nicht sein Herrsein über die Tiere oder gar deren gewaltsame Zähmung hervor. Er packt sie eben nicht an den Hälsen oder den Hinterbeinen, wie es bei manchen Göttern auf den von Keel veröffentlichten Darstellungen zu sehen ist, sondern er beobachtet und versorgt sie. Der Unterschied zwischen dem altorientalischen Bildtypus und der Gottesrede des Hiobbuches sei an einer Bild-Text-Synopse verdeutlicht.[34]

32 *Keel*, Entgegnung, 86ff.
33 Diesen Einwand erhebt auch *Oeming*, Begegnung, 113f.
34 Bild: Neuassyrisches Siegel (aus: *Keel*, Entgegnung, 115).

Kennst du die Zeit, da das Steinwild gebärt,
achtest du auf das Kreissen der Hirschkühe?
Zählst du die Monate, die sie trächtig sind,
und kennst du die Zeit, da sie gebären?
Sie kauern nieder, sie werfen ihre Jungen,
sie werden frei von ihren Wehen.
Ihre Jungen werden kräftig, im Freien wachsen sie auf,
und ziehen davon und kommen nicht wieder.

Munter schlägt die Straussenhenne mit den Flügeln,
doch birgt ihre Schwinge wie die eines Storches oder eines Falken?
Nein, sie überlässt ihre Eier der Erde,
und hält sie warm im Staub
und vergisst, dass ein Fuss sie zerdrücken
und ein Tier sie zertreten kann.
Hart ist sie zu ihren Jungen, als wären es fremde,
es kümmert sie nicht, wenn ihre Mühe umsonst war.
Denn Gott hat ihr die Weisheit versagt
und ihr keinen Anteil an der Einsicht gegeben.
Wenn sie aber in die Höhe schnellt,
lacht sie über Ross und Reiter.

(Hi 39,1–4.13–18; Übersetzung: Zürcher Bibel)

Für einen Machtdiskurs ist diese Modifikation des Typus wenig förderlich, ja kontraproduktiv. Gottes Blicke auf seine Geschöpfe sagen ebensoviel über diese aus wie über ihn: Er ist seinen Geschöpfen zugetan – und zwar gerade den anarchischen.

Im Zwischendialog Hi 40,1–6 zeigt sich Hiob von YHWHs Rede beeindruckt: »Siehe ich bin zu gering, was könnte ich Dir erwidern?« (Hi 40,4). Aber die folgende Bemerkung »ich lege meine Hand auf meinen Mund« zeigt wohl, dass er noch nicht überzeugt ist.[35] Auch YHWH scheint mit dem Effekt seiner bisherigen Rede nicht zufrieden. Er holt erneut aus und macht die Szene noch einmal zur Gerichtsszene. Frontal weist er Hiobs Anspruch zurück, selbst Recht zu bekommen und ihn, Gott, ins Unrecht zu setzen (Hi 40,8). Und er stellt seine Macht heraus, Frevler in die Schranken zu weisen, ja zu vernichten (Hi 40,12f.). Mit beiden Argumenten ist Gott – vergli-

35 Vgl. *Ebach*, Streiten mit Gott, II, 139f.

chen mit dem vorgehenden Teil seiner Rede – näher an Äußerungen, die Hiob im Dialog mit den Freunden getan hat. Hiob wollte Gott gegenüber Recht haben und behalten (Hi 9,2.15.20; 13,18; 27,5), er hat Gott vorgehalten, die Frevler nicht im Zaum zu halten und zu begünstigen (Hi 9,24; 21,7ff.). Gott hält nun dagegen und fordert Hiob auf: »Zertritt die Frevler an ihrem Ort!« (Hi 40,12).

Die Annahme liegt nahe, dass das nun folgende Kolossalgemälde der beiden mythischen Erzfrevler und Chaosmächte, der »Urviecher« Behemot und Leviatan, Hiob vor Augen führen soll, dass er dazu nie und nimmer in der Lage ist. Für Behemot und Leviatan haben Wesen der ägyptischen Fauna und Mythologie Modell gestanden. Hinter Behemot steht das Nilpferd, das in Ägypten den Chaosgott Seth vertritt. Er wird alljährlich vom Königsgott Horus und dessen menschlichem Alter Ego, dem König, gejagt, gefangen und vernichtet. In einem eindrucksvollen dramatischen Relief und Text aus Edfu, dem sog. »Horusspiel«, wird er dann noch – in Gestalt eines Kuchens – verteilt und rituell verspeist. Hinter Leviatan steht das Krokodil. Auch dieses Tier kann – bisweilen sogar zusammen mit dem Nilpferd oder an dessen Stelle – den Chaosgott Seth repräsentieren; auch das Krokodil wird von Horus erlegt. Der Schluss liegt nicht fern, dass sich YHWH, dem ägyptischen Horus vergleichbar, als der Bezwinger des Chaos darstellen will und seine an Hiob gerichtete Frage: »Kannst Du seine [Leviatans] Haut mit Spießen spicken und mit Fischharpunen seinen Kopf?« eigentlich bedeutet: »Nur ich – YHWH – kann das und tue es.« Der Machtdiskurs hätte damit die mythische Ebene erreicht, auf der der Mensch nun wirklich nicht mehr mithalten kann.

Ich meine nun allerdings, dass sich in YHWHs Wortgemälde der Chaostiere wiederum – wie schon die Beschreibungen der Wildtiere – Elemente finden, die dem Thema Herrschaft nicht subsumierbar sind und mithin auch keine Streitszene mehr voraussetzen. Mehr noch: Die Rede schert m. E. auch aus dem Paradigma des mythischen Kampfes aus. Der Konflikt zwischen den ägyptischen Chaostieren alias Seth und Horus ist ein Kampf zwischen Göttern, in dem es um die Vernichtung des einen Gottes durch den anderen geht. Daran lassen die bildlichen Darstellungen dieses Kampfes auf den Reliefs des schon erwähnten dramatischen Textes aus Edfu keinen Zweifel: Horus ist überlebensgroß und das Nilpferd im Miniaturformat abgebildet. Schon vor Ende des Kampfes steht sein Ausgang fest. Auch hier lohnt ein vergleichender Blick auf Bilder und Texte:[36]

Sieh doch den Behemot, den ich schuf wie auch dich.
Gras frisst er wie das Rind.
Sieh doch die Kraft in seinen Lenden
und die Stärke in den Muskeln seines Leibes!
Sein Schwanz ist stark wie eine Zeder,
die Sehnen seiner Schenkel sind dicht geflochten.
Seine Knochen sind Röhren aus Bronze,
seine Gebeine gleichen eisernen Stäben.

Er lagert unter den Lotusbüschen,
versteckt im Schilf und im Sumpf.
Lotusbüsche spenden ihm Schatten,
und die Weiden am Bach umgeben ihn.
Wenn der Strom anschwillt, läuft er nicht weg,
er bleibt ruhig, selbst wenn der Jordan ihm ins Maul dringt.

36 Bild: Szene 2 des »Horusspiels« an der Innenwand der westlichen Umfassungsmauer des Horustempels von Edfu, ptolemäisch, ca. 110 v. Chr. (aus: *Fairman*, Triumph, 87).

Kann man ihn fangen, wenn er die Augen offen hat,
ihn mit Haken die Nase durchbohren?
(Hi 40,15–19.21–24, Übersetzung: Zürcher Bibel)

In Hi 40f. ist mit keiner Silbe davon die Rede, dass YHWH mit den Tieren kämpft, geschweige denn davon, dass er eines der beiden Tiere tötet. Für YHWH sind beide Tiere nicht Rivalen, die er klein reden muss, sondern Geschöpfe wie die Menschen (»Behemot, den ich schuf, wie dich«: Hi 40,15, vgl. 40,19; 41,26). Seine Beschreibungen sind nicht darauf aus, die Wesen feindlich oder abwertend darzustellen. Gott zeichnet das Spiel der Muskeln und Sehnen des Nilpferdes nach und beobachtet es im Uferdickicht der Flusslandschaft. Er schildert, wie das Tier auch bei Hochwasser nicht in Panik gerät, sondern sich die andrängenden Wassermassen seelenruhig ins Maul fließen lässt (Hi 40,23). Den Leviatan malt Gott mit Schrecken erregendem, Zähne starrendem Maul vor Augen, er beschreibt über drei Verse hinweg seine panzerartigen Hautplatten. Schließlich wird aus dem Krokodil ein Feuer speiender Drache, den ein psychedelisches glitzerndes Farbenspiel umgibt. Das Wasser mischt er brodelnd weiß auf und zieht schwimmend eine leuchtende, silberne Spur hinter sich her. In der Darstellung dieser Schöpfungswesen finden sich wieder jene Elemente teils humorvoller teils bewundernder, jedenfalls zugetaner Beobachtung und Betrachtung, mit denen YHWH schon den Wildtieren begegnet ist. Er ist nicht nur der Herr aller seiner Geschöpfe, sondern auch ihr hingebungsvoller Bewunderer. Er ist ihnen in all ihrer Vielfalt und Großartigkeit zugetan, auch und gerade dort, wo sie widerständige, exotische und auch grausame Züge tragen.

Wie reagiert Hiob nun, als er die Rede ganz gehört hat? Wir konzentrieren uns auf die letzten Sätze seiner Schlussreplik an YHWH in der Übersetzung der Zürcher Bibel:

Vom Hörensagen hatte ich von dir gehört,
jetzt aber hat mein Auge dich gesehen.
Darum gebe ich auf und tröste mich
im Staub und in der Asche. (Hi 42,5f.)

Das »Hörensagen«, das Hiob nun hinter sich gelassen hat, wird meist auf die Gotteswahrnehmung durch die Tradition bezogen,[37] die im Hiobbuch durch die Freunde und ihre Lehrsatz-Theologie repräsentiert wird. Teil dieser Tradition ist – neben der mit dem Tun-Ergehens-Zusammenhang verbundenen Vergeltungstheologie – auch die Schöpfungstheologie, die Gott als Herrn der Geschöpfe beschreibt und preist. Auch sie ist ja in den Dialogreden präsent (Hi 9,5–10; 26,5–14; 28; vgl. in der Elihurede 36,27–37,14). Um Hiob davon Kenntnis zu geben, hätte es der Gottesreden nicht bedurft. Was aber ist dann das unvergleichlich Neue, dessen er in der Begegnung mit Gott ansichtig geworden ist, aufgrund dessen er sagen kann: »Jetzt aber hat mein Auge dich gesehen.«

Bevor wir darauf gleich im theologischen Resumée eine Antwort versuchen, wollen wir noch auf das allerletzte Wort Hiobs in Hi 42,6 eingehen. Es wird meist als Reuebekenntnis verstanden. Klassisch formuliert ist dieses Verständnis in der Lutherübersetzung: »Darum spreche ich mich schuldig und tue Buße in Staub und Asche.« Thomas Krüger hat diese Deutung der Selbstaussage Hiobs in Zweifel gezogen und einer Übersetzung den Vorzug gegeben, in der sich Hiob nach der Begegnung mit Gott einerseits dem Tode nahe sieht, andererseits aber auch getröstet zeigt über seinen Zustand. Thomas Krügers Übersetzung lässt dies noch deutlicher werden als die der Zürcher Bibel: »Daher schwinde ich dahin, aber ich bin getröstet über Staub und Asche.«[38] Diese Deutung scheint mir nicht nur sprachlich plausibel, sondern sie passt auch zu allem, was wir über Hiobs liminale Existenz und die Dynamik der Hiobfigur gehört haben. (Wohingegen die plötzliche Buße dazu überhaupt nicht passt.) Doch auch hier stellt sich – wie für das Sehen Gottes – die Frage: Was hat Hiob eigentlich getröstet?

37 *Fohrer*, Hiob, 534f.; *Ebach*, Streiten mit Gott II, 156f.
38 *Krüger*, Did Job Repent, vor allem 225f.

V. Hiobs Gottesschau und Trost (Versuch eines theologischen Resumées)

Vergleichen wir noch einmal Hiobs Erwartung, die er in den Dialogen formuliert hat: Er wollte mit Gott reden und ihn sehen. Was ist ihm nun widerfahren? Gott hat ihn an seiner Schau der Geschöpfe und der Welt teilhaben lassen. Er hat erfahren, wie Gott seine Schöpfung und seine Geschöpfe betrachtet. Gott sieht, respektiert, ja bewundert selbst die merkwürdigsten unter seinen Geschöpfen mit ihren Eigenarten und ihrem Eigensinn. Indem Hiob derart, mit Gottes Augen, auf die Schöpfung blicken konnte, hat er erfahren, dass auch er, Hiob, sich jenen Geschöpfen zugehörig fühlen darf und zwar gerade den widerständigsten, eigenartigsten und Größten unter ihnen. Indem Gott ihn nicht nur seine eigene Macht als Schöpfer, sondern auch die Eigenmacht und den Eigensinn der anderen Geschöpfe hat sehen lassen, hat er auch Hiob in seinem Eigensinn anerkannt. Der ganze ebenso schmerzhafte wie eigensinnige Weg, den Hiob genommen hat, gehört zu seiner Eigenart als Geschöpf, zeichnet ihn aus wie die Straußenhenne ihr begrenzter Verstand und ihr schneller Lauf, wie den Behemot seine starken Knochen und seine Seelenruhe, wie den Leviatan sein schreckliches Maul und seine dicke Haut. In diesem Sinne gehören auch das Leiden und die Unbeirrbarkeit seiner Suche nach Gott zu Hiobs geschöpflicher Eigenart.

Deshalb spricht Gott ihn nicht schuldig, er entschuldigt sich seinerseits aber auch nicht für Hiobs Leiden. So kann ich Thomas Krüger weitgehend zustimmen, wenn er als den »entscheidenden Punkt des Hiobbuches […] die Einsicht« bezeichnet, »dass es unschuldiges und ungerechtes Leiden gibt«[39]. Ich meine nur, dass nicht diese Einsicht allein es ist, die Hiob am Ende und über sein Ende tröstet, sondern der Blick auf die den Schöpfer spiegelnde Schöpfung. Darin erfährt er Annahme, Bestätigung und Trost. Vielleicht kann man Gottes Sehen auf seine Geschöpfe

39 *Krüger*, Did Job Repent, 228.

theologisch sogar als eine segnende Zuwendung interpretieren. Indem er seine Geschöpfe ansieht, hat er sein Angesicht über sie segnend erhoben (Num 6,26).

Dieser Trost lässt sich nicht nur in streitigen Debatten um die Tradition erringen, so sehr diese – wie die Dialoge des Hiobbuches zeigen – Stationen auf dem Weg dorthin sein können oder sogar müssen. Entscheidend ist die Anschauung der Schöpfung, ihrer von Gott verliehenen Hoheit und Eigenart und – so hat es Karl Barth gesagt – »in ihr sich spiegelnd und von Hiob unmittelbar mit Augen gesehen: Er, Jahve selber«[40]. Insofern ist die Theoästhetik des Hiobbuches synästhetisch und seine Theologie auf eine exemplarische Weise ästhetisch.

Es bleibt noch – der Vollständigkeit halber – kurz die Frage zu behandeln, was es mit dem Schluss der Hioberzählung auf sich hat. Dass Hiob den Segen, den Gott ihm genommen hat, reichlich erstattet bekommt, ist nicht nur eine Wiedergutmachung für ihn, über dessen Unschuld es im Himmel ohnehin nie Zweifel gab, sondern vor allem an den Lesern, die sich in der Erzähleinleitung so sehr provozieren lassen mussten.

Für uns Theologinnen und Theologen ist der Tadel Gottes an den Freunden Hiobs von Bedeutung (Hi 42,7), die mit ihrer »Lehrsatz-Theologie« – gewiss in guter Absicht – Hiob von seinem Eigensinn abbringen wollten. Ich will auch im eigenen Interesse nicht hoffen, dass Gott damit jeder Lehrsatz-Theologie die Approbation entzogen hat, ich meine aber, dass damit jede Theologie obsolet geworden ist, die dem Menschen seinen Eigensinn und seine Freiheit gegenüber Gott bestreitet.

Vielleicht ist ja das ganze Hiobbuch nichts anderes als eine bewundernde Beschreibung des Geschöpfes Mensch

40 *Karl Barth* hat die Gottesschau Hiobs so interpretiert: »Nun jenseits all der der Schöpfung ja nur verliehenen Hoheit und Macht, aber in ihr sich spiegelnd und von Hiob unmittelbar mit Augen gesehen: Er, Jahve selber, Er in der Eigenmacht, dem Eigensinn, der Eigenwilligkeit des Schöpfers und Herrn all der eigenmächtigen, eigensinnigen, eigenwilligen Kreatur […]« (*Barth*, Hiob, 90).

und seiner herausragenden Eigenschaft: der des Eigensinns gegenüber seinem Schöpfer.

Literatur

Alter, R.: The Art of Biblical Narrative, New York 1981.

Anderegg, J.: Fiktion und Kommunikation. Ein Beitrag zur Theorie der Prosa, Göttingen 1973.

Barth, K.: Hiob (hg. v. *H. Gollwitzer*), BSt 49, Neukirchen-Vluyn ^{2}1966.

Blum, E.: Ein Anfang der Geschichtsschreibung?, in: *A. de Pury / Th. Römer* (Hg.), Die sogenannte Thronfolgegeschichte Davids, OBO 176, Fribourg / Göttingen 2000, 4–37.

Ebach, J.: »Ist es ›umsonst‹, dass Hiob gottesfürchtig ist?« – Lexikographische und methodologische Marginalien zu *ḥinnām* in Hi 1,9; in: *ders.*, Hiobs Post, Neukirchen-Vluyn 1995, 1–31.

Ebach, J.: Streiten mit Gott. Hiob Teil I, Hiob 1–20, Neukirchen-Vluyn ^{3}2007.

Ebach, J.: Streiten mit Gott. Hiob Teil II, Hiob 21–42, Neukirchen-Vluyn ^{2}2005.

Engljähringer, K.: Theologie im Streitgespräch. Studien zur Dynamik der Dialoge des Buches Ijob, SBS 198, Stuttgart 2003.

Fohrer, G.: Das Buch Hiob, KAT XVI, Gütersloh 1963.

Fairman, H. W.: The Triumph of Horus. An Ancient Egyptian Sacred Drama, London 1974.

Hecke, P. van: »Ich aber will zum Allmächtigen reden« (Ijob 13,3). Die Aussagen Ijobs und seiner Freunde über Gott, Conc 40 (2004), 383–391.

Horst, F.: Hiob. I. Teilband, Hiob 1–19, BK XVI.1, Neukirchen-Vluyn ^{3}1974.

Kaiser, G. / Mathys, H. P.: Das Buch Hiob. Dichtung als Theologie, BThSt 81, Neukirchen-Vluyn 2006.

Keel, O.: Jahwes Entgegnung an Hiob. Eine Deutung von Ijob 38–41 vor dem Hintergrund der zeitgenössischen Bildkunst, FRLANT 121, Göttingen 1978.

Kessler, R.: »Ich weiß, daß mein Erlöser lebet«. Sozialgeschichtlicher Hintergrund und theologische Bedeutung der Löser-Vorstellung in Hiob 19,25, ZThK 89 (1992), 139–158.

Knauf, E. A.: Ijobs multikulturelle Heimat, BiKi 59 (2004), 64–67.

Köhlmoos, M.: Das Auge Gottes. Textstrategie im Hiobbuch, FAT 25, Tübingen 1999.

Krüger, Th. / Oeming, M. / Schmid, K. / Uehlinger, Ch. (Hg.): Das Buch Hiob und seine Interpretationen, AThANT 88, Zürich 2007.

Krüger, Th.: Did Job Repent?, in: *Krüger / Oeming / Schmid / Uehlinger*, Hiob, 215–229.

Kunz-Lübcke, A.: Hiob prozessiert mit Gott – und obsiegt – vorerst (Hiob 31), in: *Krüger / Oeming / Schmid / Uehlinger*, Hiob, 263–291.

Loader, J. A.: Gott mit eigenen Augen sehen. Hiob und die Natur, in: *ders.*, Begegnung mit Gott, Wiener alttestamentliche Studien 3, Frankfurt a. M. 2001, 99–112.

Oberhänsli-Widmer, G.: Hiobtraditionen im Judentum, in: *Krüger / Oeming / Schmid / Uehlinger*, Hiob, 315–328.

Oeming, M.: Die Begegnung mit Gott, in: *M. Oeming / K. Schmid*, Hiobs Weg. Stationen von Menschen im Leid, BThSt 45, Neukirchen-Vluyn 2001, 95–119.

Oorschot, J. van: Die Entstehung des Hiobbuches, in: *Krüger / Oeming / Schmid / Uehlinger*, Hiob, 165–184.

Preuss, H. D.: Jahwes Antwort an Hiob und die so genannte Hiobliteratur des alten Vorderen Orients, in: *H. Donner / R. Hanhart / R. Smend* (Hg.), Beiträge zur alttestamentlichen Theologie, FS W. Zimmerli, Göttingen 1977, 323–343.

Schmid, K.: Der Hiobprolog und das Hiobproblem, in: *M. Oeming / K. Schmid*, Hiobs Weg. Stationen von Menschen im Leid, BThSt 45, Neukirchen-Vluyn 2001, 9–34.

Spieckermann, H.: Die Satanisierung Gottes. Zur inneren Konkordanz von Novelle, Dialog und Gottesreden im Hiobbuch, in: *I. Kottsieper / J. van Oorschot / D. Römheld / H. M. Wahl* (Hg.), »Wer ist wie du, HERR, unter den Göttern?«, FS O. Kaiser, Göttingen 1994, 431–444.

Strauß, H.: Tod (Todeswunsch, »Jenseits«?) im Buch Hiob, in: *P. Mommer / W. H. Schmidt / H. Strauß* (Hg.), Gottes Recht als Lebensraum, FS H. J. Boecker, Neukirchen-Vluyn 1993, 239–249.

Timm, H.: Sage und Schreibe. Inszenierungen religiöser Lesekultur, Kampen 1995.

Uehlinger, Ch.: Hiob im altorientalischen Kontext, in: *Krüger / Oeming / Schmid / Uehlinger*, Hiob, 97–163.

Utzschneider, H.: Die Inszenierung des Gestaltlosen. Alttestamentliche Gottes- und Kultbilder diesseits und jenseits des Bilderverbotes, in: *ders.*, Gottes Vorstellung, 316–327.

Utzschneider, H.: Gottes Vorstellung. Untersuchungen zur literarischen Ästhetik und zur ästhetischen Theologie des Alten Testaments, BWANT 175, Stuttgart 2007.

Utzschneider, H.: »Seht das Wort YHWHs […]«. Vorüberlegungen zu einer ästhetischen Theologie des Alten Testaments, in: *ders.*: Gottes Vorstellung, 328–349.

Welsch, W.: Zur Aktualität ästhetischen Denkens, in: *ders.*: Ästhetisches Denken, Stuttgart [5]1998, 41–78.

Der Text als »Doppeltes Lottchen«?

Zum Verhältnis von synchroner und diachroner Exegese in Ex 1–5

Walter Dietrich ist Initiator und – neben David Carr – Hauptherausgeber des beim Kohlhammer-Verlag in Stuttgart projektierten »Internationalen exegetischen Kommentars zum Alten Testament« (IEKAT / IECOT), zu dessen Hauptmerkmalen das ehrgeizige Bestreben zählt, synchrone und diachrone Exegese zu verbinden. Walter Dietrich hat sich mit dieser Fragestellung im Kontext der Samuelbücher jüngst selbst intensiv auseinandergesetzt.[1] Ihr war auch die 12. Tagung des Kolloquiums »Theorie der Exegese« vom 7.–9. März 2008 an der Augustana-Hochschule in Neuendettelsau gewidmet. Da daran die Autoren und Herausgeber des künftigen Exodusbandes dieses Kommentars teilnahmen (Shimon Gesundheit, Wolfgang Oswald, Helmut Utzschneider), lag es nahe, den Anfang des Exodusbuches zu Grund zu legen. Der folgende Text gibt das Einleitungsreferat zu diesem Kolloquium wieder. Es war als Impulsreferat gedacht. Nun ist es ein Werkstattbericht aus einem Projekt, das auf einen der vielen Impulse zurückgeht, die die alttestamentliche Wissenschaft Walter Dietrich verdankt.

1. Die Ausgangsfrage: Was heißt »synchrone« Perspektive der Exegese?

Das Thema der 12. Tagung des Kolloquiums »Theorie der Exegese« lautet »Der Text als doppeltes Lottchen, Ex 1–2

1 Vgl. *Dietrich*, David und Saul im Widerstreit.

in synchroner und diachroner Lesung« und stellt die Frage, ob den biblischen Texten in der zweifachen Perspektive von Synchronie und Diachronie das »Schicksal« der Kästner'schen Zwillinge Lotte und Luise widerfährt. Diese sind ja bekanntlich durch die Scheidung ihrer Eltern in zwei Städte verschlagen worden und dort unter ganz unterschiedlichen Umständen aufgewachsen, bis sie durch einen Zufall aufeinander getroffen sind und dann – ganz und gar nicht mehr zufällig – ihre geschiedenen Eltern und mit diesen sich selbst wieder zusammengeführt haben. Man könnte über die Analogie zwischen dem Motiv des Kästner'schen Jugendromans (erstmals erschienen 1949) und der Exegese lange räsonieren und etwa der Frage nachhängen, ob tatsächlich so etwas wie eine Scheidung zwischen diachroner, sprich: literargeschichtlicher Exegese und synchroner, sprich: literaturwissenschaftlicher Exegese stattgefunden hat. Wäre dem so, so hätte jeder Scheidungsteil einen und denselben biblischen Text mit aus der Ehe genommen, der damit gewissermaßen in eine Zwillingsexistenz geraten wäre. Ich möchte diese Metapher hier nicht theoretisch weiter vertiefen, sondern die praktisch-exegetische Frage nach dem Verhältnis von synchroner und diachroner Perspektive auf die biblischen Texte erörtern.

Die Projektbeschreibung des IEKAT / IECOT formuliert das Problem nicht eigentlich, sondern konstatiert schlicht einen programmatischen Anspruch: »Inhaltliches Hauptmerkmal ist die Verknüpfung synchroner und diachroner Perspektiven in der Textanalyse.« In der Kommentierung des Exodusbuches findet diese Tatsachenbeschreibung noch eine besondere Zuspitzung, die in gewisser Weise an Kästners »Doppeltes Lottchen« erinnert. Die »Verknüpfung von synchroner und diachroner Exegese« personifiziert sich hier in einem Doppelpack der Autoren, in dem die Wahrnehmung der synchronen Perspektive mir und Wolfgang Oswald die der diachronen übertragen ist – als dritter im Bunde kommt Shimon Gesundheit als Herausgeber und Ausleger der Gesetzestexte hinzu.

Nun sind die beiden Termini »synchron« und »diachron« bekanntlich gängige Münze im Diskurs der alttestamentlichen Wissenschaft, sie sind aber nicht oder allenfalls sehr vage definiert, und so liegt es auf der Hand, dass das »inhaltliche Hauptmerkmal« der Projektbeschreibung des IEKAT / IECOT nicht mehr ist als eine grobe Richtungsangabe, für die methodisch gesicherte Wege erst noch zu finden sind. Um eben diese Frage der exegetischen Theorie geht es auf dieser Tagung, auch wenn diese – wie im Programm ausgedruckt – praktisch-exegetisch arbeiten wird. So möchte ich in meiner Einleitung auch keinen theoretischen Vorspann liefern, sondern einen Erfahrungsbericht, der auf meinen Part in diesem Spiel abhebt, den synchronen.

Vorher aber gilt es zu sehen, dass die »personifizierte« Arbeitsteilung bei der Verknüpfung von diachroner und synchroner Perspektive nicht selbstverständlich ist, auch nicht in dem im Entstehen begriffenen Autoren-Tableau des IEKAT / IECOT. Mit anderen Worten: Auch in dem scheinbar so klar positionierten Projekt des Kommentars sind unterschiedliche Versionen des Diachronen und Synchronen unterwegs.

Die Mehrzahl der Autorinnen und Autoren nehmen beide Perspektiven ganz selbstverständlich in ihrer Person wahr, wobei ihnen überlassen bleibt, was sie jeweils unter »synchroner« bzw. »diachroner« Perspektive verstehen; es bleibt auch offen, wie diese Perspektiven zu kombinieren sind und welches Gewicht sie jeweils in der Auslegung haben. Es ist abzusehen, dass diese Offenheit (die ich für unvermeidlich halte) zu recht unterschiedlichen Ergebnissen führt. Drei Möglichkeiten seien hier angedeutet:

a) Es ist z. B. ein konventioneller redaktionsgeschichtlicher Kommentar denkbar, der sich seiner synchronen Aufgabe dadurch entledigt, dass er eine besonders eingehende Literarkritik des überlieferten Endtextes vornimmt.
b) Möglich ist aber auch ein im Grundansatz redaktionsgeschichtlicher, also diachroner Kommentar, der die »synchrone« Perspektive erst einnimmt, wenn die hypothetisch-realen Vorlagen und Schichten rekonstruiert und auf die Spezifika ihrer Gestalt oder auf ihre Intentionen in

ihrem engeren historischen Kontext (also in diesem Sinne »synchron«) hin befragbar sind. Synchron wird in diesem Modell also nicht der vorliegende Text ausgelegt, sondern die Redaktionsschichten und Textvorstufen, die die Textarchäologie freigelegt hat.
c) Ein weiteres Verständnis der Verknüpfung von Synchronie und Diachronie der Texte kann darauf hinauslaufen, dass im Vordergrund der Auslegung die Analyse der vorliegenden Exoduserzählung nach modernen narratologischen Kategorien steht, während die diachrone Perspektive durch ein Referat gängiger redaktionsgeschichtlicher Hypothesen und die für die Exodustexte unumgängliche Frage nach der Historizität des Exodusereignisses vertreten wird, was kaum mehr ist als eine »Schwundstufe« der in der Projektbeschreibung des IEKAT / IECOT vorschwebenden Verknüpfung der Perspektiven.

In meinem Verständnis »synchroner« Exegese, das ich nun kurz skizzieren will, ist der sog. Endtext oder – in der Terminologie des »Arbeitsbuches literaturwissenschaftliche Bibelauslegung« – der Text als »literarisch-ästhetisches Subjekt«[2] erster Gegenstand der Auslegung, was nicht aus-, sondern einschließt, dass auch diachron rekonstruierte Vorstufen des Endtextes Gegenstand synchroner Exegese sein oder werden können. Die synchrone Perspektive auf den auszulegenden Text ist auf die Kenntnis der bei der Gestaltung der Texte wirksamen, typischen Muster angewiesen. D. h., »synchrone Analyse« beruht wesentlich auf der Kenntnis der Gestaltungsregeln der in den auszulegenden Texten realisierten Genres, Gattungen und Textmuster. Dabei spielen nicht nur verallgemeinerbare, transkulturell, ja universal wirksame »Bauformen« des Erzählens eine Rolle, die sich durch die Anwendung moderner narratologischer Kategorien erschließen lassen. Für das Verständnis der überlieferten Textgestalten mindestens ebenso aufschlussreich sind spezifische Textbildungsmuster der altisraelitischen Literatur und der Literaturen der Umwelt. Synchrone Exegese ist also keineswegs unhistorisch oder anachronistisch. Es kommt mir im Folgenden nicht zuletzt darauf an, dies an einer »Endtextauslegung« exemplarisch zu zeigen.

2 *Utzschneider / Nitsche*, Arbeitsbuch, 63ff.

Ich werde dazu einige Beobachtungen und Überlegungen vorstellen, die sich mir im Laufe meiner ersten Vorarbeiten für die Kommentierung des Exodusbuches erschlossen haben. Eine erste Gruppe von Beobachtungen bezieht sich auf antike Textmuster, die der Exoduserzählung im Bereich Ex 1–5 unterlegt sind und wesentlich zu dessen Gliederung und Plotbildung beitragen (2. Gattungsmuster und »Type-Scenes«). Eine zweite Gruppe von Beobachtungen versucht, prägende narrative Eigenschaften der Exoduserzählungen mit Kategorien der modernen Erzählanalyse zu beschreiben und in ihrer Funktion für das Erzählen zu erfassen (3. Figurenperspektive und Suspense). Im letzten Abschnitt möchte ich auf die Frage der Anschließbarkeit der hier umrissenen Konzeption der »synchronen Exegese« an diachrone Konzeptionen eingehen (4. Der literarische und historische Eigensinn des vorliegenden Textes als Aufgabe der synchronen Exegese).

2. Gattungsmuster und »Type-Scenes«: Antike Textbildungsmuster als Kohärenzfaktoren

Gliederungen biblischer Erzähltexte sind – wie bei modernen Erzählungen auch – an Kohärenz- bzw. Inkohärenzfaktoren wie Einleitungs- und Schlussformeln, Orts- und Personenwechsel sowie der thematischen Progression, also der Einführungen neuer Themen, ablesbar. Über größere Erzählstrecken hinweg spielt die in der Exoduserzählung ja besonders häufig anzutreffende »Leitwortverbindung« eine Rolle. Aus der Abfolge der größeren und kleineren Gliederungssegmente – ich spreche im Zusammenhang der Exoduserzählung von Szene, Episode und Phase – lässt sich auch der Plot der Erzählung insgesamt erkennen.

Über diese gewissermaßen »konventionellen« Faktoren der Segmentierung und Plotbildung hinaus spielen in der Exoduserzählung anscheinend jedoch umfangreichere traditionelle Textmuster eine Rolle, die die Forschung

z. T. als Erzählmotive, z. T. als Gattungen oder unter anderen Begriffen kennt. Überraschend ist nicht, dass solche Textmuster in der Exoduserzählung ausweisbar sind, überraschend ist – jedenfalls für mich – in welch tiefgreifender Weise sie einerseits Segmentierung und Plot mitbestimmen und dabei andererseits vielfältig variiert und dem Duktus der Erzählung angepasst, ja verfremdet[3] werden.

2.1. Das Textmuster des »ausgesetzten Kindes« als Hintergrund der Erzählphase Ex 1,8–2,22

Die inhaltliche Tiefenstruktur der ersten Erzählphase ist insgesamt (und nicht nur in der Geburtserzählung des Mose Ex 2,1–10, wie zumeist angenommen wird) mit dem gemeinantiken Erzählmuster des »ausgesetzten Kindes« unterlegt, das trotz mancher Spannungen im Einzelnen die Kohärenz dieser Erzählphase bewirkt.

D. B. Redford hat in einem knappen Überblick nicht weniger als 32 Beispiele von Erzählungen aus Mesopotamien (z. B. Sargon von Akkad, vgl. unten), Persien (z. B. Kyros), Griechenland (z. B. Oidipus), Italien (z. B. Romulus und Remus) und Ägypten zusammengetragen,[4] in denen dieses Muster erkennbar ist. Man kann es in drei Phasen einteilen:

a) die Eingangsphase, in der die Ausgangslage und das Motiv für das Geschehen um das besondere Kind beschrieben wird,
b) die zentrale Phase, in der es um Geburt, Aussetzung und Rettung des Kindes geht, und
c) die Schlussphase, die aus der Jugend des Menschen erzählt, bis dieser in seine ihm zugedachte Funktion als Herrscher, Retter oder politischer Führer eintritt.

Im vorliegenden Text der Exoduserzählung bildet das durch den tyrannischen ägyptischen Herrscher angedrohte

3 Zur Verfremdung von Gattungen als poetischer Strategie vgl. *Utzschneider / Nitsche*, Arbeitsbuch, 120ff.
4 *Redford*, The Literary Motif of the Exposed Child, 209–228.

Massaker an den neugeborenen Israeliten das Motiv für die Aussetzung des Mose-Kindes. Die Tötung der Kinder treibt die mit der Versklavung der Israeliten beabsichtigte »Demütigung« (vgl. zu Ex 1,11f., vgl. auch Ex 5,21) auf die Spitze. Das heißt: Abgesehen von der Einleitung Ex 1,1–7 gehört Ex 1 insgesamt bereits in den Zusammenhang dieses Texttyps. Die Motive der zentralen Phase, Aussetzung und Auffindung, sind durch die Geburtserzählung des Mose (2,1–10) repräsentiert. Die abschließende Phase der Jugenderzählung spiegelt sich Ex 2,11–22. Dabei fällt auf, dass die Mose-Erzählung der Bibel, anders als die Versionen der Erzählung aus hellenistischer Zeit (etwa bei dem Tragiker Ezechiel, bei Artapanus oder Josephus), die ägyptische Erziehung des Mose zwar voraussetzt, im Einzelnen darüber aber strenges Stillschweigen bewahrt. (Dieses Schweigen bildet – am Rande bemerkt – die Leerstelle, der Assmanns ägyptischer Mose entstiegen ist.) Die biblische Jugenderzählung lässt den jungen Mose unmittelbar mit seinen hebräischen Brüdern in der Bedrü ckungssituation des Erzählanfangs zusammentreffen. Er setzt sich für diese handgreiflich ein. Im Endeffekt missglückt die Aktion aber, und die Jugendgeschichte endet mit der – im Sinne des Textmusters – durchaus programmwidrigen Flucht des Mose nach Midian. So zeigt sich einerseits, dass das Textmuster nicht einfach reproduziert, sondern dem individuellen Plot der Exoduserzählung untergeordnet wird. Andererseits gestaltet es diesen Plot tiefgreifend mit, indem es die Rahmenthematik einer ganzen Erzählphase vorgibt.

Im Überblick lässt sich die Prägung der ersten Erzählphase der Exoduserzählung durch das Erzählmuster des ausgesetzten Kindes so darstellen:

1) Bedrohung durch ein von einem Tyrannen angedrohtes Massaker	Ex 1,15–21: Pharao befiehlt den Hebammen, die männlichen Neugeborenen der Israeliten bei der Geburt zu töten.

	Ex 1,22: Pharao befiehlt seinem Volk, die männlichen Neugeborenen der Israeliten in den Nil zu werfen.
2) Ein neugeborenes Kind ist bedroht; es wird ausgesetzt und gerettet.	Ex 2,1–10: Ein hebräisches Kind wird auf dem Nil ausgesetzt, die Tochter des Pharao findet es, gibt ihm den Namen Mose und lässt es aufziehen.
3) Als Heranwachsender und junger Erwachsener legt der Gerettete Proben seiner Führungskunst ab. Schließlich besiegt er den Tyrannen.	Ex 2,11–22: Mose setzt sich für die Israeliten, seine unterdrückten Landsleute, ein. Er scheitert (zunächst) und muss aus Ägypten nach Midian fliehen.

2.2. Kultätiologie (»Entdeckersage«) und »Retterberufung« als Hintergrund der Erzählphase Ex 2,23–6,1

Eine dem Textmuster »des ausgesetzten Kindes« (bzw. des geretteten Retters) vergleichbare Rolle spielen in der Erzählphase Ex 2,23–6,1 Gattungselemente aus der kultätiologischen Sage und der Retterberufung.

Das Gattungsschema der Kultätiologie, Gressmanns »Entdeckersage«[5], ist in der Dornbuscherzählung nicht vollständig vertreten. Wie Jakob in Gen 28,10–22 auf den ominösen Ort mit dem Stein (28,11) trifft, so gelangt auch Mose zufällig an den Gottesberg, der dann auch ausdrücklich als ein heiliger Ort bezeichnet wird (3,5); wie Jakob die Engel und JHWH im Traum auf der Himmelstreppe sieht (28,12f.), so lässt sich der Bote JHWHs dem Mose in der Erscheinung des Dornbuschs sehen. Anders als Jakob in der Betelsage (28,19) etabliert und benennt Mose am Gottesberg aber kein Heiligtum. Dennoch ist dieses eigentlich ätiologische Element in Ex 3 nicht einfach weggefallen; es ist nur im Sinne der Exoduserzählung modifiziert, wie wir noch sehen werden.

5 *Gressmann*, Mose und seine Zeit, 38ff.

Das alttestamentliche Gattungsschema der »Retterberufung« ist in Ex 3,9–12 vollständig vertreten und zwar mit den gewöhnlich diesem Schema zugeschriebenen Elementen »Auftrag« (Stichwort: »senden« V. 10), Einwand (V. 11 »Wer bin ich [...]«), »Ermutigung« (V. 12 »Ich will mit dir sein [...]«) und »Zeichen« (V. 12: »Wenn Du mein Volk aus Ägypten geführt hast, werdet ihr Gott auf diesem Berg dienen [...]«).

Eine noch wesentlich detailliertere, auf dem Vergleich mit altorientalischen Texten beruhende Liste von »plot-motifs« der »traditional episode of the saviour« sah Dorothy Irvin dem Abschnitt Ex 3–5 zugrundeliegen.[6] Ihre Aufteilung der Erzählstoffe von Ex 3–5 auf die »plot-motifs« des Schemas, die G. Fischer in seiner Dissertation über Ex 3 aufgegriffen hat,[7] zeigt, dass das Motiv des Einwandes (»The hero demurs«) nicht nur in der eigentlichen Berufungsszene in Ex 3,9ff. erscheint, sondern in den drei Dialogen in Ex 4 wiederholt und mit dem Schema sowie dessen erster Realisierung in Ex 3,9–12 verbunden wird:

Der erste Einwand des Mose, die Israeliten könnten nicht auf ihn hören (Ex 4,1–9), antizipiert das Nichthören der Israeliten in Ex 6,9.12. JHWH begegnet diesem Einwand mit zwei Zeichen, von denen eines auf das Stabwunder von Ex 7,8 verweist. Der erste Dialog greift also das Zeichenmotiv des Schemas auf, ohne sich damit unmittelbar auf das Zeichen von Ex 3,12 zu beziehen. Im zweiten Dialog in Ex 4,10–12 führt Mose seine mangelnde Redegabe ins Feld; JHWH lässt den Einwand nicht gelten und versichert Mose seines Beistandes: „Ja, ich werde mit deinem Mund sein [...]« Der Anklang an 3,12 (»Ich werde mit dir sein [...]«) ist unüberhörbar. Im letzten Dialog in Ex 4 schließlich will Mose die Sendung, die ihm in 3,10 zuteil wurde, ohne weitere Begründung zurückgeben: »Sende doch wen du willst [...]« (4,12). Von da aus führt

6 Vgl. den Abschnitt III. § 3 The Joseph and Moses Stories as Narrative in the Light of Ancient Near Eastern Narrative, in: *Hayes / Miller*, Israelite and Judean History, 180–209, bes. 203ff.
7 *Fischer*, Jahwe, unser Gott, 53ff.

auch eine terminologische Brücke zum Ende dieser Erzählphase, in der Mose nach der Weigerung Pharaos, das Volk ziehen zu lassen, und der Verschärfung der Fron sich erneut an JHWH wendet und ihm den Einwand von 4,13 in gesteigerter Form entgegenhält: »Warum hast du mich denn nun gesandt?« (5,22). Auf diesen Einwand antwortet JHWH nicht mit einer erneuten Ermutigung des Mose, sondern mit der Versicherung, er, JHWH, werde die Angelegenheit nun selbst in die Hand nehmen (6,1). Damit hat das erzählte Geschehen eine neue Qualität erreicht, und die Erzählung tritt in eine neue Phase, in der die Einwände des Mose zwar nicht verstummen (Ex 6,12.30), aber die Antwort JHWHs darauf nicht mehr Ermutigung ist, sondern Befehl.

Auch hier zeigt sich, dass und wie die Erzählung das Gattungsschema ihrem Plot zugrundelegt und dieses dabei modifiziert, ja geradezu mit ihm spielt. Dieses spielerische Moment wird noch deutlicher, wenn man beobachtet, wie die Erzählung die beiden Gattungsschemata der Kultätiologie und des Berufungsschemas miteinander verknüpft. Wie oben bemerkt, fehlt in der Dornbuscherzählung das Gattungselement der Heiligtumsgründung. Dies wird in der Zeichenankündigung in Ex 3,12 gewissermaßen nachgetragen und als Vorverweis auf den Gottesdienst des Volkes am Sinai (Ex 24ff.) umgewandelt.

2.3. »Type-Scenes« in Ex 2,15–22

Was übergreifende Text- oder Gattungsmuster für größere Textzusammenhänge, das sind die sogenannten »type-scenes« für Einzelerzählungen kleineren Umfangs, wie die Episode bei der Ankunft des Mose in Midian Ex 2,15–22. Den Begriff »biblical type-scenes« hat Robert Alter – im Anschluss an einen Terminus der Homerinterpretation – eingeführt.[8] Die Szenen beziehen ihre »Typik« aus konventionellen Verhaltensweisen, die vorzugsweise an Wen-

8 *Alter*, Art of Biblical Narrative, 50ff.

depunkten des Lebens wie Empfängnis, Geburt, Verlöbnis, Hochzeit, Tod anzutreffen sind. Die »type-scenes« bilden die Grundelemente des Plots der Einzelerzählungen; diese Grundelemente sind jedoch in den Details so gestaltet oder umgestaltet, dass die besondere Aussageabsicht des Erzählers zum Ausdruck kommen kann. Unsere Episode ist eine »betrothal type-scene«, eine »Verlöbniserzählung«[9] wie die »Verlöbniserzählungen« Isaaks (Gen 24) und Jakobs (Gen 29). Diesen Szenen ist eine Reihe von Elementen gemeinsam:

a) Ein (künftiger) Bräutigam (Ex 2,15.22; Gen 29,5) bzw. dessen Vertreter (Gen 24,2) trifft auf ein junges Mädchen.
b) Das Treffen ereignet sich an einem Brunnen (Gen 24,11; 29,l; Ex 2,15), zu dem die Mädchen kommen, um ihrer Alltagspflicht zu genügen und das Vieh zu versorgen.
c) Von dort aus laufen bzw. eilen die jungen Mädchen nach Hause, um ihrer Familie von dem Treffen zu berichten (Gen 24,28; 29,12; Ex 2,18).

Im Duktus der Erzählung führt diese »type-scene« einen merklichen Stimmungswandel herbei: Nach der dramatischen Flucht und im Vorfeld der nicht weniger dramatischen Berufung lässt sich der Held buchstäblich eine Weile nieder und genießt die Idylle, die mit der »Verlöbnisszene« und der gastlichen Aufnahme bei seinem künftigen Schwiegervater verbunden ist.

3. Figurenperspektive und Suspense: Beobachtungen zur Erzähltechnik der Exoduserzählungen

Die Exoduserzählung ist durch ein vielgestaltiges narratives Raffinement geprägt. Die beiden m. E. besonders typischen Beispiele, die ich dafür geben will, vermitteln einen Eindruck davon, wie die Erzählung ihre Leserinnen und Leser am erzählten Geschehen teilhaben lässt – und zwar nicht nur intellektuell, sondern auch emotional.

9 A. a. O., 52ff.

3.1. Die Figurenperspektive und Zoomtechnik in der Geburts- und Jugenderzählung des Mose

Wie andere alttestamentliche Erzählungen auch, ist die Exoduserzählung sehr sparsam mit unmittelbaren Beschreibungen der Figuren. Stattdessen lässt sie die Leser bisweilen das Geschehen mit den Augen und aus der Perspektive von Erzählfiguren sehen. Dies ist besonders wirksam durch eine Art narrativer Zoomtechnik. In dieser Weise bekommen die Leser das Mose-Kind der Geburtserzählung Ex 2,1–10 aus den Perspektiven der vier Frauengestalten dieser Episode zu Gesicht: Der erste Blick auf das Kind nach dessen Geburt ist der der Mutter: »Und sie sah ihn an: er war sehr schön« (V. 2). Die Aussetzung des Neugeborenen am Ufer des Nils sieht der Leser aus der Perspektive der Schwester des Mose, die aus einiger Entfernung das Schicksal ihres Brüderchens verfolgt (V. 4). Den entscheidenden Moment schließlich, die Auffindung des Kindes, stellt die Erzählung aus dem Blickwinkel der ägyptischen Prinzessin und ihrer Magd dar: »Und sie sandte ihre Magd, und sie ergriff es und öffnete es. Da sah sie ihn […]« (V. 5f.). Es ist nicht eindeutig markiert, wer das Subjekt ist, die Prinzessin oder die Magd, die das Körbchen geborgen und geöffnet hat. So sehen beide hin, und die Erzählung stellt sprachlich nach, wie sich die multiplen Sinneseindrücke der Frauen zu einer Wahrnehmung fügen: »[…] das Kind und siehe: ein Knabe, er weinte« (V. 6). Erst jetzt erfolgt die Reaktion der Prinzessin: »Da hatte sie Mitleid mit ihm […].«

Eine ähnliche Zoomtechnik, nun aus der Perspektive des Mose, macht die Leser zu Zeugen der gewaltsamen Fron und der daraus resultierenden Gewalttat des Mose an dem ägyptischen Aufseher: Dreimal heißt es in Ex 2,11–12 »und er sah«. Mit dem Blick des Mose fokussiert sich auch der des Lesers. Er sieht die Fron, er sieht die Gewalt, die ein Ägypter gegen einen seiner hebräischen Brüder ausübt, und mit Mose sieht sich der Leser um – und sieht niemanden (was sich in der nächsten Szene als Täuschung herausstellen wird). Dann schlägt Mose den ägyptischen Unterdrücker tot.

3.2. »Suspense« als narrativer Effekt der Dialoge auf dem Gottesberg

Unter »Suspense« versteht man – neben einer bestimmten Gattung der sogenannten Trivialliteratur[10] – eine Technik der Erzeugung von lang anhaltender Spannung bei den Lesern, die man auf die Dualität von Erwartung und Zweifel zurückführen kann. Über eine längere Strecke der Erzählung hinweg wird diese Dualität aufgebaut und kommt dann zu einer Lösung (oder eben nicht). Ein solcher »Suspense« wird exemplarisch durch die oben bereits dargestellte Reihe der Einwände und Ermutigungen des Mose in den Gottesbergdialogen aufgebaut. Viermal – wenn man die Namensfrage in Ex 3,13f. hinzuzieht, fünfmal – keimt bei Mose der Zweifel auf, ob er der mit der Sendung verbundenen Erwartung gerecht werden kann. Ebenso oft weist JHWH den Zweifel zurück und steigert damit die Erwartung der Leser, Mose könne und werde mit Hilfe JHWHs den Auszug beim Pharao erwirken. Der Höhe der Erwartung entspricht der Tiefpunkt, der mit dem (vorläufigen) Scheitern der Mission des Mose am Ende von Ex 5 erreicht ist.

Quer zu diesem »Suspense« steht allerdings der Hinweis JHWHs auf sein Vorwissen, »dass der König von Ägypten euch erst ziehen lassen wird, wenn er mit Wundertaten«, d. h. den Plagen, »geschlagen sein wird« (Ex 3,19f.). Ich meine allerdings, dass auch die Plagenerzählung einen solchen Suspense aufbaut, dann aber mit einem (zunächst) erfolgreichen Ausgang. Ja, die Exoduserzählung insgesamt ist durch eine narrative und theologische Spannung geprägt: »Spannend, und zwar spannend bis zum letzten Moment, bleibt die Frage, ob die politische Theonomie […] zum Ziel führt […].«[11]

10 Vgl. *Highsmith*, Suspense oder wie man einen Thriller schreibt.
11 Vgl. dazu schon *Utzschneider*, Gottes langer Atem, 75.

4. Der literarische und historische Eigensinn des vorliegenden Textes als Aufgabe der synchronen Exegese

Zu den Grundfragen des Verhältnisses von diachroner und synchroner Perspektive gehört, ob eine synchrone, genauer gesagt: eine auf den Endtext bezogene, literaturwissenschaftlich basierte Wahrnehmung mehr sein kann als eine heuristische Vorstufe der historischen Analyse und Erschließung des Textes. Die beiden vorangehenden Überlegungen haben m. E. zunächst gezeigt, dass mit dem Begriffspaar synchron / diachron jedenfalls nicht die Opposition historisch / unhistorisch verbunden sein muss. Ein biblischer Text kann auch ohne redaktionskritische Analyse oder abgesehen von einer solchen historisch betrachtet werden. Der historische Grund dafür könnte darin liegen, dass die Redaktoren und Ergänzer in der Lage waren, Erzähltechniken und thematische Tiefenstrukturen ihrer jeweiligen Vorlagen aufzugreifen und fortzuführen, selbst wenn dies zu erheblichen Modifikationen des Plots und der Aussageintentionen des Textes führte. Die Voraussetzung dafür ist, dass diese Erzähltechniken und thematischen Strukturen langzeitliche Größen der altisraelitischen Literatur und Theologie mit einer u. U. bis heute rezipierbaren Wirkung und Geltung darstellen. Mit solchen Größen hat es die synchrone Perspektive in der Tat zu tun. Dabei ist sie an die diachron gezogenen Grenzen nicht gebunden, ja sie sollte sie bisweilen sogar bewusst ignorieren, wenn und weil sie dem Eigensinn des vorliegenden Textes auf der Spur ist. Dies soll wiederum an zwei Beispielen kurz erläutert werden.

Es ist unter Redaktionsgeschichtlern unstrittig, dass die Schwester des Mose erst über die redaktionelle Ergänzung der V. 4 und 7–10a in die Geburtserzählung gekommen ist. Dies mag so sein. Ungeachtet dessen verhält sie sich so, wie die anderen Frauenfiguren in dieser Episode. Ihr Blick begleitet das Schicksal des kleinen Mose, als dieser in seinem Körbchen eben diesem Schicksal ausgeliefert scheint. Die ägyptische Königstochter spricht sie auf ihre mütterliche Funktion an, noch bevor jene sich dazu selbst bekannt hat. Die hebräische Mutter des Mose wird durch sie in ihre Rechte wieder eingesetzt. Man kann das »plötzliche Erscheinen« der Schwester als »ungeschickt«[12] und damit als Indiz dafür werten, dass sie später in die Erzählung gekommen ist. Man kann die Rolle der Schwester aber auch als gesteigerten und vollendeten Ausdruck der mütterlichen Sorge nehmen, die die beiden anderen Mütter des Mose auszeichnet. D. h., die Schwester des Mose in ihrer literarischen Gestaltung in Ex 2 greift eine vorgegebene Linie der Erzählung auf und führt sie weiter.

Ähnlich verhält es sich mit den drei Dialogen zwischen JHWH und Mose in Ex 4. Es besteht unter den führenden Redaktionsgeschichtlern Übereinstimmung darüber, dass der Abschnitt 4,1–17 einheitlich ist und nachpriesterschriftlich an ein wenigstens z. T. früher zu datierendes Textsubstrat in Ex 3 angefügt wurde.[13] Dabei kann es durchaus sein, dass sich die jeweils veranschlagte Redaktion von außerliterarischen Intentionen leiten ließ, die gar nicht vom engeren Kontext in Ex 3 herrühren. W. Oswald beispielsweise denkt an eine Konzeption, die den priesterlichen Aaron und das dtr. Levitentum verbinden wollte.[14] Im Duktus des vorliegenden Textes geht es m. E. aber nicht nur um solche relativ komplexe theologische Botschaften, sondern auch um die Spannung, ja den »thrill«, der die Leser den Zorn JWHWs mitempfinden lässt (4,14), als Mose auch nach wiederholten göttlichen Ermutigungen von seiner Bedenkenträgerei nicht lassen will.

Es ist die Aufgabe der diachronen Perspektive, die Motive und Intentionen im diachronen Prozess selbst zu erheben, während die »synchrone« Interpretation zu verdeutlichen hat, welchen Eigensinn das Ergebnis dieses Prozesses im vorliegenden Text erlangt hat. Dies ist vor

12 *Ehrlich*, Randglossen zur hebräischen Bibel IV, 294, nach *Schmidt*, Exodus, 52.

13 *Gertz*, Tradition und Redaktion in der Exoduserzählung, 305–317; *Blum*, Die literarische Verbindung von Erzvätern und Exodus, 129f.

14 Vgl. *Oswalds* Redaktion »Rpd« in: *ders.*, Israel am Gottesberg, 202ff.

allem eine literarisch-ästhetische, darin aber eben auch eine historische Aufgabe.

Kommen wir zu einem Fazit: Die »diachrone« Textauslegung ist auf historisch und literarisch engere historische Räume und auf Texte im Sinne kommunikativer Einzelereignisse (»Botschaften«) bezogen; auch den Prozess der Synthese dieser kommunikativen Einzelereignisse hat sie im Blick. Die »synchrone« Perspektive hat es hingegen mit dem Text als Ergebnis dieser Synthese zu tun, die sie in großräumigere, historische Kontexte einzeichnet. Der Text kommt dabei als entwickelte literarische Größe in den Blick. Ohne »künstlich« zu harmonisieren, wird die synchrone Perspektive doch eher die verbindenden Faktoren dieser Synthese hervorheben und die Spannungen als Ansätze für einen produktiven Umgang mit dem Text begreifen. Die Rezeptionsgeschichte gibt ihr darin m. E. Recht.

Kommen wir zur Ausgangsfrage zurück: Legen die diachrone und die synchrone Exegese ein und denselben Text getrennt aus und machen ihn damit zu einem »doppelten Lottchen«? Wahrscheinlich scheint dies nur so. Die beiden Perspektiven verdoppeln den überlieferten Text nicht. Sie realisieren ihn in unterschiedlichen Lesehorizonten. Die diachrone Perspektive stellt den Focus auf einzelne Kommunikationssituationen scharf, während die synchrone Auslegung Horizonte schafft, in denen der überlieferte Text in seinem literarischen und historischen Eigensinn tendenziell universal lesbar ist.

Literatur

Alter, R.: The Art of Biblical Narrative, New York 1981.

Blum, E.: Die literarische Verbindung von Erzvätern und Exodus. Ein Gespräch mit neueren Endredaktionshypothesen, in: *Gertz, J. C. / Schmid, K. / Witte, M.* (Hg.), Abschied vom Jahwisten. Die Komposition des Hexateuch in der jüngsten Diskussion, BZAW 315, Berlin 2002, 119–159.

Dietrich, W. (Hg.): David und Saul im Widerstreit. Diachronie und Synchronie im Wettstreit. Beiträge zur Auslegung des ersten Samuelbuches, OBO 206, Fribourg / Göttingen 2005.

Ehrlich, A. B.: Randglossen zur hebräischen Bibel, Bd. IV, Leipzig 1912 (ND Hildesheim 1968).

Fischer, G.: Jahwe, unser Gott. Sprache, Aufbau und Erzähltechnik in der Berufung des Mose (Ex 3–4), OBO 91, Fribourg / Göttingen 1989.

Gertz, J. C.: Tradition und Redaktion in der Exoduserzählung. Untersuchungen zur Endredaktion des Pentateuch, FRLANT 186, Göttingen 1999.

Gressmann, H.: Mose und seine Zeit. Ein Kommentar zu den Mose-Sagen, FRLANT 18, Göttingen 1913.

Irvin, D.: The Joseph and Moses Stories as Narrative in the Light of Ancient Near Eastern Narrative, in: *Hayes, J. H. / Miller, J. M.* (ed.), Israelite and Judean History, London 1977, 180–209.

Highsmith, P.: Suspense oder wie man einen Thriller schreibt, Zürich 1990 (engl. orig. 1966).

Oswald, W.: Israel am Gottesberg. Eine Untersuchung zur Literargeschichte der vorderen Sinaiperikope Ex 19–24 und deren historischem Hintergrund, OBO 159, Fribourg / Göttingen 1998.

Redford, D. B.: The Literary Motif of the Exposed Child, Numen 14, 1967, 209–228.

Schmidt, W. H.: Exodus 1–6, BK II/1, Neukirchen-Vluyn 1988.

Utzschneider, H.: Gottes langer Atem. Die Exoduserzählung (Ex 1–14) in ästhetischer und historischer Sicht, SBS 166, Stuttgart 1996.

ders. / Nitsche, S. A., Arbeitsbuch literaturwissenschaftliche Bibelauslegung. Eine Methodenlehre zur Exegese des Alten Testaments, Gütersloh 2001.

Die LXX als »Erzählerin«

Beobachtungen an der LXX-Fassung der Geburts- und Kindheitsgeschichte des Mose (Ex 2,1–10)[1]

Was geschieht, wenn eine Erzählung übersetzt wird?[2]

Gewiss ist auch für die Übersetzung einer Erzählung eine »Technik« erforderlich, nach deren Regeln der Übergang von einem Sprachsystem zum anderen zu bewerkstelligen ist, durch die zwischen den unterschiedlichen soziokulturellen Kontexten zu vermitteln ist und die von der Ausgangssprache zur Zielsprache Wörter für Wörter, Satzstrukturen für Satzstrukturen finden lässt. Im Folgenden wird uns die Frage beschäftigen, ob – in diesem größeren Rahmen der Übersetzungstechnik – das literarische Genre der Erzählung weitere, besondere Voraussetzungen, Regeln, aber auch Möglichkeiten für die Übersetzenden mit sich bringt.

In der Erzähltheorie wird unterschieden zwischen

1. dem schriftlichen oder mündlichen Erzähltext, dem narrative discourse oder dem récit,

1 Dieser Aufsatz ist auch eine Art Hommage an die nunmehr erschienene »Septuaginta Deutsch«. In der LXX.D sind Textstellen kursiv gesetzt, bei denen Differenzen zwischen dem masoretischen Text und der LXX bestehen. So ermöglicht die LXX.D auch über größere Textstrecken hinweg einen ersten Überblick über die einschlägigen Stellen. Sie erweist sich insofern als ein hervorragendes Arbeitsinstrument auch für wissenschaftliche Fragestellungen, das ich für diesen Aufsatz mit Gewinn genutzt habe. Dieser Nutzen wird noch vermehrt werden, wenn der Erläuterungsband mit seinen Kurzkommentaren erschienen ist.

2 Vgl. dazu auch: *John A. Beck*, Translators as Storytellers. A Study in Septuagint Translation Technique, Studies in Biblical Literature 25, New York u. a. 2000. Ich verdanke den Hinweis auf die Arbeit meinem Kollegen und Mitherausgeber *Martin Rösel*.

2. der story oder histoire, der Handlungsfolge, die diesem Erzähltext zugrunde liegt und schließlich

3. der »narration«, also dem konkreten Erzählereignis, in dem histoire und récit bzw. story und discourse realisiert oder »performiert« werden.[3]

Meine These ist: Der Übersetzungsvorgang, der zwischen dem hebräischen und dem griechischen Erzähltext liegt, ist am besten als ein Erzählereignis, also ein »produzierende[r], narrative[r] Akt«[4], zu begreifen. Die Übersetzer begegnen im hebräischen Text nicht nur dessen Oberfläche und Thematik, sondern nehmen auch die zugrunde liegende Story wahr. Sie begegnen Personen nicht nur als Lexemen oder syntaktischen Elementen, sondern als konturierten Figuren. Segmente des Textes sind zugleich Szenen. Übersetzer, die sich diesen Eindrücken bei der Wahrnehmung des Ausgangstextes nicht verschließen, treten darüber hinaus in eine virtuelle Kommunikation mit ihren künftigen Leserinnen und Lesern und nehmen selbst gegenüber der erzählten Geschichte Stellung.[5] Wenn sie in der Übersetzung all diese Wahrnehmungen in den neuen, zielsprachlichen Erzähltext umsetzen, so ist dies zuallererst ein Erzählereignis, eine Narration, die sich dann auf einer zweiten Ebene des Vorgangs in einem schriftlichen, tradierbaren Erzähltext niederschlägt.

Es ist das Ziel dieser Ausführungen, diese These an der LXX-Version der Erzählung von der Geburt des Mose in Ex 2,1–10 zu demonstrieren und, wenn möglich, zu verifizieren. In ihrer hebräischen Version gehört sie zu den »Klassikern« biblischer Erzählkunst, was in unzähligen Rezeptionen in der Literatur und der bildenden Kunst sowie selbstverständlich auch in der umfangreichen wissenschaftlichen Sekundärliteratur Ausdruck gefunden hat. Eine literaturwissenschaftliche Untersuchung der LXX-

3 Vgl. dazu *Helmut Utzschneider / Stefan Ark Nitsche*, Arbeitsbuch literaturwissenschaftliche Bibelauslegung. Eine Methodenlehre zur Exegese des Alten Testaments, Gütersloh 2001, 151f.

4 *Gerhard Genette*, Die Erzählung, München [2]1998, 16.

5 Zu diesen Hauptfunktionen des Erzählers vgl. *Genette*, Erzählung (s. Anm. 4), 184f.

Version dieses Textes ist, soweit ich sehen kann, nicht darunter. Umso mehr liegt es nahe, an Ex 2,1–10 in einer vergleichenden Analyse der hebräischen und griechischen Erzähltexte deren Gemeinsamkeiten und Unterschiede im Blick auf wesentliche narrative Bauformen herauszuarbeiten und dabei die Eigenart der griechischen gegenüber der hebräischen Erzählung zu erfassen.[6]

Dazu werden wir zunächst anhand der jeweiligen Textsyntax die Segmentierungen der Erzählung und die Gestaltung ihrer Szenen analysieren (2.1). In einem zweiten Schritt werden wir dann die jeweilige Gestaltung der Figuren betrachten (2.2) und schließlich nach dem Plot und der Aussageintention der Erzählung (2.3) sowie nach ihrem intertextuellen Setting im Erzählkontext fragen (2.4).

2. Die LXX-Version der Geburtserzählung des Mose (Ex 2,1–10)

2.1. Erzählsyntax und szenische Segmentierung

Die Eigenart hebräischer Erzähltexte wird grundlegend durch deren typische *Erzählsyntax* bestimmt. Sie ist bekanntlich geprägt durch die Reihung von wayyiqtol-Formationen, in denen sich der Progress der erzählten Handlungen ausdrückt; zu ihnen können typische Anfangsformeln, etwa der Tempusmarker ויהי, sowie Nominalsätze oder w^e-x-qatal-Formationen zum Ausdruck des zeitlichen oder sachlichen Hintergrunds sowie meist kurze Redestücke hinzukommen. Ein Blick in die textanalytische Tabelle (vgl. Anhang) zeigt, dass diese Erzählsyntax in der hebräischen Version unseres Textes sehr ausgeprägt ist. Er weist 31 wayyiqtol-Formationen auf, denen 14 an-

6 Eine ähnliche Methodik findet sich bei *Beck*, Storytellers (s. Anm. 2), 65: »[…] we will identify prominent, narrative features of the Hebrew stories. [...] Then the replication, change or elimination of the same features will be pursued in the Greek story.«

dere Formationen, also etwa Nominalsätze, qatal-Verbindungen oder Partizipialsätze gegenüberstehen, von denen wiederum die meisten in Reden, also außerhalb des Erzählprogresses, zu finden sind. Die Syntax der hebräischen Version von Ex 2,1–10 ist ganz überwiegend von wayyiqtol-Formationen bestimmt und somit – auf der formalen Textoberfläche – wenig konturiert.

Sieht man von diesem Befund aus auf die griechische Version, so wandelt sich das Bild erheblich. Die wörtliche und auch die gewöhnliche griechische Wiedergabe der hebräischen wayyiqtol-Formationen in der LXX ist καί + Aorist.[7] Diese Kombination findet sich in der LXX-Version von Ex 2,1–10 neunmal. Die Wiedergaben der anderen wayyiqtol-Formationen variieren. Viermal erscheint asyndetischer Aorist in Verbindung z. T. mit der Partikel δέ (formalisiert: Ø + Aor + δέ), siebenmal erscheint einfacher, asyndetischer Aorist (formalisiert: Ø + Aor). Dreimal wird das hebräische Erzähltempus durch ein griechisches Imperfekt wiedergegeben (V. 1.4.9), einmal tritt ein griechisches Präsens dafür ein (V. 6). Auffällig sind schließlich die sieben Partizipialkonstruktionen, genauer: die sechs »participia coniuncta« in den V. 2.5.6.8.10 und der »genitivus absolutus« in V. 10. Die syntaktische Textoberfläche des griechischen Textes ist mithin weit davon entfernt, die hebräische Vorlage einfach zu reproduzieren. Vor allem aber erhält der griechische Text durch seine differenzierte Syntax[8] eine – gegen-

7 Vgl. zu den Entsprechungen der Tempora im Hebräischen und Griechischen *Trevor Vivian Evans*, Verbal Syntax in the Greek Pentateuch. Natural Greek Usage and Hebrew Interference, Oxford 2001, 122 und die Tabellen auf 280ff. Leider unterscheidet *Evans* nicht den Gebrauch des Aorist mit bzw. ohne καί oder anderen Partikeln. Erst dadurch würde m. E. der Vergleich mit den hebräischen »Tempora« aussagekräftig, die bekanntlich erst als »Formationen«, d. h. durch ihre Stellung im Satz und insbesondere durch die Relation zur Partikel ו, ihre syntaktische Funktion und Bedeutung gewinnen. Zu ähnlichen Ergebnissen kommt auch *Beck*, Storytellers (s. Anm. 2), 28ff.

8 Sie wird für das Buch Exodus für die Kapitel 1–34 immer wieder hervorgehoben; vgl. *Joachim Schaper*, Exodos / Exodus / Das zweite Buch Mose, in: *M. Karrer* / *W. Kraus* (Hg.), Septuaginta Deutsch.

über der hebräischen Version – neue und ausgeprägte Kontur, die auch die Segmentierung und die narrative, insbesondere szenische Struktur der Erzählung berührt. Dies sei nun an ausgewählten Beispielen verdeutlicht:

2.1.1. Wie an der Tabelle im Detail nachvollziehbar ist, hat die griechische Erzählung die beiden wayyiqtol-Formationen des V. 1 zu einem völlig neuen Satzgefüge umgestaltet. Die Einleitung bildet die Formulierung ἦν δέ τις ἐκ τῆς φυλῆς Λευι. Möglicherweise greift die Septuaginta damit auf gleichlautende Einleitungen zurück, mit denen sie in Gen 25,20 bzw. 26,34 die Eheschließungen Isaaks bzw. Esaus notiert. Jedenfalls setzt die Imperfektform von εἶναι verbunden mit der Partikel δέ eine weitaus deutlichere Zäsur gegenüber dem Vorhergehenden als die wayyiqtol-Form von הלך. Diese Zäsur wird durch den Relativsatz ὃς ἔλαβεν τῶν θυγατέρων Λευι und durch den im hebräischen Text nicht vorhandenen Satz καὶ ἔσχεν αὐτήν noch vertieft. Inhaltlich kann man sagen: Die Septuaginta markiert mit der Einführung der Mosefamilie einen Neueinsatz im Erzählduktus des Exodusbuches. Wir werden dafür im Abschnitt 2.3 noch weitere Indizien namhaft machen.

2.1.2. Die das wayyiqtol וַתֵּרֶא in V. 2 ersetzende Konstruktion[9] ἰδόντες δὲ αὐτὸ ἀστεῖον ist übersetzungstechnisch wohl durch den folgenden hebräischen Objektsatz[10]

Erläuterungen und Kommentare zum griechischen Alten Testament, Bd. 1: Genesis bis Makkabäer, Stuttgart 2011, 258–277 (mit weiterer Lit.).

9 Vgl. dazu *Anneli Aejmelaeus*, Participium coniunctum as a Criterion of Translation Technique, in: *dies.*, On the Trail of the Septuagint Translators. Collected Essays, Kampen 1993, 7–16, und *dies.*, What can we know about the Vorlage?, in: *dies.*, On the Trail of the Septuagint Translators. Collected Essays, Kampen 1993, 77–115, 97f. *Aejmelaeus* beurteilt den Gebrauch des Part. Con. »as an indicator of the translator's freedom« (a. a. O., 97; vgl. *dies.*, Participium, 16).

10 Möglicherweise ist der Satz aber auch als Erzählerkommentar zu verstehen, denn eigentlich hat das Verbum »sehen« im hebräischen wie im griechischen Text schon ein pronominales Objekt.

כִּי־טוֹב הוּא mitbedingt, sie bringt aber auch eine Verschiebung des Handlungszusammenhangs mit sich. Das hebräische Sätzchen ist wörtlich wiederzugeben mit »gewiss – schön war er«, und es ist eng mit der vorausgehenden Handlungsfolge »sie gebar« und »sie sah« verbunden. Der hebräische Text beschreibt also das Entzücken der Mutter über die Schönheit ihres Neugeborenen. Die griechische »participium coniunctum«-Konstruktion verbindet die Wahrnehmung der Schönheit des Kindes mit dem Folgenden, d. h. also damit, dass es die Eltern (nicht nur die Mutter) verbergen. Die Phase des Verbergens wird so in der griechischen Erzählung zu einer eigenen szenischen Einheit. Zugespitzt gesagt: Während die Eltern das Kind drei Monate lang verbergen, begleitet sie die Anschauung von dessen Schönheit und die Angst vor der Entdeckung. Der durch δέ hervorgehobene Zeit-Marker ἐπεί am Beginn von V. 3, »als sie es aber nicht mehr verbergen konnten«, markiert das Ende dieser und den Beginn der neuen Phase der Erzählung. Wieder ist in der griechischen Version die Markierung schärfer als das schwache, nachgestellte עוד im hebräischen Text.

2.1.3. Gleich am Anfang von V. 5 setzt die griechische Formation κατέβη δὲ ἡ θυγάτηρ Φαραω (Ø + Aor + δέ), die am Anfang von V. 5 an die Stelle der hebräischen wayyiqtol-Formation וַתֵּרֶד בַּת־פַּרְעֹה getreten ist, wiederum einen deutlichen formalen Einschnitt. Im hebräischen Text ist die Grenze zwischen Aussetzungs- und Auffindungsszene lediglich durch den Personenwechsel markiert. Diese Auffindungsszene (V. 5–6) selbst ist im griechischen Text gegenüber dem hebräischen syntaktisch signifikant anders gestaltet. Durch die Wahl der syntaktischen Mittel wird die Szene deutlich in drei Subszenen segmentiert.

Die erste Subszene wird in V. 5 durch das asyndetische κατέβη und die Partikel δέ eröffnet. Im folgenden Satz ist der durative Aspekt der hebräischen w^e-x-qotel-Formation – das Gefolge der Prinzessin ergeht sich am Ufer des Flusses – durch das griechische Imperfekt[11] adäquat wiedergegeben. Die darauf folgenden drei Handlungen sind im hebräischen Text dann in drei wayyiqtol-Formationen als Abfolge dargestellt. Der griechische Text indessen drückt die ersten beiden Handlungen in Partizipien aus, die dem Aorist der dritten Handlung zugeordnet sind. Wörtlich etwa: »Und sie, das Kästchen im Sumpf sehend, ihre Magd sendend, holte es.« Narratologisch wird die stark detaillierte und damit verlangsamte Handlungsfolge der hebräischen Vorlage zu einem Handlungsbogen gestrafft: Das »sehen« und »senden« strebt auf die Einholung des Kästchens (ἀναιρέω) mit dem ausgesetzten Kind zu. Dabei ist – anders als im hebräischen Text – immer klar, dass die Pharaonentochter die handelnde Instanz ist. Dies ist – wie wir noch sehen werden – für den Schluss der Erzählung von Bedeutung, wo das Verbum ἀναιρέω wieder aufgenommen und ebenfalls klar auf die Ägypterin als Subjekt bezogen wird.

Zu Beginn von V. 6 setzt der griechische Text durch das δέ wieder eine gewisse Zäsur und eröffnet so die zweite Subszene. Wie schon in der vorhergehenden Szene strafft das Pt. ἀνοίξασα das Geschehen und fokussiert es auf die Pharaonentochter: „Und geöffnet habend sieht sie das Kind weinend in dem Kästchen.« Der griechische Text gibt hier also das hebräische wayyiqtol durch ein Präsens, das sog. »Praesens historicum«, wieder, das in »lebhaft vergegenwärtigender Erzählung«[12] zum Einsatz kommt. So hebt die griechische Erzählung den Höhepunkt hervor, indem sie das Tempo steigert, während ihn der hebräische Text in einer genau entgegengesetzten narrativen Technik, der kunstvollen Verlangsamung, modelliert. Die Wahrnehmung des Kindes durch die Prinzessin wird in nicht weniger als drei Teilsätzen formuliert: »Sie sah es, das Kind«, »und siehe: ein Knabe«, »er weinte«.

In der dritten Unterszene handelt dann exklusiv die Prinzessin. Der griechische Text markiert dies dadurch,

11 In der Funktion der Schilderung s. *Bl.Debr.* § 327.
12 *Bl.Debr.* § 321.

dass er »die Tochter des Pharao« als Subjekt renominalisiert und damit noch einmal mehr hervorhebt. Auf die inhaltlichen Implikationen dieser letzten Teilszene der Auffindungserzählung werden wir noch zurückkommen.

2.1.4. Ähnlich wie der Eingangsvers ist auch der Schlussvers der Erzählung in der griechischen Version besonders gestaltet. Dabei spielen die beiden Partizipialkonstruktionen im ersten und letzten Satz eine wichtige Rolle. Das einleitende absolute Partizip im Genitiv (vgl. etwa Gen 44,34; 48,7; Ex 4,21) schließt – anders als die gleichförmigen Progressformen des hebräischen Textes – den Einleitungssatz eng mit dem folgenden zusammen. Während der hebräische Text das Heranwachsen des Mose und seine Zuführung an die Pharaonentochter als zwei Vorgänge nacheinander ordnet, kennzeichnet das passivische Partizip ἁδρυνθέντος das Heranwachsen des Mose als abgeschlossenen Vorgang, der nicht als Element der Handlung erzählt wird, sondern als deren Voraussetzung. Die Schlussszene der Geburtserzählung des Mose gewinnt damit an innerer Geschlossenheit: Es ist ein herangewachsener junger Mann, den seine Mutter zur Königstochter, seiner Adoptivmutter, bringt und dem diese den Namen Mose gibt. Bemerkenswert ist schließlich, dass die LXX das im hebräischen Text gleich lautende Verb וַיִּגְדַּל im Erzählbeginn von 2,11ff. nicht mit ἁδρύνομαι, sondern mit μέγας γενόμενος wiedergibt. Dies kann als Abgrenzungssignal zum Kontext gesehen werden.

Für die Namensgebung selbst verwendet der griechische Text eine Formulierung, die wiederum vom hebräischen Text abweicht, indem sie die wayyiqtol-Formation וַתֹּאמֶר durch das Partizip λέγουσα ersetzt, das sonst für die hebräische Redeeinleitung לֵאמֹר erscheint. Die LXX-Fassung von V. 10 ist damit an die übliche Gestalt der Namensgebungsformel »ἐπονομάζω bzw. καλέω ὄνομα [N. N.] λέγουσα bzw. λέγων […]« (vgl. Gen 4,25; 5,29; 19,37; 26,22; 29,32; 30,24; Ex 2,22; 18,4) angeglichen. Es ist nicht mit Sicherheit entscheidbar, ob dem bereits eine entsprechende hebräische Vorlage voraus lag, die ein לֵאמֹר

aufwies. Die Analogie zur einleitenden formelhaften Wendung ἦν δέ in V. 1 legt jedoch die Annahme nahe, dass die Septuaginta hier die geprägte Wendung bewusst aufgenommen hat. Dafür spricht auch, dass so ein Verweisverhältnis zur analog erzählten Namensgebung des Mose für seinen eigenen Sohn Gerschom am Schluss der Midianerzählung in Ex 2,22 entsteht. Insgesamt ist Ex 2,10 als Schluss der Geburtserzählung des Mose sehr viel deutlicher ausgearbeitet und ausgeprägt als die hebräische Vorlage.

Ich ziehe ein Zwischenresumée: Die differenzierte griechische Erzählsyntax segmentiert die griechische Version der Erzählung und die sie bildenden Szenen sehr viel deutlicher als die hebräische Vorlage. In der LXX-Version ist die Erzählung in ihrer formalen Gestalt in sich relativ abgeschlossen. Auch die Szenen, die im hebräischen Vorlagentext meist nur durch Personen- und Ortswechsel markiert sind, sind in der griechischen Version formal gestaltet und markiert.

Dabei zieht die Umgestaltung der narrativen Form inhaltliche Modifikationen nach sich. Die Personen und ihre Handlungen sind anders akzentuiert; die drei Monate, die das Kind bei seinen Eltern verborgen war, bekommen eigenes Gewicht, die ägyptische Prinzessin wird hervorgehoben. Wir werden dem gleich noch weiter nachgehen.

2.2. Die Figuren

Die hebräische Version der Geburtsgeschichte ist eine Geschichte von Frauen.[13] Sie wird beherrscht durch zwei

13 *J. Cheryl Exum*, »You Shall Let Every Daughter Live«. A Study of Exodus 1.8–2.10, in: A Feminist Companion to Exodus to Deuteronomy, hg. v. *A. Brenner* (The Feminist Companion to the Bible 6), Sheffield 1994, 37–61; *dies.*, Second Thoughts about Secondary Characters. Women in Exodus 1.8–2.10, in: A Feminist Companion to Exodus to Deuteronomy, hg. v. *A. Brenner* (The Feminist Companion to the Bible 6), Sheffield 1994, 75–87; *Beat Weber*, »… Jede Tochter aber sollt ihr am Leben lassen!« – Beobachtungen zu Ex 1,15–2,10 und seinem Kontext aus literaturwissenschaftlicher Perspektive, BN 55 (1990), 47–76.

weibliche Hauptgestalten, die Tochter Levis und die Tochter Pharaos; ihnen ist jeweils eine Helferinnenfigur zugeordnet, die Schwester des Mose und die Sklavin der Prinzessin. Diese vier Frauenfiguren sind in unterschiedlicher Weise um das neugeborene Hebräerkind herumgruppiert. Alle anderen Figuren sind Statisten. Dies gilt in auffälliger Weise für den Vater in der hebräischen Fassung der Erzählung. Sie lässt den Mann von der Bildfläche der Erzählung ohne weiteres verschwinden, nachdem er seine Aufgabe erfüllt hat, die hebräische Mutter des Kindes zu heiraten und für ihre Schwangerschaft zu sorgen.

Die hebräische Mutter des Mose ist in der Erzählversion der Hebräischen Bibel eine große Einzelne. Die nota-accusativi in der Wendung וַיִּקַּח אֶת־בַּת־לֵוִי identifiziert sie als die Tochter Levi, nicht etwa als *eine der* Töchter Levis oder eine Angehörige des Stammes Levi.[14] Sie ist direkte Nachfahrin Levis und damit von gleichsam fürstlicher Abkunft. Somit handelt sie auf Augenhöhe mit der Tochter Pharaos. Ihr Verhalten ist über die ganze Episode hinweg von Zielstrebigkeit und einer fast schon apathischen Würde gekennzeichnet. Sie, und nur sie allein, versäumt und vergisst nichts, nicht den rechten Moment, das Kind auszusetzen, nicht die richtige Ausrüstung des Kästchens und nicht, einen geeigneten Platz für die Aussetzung zu wählen. Über ihre Ängste oder gar ein Aufbegehren erfahren wir nichts. Sie schweigt über die ganze Strecke der Erzählung hinweg. Auch der Erzähler kommentiert die Wendungen nicht, die die Erzählung nimmt, so wenn die Mutter ihr Kind aussetzt und nach kurzer Zeit wieder im Arm und an der Brust hält und – dann wieder an die Ägypterin zurückgeben muss. Im Wechselbad der Ereignisse ist sie als fürstlich distanzierte, aber auch etwas statuarisch wirkende Frau gezeichnet.

14 Man möchte dies auf den Einfluss der priesterschriftlichen Genealogie in Ex 6,20 zurückführen, wo die Mosemutter nicht nur den Namen Jochebed erhält, sondern ausdrücklich als Vaterschwester ihres Mannes Amram bezeichnet wird. Vgl. z. B. *Werner H. Schmidt*, Exodus 1,1–6,30, BK II,l, Neukirchen-Vluyn 1988, 49f.

Ihre Helferfigur, die Schwester des Kindes, ist hingegen umso agiler. Sie taucht überraschend auf, was die Redaktionskritik zu der Annahme veranlasst hat, die Schwester verdanke ihre Anwesenheit in der Erzählung einer späteren Bearbeitung. In der Tat legt die Einleitung der hebräischen Version die Annahme nahe, dass der neugeborene Knabe der Erstgeborene des Paares ist. Das Auftreten einer Schwester stellt mithin eine gewisse Spannung dar. Sie beobachtet – wie eine Kundschafterin – das Rettungsgeschehen erst von ferne,[15] mischt sich dann aber beherzt ein und unterstellt dabei der ägyptischen Königstochter erfolgreich, was die Leser der Erzählung und vor allem die Betroffene selbst noch gar nicht wissen: dass sie nämlich die Mutterstelle bei dem kleinen Findling annehmen wird. Soweit in aller Kürze die Charakteristik der beiden hebräischen Frauenfiguren der Geburtsgeschichte in der Hebräischen Bibel.

Schon bei der Analyse der Textsyntax ist aufgefallen, dass der einleitende Vers Ex 2,1 in der griechischen Version deutlich umgestaltet ist; dies erstreckt sich auch auf die Figuren, die in ihm eingeführt werden. Zunächst sind Vater und Mutter des Mose in einen deutlich größeren genealogischen Abstand zum Ahnherrn Levi gesetzt. Der Mann ist nicht mehr aus der Familie (בית entspricht οἶκος), sondern nur noch aus der Sippe (φυλή entspricht מִשְׁפחה, vgl. Gen 24,40) des Levi. Die Mutter ist nicht mehr »die«, sondern nur noch »eine der Töchter Levis«, eine auch sonst gängige Ausdrucksweise (vgl. etwa Gen 27,46;

15 Bemerkenswert ist dabei, dass das Verbum κατασκοπεύω im Impf, mit dem die LXX das wayyiqtol von נצב Hitpaʿel wiedergibt, dem Handeln der jungen Frau eine gegenüber der hebräischen Vorstellung deutlich modifizierte inhaltliche und intertextuelle Note gibt. In Gen 42,30; Dtn 1,24; Jos 2,1; 6,22f. gibt es hebr. רגל Pi. wieder, meint also »auskundschaften, spionieren«. Die Schwester des Mose wird so intertextuell in die Reihe der Kundschafter Israels aufgenommen. Der Wechsel vom wayyiqtol ins Impf hebt wohl den durativen Aspekt hervor; vielleicht wäre auch eine Auffassung als »imperfectum de conatu« im Sinne von »suchte zu erkunden, was ihm geschehen würde« denkbar.

28,1.2.6), die die Zugehörigkeit zu einer größeren Menschengruppe bezeichnet. Sie ist damit auch genealogisch nicht mehr so hervorgehoben, ja vereinzelt wie in der hebräischen Version. Dem entspricht, dass sie am Beginn der Erzählung nicht mehr ganz alleine handelt. Zunächst signalisiert die griechische Version in einem zusätzlichen Satz, dass die Ehe nicht nur eingegangen wurde, sondern tatsächlich bestand (καὶ ἔσχεν αὐτεν; vgl. den Gebrauch der Formel in Dtn 22,13^{LXX}). Sie lässt also den Vater nicht, kaum dass er eingeführt ist, wieder von der Bildfläche verschwinden. Weiterhin sind es beide Elternteile, die den Neugeborenen ansehen, verbergen und dann nicht mehr verbergen können.[16] Erst die Aussetzung selbst ist eine Tat der Mutter allein.

Von Bedeutung ist schließlich auch, dass das hebräische וַתֵּלֶד בֵּן »und sie gebar einen Sohn« im griechischen mit καὶ ἔτεκεν ἄρσεν »und sie gebar einen männlichen [ergänze: Nachkommen]« wiedergegeben ist. Im Binnenraum der Episode lässt diese Formulierung eher die Möglichkeit zu, dass bereits weibliche Nachkommen da sind (die Wiedergabe von בן durch ἄρσεν hat noch viel weiter gehende Implikationen, auf die wir im Abschnitt über das intertextuelle Setting noch eingehen werden). Die Schwester des Mose kommt in der griechischen Version also nicht mehr so überraschend.

Insgesamt zeichnet die griechische Version die Kontur vor allem der hebräischen Mutter des Mose weniger scharf und schwächt damit den Kontrast dieser Figur zur ägyptischen Königstochter ab.[17] Aber nicht nur die levitische

16 Für die Annahme, dass sich die Pluralsuffixe in den V. 2 und 3 auf die Hebammen in Ex 1,15–20 beziehen (so *Schaper*, Exodos [s. Anm. 8], 278), gibt es m. E. keinen grammatischen oder erzählerischen Grund.

17 Ein Grund für diese Retuschen, die die LXX an der Figur der hebräischen Mutter des Mose vornimmt, mag gewesen sein, dass sie den Anstoß beseitigen wollte, dass der Vater des Mose mit einer Vaterschwester geschlechtlichen Verkehr hatte, was in Lev 18,12 ausdrück-

Mutter des Mose, sondern auch ihre Gegenspielerin, die Tochter Pharaos, erfährt in der Septuaginta kräftige Retuschen. In der hebräischen Version ist der Höhepunkt der Erzählung, die Auffindung des Mosekindes, als Moment höchster Spannung gezeichnet. Die Erzählung stellt sprachlich nach, wie sich die Sinneseindrücke der Königstochter zu einer Wahrnehmung fügen: »sie sah es, das Kind und siehe: – ein Knabe – er weinte.« Darauf erfolgt eine erste, spontane und emotionale Reaktion: וַתַּחְמֹל עָלָיו. Der Satz wird meist mit »da hatte sie Mitleid mit ihm« übersetzt. Nach dieser – nach allgemeinem Verständnis – eher spontanen, emotionalen Reaktion wird sich die Prinzessin über die Situation klar: וַתֹּאמֶר מִיַּלְדֵי הָעִבְרִים זֶה, und schließlich tritt die Schwester auf den Plan, die ihr nahelegt, für das Kind zu sorgen. So gelesen ist die hebräische Erzählung – etwas zugespitzt gesagt – die Geschichte einer Überrumpelung. Zunächst übermannt die Königstochter mütterliches Mitleid, dann lässt sie sich von der Schwester des Kindes überreden, das Kind in ihre Obhut zu nehmen – all dies geschieht wider besseres (oder hier eher: schlechteres) Wissen um den ausdrücklichen Tötungsbefehl ihres Vaters. Indessen ist diese Lesart der hebräischen Erzählung – auch wenn gerade moderne Exegetinnen sie bevorzugen – m. E. etwas überinterpretierend. Das Verbum חמל meint nämlich nicht nur »Mitleid empfinden«, sondern auch sehr handfest »verschonen«, etwa eines unterlegenen Gegners (1Sam 15,9; 2Sam 21,7; Thr 2,2) oder eines Opfertiers (1Sam 15,9; 2Sam 12,4). Auf diesem Hintergrund erscheint die Handlungsweise der Ägypterin schon in der hebräischen Version differenzierter. Ihre Reaktion ist nicht nur weibliches Mitleid, sondern auch ein bewusster, fast möchte man sagen: politischer und humaner Akt.

Die Darstellung der Prinzessin in der Septuaginta verstärkt diese Färbung ihres Handelns erheblich. Schon der

lich untersagt wird. Dementsprechend ändert die LXX auch die Mosegenealogie in Ex 6,20 und bezeichnet sie als »Tochter des Vaterbruders« statt – wie der MT – als »Tante« (דֹּדָה).

Moment der Entdeckung ist durch das Praesens historicum zwar lebhaft, aber doch weniger differenziert geschildert; an die Stelle der drei Kurzsätze des hebräischen Textes ist ein Erzählsatz mit der Ägypterin als Subjekt getreten: »Sie sieht ein weinendes Kind in dem Kasten.« Vor allem aber ist mit dem Verbum φείδομαι, das in der griechischen Bibel die Reaktion der Prinzessin beschreibt, die Konnotation des Mitleids viel weniger verbunden als mit seinem hebräischen Gegenstück.[18] Mit Recht übersetzt die LXX.D *»und die Tochter Pharaos verschonte es«* und macht den Unterschied zum MT durch Kursivierung deutlich. Für die Figur der Prinzessin heißt das: Sie handelt in der LXX mehr als Herrscherin denn als Frau. Für dieses Verständnis spricht auch ein Blick auf die vorangehende Hebammenepisode in ihrer griechischen Version. In Ex 1,16 lässt der Pharao »Verschonung« (ausgedrückt durch das Verbum περιποιέω) nur für weibliche Nachkommen (θῆλυς) zu. Es ist also im LXX-Kontext eine betont königliche und weniger eine frauliche Handlungsrolle, die die Pharaonentochter in Ex 2,6 – gegen ihren Vater – für sich in Anspruch nimmt.

Die inhaltlich und auch theologisch gewichtigste Modifikation jedoch, die die Septuaginta an der Figur der Pharaonentochter und damit implizit auch an der Mosefigur vornimmt, findet in dem Verbum ἀναιρέω in den V. 5 und 10 ihren Ausdruck. In V. 5 gibt dieses Verbum das hebräische לקח für das »Nehmen« des Kästchens wieder, in V. 10 steht es in medialer Form in der Namensätiologie des Mose für das hebräische מְשִׁיתִהוּ »Ich habe ihn herausgezogen«. Beide hebräische Verben werden nur hier in der LXX mit ἀναιρέω bzw. ἀναιρέομαι wiedergegeben; die griechische Wortwahl bringt die Namensgebung unmittelbar und exklusiv mit dem in V. 5 erzählten Vorgang in Verbindung. ᾿Αναιρέω hat mithin die Funktion eines Leitwortes und zwar eines Leitwortes, das die LXX-Version eigenständig gesetzt hat. Ein solches Leitwort ist ein herausragender Sinnträger für die Erzählung

18 Vgl. *Liddell / Scott*, Greek – English Lexicon, s. v. φείδομαι.

überhaupt; es erschließt deren Plot und Aussagegefälle, zu deren Analyse wir nun übergehen.

2.3. Plot und Aussageintention

Sowohl innerhalb wie außerhalb der griechischen Bibel kann ἀναιρέω »aufnehmen, herausheben« bedeuten (biblische Belege: Num 17,2; Jos 4,3.5 für רום Hi.). Die Aussagen in Ex 2,5 und 10 können also durchaus in dem gewissermaßen mechanischen Sinn verstanden werden, dass das Kästchen samt dem darin liegenden Kind aus dem Wasser gehoben wurde. Außerhalb der griechischen Bibel indessen ist ἀναιρέω nicht selten mit Kindern verbunden. In der Ilias (XVI, 8) etwa bittet ein Kind seine Mutter ἀνελέσθαι »Nimm (mich) auf!«; bei Menander (Samia I,59) wird ein ausgesetztes Kind »aufgenommen«. Bei Herodot wird ἀναιρέω auf die Empfängnis angewandt (VI, 69); schließlich bedeutet das Verbum auch »an Kindes statt annehmen«, »adoptieren«.[19] Wahrscheinlich kommt es in Ex 2,1–10 auf eben diesen Doppelsinn an, der sich aus der vordergründig mechanischen und der hintergründig sozialen, familiären Bedeutung zusammensetzt. Leser und Hörer können diesen Doppelsinn bereits in der Erzählung von V. 5 mithören: Indem die Pharaonentochter den Kasten aufnimmt, »empfängt« sie in gewisser Weise das darin befindliche Kind. Jedenfalls tut sie damit den ersten Schritt zu seiner Adoption in V. 10.[20] Die Namensdeutung

19 Vgl. die Belege bei *Walter Bauer*, Wörterbuch zum Neuen Testament, hg. v. *K. u. B. Aland*, Berlin ^{6}1988, 108.

20 Genau so hat die Apostelgeschichte die Erzählnotiz in Ex 2,5 verstanden, aus der sie das Stichwort ἀνείλατο aufgenommen hat: ἐκτεθέντος δὲ αὐτοὺς ἀνείλατο αὐτὸν ἡ θυγάτηρ Φαραὼ καὶ ἀνεθρέψατο αὐτὸν ἑαυτῇ εἰς υἱόν. »Als er aber ausgesetzt worden war, nahm ihn die Tochter Pharaos zu sich und zog ihn auf sich zum Sohn« (Apg 7,21). Bemerkenswert ist, dass die Apg die »Aufzucht« des Kindes (ἀνατρέφειν) nicht mehr der hebräischen Mutter des Mose, der γυνὴ τροφεύουσα von Ex 2,7, zuschreibt, sondern seiner ägyptischen Mutter.

der griechischen Bibel ist ganz auf die Ägypterin fokussiert: Mose trägt seinen Namen, weil die ägyptische Königstochter ihn aus dem Wasser gehoben und dabei zugleich adoptiert hat.

Dies unterscheidet die griechische von der hebräischen Version. Zwar ist auch die Namensdeutung der hebräischen Version mindestens doppelsinnig, aber dieser Doppelsinn ist gegenüber der griechischen Version doch ein ganz anderer. Mit dem Satz כִּי מִן־הַמַּיִם מְשִׁיתִהוּ hebt auch die Hebräische Bibel zunächst darauf ab, dass die Prinzessin das Kästchen aus dem Wasser gezogen hat. Der erweiterte Sinn der Deutung erschließt sich dann aber nicht mehr über die Erzählung selbst wie in der Septuaginta, sondern über eine lautliche Paronomasie des Mosenamens. Im Namen מֹשֶׁה kann nämlich das aktive Partizip der Wurzel משה gehört werden. Dann verweist die Namensdeutung nicht nur auf die Rettungstat der ägyptischen Königstochter (מְשִׁיתִהוּ), sondern auch auf Mose, den »Herauszieher«, also den künftigen Retter. Ja, vielleicht ist schon hier Gott als der verborgene Akteur der Exoduserzählung im Blick, auf dessen Geheiß Mose handeln wird. Es erscheint möglich, dass die Namensdeutung in diesem weiteren, auf Gott verweisenden Sinne auf den Psalmvers Ps 18,17 (par. 2Sam 22,17) »und zieht mich aus großen Wassern« (יַמְשֵׁנִי מִמַּיִם רַבִּים) anspielt, den einzigen Belegen für die Verbalwurzel משה abgesehen von Ex 2,10.

Versuchen wir hier ein weiteres Zwischenfazit:
In der griechischen Bibel ist nicht nur die um den Mosenamen konstruierte Paronomasie verloren gegangen,[21]

21 Es sei denn, man will, wie dies z. B. bei *Philo* (Vita Mosis 1,17) oder *Josephus* (Antiquitates II 9,6, § 228) geschieht, das hebräische מַיִם mit dem ägyptischen »moou« bzw. »moy« für Wasser und dieses wieder mit der griechischen Namensform Μωϋσῆς assoziieren. Vgl. dazu neuerdings wieder *Jan Joosten*, To see God. Conflicting Exegetical Tendencies in the Septuagint, in: Die Septuaginta – Texte, Kontexte, Lebenswelten. Internationale Fachtagung veranstaltet von Septuaginta Deutsch (LXX.D), Wuppertal 20.–23. Juli 2006, hg. von *M. Karrer* /

vielmehr treten auch die hebräische Mutter und nun auch das Mosekind selbst aus dem Zentrum der Erzählung. Im Zentrum steht die Tochter Pharaos; das Verdienst, Mose herausgezogen und damit empfangen zu haben, muss sie in der Septuaginta mit niemandem teilen. So hat die LXX-Version der Geburtsgeschichte des Mose dessen ägyptischer Adoptivmutter ein literarisches Denkmal gesetzt. Die Annahme liegt nahe, dass dies auch eine Verbeugung der Übersetzer vor ihrem Gastland und dessen herrschender Schicht darstellt. M. a. W. der Übersetzer ist sich seines Publikums bewusst.

2.4. Zum intertextuellen Setting der Geburtsgeschichte des Mose in der Septuaginta

Die Erzählung der Geburt des Mose ist weder im hebräischen, noch im griechischen Kontext eine isolierte Anekdote. Sie ist Teil der Pentateucherzählung und nimmt darauf Bezug. Auch in dieser Hinsicht ist die LXX-Version von Ex 2,1–10 erstaunlich eigenständig.[22] Der Intertextualitätsfall, auf den ich nun abschließend noch hinweisen will, charakterisiert die LXX-Version der Geburtserzählung des Mose nicht nur narrativ, sondern auch theologisch.

Mehrfach ist herausgearbeitet worden, dass die Geburtsgeschichte Ex 2,1–10 mit der Hebammengeschichte Ex 1,15–21 um das Scharnier des Verses Ex 1,22 herum eine Art literarischen Diptychon bilden. Die verbindenden Motive dieser »Doppel-Episode«[23] sind in der hebräischen Bibel die Leitworte בֵּן und בַּת, Sohn bzw. Söhne und Toch-

W. Kraus unter Mitarbeit von *M. Meiser* (WUNT 219), Tübingen 2008, 287–299, 297.

22 Wir haben dies bereits an einigen kleineren Einzelheiten, so z. B. an der Eheschließungsformel sowie der levitischen Abkunft der Mutter des Mose in V. 1 oder dem Kundschaftermotiv in V. 4, gesehen. Auch die mehr formale Beobachtung, dass die Septuaginta unsere Erzählung deutlicher vom unmittelbaren Kontext abhebt, gehört in den Zusammenhang der intertextuellen Dimension des Erzählens.

23 *Weber*, Jede Tochter (s. Anm. 13), 58.

ter bzw. Töchter.[24] In der Hebammenepisode werden die Söhne mit dem Tode bedroht und die Töchter am Leben gelassen; in der Geburtsgeschichte retten zwei herausgehobene Töchter, die des Levi und die des Pharao, den einen Sohn, auf dessen Schultern der weitere Fortgang der Exodusgeschichte liegt.

Die griechische Version bricht diesen בֵּן / בַּת Kontrast offenbar bewusst auf. Wir haben bereits notiert, dass sie in Ex 2,2 das hebräische וַתֵּלֶד בֵּן durch καὶ ἔτεκεν ἄρσεν wiedergibt. Sie gebraucht das Adjektiv mit der Bedeutung »männlich« auch schon in der Hebammengeschichte und zwar ebenfalls für hebr. בן anstelle des zu erwartenden υἱός bzw. υἱοί. Hinzu kommt, dass die Septuaginta in der Hebammengeschichte und in dem Scharniervers 1,22 auch בת nicht mit θυγάτηρ wiedergibt, sondern mit θῆλυς, »weiblich«. θῆλυς und ἄρσεν bilden nun aber bekanntlich das Wortpaar, das der (priesterschriftliche) Schöpfungstext Gen 1,27f. für die Menschen in ihrer Gottebenbildlichkeit gebraucht und auf das hin auch der Mehrungsauftrag sowie der Auftrag zum dominium terrae ergeht:

Gen 1,27 καὶ ἐποίησεν ὁ θεὸς τὸν ἄνθρωπον κατ' εἰκόνα θεοῦ ἐποίησεν αὐτόν *ἄρσεν καὶ θῆλυς* ἐποίησεν αὐτούς. 28 καὶ ηὐλόγησεν αὐτοὺς ὁ θεὸς λέγων αὐξάνεσθε καὶ πληθύνεσθε καὶ πληρώσατε τὴν γῆν καὶ κατακυριεύσατε αὐτῆς καὶ ἄρχετε τῶν ἰχθύων τῆς θαλάσσης καὶ τῶν πετεινῶν τοῦ οὐρανοῦ καὶ πάντων τῶν κτηνῶν καὶ πάσης τῆς γῆς καὶ πάντων τῶν ἑρπετῶν τῶν ἑρπόντων ἐπὶ τῆς γῆς.

Es ist anzunehmen, dass die Septuaginta in Ex 1,15–2,10 bewusst auf diesen Text verweist. Er liegt am Beginn der Exoduserzählung gewissermaßen »in der Luft« und zwar von Ex 1,7 her, wo auch der hebräische Text auf die Mehrungsverheißung der Genesis anspielt und diese auf das entstehende Volk Israel überträgt. Der Septuaginta blieb vorbehalten, am Beginn der Mosegeschichte noch einmal diesen großen theologischen Bogen zu schlagen und zwar in einer Erzählsituation, in der der ägyptische Tyrann Got-

24 Vgl. zu dem »artistic use of the bat / ben contrast« vor allem *Exum*, Second Thoughts (s. Anm. 13), 77.

tes Mehrungsverheißung für das Volk Israel unmittelbar bedroht. Und sie erzählt dann davon, wie durch den königlichen Entschluss dessen eigene Tochter diese Bedrohung abwendet.

Wie ist dies zu beurteilen? Aus redaktionsgeschichtlicher Perspektive führt die Septuaginta den priesterschriftlich beeinflussten Prozess der Redaktion der Exoduserzählung fort. Theologisch stellt die Septuaginta die Exoduserzählung in den universalen Horizont der Pentateucherzählung und zwar so, dass sie Israeliten *und* Ägypter dem anthropologischen Konzept und damit dem humanen Anspruch der Urgeschichte unterstellt.

3. Zusammenfassung

Auf allen vier narrativen Ebenen, auf denen wir die griechische Fassung der Geburts- und Kindheitserzählung des Mose betrachtet haben – der textsyntaktischen Ebene, der Ebene der Figuren, der auf den Plot bezogenen sowie der intertextuellen Ebene –, hat sich diese Erzählung als eine Größe erwiesen, die der hebräischen Vorlage verpflichtet ist und dabei gleichwohl das Handwerkszeug des Erzählens, auch das spezifisch griechische, eigenständig einzusetzen weiß und dabei auch eine eigenständige Erzählhaltung einnimmt.

Dieses Beispiel legt die Annahme nahe, dass die Septuaginta als Übersetzerin erzählt und als Erzählerin übersetzt. Die narrative Gestaltungsfreiheit gegenüber der Vorlage ist m. E. weniger als »Interpretation« oder »Auslegung« zu bezeichnen denn als Wahrnehmung des Spielraumes, den antike Erzähler gegenüber ihren Vorlagen in Anspruch nehmen können und müssen, wenn und insofern sie nicht nur lesend reproduzieren, sondern selbst erzählen. In Ex 2,1–10 überformt die Septuaginta die hebräische Erzählung nicht, wie es in manchen Targumen geschieht, sondern sie realisiert sie neu, gibt ihr eine neue Performanz und erweist eben dadurch, dass der Übersetzungstext aus einem Erzählereignis schöpft.

Anhang: Textanalytische Tabelle

Hebr. Text - satzweise	*Hebr. Text - Formationen*	*Griech. Text - satzweise*	*Griech. Text - Formationen*
1 וַיֵּלֶךְ אִישׁ מִבֵּית לֵוִי	1 wayyiqtol	1 ἦν δέ τις ἐκ τῆς φυλῆς Λευι	1 Impf + δέ (Einl.formel[1])
וַיִּקַּח אֶת־בַּת־לֵוִי	wayyiqtol	ὃς ἔλαβεν τῶν θυγατέρων Λευι	Rel.Partikel + Aor
	-	καὶ ἔσχεν αὐτήν	καί + Aor
2 וַתַּהַר הָאִשָּׁה	2 wayyiqtol	2 καὶ ἐν γαστρὶ ἔλαβεν	2 καί + Aor
וַתֵּלֶד בֵּן	wayyiqtol	καὶ ἔτεκεν ἄρσεν	καί + Aor
וַתֵּרֶא אֹתוֹ	wayyiqtol	ἰδόντες δὲ αὐτὸ ἀστεῖον	Ø + Pt Aor + δέ
כִּי־טוֹב הוּא	NS (Objektsatz?)	-	
וַתִּצְפְּנֵהוּ שְׁלֹשָׁה יְרָחִים	wayyiqtol	ἐσκέπασαν αὐτὸ μῆνας τρεῖς	Ø + Aor
3 וְלֹא־יָכְלָה עוֹד הַצְּפִינוֹ	3 w^e-x-qatal	3 ἐπεὶ δὲ οὐκ ἠδύναντο αὐτὸ ἔτι κρύπτειν	3 Konjunktion + δέ + Impf
וַתִּקַּח־לוֹ תֵּבַת גֹּמֶא	wayyiqtol	ἔλαβεν [αὐτῷ][2] ἡ μήτηρ αὐτοῦ θῖβιν	Ø + Aor
וַתַּחְמְרָה בַחֵמָר וּבַזָּפֶת	wayyiqtol	καὶ κατέχρισεν αὐτὴν ἀσφαλτοπίσσῃ	καί + Aor
וַתָּשֶׂם בָּהּ אֶת־הַיֶּלֶד	wayyiqtol	καὶ ἐνέβαλεν τὸ παιδίον εἰς αὐτὴν	καί + Aor
וַתָּשֶׂם בַּסּוּף עַל־שְׂפַת הַיְאֹר	wayyiqtol	καὶ ἔθηκεν αὐτὴν εἰς τὸ ἕλος παρὰ τὸν ποταμόν	καί + Aor
4 וַתֵּתַצַּב אֲחֹתוֹ מֵרָחֹק לְדֵעָה	4 wayyiqtol	4 καὶ κατεσκόπευεν ἡ ἀδελφὴ αὐτοῦ μακρόθεν μαθεῖν	4 καί + Impf
מַה־יֵּעָשֶׂה לוֹ	x-yiqtol (Objektsatz)	τί τὸ ἀποβησόμενον αὐτῷ	
5 וַתֵּרֶד בַּת־פַּרְעֹה לִרְחֹץ עַל־הַיְאֹר	5 wayyiqtol	5 κατέβη δὲ ἡ θυγάτηρ Φαραω λούσασθαι ἐπὶ τὸν ποταμόν	5 Ø + Aor + δέ
וְנַעֲרֹתֶיהָ הֹלְכֹת עַל־יַד הַיְאֹר	w^e-x-qotel (Pt.-Satz)	καὶ αἱ ἅβραι αὐτῆς παρεπορεύοντο παρὰ τὸν ποταμόν	καί + Impf
וַתֵּרֶא אֶת־הַתֵּבָה בְּתוֹךְ הַסּוּף	wayyiqtol	καὶ ἰδοῦσα τὴν θῖβιν ἐν τῷ ἕλει	καί + Pt Aor
וַתִּשְׁלַח אֶת־אֲמָתָהּ	wayyiqtol	ἀποστείλασα τὴν ἅβραν	Ø + Pt Aor
וַתִּקָּחֶהָ	wayyiqtol	ἀνείλατο αὐτήν	Ø + Aor
6 וַתִּפְתַּח	6 wayyiqtol	6 ἀνοίξασα δὲ	6 Ø + Pt Aor + δέ
וַתִּרְאֵהוּ אֶת־הַיֶּלֶד	wayyiqtol	ὁρᾷ παιδίον κλαῖον ἐν τῇ θίβει	Ø + Präs

1 So Rahlfs mit B und F.
2 Analog Gen 25,20; 26,34 (Heiratsnotizen für Jakob bzw. Esau).

Hebr. Text - satzweise	*Hebr. Text - Formationen*	*Griech. Text - satzweise*	*Griech. Text - Formationen*
וְהִנֵּה־נַעַר	NS	-	-
בֹּכֶה	qotel	-	-
וַתַּחְמֹל עָלָיו	wayyiqtol	καὶ ἐφείσατο αὐτοῦ ἡ θυγάτηρ Φαραω	καί + Aor
וַתֹּאמֶר	wayyiqtol (RE)	καὶ ἔφη	καί + Aor/Impf (Redeeinl.)
מִיַּלְדֵי הָעִבְרִים זֶה	NS	ἀπὸ τῶν παιδίων τῶν Εβραίων τοῦτο	Unvollst. Satz
7 וַתֹּאמֶר אֲחֹתוֹ אֶל־בַּת־פַּרְעֹה	7 wayyiqtol (RE)	7 καὶ εἶπεν ἡ ἀδελφὴ αὐτοῦ τῇ θυγατρὶ Φαραω	7 καί + Aor (Redeeinl.)
הַאֵלֵךְ	x-yiqtol (Fragesatz)	θέλεις	Präs
וְקָרָאתִי לָךְ אִשָּׁה מֵינֶקֶת מִן הָעִבְרִיֹּת	w^{e}qatal	καλέσω σοι γυναῖκα τροφεύουσαν ἐκ τῶν Εβραίων	Ø + Fut
וְתֵינִק לָךְ אֶת־הַיָּלֶד	w^{e}-yiqtol	καὶ θηλάσει σοι τὸ παιδίον	καί + Präs
8 וַתֹּאמֶר־לָהּ בַּת־פַּרְעֹה	8 wayyiqtol (RE)	8 ἡ δὲ εἶπεν αὐτῇ ἡ θυγάτηρ Φαραω	8 δέ + Aor (Redeeinl.)
לֵכִי	q^{e}tol	πορεύου	Imp Präs
וַתֵּלֶךְ הָעַלְמָה	wayyiqtol	ἐλθοῦσα δὲ ἡ νεᾶνις	Ø + Pt Aor
וַתִּקְרָא אֶת־אֵם הַיָּלֶד	wayyiqtol	ἐκάλεσεν τὴν μητέρα τοῦ παιδίου	Ø + Aor
9 וַתֹּאמֶר לָהּ בַּת־פַּרְעֹה	9 wayyiqtol (RE)	9 εἶπεν δὲ πρὸς αὐτὴν ἡ θυγάτηρ Φαραω	9 Aor + δέ (Redeeinl.)
הֵילִיכִי אֶת־הַיֶּלֶד הַזֶּה	q^{e}tol	διατήρησόν μοι τὸ παιδίον τοῦτο	Imp Aor
וְהֵינִקִהוּ לִי	w^{e}qatal	καὶ θήλασόν μοι αὐτό	Imp Aor
וַאֲנִי אֶתֵּן אֶת־שְׂכָרֵךְ	w^{e}-x-yiqtol	ἐγὼ δὲ δώσω σοι τὸν μισθόν	Fut
וַתִּקַּח הָאִשָּׁה הַיֶּלֶד	wayyiqtol	ἔλαβεν δὲ ἡ γυνὴ τὸ παιδίον	Ø + Aor + δέ
וַתְּנִיקֵהוּ	wayyiqtol	καὶ ἐθήλαζεν αὐτό	καί + Impf
10 וַיִּגְדַּל הַיֶּלֶד	10 wayyiqtol	10 ἁδρυνθέντος δὲ τοῦ παιδίου	10 Pt Aor + δέ (Abs. Gen.)
וַתְּבִאֵהוּ לְבַת־פַּרְעֹה	wayyiqtol	εἰσήγαγεν αὐτὸ πρὸς τὴν θυγατέρα Φαραω	Ø + Aor
וַיְהִי־לָהּ לְבֵן	wayyiqtol	καὶ ἐγενήθη αὐτῇ εἰς υἱόν	καί + Aor
וַתִּקְרָא שְׁמוֹ מֹשֶׁה	wayyiqtol	ἐπωνόμασεν δὲ τὸ ὄνομα αὐτοῦ Μωυσῆν	Ø + δέ + Aor
וַתֹּאמֶר	wayyiqtol (RE)	λέγουσα	Pt Präs
כִּי מִן־הַמַּיִם מְשִׁיתִהוּ	x-qatal	ἐκ τοῦ ὕδατος αὐτὸν ἀνειλόμην	Ø + Aor

Die Inszenierung Gottes im Buch Exodus

Beobachtungen zur literarischen und piktoralen Bildlichkeit Gottes

1. Was ist ein Bild?

»Was ist ein Bild?« Als Titel eines von dem Baseler Kunsthistoriker Gottfried Boehm 1994 herausgegebenen Sammelbandes[1] ist diese Frage zum »Markenzeichen« des sogenannten »iconic turn« geworden, also eines breit angelegten Projekts der Kunst- und Medienwissenschaften, der Philosophie und der Literaturwissenschaft, die für das Thema Bild einen eigenen interdisziplinären Theorieraum erschließen wollen. Ausgelöst ist diese Hinwendung zur Bilderfrage wohl durch ein Lebensgefühl, das unsere Existenz in allen Bereichen von Bildern und ihrer Macht bestimmt sieht.

Für Kirche und Theologie im Allgemeinen und die alttestamentliche Exegese im Besonderen ist die Bilderfrage alles andere als ein neues Thema. Einer der biblischen Zentraltexte zur Bilderfrage, die Erzählung von der Herstellung und Zerschlagung des Goldenen Kalbs (Ex 32), wird in manchen bildtheoretischen und medienwissenschaftlichen Abhandlungen aufgegriffen. Die Bibelwissenschaft hätte hier manches in die Diskurse des »iconic turn« einzubringen, würde sie denn gefragt werden.[2] Andererseits können Theologie und Exegese durchaus auch Anregungen aus diesen Diskursen vertragen. Dies gilt nicht zuletzt für die Frage, wie sich die literarischen Bilder

1 *Boehm*, Bild.
2 Vgl. etwa *Boehm*, Bildfrage, bes. 328–332; *Simon*, Bildkritik, 39–40.

der biblischen Texte zu visuell wahrnehmbaren, »piktoralen« Objekten, seien es gemalte Bilder oder Skulpturen, verhalten. (Mit »piktoral« sind – in Anlehnung an das englische Wort »pictures« – bildhafte Artefakte gemeint. Im Unterschied dazu hat das deutsche Wort »Bild» wie das englische »icon« ein weiteres Bedeutungsspektrum.)

In der alttestamentlichen Exegese ist die Bilderfrage in jüngerer Zeit vor allem von Othmar Keel und seinen Schülerinnen und Schülern gestellt und bearbeitet worden. Ihre Forschungen zum piktoral überlieferten »Symbolsystem« des Alten Israel und seiner Umwelt haben nicht nur dieses selbst erschlossen, sondern auch auf die atl. Texte ein ganz neues Licht geworfen. Was ein Bild ist, hat die »Keel-Schule« freilich primär von den piktoralen Bildern und nicht von den literarischen Bildern her erschlossen. Bisweilen meint man auch einen – im damaligen Kontext durchaus verständlichen – apologetischen Unterton zu vernehmen, wenn es um das Verhältnis von piktoralen und literarischen Bildern geht. »Das Recht der Bilder, gesehen zu werden«, war zu verteidigen, ja, sie waren allererst in ihr Recht zu setzen, etwa gegenüber dem verbreiteten Ansatz, Bildtypen einseitig von Texten her zu interpretieren,[3] noch mehr aber gegenüber einer »wortlastigen« Theologie.[4] Diese Fronten existieren heute so nicht mehr. Umso mehr jedoch bleibt die Aufgabe, das Verhältnis von piktoralen und literarischen Bildern in der Bibel zu bearbeiten, und von diesem gewissermaßen übergreifenden Standpunkt aus stellt sich die Frage wieder neu: Was ist ein Bild?

Auf die biblische Tradition angewandt, hat diese Frage eine exegetische und eine theologische Dimension. Exegetisch gesehen, geht es um die Ästhetik biblischer Texte, die eben nicht nur literarisch, sondern auch bildtheoretisch zu bedenken ist. Die theologische Dimension ist nicht weniger fundamental. In ihr steht die Wahrnehmbarkeit

3 So in *Keel*, Recht, 45.232.
4 Vgl. etwa *Keel*, Kultbildverbot, 92–93.

oder Anschaulichkeit Gottes[5] in Wort und Bild zur Debatte.

Um beide Dimensionen geht es auch in diesem Beitrag. Der nun folgende zweite Teil ist – am Beispiel der Dornbuscherzählung – der ästhetischen Frage des Verhältnisses der literarischen zur piktoralen Bildlichkeit gewidmet. Im dritten Teil werde ich – auf der Basis der Beobachtungen zu Ex 3,1–6 – die theologische Dimension in den narrativbildhaften Inszenierungen Gottes im Exodusbuch erkunden.

2. Die Dornbuscherzählung als literarisches und piktorales Bild

2.1. »Ut pictura poesis«:[6] Bildlichkeit als konstitutives Merkmal der bildenden Kunst und der Literatur

Im Alten Testament lässt sich kaum ein Text finden, an dem sich das Verhältnis von piktoraler und literarischer Bildlichkeit besser studieren ließe als an der Dornbuscherzählung in Ex 3,1–6. Die Erzählung ist fast mehr ein Seh- als ein Hörtext. In ihren sechs Versen finden sich nicht weniger als neun Lexeme, die »sehen« oder »gesehen werden« in ihrem Bedeutungsspektrum haben: Der Bote Jhwhs lässt sich im brennenden, aber nicht verbrennenden Dornbusch sehen (V. 2). Mose biegt vom Weg ab, um »das große Gesicht« oder, wie es in der Lutherbibel (1984) heißt, die »wundersame Erscheinung« zu sehen (V. 3). Auch Jhwh sieht, den Mose nämlich, wie dieser sich zu sehen anschickt (V. 4). Das Ende, ja, vielleicht der Höhepunkt der Erzählung wird mit einem Gegenteil von Sehen erreicht: Mose verhüllt sein Haupt aus Furcht, zu Gott hinzublicken, um also gerade nicht zu sehen (V. 6). Zweimal erscheint die Zeigepartikel הנה. Die Formel »da

5 Vgl. *Utzschneider*, Drama, 279.
6 *Horatius Flaccus,* Epistula ad Pisones: De Arte poetica, Zeile 361.

sah er und siehe«[7] in V. 2 richtet den Blick der Leser an der Blickrichtung des Mose aus. Die Leser werden aufgefordert zu sehen, was Mose sieht: »der Dornbusch brannte mit Feuer, aber der Dornbusch ward nicht verzehrt.« Im zweiten Verwendungsfall von הנה verweist Mose auf sich selbst. Er und wir, die Leser, hören die göttliche Stimme aus dem Busch rufen: »Mose, Mose!«, und Mose reagiert darauf, indem er auf sich als sichtbare Gestalt verweist: »Ja, hier bin ich« (V. 4). Zu diesen explizit bildhaltigen Elementen der Erzählung kommen die Konkreta als Kulisse hinzu: das Vieh, der Berg, die Wüste, der Busch, das Feuer, der Bote Gottes in ihm, die Sandalen an den Füßen des Mose und, last but not least, dieser selbst: der Mann Mose als Hirte.

All diese Elemente fügen sich zu einer Szenerie, die man vortheoretisch malerisch nennen kann. In der Theoriesprache des »iconic turn« heißt das: »der Text ist ikonisch intendiert«.[8] Wir kommen damit an die Schnittstelle zwischen literarischer und piktoraler Bildlichkeit, die wir nun genauer beschreiben wollen. Am besten lässt sie sich an der schon hervorgehobenen Formulierung »und er sah, und siehe: der Dornbusch, er brannte mit Feuer« erläutern. Das Bild, das der Erzähltext vorgibt, ist eigentlich nur das Rohmaterial eines Bildes. Mit dem Lexem סנה für Dornbusch ist keine bestimmte Pflanze mit einem unverwechselbaren Phänotyp verbunden, wie es etwa mit »Palme« oder »Feigenbaum« der Fall wäre. Das Lexikon[9] schlägt »cassia obovata« oder »rubus discolor« vor, also stachlige Brombeergewächse, die in den semiariden Zonen des Vorderen Orients anzutreffen sind. Aber damit ist noch nichts darüber ausgesagt, wie groß das Gewächs ist, welche Farbschattierung seine Blätter haben usw. usf. Noch weniger ist dem Text etwas darüber zu entnehmen, wie der Bote Jhwhs vorzustellen ist, der mitten aus dem Busch

7 Vgl. etwa Gen 8,13; 18,12; 22,13; Jos 5,13; Ez 1,4 u. ö. (insgesamt 45-mal im AT).

8 *Simon*, Bildkritik, 216.

9 *Gesenius*[18], 893.

spricht, wie sich die Botengestalt mit dem Feuer verträgt usw. usf. All dies aber sieht Mose, und, wie gesagt, wir, die Leser, sollen es mit ihm sehen. Dies macht es aber unabdingbar, dass die Leser auf ihre Vorstellungskraft, ihre Imagination zurückgreifen und die Bildskizze des Textes vervollständigen. Nun erst entsteht das Bild, das der Text intendiert.

Genau hier ist auch der primäre Ort der Bilder. Bilder (im Sinne des englischen »icon«) sind in erster Linie eidetische, vorstellungshafte Größen, und zwar gilt dies sowohl für literarische wie für piktorale Bilder. Dies hat in jüngerer Zeit ein ehemaliger Mitarbeiter und Weggenosse Gottfried Boehms, der Baseler Literaturwissenschaftler Ralf Simon in seinem Buch »Der poetische Text als Bildkritik« von 2009 eindrucksvoll herausgearbeitet. Eidetische Bilder seien zweifach von ihren Manifestationen zu unterscheiden, einerseits von den Bildträgern, also den gemalten oder geformten Bildartefakten (»pictures«), und andererseits von den Bildgegenständen, die auf oder in den Bildträgern wahrzunehmen sind. Die letzteren werden im allgemeinen Sprachgebrauch zwar auch Bilder genannt, sind aber mit den eidetischen Bildern nicht identisch.

Diese Unterscheidung von Bildträger und Bildgegenstand ist auf literarische Bilder übertragbar. Literarische Bildlichkeit manifestiert sich einerseits in bestimmten lautlichen, syntaktischen, textlichen und stilistischen Zeichengestalten, deren piktorales Gegenstück der Bildträger wäre. Andererseits repräsentierten sie – analog zu den Bildgehalten – anschauliche Gehalte und Motive.[10] Aber erst »im Kopf« oder, kantisch gesprochen, in der produktiven Einbildungskraft von Autoren und Rezipienten werden die bildhaften Manifestationen des Textes zu Bildern.

Dabei lässt der Text als Bildträger den Rezipienten erhebliche Gestaltungsfreiheit, wie wir nun an piktoralen Darstellungen der Dornbuscherzählung zeigen wollen, die

10 *Ricklefs*, Bildlichkeit, 262–263.

wir als Widerspiegelung innerer Bilder von Lesern oder Hörern des Textes verstehen.

Eine Loca-sancta-Ikone des 12. Jahrhunderts aus dem Katharinenkloster zeigt Mose als jungen, bartlosen Mann in Tunika und Toga, der sich entsprechend Ex 3,5 die Sandalen auszieht.[11] Berg und Wüste sind stilisiert angedeutet. Der brennende Busch vor ihm ist als solcher kaum mehr erkennbar, sondern ganz in Feuer eingehüllt. Der Blick des Mose ist, anders als es nach Ex 3,2 vorzustellen wäre, nicht auf den Busch, die wundersame Erscheinung, gerichtet, sondern über sie hinweg und geht damit gewissermaßen ins Leere. Deutet der Maler auf diese Weise an, dass Mose die göttliche Stimme hört, die ihn anspricht, ihn aber eben nicht sieht?

Auch ein Holzstich des Bibelillustrators Julius Schnorr von Carolsfeld aus dem 1860 erschienenen Zyklus »Die Bibel in Bildern« setzt sich mit dieser Szene auseinander.[12] Im Hintergrund der Darstellung liegt eine weite Landschaft mit Bergen und einem Fluss. Im Bildmittelgrund stehen zusammengedrängt die Schafe. Mose ist ein bärtiger Mann mittleren Alters, er trägt ein Bündel auf dem Rücken, sein Stab liegt neben ihm am Boden. Das Lösen der Sandalen geschieht im Knien, in einem Verehrungsgestus, und ist mit dem Verhüllen des Hauptes verbunden. Der Raum über dem Busch wird durch eine lebensgroße männliche Gestalt mit wehenden Gewändern, Bart und Haupthaar eingenommen, die eine Flammenaura umgibt und die von zwei kleineren geflügelten Gestalten begleitet ist. Es ist zweifellos Gott selbst, der mit großer Geste in die Landschaft des Bildhintergrundes zeigt. Die Bildunterschrift »Mose Berufung 2 Mose 3,9.10« deutet darauf hin, dass sich das Zeigen Gottes auf die Sendung des Mose nach Ex 3,9 »und nun auf, ich sende dich zum Pharao« bezieht.

Von Ex 3 her gesehen sind die beiden Darstellungen Wiedergaben von literarischen Bildern. Als selbstständige

11 Bildquelle: *Weitzmann*, Ikone, 74.
12 Bildquelle: *Schnorr von Carolsfeld*, Bibel, Nr. 47.

Bildgegenstände verweisen sie darauf, dass ihre Schöpfer und Betrachter die literarischen Bilder ganz unterschiedlich und unter völlig verschiedenen Voraussetzungen »weiterimaginiert« haben.

Als Zwischenergebnis lässt sich festhalten, dass die Bildlichkeit literarischer Texte *und* piktoraler Darstellungen ihren primären Ort in der Vorstellungswelt der Leser bzw. der Betrachter haben und erst durch deren Einbildungskraft zu Bildern im Sinne von »icons« werden. Der Leser wird – um mit Hans G. Gadamer zu sprechen – »zu einem Mitschaffenden«, der »ständig neue Ausfüllungen des sprachlichen Textes durch einen Strom von Bildern und Blicken [leistet]«.[13] Insoweit ist Horaz also mit seiner Sentenz »ut pictura poesis«, »die Malerei ist wie die Dichtung«, im Recht, ja mehr noch: »Der literarisch-poetische Text ist [...] als sprachliche Form immer auch und unhintergehbar bildlich.«[14] Unbeschadet ihres gemeinsamen Ortes in der Imagination ist die literarisch-poetische mit der piktoralen Bildlichkeit gleichwohl nicht identisch, wie nun zu zeigen ist.

2.2. »[...] die Zeitfolge ist das Gebiete des Dichters, so wie der Raum das Gebiete des Malers«:[15] Bild, Zeit und Perspektive in der Erzählung

Das Zitat aus Lessings Laokoon-Schrift, mit dem wir den Abschnitt überschreiben, ist für das moderne Verständnis von piktoraler und literarischer Bildlichkeit bis heute grundlegend. Es deutet einen zentralen Differenzpunkt an: Das Verhältnis zur Zeit. Dem ist noch ein weiterer, nicht weniger wichtiger hinzufügen: die Möglichkeit der mehrfachen Perspektive.

13 *Gadamer*, Platon, 232; vgl. dazu *Huizing*, Lukas, 22.
14 *Simon*, Bildkritik, 258.
15 *Lessing*, Laokoon, 129.

2.2.1. Erzählen und Zeit

Erzählen hat fundamental mit Zeit zu tun, ja, man kann es als eine Art von Zeit-Bild-Management auffassen.[16] Die Grundeinheit des Erzählens, zumindest des biblischen Erzählens, ist die Szene,[17] also eine grundsätzlich bildhafte Größe. Story und Plot der Erzählung resultieren aus der zeitlichen Anordnung der Szenen. Sie können als lineare Handlungssequenz angeordnet sein, sie können aber auch vorwegnehmend (proleptisch) oder nachholend (analeptisch) erzählt werden. Weiterhin können Szenen gerafft oder gedehnt, durch Vor- oder Rückverweise miteinander verbunden und ins Verhältnis gesetzt werden. Zeitvorstellungen greifen also in die innere Gestaltung einer Szene ein; die zeitliche Anordnung von Szenen kann die Erzählung aber auch über größere Strecken hinweg strukturieren. Dabei spielen wiederum bildliche Elemente in Gestalt von Leitworten bzw. Leitmotiven eine Rolle, wie wir noch genauer sehen werden.

Dass das piktorale Bild die Zeitstruktur dieser Szenenfolge nur mit Einschränkungen nachvollziehen kann, zeigt zunächst die Darstellung der Dornbuscherzählung auf folio 10v der sogenannten »Golden Haggadah«, einer reich illustrierten Päsach-Haggadah spanischer Herkunft des 14. Jahrhunderts, die in der British Library aufbewahrt wird.[18] Auf ihr ist Mose zweimal abgebildet, einmal beim Lösen der Sandalen entsprechend Ex 3,5 und einmal mit dem Gestus des Verhüllens entsprechend Ex 3,6. Die jeweiligen Bezüge sind am oberen Rand des Blattes durch hebräisch geschriebene Zitate verdeutlicht. Was in der Haggadah in *eine* Szene komprimiert ist, nimmt im biblischen Text zwei Teil-Szenen ein, die durch die jeweilige Redeeinleitung in V. 5 und 6 deutlich markiert sind. Wir werden gleich sehen, dass die Abfolge der beiden Szenen

16 Vgl. dazu *Utzschneider / Nitsche*, Arbeitsbuch, 161–163.

17 Vgl. dazu *Utzschneider / Oswald*, Exodus 1–15, 26.

18 Online unter: www.bl.uk/onlinegallery/ttp/hagadah/accessible/pages9and10.html#content (26.3.2014). Vgl. auch die neueste Veröffentlichung und Kommentierung bei *Epstein*, Haggadah, 129–200.

für den Plot, das Sinngefälle der Erzählung prägend ist. Noch stärker als die Haggadah komprimiert Schnorr von Carolsfelds Darstellung. Gott ist bereits mitten in seiner Sendungsrede (Ex 3,9–10), während Mose gerade noch seine Schuhe auszieht und sein Haupt, wenn überhaupt, dann nur notdürftig verhüllt hat (V. 5–6).

Seit Lessings »Laokoon« erklärt man diese Differenz mit der Langsamkeit der Poesie im Gegenüber zur Schnelligkeit des gemalten Bildes. »Bilder sind schnell, weil das Nebeneinander ihrer Konstellation im Raum durch den Blick in einem Moment erfasst werden kann. [...] Ein Roman kann nicht mit einem Blick gesehen werden, seine Lektüre braucht konstitutiv Zeit.«[19]

2.2.2. Leser- und Figurenperspektive

Die Erzählung gestattet es auch, die Perspektiven der Leser und der Figuren einerseits sowie der Figuren andererseits zu trennen und damit unterschiedliche Handlungsebenen zu schaffen und diese zu kombinieren. Für die Dornbuscherzählung sind m. E. die unterschiedlichen Perspektiven und Handlungsebenen nicht nur literarisch konstitutiv, sondern auch theologisch bedeutsam. Der Text gestaltet die Begegnung zwischen Mose und Gott als sukzessive, schrittweise Annäherung der menschlichen Sphäre an die göttliche und lässt die Leser dazu gewissermaßen abwechselnd die menschliche Perspektive des Mose und die göttliche Perspektive einnehmen.

Ein erstes Mal drückt sich die doppelte Perspektive in der zweifachen Ortsangabe in V. 1b aus: Aus seiner Perspektive befindet sich Mose mit dem Vieh »hinter der Wüste«, einem Ort »Irgendwo im Nirgendwo«,[20] weit weg von jeder menschlichen Behausung. Der Text versetzt Mose damit in eine geheimnisvolle Atmosphäre. Nichts aber deutet im Verhalten des Mose darauf hin, dass er weiß, dass er sich am Gottesberg befindet.

19 *Simon*, Bildkritik, 264.
20 *Knauf*, Midian, 157.

In der zweiten Szene sieht (ראה qal) Mose den brennenden, aber nicht verbrennenden Dornstrauch (V. 2a) als המראה הגדול, »große Erscheinung«, die ihm so wundersam vorkommt, dass er sich ihr nähert, um zu »sehen« (V. 3). Wiederum scheint Mose nicht zu realisieren, was wir als Leser ausdrücklich gesagt bekommen, dass nämlich in der Feuerflamme der »Bote Jhwhs« erscheint (ראה ni.). Dabei spielt der Text mit der hebräischen Verbalwurzel ראה, die in der Formengruppe des Nifʿal der »Terminus technicus« für göttliche Erscheinungen ist (vgl. Gen 48,3; Ex 3,16; Lev 9,4 u. ö.), in der gewöhnlichen Formengruppe des Qal aber einfach »sehen« bedeutet. Mose sieht den brennend nicht verbrennenden Busch, er nimmt ihn als groß und wundersam wahr, aber die unmittelbare Nähe Gottes, die sich darin manifestiert, kann er nicht sehen.

In der dritten Szene in V. 4 geht das Wort- und Sinnspiel mit der Wurzel ראה weiter. Nun »sieht« Jhwh und mit ihm der Leser, wie Mose »schauend« an die große Erscheinung herantritt. Da ruft Gott ihn zweimal mit Namen an, und Mose antwortet: »Hier bin ich!« Und noch immer gibt die Erzählung keinen Hinweis darauf, ob Mose wahrnimmt, wer ihn da anspricht.

In der vierten Szene in V. 5 wird Mose von der Stimme aus dem Dornbusch davor gewarnt noch näherzutreten (קרב) und aufgefordert, seine Sandalen auszuziehen, weil der Ort, auf dem er sich befindet, »heilig« ist. Nun kann Mose immerhin erkennen, dass er sich im göttlichen Bereich bewegt, aber die Identität des Sprechers ist ihm immer noch verborgen. Wir Leser wissen dies schon seit V. 1.

Erst in V. 6 erfährt Mose, dass er es mit Gott zu tun hat, und zwar – nach erneuter Redeeinleitung – aus dem Munde eben dieses Gottes selbst. Mit dem ersten Glied der Gottesrede »ich bin der Gott deines Vaters« identifiziert sich Gott als persönlicher Gott des Mose. Im Fortgang der Rede bestimmt er sich weiter durch den Bezug zu den Erzvätern Abraham, Isaak und Jakob und öffnet damit die heilsgeschichtliche Perspektive auf sein Gottsein über das Volk Israel (vgl. schon 2,24; 3,13.15). Indem Mose sein

Gesicht verbirgt (vgl. 1Kön 19,13), gibt er zu verstehen, dass er sich jetzt und zwar erst jetzt in unmittelbarem Gegenüber zu Gott weiß.

Die Dornbuscherzählung inszeniert die Gottesbegegnung des Mose mithin als ein Ereignis, das die textinterne Figur anders wahrnimmt, als es sich den Lesern darbietet. Gott fällt bei Mose nicht mit der Türe ins Haus. Er gibt ihm Zeit, sich ihm über exzeptionelle Orte und wundersame Erfahrungen zu nähern, bevor er sich ihm in der abschließenden Offenbarungsrede erschließt. Die Leser sehen dabei aus der Perspektive des allwissenden Erzählers zu.

Die Dornbuscherzählung erzählt die Gottesbegegnung des Mose so, dass die textinterne Figur das erzählte Ereignis anders wahrnimmt, als es sich den Lesern darbietet. Wieder nehmen die Leser die Perspektive des Erzählers ein. Für Mose und die Leser freilich bleibt diese Selbsterschließung Gottes ästhetisch begrenzt. Beiden bleibt er in seiner gestalthaften Sichtbarkeit entzogen.

Solche filigranen Wechsel der Perspektiven und Ebenen sind in der piktoralen Darstellung nicht oder nur eingeschränkt möglich. Bei Schnorr von Carolsfeld kann Mose, der sein Haupt nur knapp verhüllt, die riesenhafte Gottesgestalt eigentlich nicht *nicht* sehen. Man hat allerdings den Eindruck, dass es auch gar nicht in der Absicht des Illustrators liegt, diese Figur den Betrachtern vorzuenthalten. Marc Chagall hingegen hat in der Dornbuschszene seines lithographischen Exoduszyklus darauf verzichtet. Über das Feuer des Dornbuschs hat er in eine weiß glühende Gloriole das Tetragramm gesetzt.[21]

3. Narrative Inszenierungen Gottes in Ex 3–Lev 9 und der Plot des Exodusbuches

Literarische Bildmotive haben ein Eigenleben. Im Kontinuum des Textes und seiner Struktur ziehen sie weitere

21 Bildquelle: *Chagall / Mayer*, Ich bin mit dir, 31.

Bildelemente an sich, sie passen die vorhergehenden an neue Erzählkontexte an und geben dem Text so seine poetische und theologische Dichte.[22] Dies gilt auch für die Bildlichkeit der Dornbuscherzählung, die – im vorliegenden Kontext gelesen – den Auftakt für weitere literarische Inszenierungen Gottes im Exodusbuch darstellt.[23] In Ex 3 ist das nicht verzehrende Feuer mit den Leitworten אשׁ und אכל das bildhafte Grundmotiv der Präsenz Gottes bzw. des Göttlichen.

In Ex 13,20–21 kommt die Wolke (ענן) hinzu. Die beiden Leitworte Feuer und Wolke gehen dann unterschiedliche Verbindungen ein. In der Schilfmeererzählung werden aus Feuer und Wolke die Feuer- bzw. die Wolkensäule (עמוד, Ex 13,20–22; 14,19.24). Das Feuer wird später (Ex 24,17; Lev 9,24) mehrfach mit אכל, »fressen«, »verzehren«, kombiniert. In Ex 16,9–10; 24,16–17; 40,34–37 sowie Lev 9,6.23 gehen die Leitworte »Feuer« und »Wolke« Verbindungen mit dem Ausdruck כבוד יהוה ein. Das Nomen כבוד meint wörtlich die »Gewichtigkeit«, die »Ehre« oder die »Bedeutung« Jhwhs, d. h. eigentlich eine abstrakte, unanschauliche Eigenschaft Gottes. In der Kombination mit Feuer und Wolke wird diese Eigenschaft sichtbar gemacht und ein szenisches Erscheinen des כבוד Gottes überhaupt erst ermöglicht.[24] Einige der literarischen Gottes-Bilder, die mit diesem Grundinventar und weiteren hinzukommenden Motiven erzeugt werden, werden wir nun genauer beleuchten. Dabei gilt insgesamt, dass als *dramatis personae* nicht mehr nur Mose und Gott agieren, sondern die Israeliten, das Volk und dessen Repräsentanten, zumindest fernstehende Zeugen des Geschehens sind.

22 Vgl. *Simon*, Bildkritik, 248–249.

23 Vgl. zum Folgenden auch *Utzschneider*, Heiligtum, 102–106.

24 Die »Sichtbarkeit« des Kabod kann auch anders ausgedrückt werden, etwa dadurch, dass Gott sich mit ihm als einem Lichtgewand umkleidet (Ps 104,1; weitere Kombinationen mit Lichterscheinungen: vgl. Jes 60,2; Ez 1,28 u. ö.).

3.1. Schilfmeererzählung

In der Schilfmeererzählung (Ex 13,17–15,21) wird das Bildmotiv des Feuers mit dem der Wolke kombiniert, und zwar als Wolken- bzw. Feuersäule, als die Jhwh den Israeliten während der Wanderung am Tag bzw. in der Nacht vorausgeht (Ex 13,21–22). Aus der stationären, einmaligen »wundersamen Erscheinung« wird eine »Begleiterscheinung Gottes«, die im dramatischen Verfolgungsgeschehen am Schilfmeer – zusammen mit dem erneut auftretenden Boten (Ex 14,19) – sich schützend zwischen die fliehenden Israeliten und die sie verfolgenden Ägypter (14,20) stellt. Als Feuer- und Wolkensäule blickt (שׁקף) Gott auf das ägyptische Heer, stürzt es in Verwirrung und leitet damit die Rettung Israels ein (Ex 14,24). Die Korrespondenz der Erscheinung am Dornbusch mit der Schilfmeerszene betont Marc Chagalls Ölgemälde »Mose vor dem brennenden Dornbusch«[25], das die narrative Perspektive fortführt, bis Mose die Gesetzestafeln am Sinai empfängt.

3.2. Mannaerzählung

Die Mannaerzählung in Ex 16 führt den *kabod Jhwh*, die Herrlichkeit Jhwhs, ein und stellt sich dessen Erscheinen (ראה ni.) »in der Wolke« oder »als Wolke« vor (Ex 16,9–10). Der *kabod* erscheint einer von Aaron einberufenen Versammlung der »Gemeinde der Israeliten vor Jhwh« (לפני יהוה) von der Wüste her. Das Erscheinen Jhwhs von der Wüste her verweist einerseits auf die Dornbuscherzählung zurück und andererseits auf die Sinaiperikope voraus. Die Versammlung der Gemeinde »vor Jhwh« nimmt eine Szenerie vorweg, die erst am (Sinai-)Heiligtum voll ausgebildet ist (vgl. z. B. Ex 29,42; 34,34; 40,23; Lev 1,3; Ps 95,6 u. ö.).

25 Bildquelle: *Chagall*, Gemälde.

3.3. Sinaiperikope

Die weiteren Erscheinungen haben ihren Schauplatz am Sinai. Ich möchte sie in drei Spotlights beleuchten.

3.3.1. Erste Sinaitheophanie (Ex 19-20)

In der ersten Sinaitheophanie in Ex 19 und 20 kündigt Jhwh sein Kommen in einer dichten (oder als eine dichte) Wolke an (Ex 19,9); im oder als Feuer (באשׁ Ex 19,18) steigt er herab, begleitet von den hör- und sichtbaren Begleiterscheinungen einer Gewittertheophanie, Donnern, Blitze, Rauch, die die Motive von Feuer und Wolke anreichern und intensivieren. Diese Szenerie rahmt die Verkündung des Dekalogs an Mose. Die theoästhetische Pointe der Sinaitheophanie scheint mir in der Polysemie des Lexems קול zu liegen, das in der Sinaitheophanie in drei Bedeutungen steht: im Pl. קולות (Ex 19,16; 20,18) als »Donner«, im Sg. als Ton des Widderhorns (19,19; 20,18) und als die Stimme, durch die Jhwh dem Volk »antwortet« (Ex 19,19). Nach der Verkündung des Dekalogs an Mose »sieht das Volk den Donner, die Blitze und den Klang des Schofar« (Ex 20,18; man beachte die Lautmalerei). Diese furchterregende Synästhesie, in der sich – auch für die Leser – visuelle Eindrücke mit akustischen Wahrnehmungen verbinden, lässt das Volk an Mose die Bitte richten, künftig den Redeverkehr mit Jhwh zu übernehmen, »damit wir nicht sterben« (Ex 20,19). In der dann einsetzenden Promulgation der Tora ereignet sich Gott in einer ästhetisch überwältigenden, einmaligen und unwiederholbaren Performanz, die – wenn auch erst andeutungsweise – Perspektiven auf Dauer erhält. Sie manifestieren sich in der Rolle des Mose als Gesetzesmittler, in die ihn das Volk drängt, sowie im Klang des Schofar, das – allerdings eher für die Leser als für die Erzählfigur des Volkes – auf die kultischen Funktionen dieses Instruments vorausdeutet. In der weiteren Inszenierung wird die Überblendung der narrativ-literarischen Bilder mit institutionellen und kultischen Szenerien zum eigentlichen Kern der Darstellung.

3.3.2. Zweite Sinaitheophanie

Die in Ex 24,15–18 erzählte zweite Sinaitheophanie hat ein Vorspiel im Himmel (Ex 24,1–2.10–11). Zusammen mit Mose und Aaron steigen 70 Älteste zu Gott hinauf (der Ort wird nicht näher bezeichnet) und sehen ihn. Allerdings schränkt 24,1 ein »von ferne«, und in V. 11 kann man lesen, dass es nur eine himmlische Thronplatte und die Füße Gottes sind, die sie zu Gesicht bekommen. Anders als in den Szenen zuvor verläuft die Begegnung ruhig und ohne Bedrohung von Gottes Seite in einem Mahl, das Menschen vor Gott halten. Bewegter wird die Szene dann wieder, als Mose alleine auf den Berg emporsteigt (Ex 24,14–25). Dort spricht Gott zu Mose aus der Wolke heraus. Den Israeliten aber erscheint der *kabod Jhwh* wie ein Feuer, und zwar – im Gegensatz zur Dornbuschszene – als ein »verzehrendes Feuer« (כאשׁ אכלת) auf dem Gipfel des Berges.[26] Sechs Tage hält diese Erscheinung an, bis Mose hinter einem Vorhang aus Wolke und Feuerschein entschwindet. Mose erhält in vierzig Tagen die »Tabnit«, den himmlischen Plan des Heiligtums (מקדשׁ), das sie herstellen sollen, damit »ich unter ihnen wohne« (Ex 24,8–9) – so sagt es der hebräische Text, im griechischen lesen wir: »damit ich bei euch erscheine«. Diese Theophanie leitet ein, was in Ex 19–20 erst angedeutet wurde: die dauernde Präsenz Gottes unter den Israeliten im Heiligtum.

3.3.3. Sinaiheiligtum

In der Wiedergabe der göttlichen Tabnit als Gottesrede und ihrer Realisierung durch die Handwerker und das Volk wird diese kultische Präsenz narrativ inszeniert. In den Schlussszenen dieser Inszenierung, in Ex 40,34–38 und Lev 9,23–24,[27] signalisieren wiederum die Bildmotive »Feuer« und »Wolke« die unmittelbare Erscheinung Gottes in seinem Kabod. Dabei greift Ex 40,36–38 die

26 Von einem Berg, der von Feuer brannte bis in den Himmel hinein, spricht Dtn 4,11; siehe dazu unten.

27 Zu Lev 16,2 und der »Wolke« am Jom Kippur vgl. *Utzschneider*, Inszenierung, 326.

Funktion der Wolken- und Feuersäule in der Schilfmeererzählung auf. Sie geben nun vom Heiligtum aus das Signal, das die Israeliten während der Wanderung aufbrechen oder aber verweilen lässt. Damit sind die Heiligtumstexte in den übergreifenden Plot der Exodus- und der Wüstenerzählung integriert.

Im Anschluss an die Verkündung der Opfertora (Lev 1–7) erzählt Lev 9 vom ersten Opfer am Heiligtum. In seinen einleitenden Reden an Aaron und an das Volk (Lev 9,1–4.7 bzw. 5–6) kündigt Mose das Erscheinen Jhwhs bzw. seines Kabod an. Aaron bringt die Opfer dann entsprechend dem Gebot Jhwhs an Mose bzw. »*k*ᵉ*mišpaṭ*« nach Vorschrift dar (V. 7.10.16.21). Nach einer darauf bezogenen entsprechenden Schlussnotiz (V. 22) setzt die Erzählung noch einmal an (V. 23–24) und erzählt den Opfervorgang als Erscheinung des *kabod Jhwh* ein weiteres Mal: »Feuer ging aus von Jhwh und verzehrte auf dem Altar das Brandopfer und die Fettstücke, und das ganze Volk sah es, und sie jubelten und fielen auf ihr Angesicht.«

In dieser zweifachen Erzählung des ersten Opfergottesdienstes manifestieren sich wieder die beiden Handlungsebenen, die wir bereits in Ex 3,1–6 beobachten konnten: die menschliche und die göttliche. Die Szene mit Aarons Opfer entwirft das Bild eines nach dem Gesetz gefeierten Gottesdienstes. Die Szene vom verzehrenden Feuer Gottes hat denselben Vorgang zum Gegenstand, nur eben als Akt der Präsenz Gottes unter seinem Volk. Erst in dieser Perspektive beantwortet das Volk das gottesdienstliche Geschehen mit Lobpreis und Verehrung. Dabei evozieren die bildhaften Leitworte »Feuer« und »verzehren« die Dornbuschszene, wo sie im Kontext einer Erscheinung Gottes erstmals erscheinen. Aus dem Feuer, das brennt, aber nicht verzehrt, ist nun ein Feuer geworden, das etwas verzehrt, nämlich das Opfer.[28]

28 Im Zusammenhang mit der etwas rätselhaften Vorhersage Gottes an Mose in Ex 3,12 (»dies [oder: dieser] sei dir Zeichen, dass ich dich gesandt habe. Wenn du das Volk aus Ägypten führst, werdet ihr dem

3.4. Die Inszenierungen Gottes im Plot des Exodusbuches

Im Duktus des vorliegenden Exodusbuches bilden die Inszenierungen Gottes einen Plot, der von dem individuellen, ja, intimen Gotteserlebnis des Mose über die rettende Präsenz Gottes am Schilfmeer und in der Wüste sowie der überwältigenden Manifestation der Tora vor dem Volk auf die kultische Gottespräsenz hinläuft. Es ist der Stabilität und der Wandelbarkeit der Bildelemente zu verdanken, dass dieser Plot bei allen Differenzen der literarischen Gestaltung im Einzelnen als solcher erkennbar bleibt.

In Grundzügen scheint dieser Plot auch einer der ältesten erhaltenen piktoralen Darstellung der Exoduserzählung zugrunde zu liegen, dem Exoduszyklus auf der aus dem 5. Jahrhundert stammenden Holztüre der Basilika Santa Sabina in Rom, die uns die 1980 veröffentlichte Dissertation von Gisela Jeremias erschlossen hat.[29] Der einschlägige Ausschnitt des Reliefs ist in drei Register aufgeteilt: Das unterste Register zeigt Mose sitzend und von seinen Tieren umgeben in einer felsig-bergigen Landschaft, die mit zwei Büschen bestanden ist. Er blickt hinauf in das zweite Register. Dort sieht er sich gewissermaßen selbst sitzen und seine Sandalen lösen. Vor ihm steht eine Engelsgestalt, die ihre Hand erhoben hat und zu ihm spricht. Hinter dieser Gestalt befindet sich nicht, wie wir erwarten würden, ein brennender Busch, sondern ein quaderartig geschichteter Block aus Steinen, auf dem ein Feuer lodert. Gisela Jeremias hat vermutet, dass das Bildmotiv auf eine Bildvorstellung des Deuteronomiums anspielt (Dtn 4,11–12; 5,23; 9,15),[30] nach der der Gottesberg brennt, während Jhwh zum Volk (nicht zu Mose!) spricht. Es wäre aber

Gott auf diesem Berg dienen.«) kann man vermuten (vgl. etwa *Utzschneider / Oswald*, Exodus 1–15, 128), dass darin der Dornbusch als Vorausdeutung auf den Gottesdienst am Sinai (Ex 24,3–8) verstanden wird.

29 Bildquelle: *Jeremias*, Holztür, Tafel 22.

30 *Jeremias*, Holztür, 23.

wohl ikonographisch noch einmal zu prüfen, ob der Steinquader nicht doch eher einen Altar darstellt als einen Berg. Deutlich ist, dass die Darstellung den Bogen von der Dornbuschszene zur Sinaitheophanie und dem Sinaigeschehen schlägt, das freilich – wie dann auch in dem Dornbuschgemälde Marc Chagalls – in der Übergabe der Dekalogtafeln an Mose gipfelt.

Bilder und Fundorte

Loca sancta Ikone: *Weitzmann, K.*, Die Ikone, 6.–14. Jahrhundert, München 1978, 74, Abb. 18.
Julius Schnorr von Carolsfeld: Die Bibel in Bildern. Die bibliophilen Taschenbücher, Harenberg Kommunikation, Dortmund 1978 (Nachdruck der Erstausgabe von 1852–1860), Abb. 47.
Golden Haggadah: www.bl.uk/onlinegallery/ttp/hagadah/accessible/pages9and10.html#content (26.3.2014).
Marc Chagall, Farblithographie zu Ex 3: *Chagall, M. / Mayer, K.*, Ich bin mit dir. Der Weg Gottes mit seinem Volk im farblithograpischen Zyklus des Jahres 1966 zum Buch Exodus, Würzburg 1989, 31.
Marc Chagall, Mose vor dem brennenden Dornbusch: *Chagall, M.*, Die großen Gemälde der biblischen Botschaft, Nizza, Musée National Message Biblique Marc Chagall, Stuttgart ²1987 (ohne Paginierung).
Exoduszyklus der Holztür von Santa Sabina, Rom: *Jeremias, G.*, Die Holztür der Basilika S. Sabina in Rom unter Verwendung neuer Aufnahmen von *Franz Xaver Bartl*, Bilderhefte des deutschen Archäologischen Instituts Rom 7, Tübingen 1980, Tafel 22.

Literatur

Boehm, G. (Hg.): Was ist ein Bild?, Paderborn ⁴2006.
–: Die Bildfrage, in: *ders.* (Hg.), Was ist ein Bild?, Paderborn ⁴2006, 325–343.
Epstein, M. M.: The Medieval Haggadah. Art, Narrative, and Religious Imagination, New Haven / London 2011.
Gadamer, H. G., Platon als Porträtist, in: *ders.*, Gesammelte Werke, Bd. VII: Griechische Philosophie III: Plato im Dialog, Tübingen 1991, 228–258.
Horatius Flaccus: Ars Poetica. Die Dichtkunst Lateinisch / Deutsch, RUB 9412, Stuttgart 2008.

Huizing, K.: Lukas malt Christus. Ein literarisches Portrait, Düsseldorf 1996.

Jeremias, G.: Die Holztür der Basilika S. Sabina in Rom unter Verwendung neuer Aufnahmen von *Franz Xaver Bartl*, Bilderhefte des deutschen Archäologischen Instituts Rom 7, Tübingen 1980.

Keel, O.: Das biblische Kultbildverbot im Judentum und im Christentum, in: *Blickle, P.* u. a. (Hg.), Macht und Ohnmacht der Bilder. Reformatorischer Bildersturm im Kontext europäischer Geschichte, HZ.B 33, München 2002, 67–96.

–: Das Recht der Bilder, gesehen zu werden. Drei Fallstudien zur Methode der Interpretation altorientalischer Bilder, OBO 122, Freiburg i. Ue. / Göttingen 1992.

Knauf, E. A.: Midian. Untersuchungen zur Geschichte Palästinas und Nordarabiens am Ende des 2. Jahrtausends v. Chr., ADPV 10, Wiesbaden 1988.

Lessing, G. E.: Laokoon oder über die Grenzen der Malerei und Poesie mit beiläufigen Erläuterungen verschiedener Punkte der alten Kunstgeschichte (1766), RUB 271, Stuttgart 1987.

Podella, T.: Bild und Text. Mediale und historische Perspektiven auf das alttestamentliche Bilderverbot, SJOT 15 (2001), 205–256.

Ricklefs, U.: Art. Bildlichkeit, Fischer Lexikon Literatur 1 (Neuausgabe 2002), 260–320.

Simon, R.: Der poetische Text als Bildkritik, eikones, München 2009.

Utzschneider, H. / Nitsche, S. A.: Arbeitsbuch literaturwissenschaftliche Bibelauslegung. Eine Methodenlehre zur Exegese des Alten Testaments, Gütersloh [3]2005.

Utzschneider, H. / Oswald, W.: Exodus 1–15, IEKAT, Stuttgart 2013.

Utzschneider, H.: Das Heiligtum und das Gesetz. Studien zur Bedeutung der sinaitischen Heiligtumstexte (Ex 25–40; Lev 8–9), OBO 77, Freiburg i. Ue. / Göttingen 1988.

–: Die Inszenierung des Gestaltlosen. Alttestamentliche Gottesbilder diesseits und jenseits des Bilderverbotes, in: *ders.*, Gottes Vorstellung. Untersuchungen zur literarischen Ästhetik und ästhetischen Theologie des Alten Testaments, BWANT 175, Stuttgart 2007, 316–327.

Irdisches Himmelreich

Die ›Stiftshütte‹ (Ex 25–40*) als theologische Metapher

Der Begriff ›Stiftshütte‹ – er stammt aus der Bibelübersetzung Martin Luthers – bezeichnet das Heiligtum, das die Hebräische Bibel »Zelt der Begegnung« (אהל מועד), engl. »tent of meeting«, und die LXX, σκηνή »Zelt«, nennt.[1] Von der Planung und dem Bau dieses Heiligtums erzählt das Buch Exodus in den Kapiteln 25–40. Sie enthalten eine detailreiche Beschreibung sakraler ›Topoi‹, also des Heiligtums, seiner Räume und ihrer Einrichtungen. Der literarischen Form nach handelt es sich um eine vorzeitlich-fiktive, theologische Erzählung, deren Thema und Plot Gott als handelnde Figur so bestimmt: »Sie [scil. die Israeliten] sollen mir ein Heiligtum herstellen, damit ich [Gott] unter ihnen [den Israeliten] wohne.«

ועשׂו לי מקדשׁ ושׁכנתי בתוכם

Die Erzählung handelt somit offensichtlich von Raum bzw. Räumen (*space*). Meine These ist, dass diese Erzählung als theologische Metapher zu verstehen ist. Es geht dabei, wohlgemerkt, nicht um Metaphern *im* Text, sondern um den Text *als* Metapher.

Zur Entfaltung und Begründung dieser These werde ich in aller Kürze in die Stiftshüttenerzählung und ihre literarischen und historischen Kontexte einführen, die mit dem Heiligtum verbundenen Raumvorstellungen erheben

1 Die Terminologie in Ex 25–40* ist nicht völlig konsistent. ›Zelt der Begegnung‹ scheint uns jedenfalls der Terminus, der das Heiligtum in seiner Anlage und seinen Funktionen am umfassendsten umschreibt. Vgl. *Utzschneider* 1988, 124–133.

sowie ihre theologischen Implikationen herausarbeiten und die Stiftshütte als theologische Metapher interpretieren.

1. »Sie sollen mir ein Heiligtum herstellen, damit ich unter ihnen wohne.« – Die ›Stiftshüttentexte‹ und ihre Kontexte

Die Stiftshüttenerzählung ist in zwei große Abschnitte, Ex 25–31 und Ex 35–40, gegliedert. Der erste Abschnitt (Ex 25–31) ist am oder auf dem Gipfel des Sinai genannten Gottesberges situiert, an dessen Fuß die Israeliten auf ihrem Weg von Ägypten ins verheißene Land Station gemacht haben. Erzählt wird in diesem Abschnitt, was Gott dem Mose zu sagen hat. Dies geschieht – abgesehen von erzählenden Redeeinleitungen – ausschließlich in Reden, mit denen Gott dem Mose Anweisungen erteilt, die dieser an die Israeliten übermitteln soll: Die Israeliten haben zum Bau des Heiligtums die Baumaterialien bereit zu stellen: Gold, Silber, Kupfer, erlesene Farbstoffe und Webarbeiten sowie edle Hölzer und Pretiosen, und daraus die Bauteile anzufertigen. Nur von einer einzigen Handlung erfahren wir (und dies auch nur indirekt): Gott zeigt Mose einen Plan des Heiligtums (Ex 25,9).

Der Schauplatz des zweiten Teils der Erzählung (Ex 35–40) ist das Lager der wandernden Israeliten am Fuß des Gottesberges. Nun dominiert nicht die Rede, sondern die Aktion: Die Israeliten stellen – wie von Gott geheißen – die Baumaterialien bereit und fertigen das Heiligtum, genauer gesagt: dessen Teile (Ex 35–39). Diese fügt Mose schließlich so zu der Stiftshütte zusammen, wie Gott es ihm zu Beginn in dem erwähnten Plan gezeigt hat (Ex 40).

Dann, so heißt es am Schluss der Erzählung,
»[...] bedeckte die Wolke die Stiftshütte,
während die Herrlichkeit JHWHs die Wohnung erfüllte,
Mose aber konnte an die Stiftshütte nicht herankommen,
denn die Wolke hatte auf ihr Wohnung genommen
und die Herrlichkeit JHWHs hatte die Wohnung erfüllt« (Ex 40,34).

Gott hat also in Gestalt seiner himmlisch-kosmischen Manifestationen, als Feuer- und Lichterscheinung (hebr. *kābôd* – griech. δόξα – dt. Herrlichkeit) sowie als Wolke, eine irdische Wohnung bezogen. Mit und in diesen Manifestationen wird er die Israeliten auf ihrem Weg durch die Wüste bis ins verheißene Land begleiten. Auf jeder ihrer Stationen werden die Israeliten bei ihrer Ankunft das Heiligtum inmitten ihres Lagers aufbauen, beim Aufbruch wieder abbauen, verpacken und zur nächsten Station transportieren. Im selben Rhythmus wird Gott ihnen jeweils erscheinen, sei es in der Licht- und Feuer-Gestalt des *kābôd*, sei es als wegweisende Wolke über dem Zelt. Nach der Ankunft der Israeliten im verheißenen Land verliert sich die Spur der Stiftshütte.

Es lässt sich darüber streiten, ob es jemals die Stiftshütte oder ein ihr vergleichbares Zeltheiligtum gegeben hat. Für das Verständnis der Stiftshütten*texte* ist dies letztlich nicht wichtig. Entscheidend dafür ist der historische und literarische *Kontext*, in dem die Texte entstanden sind.

Die Stiftshüttenerzählung gehört zu der ›priesterschriftlich‹ genannten Schicht des Pentateuchs,[2] d. h. sie ist etwa ab der Mitte des 6. Jahrhunderts v. Chr. entstanden und steht unter dem Eindruck der Zerstörung des ersten, des salomonischen Tempels in Jerusalem durch die Babylonier sowie der Exilierung der führenden Schichten, insbesondere des Königshofs und der Priesterschaft. Unter den Persern, die die Oberherrschaft von den Babyloniern übernommen haben, regen sich Bestrebungen, das Jerusalemer Heiligtum auf dem heiligen Berg Zion wieder aufzubauen. Die Stiftshüttentexte gehören in das Spektrum dieser Bestrebungen hinein. Die Absicht, JHWH (wieder) eine Wohnung inmitten seines Volkes zu geben, erscheint in mancherlei Variationen in der zeitgenössischen biblischen Literatur des 6. Jahrhunderts.[3] Der Prophet Sacharja (Sach 2,14.15; 8,3) etwa verbindet damit die Absicht,

2 Vgl. dazu *Utzschneider* 1988, 55–70; *Cortese* 1998; *Utzschneider* 2014, 294–299.

3 Vgl. dazu *Janowski* 1993, passim; *Görg* 1993, insbesondere 1347.

nicht nur den Tempel in Jerusalem wieder aufzubauen, sondern auch eine Restauration der Davidsdynastie herbeizuführen. Beim Propheten Ezechiel erscheint ein ganz ähnlicher Programmsatz (»[...] und ich will für immer unter ihnen wohnen«, Ez 43,9). Er steht im Rahmen einer Vision, die einen Neubau des Tempels in Jerusalem und eine Neuordnung des Landes erwartet, dem künftigen König dabei aber eine nur sehr begrenzte Rolle zubilligt. Tatsächlich gelungen ist ein bescheidener Neubau des Tempels, der von der neuen persischen Hegemonialmacht nicht nur sanktioniert, sondern vermutlich auch unterstützt wurde.

Die Stiftshüttentexte halten zu diesen Konzepten räumlich und zeitlich deutlich Abstand, so sehr sie das Grundanliegen einer Gotteswohnung teilen. Sie spielen in der Vorzeit, ihr Schauplatz liegt weit von Jerusalem weg am Sinai; keiner der Akteure der persischen Zeit wird auch nur andeutend erwähnt. Nicht ein König, gleichviel ob ein Davidide oder ein Perser, soll der menschliche Bauherr des Heiligtums sein, sondern das Volk. Die wandernde Stiftshütte hat – anders als das untrennbar mit Jerusalem verbundene Zionsheiligtum – weder eine feste Stätte, noch erhebt sie Anspruch auf Ewigkeit wie dieses. Kurz: Die Stiftshüttentexte reflektieren grundsätzlich theologisch, was es mit der ›Wohnung Gottes‹ bei den Menschen auf sich hat. Diese Reflexion drückt sich im Raumprogramm und im Raumkonzept der Stiftshüttentexte aus.

2. Die Raumkonzepte der Stiftshütte

Zunächst einige Bemerkungen zur Kategorie des Raumes, wie wir sie hier verstehen: ›Raum‹ ist keine nur physische Kategorie,[4] sondern hat auch soziale und symbolische,

4 Als primär architektonische Größe erscheint die Stiftshütte in den Plänen und Rekonstruktionszeichnungen der Bibellexika und Kommentare. Cf. *Kennedy* 1909, 657.661.

d. h. religiös-theologische Dimensionen.[5] Die Materialien, die Farben und Formen der Bauteile fügen sich zu Räumen, in denen sich Gott und Mensch begegnen, sie bilden Schauplätze für soziale und kultische Rollen und last but not least konstituieren sie eine religiöse Symbolwelt. Freilich sind die Räume der Stiftshütte keine realen, sondern literarisch-narrative Räume. Gestalt gewinnen sie allererst in der Vorstellung der Leserinnen und Leser, deren unterschiedliche Voraussetzungen und Perspektiven eine Vielzahl von Gestalten erstehen ließ und lässt.

Neuere wissenschaftliche Kommentare oder Handbücher zeigen meist nüchterne Architekturzeichnungen, übertragen Bildermaterial aus antiken Kontexten auf die ›Stiftshütte‹ und bemühen sich um textliche wie historische Authentizität (Abb. 1).[6]

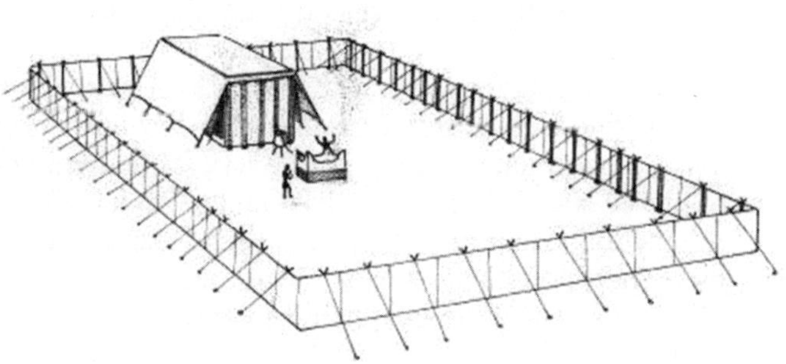

Abb. 1: Das Sinaiheiligtum nach Ex 25–31; 35–40.

Illustrationen in Bibeln oder Schriften, die auch für ›Laien‹ gedacht sind, lokalisieren das Heiligtum aber in ihren jeweiligen zeitgenössischen Kontexten und konkre-

5 Cf. etwa *George* 2009. *Mark K. George* folgt in seiner Monographie der Raumtheorie des französischen Philosophen *Henri Lefebvre*.
6 Exemplarisch deutlich werden wird dies an den Illustrationen im Exodus-Kommentar der renommierten Anchor-Bible, aus der auch die Abbildungen dieses Aufsatzes entnommen sind (*Propp* 2006). Cf. auch die Darstellungen bei *Kennedy* 1909, 657; *Reicke* 1966, 1875–1876; *Homann* 2002, 127–187.

tisieren die Angaben aus ihrer jeweiligen Vorstellungswelt.[7]

Auch die biblischen Raumvorstellungen sind nicht einheitlich, was teils dem Umstand zuzuschreiben ist, dass die Texte nicht aus einer Hand stammen, sondern (vermutlich mehrfach) redaktionell bearbeitet wurden, teils aber auch durch die unterschiedlichen Perspektiven bedingt ist, aus denen die Texte die Räume darstellen. Wir werden im Folgenden drei Perspektiven nachzeichnen: die Perspektive Gottes, wie sie in dessen Rede an Mose in Exodus 25,10–27,19 erscheint, die Perspektive der Priesterschaft aufgrund der Anweisung zur Herstellung des priesterlichen Ornats (Ex 28) und das Raumkonzept aus der Perspektive der Israeliten aufgrund der Bauerzählung (Ex 35–39).[8]

2.1. Das Raumkonzept aus der Perspektive Gottes (Ex 25,10–27,19)

Die Perspektive Gottes ist in der Gottesrede, insbesondere in ihrem Kernbereich von Ex 25,10–27,19, enthalten. Die Beschreibung setzt mit den sakralen Gegenständen ein, an vorderster Stelle steht die Lade, hebräisch ארון, sowie ein *kapporæt* (hebr. כפרת) genannter Gegenstand (Ex 25,10–22).[9] Darauf folgen die Menorah und ein Tisch mit Broten, dann erst ist von der Wohnung (מִשְׁכָּן), also dem ›Gebäude‹ die Rede, in der diese Gegenstände einmal Aufnahme finden sollen (Ex 26). Die weiteren Bauelemente befinden sich schon außerhalb des Gebäudes: ein kupferner (Brandopfer-)Altar (Ex 27,1–8), schließlich der Hof und seine Umfriedung (Ex 27,9–19). Diese Anordnung erweckt den Eindruck, als würde – aus der Perspektive Gottes – das

7 Cf. etwa die Kupferstiche in der ersten vollständigen Lutherbibel von 1534. Die Illustrationen sind in der Werkstatt *Lucas Cranachs* entstanden. Luther 1534, LIII–LIIII.

8 Cf. dazu auch *Utzschneider* 2014, 279–294.

9 Für den vorgelagerten Raum der Wohnung sind ein Tisch und der Leuchter vorgesehen, nach Ex 30,1–10 wird den Letzteren noch ein goldener (Räucher-)Altar hinzugefügt.

Gebäude um die Sakralgegenstände herum gebaut und als sei die ganze Anlage von innen nach außen konzipiert. Als zentral werden sich gleich Lade und *kapporæt* erweisen. Deshalb gehen wir ausführlicher auf sie ein (Abb. 2).

Die Lade wird als ein Kasten aus goldüberzogenem Akazienholz beschrieben, in dem die sog. *ʿedut* (עדות) Aufnahme finden sollen (Ex 25,16); dieser Begriff kann mit ›Zeugnisse‹ oder auch – u. E. sachgemäßer – mit ›Gesetze‹ wiedergegeben werden. Es handelt sich jedenfalls um Schriftstücke. Meist denkt man an die von Gott am Sinai verkündeten und auf Tafeln geschriebenen Zehn Gebote; ich meine freilich, dass damit *alle* am Sinai verkündeten Gesetze und Ordnungen gemeint sind.[10]

Abb. 2: Lade und *kapporæt*.

Die *kapporæt* wird oft als eine Art Deckel auf der Lade verstanden,[11] es kann sich aber auch um ein separates Stück über ihr handeln. Jedenfalls soll sie – wie die Lade – aus reinem Gold sein. In getriebener Technik sollen zwei Keruben (כרובים) aus ihr herausgearbeitet sein. Darunter sind Mischwesen vorzustellen, die meist mit menschlichen Köpfen, Tierleibern und Flügeln dargestellt werden. Nicht selten dienten sie paarweise in paralleler Schreitstellung als Lehnen für Thronsitze von Königen oder Göttern und signalisierten die königliche bzw. göttliche Machtsphäre (Abb. 3).

10 *Utzschneider* 1988, 110–117; nach dem Vorbild altorientalischer Tempel könnte es sich auch um eine Bauinschrift handeln, vgl. *George* 2009, 169.

11 *Janowski* 2000, 174.

Abb. 3: Kerubenthronsitz (nach einer Elfenbeinarbeit). Megiddo, letztes Drittel 2. Jt. v. Chr.

Diese Assoziation ist für die *kapporæt* m. E. bewusst ausgeschaltet, denn ihre Keruben stehen nicht parallel wie die Lehnen eines Throns, sondern *face to face* gegeneinander. Ungeachtet dessen verweisen die Keruben auf die Präsenz Gottes, wenn auch nicht als thronender König.[12] Eine weitere Funktion der *kapporæt* ist die kultische Sühne.[13] Die Präsenz Gottes erfordert von Menschen, die ihr nahe kommen, einen makellosen, »reinen« Zustand. Die *kapporæt* bewirkt diesen Zustand – anders als etwa Riten des Versöhnungstages (*yom kippur*, Lev 16,14f.17) – durch ihr bloßes Vorhandensein. Man versteht sie deshalb am besten als ›Sühneort‹ oder ›Sühnemal‹.[14]

Eine dritte Funktion dieser beiden Gegenstände erschließt sich, wenn *ʿedut* und *kapporæt* räumlich und funktional zusammengedacht werden. Dies geschieht in der Gottesrede in Ex 25,22: »*Dort*« werde ich dir begegnen und mit dir sprechen (ודברתי אתך) von der *kapporæt* herab zwischen den Keruben auf der Lade des Gesetzes (*ʿedut*).« Dieses Raumbild ist am besten so zu entschlüsseln: Die Lade repräsentiert die in den *ʿedut* / Gesetzen

12 Cf. *Propp* 2006, 519.521.
13 *Janowski* 2000, 189–276.
14 *Janowski* 2000, 347–350.

niedergelegte göttliche Weltordnung, von der ihr verbundenen *kapporæt* gehen je und je Gottesworte (דברים) zur Interpretation dieser Gesetze aus. Zusammengenommen ist dies eine Funktionsbeschreibung des Heiligtums ganz ähnlich der der Zionsweissagung in Jes 2,3 bzw. Mi 4,2: Von Zion / Jerusalem werden Tora (תורה) und Gotteswort (דבר יהוה) zu den Völkern ausgehen.

Die beschreibenden Anweisungen zur ›Wohnung‹ (מִשְׁכָּן), also dem zentralen Bau des Heiligtums (Ex 26), beginnen mit einer Zeltdecke oder Plane. Sie bildet die inneren Wände sowie die Decke des Baues, sie ist aus Leinen sowie violett, purpurn und karmesinrot gefärbten Wollfäden gewebt. Zusätzlich sind in das kostbare Mischgewebe Keruben eingearbeitet, die mit den beiden Figuren auf der *kapporæt* korrespondieren und wie diese als Zeichen der göttlichen Sphäre zu verstehen sind. Über dieser Plane sollen einfachere Decken aus dunkler Ziegenwolle sowie zwei weitere Abdeckungen aus Widder- bzw. sogenanntem Tachaschleder liegen. Zu einem lichten Raum wird die Wohnung durch eine zum Ausgang hin offene Konstruktion aus vergoldeten Brettern aus Akazienholz, über die die Decken geworfen oder gespannt zu denken sind (Abb. 4).

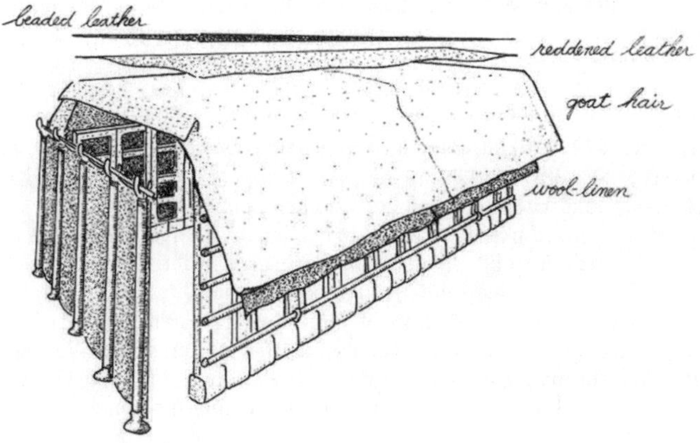

Abb. 4: Die ›Wohnung‹ und ihre Konstruktion.

Mittels zweier Vorhänge wird die Wohnung in einen innersten und einen äußeren Raum geteilt bzw. nach außen abgeschlossen. Der innere Vorhang (פרכת) soll in der gleichen Kunstweberarbeit ausgeführt werden wie die innere Decke. So bildet der innerste Raum der Wohnung einen Kubus von etwa 10×10×10 Ellen,[15] der Lade und *kapporæt* mit dem kostbaren, farbigen Gewebe samt den darin eingearbeiteten Kerubenfiguren umschließt. Die ebenmäßige, kubische Dimension, seine hochwertige Ausstattung sowie die Keruben-Ikonographie zeichnen diesen Raum als »Allerheiligstes« (Ex 26,34) aus.

Der äußere Raum,[16] der Leuchter, Tisch und einen Räucheraltar (der in Ex 30,1–7 nachgetragen wird) beherbergt, wird am östlich gelegenen Eingang durch einen weiteren Vorhang (מסך) geschlossen, der zwar auch aus dem farbigen Mischgewebe, aber ohne die eingearbeiteten Keruben gefertigt ist.

Im Hof und seiner Umfriedung dominieren die Materialien Kupfer und einfaches Leinen. Der Brandopferaltar im Hof ist ganz aus von Kupfer überzogenem Holz. Auch das später hinzukommende Becken ist aus Kupfer. Die

15 Dies lässt sich aus der Angabe erschließen, dass die innere Decke an der Rückseite der Wohnung über die ganze Höhe der Bretterkonstruktion, also 10 Ellen, überhängt. Die Verbindungsstelle der beiden Gebinde, an der der Trennvorhang anzubringen ist (Ex 26,33), liegt dann 10 Ellen von der Rückwand entfernt. Cf. *Homann* 2002, 181–184. Exakte Maße sind nicht möglich, da es in der Anordnung der ›Bretter‹ und ihrer Tiefe Unklarheiten gibt. Als Kubus wird auch der *dᵉbir*, der hölzerne Schrein des Salomonischen Tempels, beschrieben (1Kön 6,20), der dem Allerheiligsten der Wohnung entspricht.

16 Er ist etwa doppelt so lang wie der innere; Länge und Breite des Gebäudes stehen somit im Verhältnis 3:1, d. h. in ihrer Grundstruktur entspricht die Wohnung einem Langhaus-Tempel, mit einem Hauptraum im vorderen und einer abgeteilten inneren ›Cella‹, in der in ikonischen Kulten die bildliche Repräsentanz des Gottes ihre Wohnung hat. Auch für die spezifische Machart als Zelt im Umfeld eines rechteckigen Hofes können historische Vorbilder namhaft gemacht werden, vor allem das Zelt Ramses' II. inmitten des Kriegslagers von Qadesch. Cf. die Untersuchung von *Homann* 2002, 89–128, und besonders 111–116 (»Ramses's Military Camp and the Tabernacle«) und Taf. 47–49.

Umfriedung des Hofes besteht aus rein leinenen Behängen.

Materialien, Machart und Dimensionen des Baus weisen ein Gefälle vom Wertvollen und Raffinierten zum Alltäglichen und Einfachen auf. Der innere Raum der Wohnung ist ganz von wertvollstem Mischgewebe umgeben, die heiligen Geräte selbst sind rein golden; nach außen und zu den oberen Decken hin nimmt die Werthaltigkeit ab. Im inneren Zentrum, dem Kubus mit Lade und *kapporæt*, hat die göttliche Sphäre gleichsam die höchste Dichte und ›Heiligkeit‹.

2.2. Das Raumkonzept aus der Perspektive der Priesterschaft aufgrund der Anweisung zur Herstellung des priesterlichen Ornats (Ex 28)

Die Perspektive der Priesterschaft erschließt sich aus der Anweisung zur Herstellung der Priesterkleider (Ex 28), insbesondere des Ornats des Hohepriesters.[17] Wir konzentrieren uns auf drei Stücke dieses Ornats, den sog. Efod (אפוד), eine Art Schurz, den Choschän (חשן), eine Brusttasche oder Pektorale, und das Diadem (ציץ, wörtl. ›Blüte‹) am Kopfbund (מצנפת). Ein kurzer Blick wird auf die Kleidung der einfachen Priester zu werfen sein.

Der Efod ist aus den gleichen farbigen Mischgeweben herzustellen (Ex 28,6) wie die innere Decke bzw. der innere Vorhang der Wohnung. An seinen Trägern sind in Schulterhöhe zwei Edelsteine mit den Namen der zwölf Stämme der Israeliten anzubringen. Der Text bezeichnet sie als »Steine des Gedenkens an die Israeliten«, die der Hohepriester »vor JHWH tragen soll zum Gedenken« bzw. »zur Erinnerung« (זכרון vgl. dazu unten).

17 Zum Efod in anderen Kontexten und anderen Bedeutungen bzw. Gestalten cf. *Utzschneider* 1999; mit ausführlicher Diskussion: *Bender* 2008, 211–220.

Abb. 5: Der Hohepriester nach Ex 28.

Auch die Brusttasche ist aus Mischgewebe herzustellen. Sie soll an ihrer Vorderseite mit zwölf Edelsteinen besetzt sein, in die jeweils der Name eines der zwölf Stämme eingraviert ist (Ex 28,21). Somit dient auch dieses Stück des Ornats dem Gedenken. Außerdem soll die Tasche zwei *ʾurim* und *tumim* genannte Gegenstände aufnehmen, auf deren Funktion wir gleich zu sprechen kommen. Aus Wolle in violett-purpurner Färbung ist schließlich auch das Grundmaterial des Kopfbundes (Ex 28,37) gefertigt, an dem sich das goldene Diadem, die ›Blüte‹, befindet.

So sind die Materialien des hohepriesterlichen Ornats eng, ja exakt auf das Raumkonzept der Wohnung abgestimmt und lassen ihren Träger in gewisser Weise als einen Teil der göttlichen Sphäre erscheinen, wenn er in ihr erscheint, was im Allerheiligsten nach Lev 16 nur einmal jährlich der Fall ist. Die Funktionen, die er dort wahrnimmt, sind in den wertvollsten Stücken des Ornats materialisiert, den Edelsteinen an Schurz und Brusttasche des Hohepriesters und an den beiden *ʾurim* und *tumim* genannten Gegenständen.

Die Edelsteine, die der Priester vor sich herträgt, wenn er die Wohnung betritt, haben die Funktion des »Gedenkens« oder »Erinnerns« (Ex 28,12.29). Dies bezieht sich keineswegs auf Menschen, sondern auf Gott. Jedes Mal, wenn der Priester die Wohnung betritt, erinnern die Gedenksteine Gott an die Israeliten und daran, dass sie das

Heiligtum hergestellt haben. Zu Recht hat man die Steine deshalb mit Stifterinschriften verglichen.[18]

ʾurim und *tumim* sind außerhalb der Stiftshüttentexte als Orakelinstrumente belegt, mit denen man Rhabdomantie betrieb.[19] Im Ornat des Hohepriesters haben sie eine andere Bedeutung. Mehrfach wird das priesterliche Pektorale, in dem sie sich befinden, auch »Brusttasche des Rechts« (Ex 28,15.29f.) genannt; mit *ʾurim* und *tumim* in der Brusttasche trägt der Priester das »Recht auf seinem Herzen« (Ex 28,30) und bringt es vor Gott. Othmar Keel hat dazu auf den ägyptischen Ritus des »Darbringens der Maʾat« durch den König aufmerksam gemacht. Die Göttin Maʾat stellt »im ägyptischen Kult das der Weltordnung Gemäße« dar.[20] Auch die hebräischen Begriffe für Recht und Gerechtigkeit (משפט und צדקה) können das »›Richtige, Angemessene‹ (Ex 26,30; 1Kön 18,28; Jes 28,25f.), die ›Ordnung‹ schlechthin (Gen 40,13; 1Kön 5,8)«[21] bedeuten. Somit repräsentiert der Hohepriester durch sein Pektorale das gerechte, der göttlichen Weltordnung gemäße Verhalten der Israeliten. Im Symbolraum der Stiftshütte ist das Pektorale das Gegenstück zu den *ʿedut*, den göttlichen Gesetzen in der Lade.[22] In diesen kommt der Rechts- und Ordnungswille JHWHs zum Ausdruck; *ʾurim* und *tumim* im Brustschild des Hohepriesters bringen den Willen und den Anspruch des Volkes zum Ausdruck, diesen göttlichen Ordnungen zu entsprechen.

Die goldene ›Blüte‹ am Kopfbund schließlich soll nach Ex 28,36–38 die »Verfehlungen ihrer heiligen Opfergaben wegnehmen« und, wenn es »ständig auf der Stirn Aarons ist«, für sie (jederzeit) »Gefallen bei JHWH« erwirken. Das Diadem wendet also das Missfallen der Gottheit ab. Wie schon die *ʾurim* und *tumim* hat es ein Gegenstück in

18 Cf. dazu *Utzschneider* 1988, 168–171 mit weiterem Material; *Keel* 2004, 386; *Dohmen* 2004, 268.

19 Num 27,21; 1Sam 28,6; Hos 4,12. Cf. auch *Houtman* 2000, 496; *Keel* 2004, 382.

20 *Keel* 2004, 383.

21 *Liedke* 1976, 1005.

22 *Jacob / Mayer* 1997, 909.

der Wohnung: die *kapporæt*, also das Sühnemal, in dem Gottes Gnadenbereitschaft im Heiligtum institutionalisiert, ja materialisiert ist.

Durch den Ornat ist der Priester Repräsentant der Israeliten vor Gott. Betritt er die Wohnung, so ereignet sich, allein in seiner Bewegung im Raum, eine Begegnung zwischen Gott und dem Volk (Ex 25,22, vgl. dazu oben), in der die Verpflichtung des Volkes auf die göttliche Weltordnung, aber auch der Anspruch des Volkes als Stifter des Heiligtums vergegenwärtigt werden.

Die liturgische Kleidung der gewöhnlichen Priester umfasst den Leibrock (כתנת), den Kopfbund (מצנפת) und die Priesterschärpe (אבנט). Sie sind aus einfachem Leinen (שׁשׁ) wie die Behänge der Umfriedung des Hofes und einfache Weberarbeit wie die Eingangsvorhänge zur Wohnung (Ex 26,36) bzw. zum Hof (Ex 27,16). Damit sind auch Grenzen des einfachen priesterlichen Dienstes abgesteckt: Er spielt sich im Wesentlichen im Hof vor dem Brandopferaltar in dem Bereich ab, den die Texte פתח אהל מועד »Eingang des Begegnungszeltes« nennen, während der Hohepriester Zugang zu Wohnung und – einmal im Jahr (Lev 16,2) – zum ›Allerheiligsten‹ hat.

2.3. Das Raumkonzept aus der Perspektive der Israeliten (Ex 35–39)

In der Ausführungserzählung von Ex 35–39 sind die Israeliten, genauer: die »ganze Gemeinde der Israeliten« (כל עדת ישׂראל, Ex 35,1.4), das eigentlich handelnde Subjekt.[23]

Die ganze Gemeinde ist auf den Beinen, »weil ihr Herz sie antrieb« (אשׁר נדב לבם אתם, V. 29), also ungezwungen und freiwillig. Die Israeliten, Männer *und* Frauen, kommen und bringen ihren goldenen Schmuck, die gefärbten Garne, das feine Leinen, Silber, Kupfer und Holz (Ex 35,20–29), die »Fürsten« (*nesiʾim*, Ex 35,37) steuern die Edelsteine bei. Indem die Rolle des Volkes als Stifterin

23 Cf. *Utzschneider* 1988, 160–167.

des Heiligtums erzählt wird, wird vorbereitet und begründet, was sich in der Bewegung des Hohepriesters in der Wohnung ereignen wird: die Repräsentanz der Israeliten vor Gott, die sich so als Stifter in Erinnerung bringen. Hier zeigt sich, wie treffend Luthers Begriff ›Stiftshütte‹ für die soziale und theologische Funktion dieses Raumes ist.

In ihrer Arbeit an der Herstellung des Heiligtums zeigt sich die Gemeinde unbedingt gebunden an die göttliche Ordnung (מִשְׁפָּט, Ex 26,30), die ihnen Mose aufgrund des himmlischen Vorbildes (תַּבְנִית, 25,9.40) vermittelt hat. So kann Mose, während er die Stiftshütte errichtet, jedes Teil mit der Formel »wie JHWH geboten hatte« (כַּאֲשֶׁר צִוָּה יְהוָה, Ex 40,19.21.23.25.27.29.32) gleichsam quittieren.[24] Im Bau des Heiligtums ereignet sich erstmals, was die Korrespondenz zwischen Lade mit den *ʿedut* und dem hohepriesterlichen Pektorale mit *ʾurim* und *tumim* zum Ausdruck bringt. Die ›Gemeinde der Israeliten‹ handelt gemäß der göttlichen Ordnung, die im Heiligtum durch Lade und *kapporæt*, durch Gesetz und Gotteswort präsent ist und die durch den Hohepriester vor Gott repräsentiert wird.

Die Raumperspektive der Gemeinde kommt in der Ausführungserzählung nicht zuletzt dadurch zum Ausdruck, dass die Reihenfolge der Bauteile gegenüber der Gottesrede verändert ist: Zuerst werden Decken und Bretter für die ›Wohnung‹ fertiggestellt, dann erst folgen die Sakralgegenstände für das Innere, also vor allem Lade und *kapporæt*. Diese Reihenfolge entspricht der Perspektive der Menschen, die sich der Wohnung nähern. Mit ihren 10 Ellen, also etwa 4,5 m Höhe, überragt sie den ganzen Bereich des Heiligtums. Sie wird als erstes sichtbar, wenn sich die Israeliten von ihrem Lager her nähern, während ihnen die sakrale Einrichtung dauernd verborgen bleibt.

Anders als die Gottesrede, die von innen nach außen, vom göttlichen zum menschlichen Bereich orientiert ist, blickt die Ausführungserzählung (Ex 35–40) von außen nach innen, von der menschlichen auf (aber nicht in) die

24 Cf. *Utzschneider* 1988, 215.

göttliche Sphäre. Dem entspricht, dass der Bereich vor der Wohnung, der ›Eingang des Begegnungszeltes‹ der Ort des Kultes, der gottesdienstlichen Begegnung mit Gott ist, in dem sich Priester und Laien zum Opfer versammeln.

Soweit das Raumkonzept der ›Stiftshüttenerzählung‹, die nun abschließend als ›theologische Metapher‹ interpretiert werden soll.

3. Metaphorik und sakraler Raum

3.1. Bemerkungen zur Metaphorik und ihre Bedeutung für die Theologie

Unseren Überlegungen liegt ein Verständnis von Metaphorik zugrunde, das in den vergangenen Jahrzehnten in der Philosophie, vor allem durch Paul Ricœur und Hans Blumenberg, entwickelt und in der Theologie, etwa durch Eberhard Jüngel, rezipiert wurde. Es unterscheidet sich beträchtlich sowohl vom neueren kognitiv-linguistischen Konzept der Metapher[25] wie auch vom herkömmlichen rhetorischen Verständnis, wiewohl es an das Letztere anknüpft. Auf dreierlei kommt es besonders an:

(1) ›Metaphorisch‹ ist nicht nur die Übertragung eines ›uneigentlichen‹ Bildwortes auf ein ›eigentliches‹ Bezugswort, wie es in dem klassischen aristotelischen Beispielsatz »Achill ist ein Löwe« zum Ausdruck kommt. Metaphern sind auch nicht auf Worte oder Wortverbindungen beschränkt. ›Ausgeführte Metaphern‹[26] können vielmehr ganze Sätze umfassen, ja die Gestalt von Erzählungen oder Mythen annehmen. In diesem Sinne verstehen wir die Stiftshüttenerzählung als eine narrative Großmetapher.[27]

25 *Lakoff* / *Johnson* 2004.

26 *Ricœur* 1986, 233; vgl. *Buntfuß* 1997, 50.

27 Die erste biblische Textsorte, auf die dieses erweiterte Verständnis von Metapher angewendet wurde, sind die Gottes- bzw. Himmelreichsgleichnisse Jesu in den synoptischen Evangelien. Vgl. *Weder* 1978.

(2) Hans Blumenberg hat den Begriff der »absolute[n] Metaphern« geprägt. Anders als rhetorische Metaphern sind sie nicht durch eigentliche Begriffe ersetzbar, so wie man Achill statt metaphorisch als ›Löwe‹ auch einfach als ›tapferen Krieger‹ bezeichnen könnte. Absolute Metaphern beziehen sich auf Sachverhalte, die überhaupt *nur* durch Metaphern aussagbar sind.[28] Sie zeigen »die fundamentale[n], tragende[n] Gewißheiten, Vermutungen, Wertungen [...] einer Epoche« an. Dabei haben sie – wiewohl es zunächst so klingen mag – keine absolute, überzeitliche Geltung, sie können sehr wohl »durch eine andere ersetzt bzw. vertreten oder durch eine genauere korrigiert werden«.[29]

(3) Im klassischen Verständnis sind Metaphern durch eine Spannung von ›ist (wie)‹ und ›ist nicht (wie)‹ geprägt.[30] *Eigentlich* ist Achill kein Löwe, sondern ein Mensch; (wie) ein Löwe ist er in Hinsicht auf seinen Mut und seine Kraft. In den ausgeführten Metaphern ist die metaphorische Spannung nicht auf ein eigentliches Subjekt (›Achill‹) und einen uneigentlichen Tropos (›Löwe‹), eine Sach- und eine Bildhälfte aufteilbar. Sie durchzieht vielmehr den metaphorischen Text in allen seinen inner- und außertextlichen Bezügen und ist damit offen, vielfältig, spielerisch.[31] In diesem Sinne kann mit Paul Ricœur von »lebendigen Metaphern« die Rede sein.[32]

Für die Theologie, insbesondere die biblische, ist dieses Verständnis von Metaphorik hilfreich und erhellend,[33] denn die biblische Sprache ist einerseits voller Bilder und andererseits voll unreduzierbarer Spannung. Als Sprache des Glaubens gelesen ist sie »durch und durch metaphorisch«[34]. Die »Möglichkeit metaphorischer Rede von Gott im Horizont des christlichen Glaubens« hat, so Eberhard

28 Vgl. *Blumenberg* 1998, 12; *Buntfuß* 1997, 102.
29 *Blumenberg* 1998, 12–13.
30 Vgl. dazu *Ricœur* 1974, 54.
31 Vgl. *Buntfuß* 1997, 26.
32 Vgl. *Ricœur* 1986, VI; *Buntfuß* 1997, 51.
33 *Jüngel* 1974, 110.
34 *Jüngel* 1974, 110.

Jüngel, die »fundamentale Differenz von Gott und Welt«[35] zur Voraussetzung. Aufgrund dieser Differenz gibt es über Gott nur »übertragene« Aussagen, wenn einerseits Gott nicht in menschlichen, welthaften Begriffen verweltlicht werden soll und andererseits doch für den Menschen und seine Sprache, besser gesagt: seinen Sprachen, zugänglich sein soll.[36]

3.2. Die Stiftshütte als theologische Metapher

Meine These ist nun, dass die Stiftshüttenerzählung in der Vorstellung des sakralen Raums der Gotteswohnung diese Spannung des gottmenschlichen Verhältnisses zum Ausdruck bringt und eben darin eine theologische Metapher darstellt. Unter dem Gesichtspunkt des ›ist wie‹ und ›ist nicht‹ ist dies an drei Beobachtungen abzulesen.

(1) Das Verhältnis von Gott und Mensch ist, *wie* es sich in der Stiftshütte darstellt: Gott wohnt inmitten des Lagers der Israeliten. Durch *Lade* und *kapporæt* ist er unter ihnen präsent. In seinen himmlischen Erscheinungen, dem *kābôd* und der Wolke, lässt er sich auf der Wohnung nieder. Und es ist nicht so: Er kann seine Wohnung auch verlassen; ja sie kann ganz aufgegeben werden und aus der Geschichte Gottes mit seinem Volk spurlos verschwinden.

(2) Die Stiftshütte ist streng nach göttlichem Plan konzipiert und errichtet. Insofern ist sie wie Gottes eigene Wohnung. Sie ist es aber wiederum *nicht*, weil Gott zu ihrer Realisierung auf irdische Stoffe und vor allem auf menschliche Gebefreude und Kooperation zurückgreift.

35 *Jüngel* 1974, 110–111.

36 *Markus Buntfuß* erläutert die Funktionsweise der absoluten Metapher an den christologischen Aussagen des Bekenntnisses von Calcedon: Die »terminologischen Bestimmungen« des Calcedonense (scil. »vere homo et vere deus«) »[…] stellen zwei unvereinbare Kontexte bzw. Konzepte zueinander und bewirken somit eine Interaktion der dadurch entstandenen Spannungsmetapher. Demzufolge wird eine Aussagehälfte durch die andere ausgelegt, ohne dabei in einem dritten Schritt einen Vereinigungs- oder Vermittlungspunkt anzustreben.« *Buntfuß* 1997, 184.

Ohne die Gemeinde der Israeliten als Stifter und Erbauer gibt es keine Gotteswohnung.

(3) Die Stiftshütte vereinigt – in ihren räumlichen Dimensionen sowie durch die Farb- und Formensprache ihrer Ausstattung – zwei gegensätzliche und zugleich komplementäre Weisen der Präsenz Gottes unter den Menschen. Im Allerheiligsten wird nicht gebetet oder gesungen, niemand predigt oder versammelt sich in ihr. In der Wohnung selbst herrscht majestätische Stille.[37] Umso lebendiger ist der kultische Betrieb außerhalb dieses Bezirks »vor dem Begegnungszelt« (פתח אהל מועד). Bis zum Altar im Vorhof steht die Gotteswohnung nicht nur Priestern, sondern allen Israeliten zu Opfer und Gottesdienst offen.

Insgesamt heißt das: Die Stiftshütte ist das von Menschen erbaute, irdische Haus Gottes, gewissermaßen sein ›irdisches Himmelreich‹. Rhetorisch ist dies ein ›Oxymoron‹, eine auf die Spitze getriebene Metapher. Und es ist eine ›absolute Metapher‹ im Sinne Blumenbergs. Sie lässt sich nicht in eigentliche und eindeutige Begriffe übersetzen, sondern allenfalls in andere, ebenso absolute Metaphern abwandeln. Dies zeigt sich an der wirkmächtigen Nachgeschichte der Stiftshütte als Wohnmetapher; sie war (und ist?) an vielerlei Diskurse anschlussfähig. Leider kann ich dies hier nicht mehr ausführen, sondern nur noch andeuten.

4. Zur biblischen Nachgeschichte der Wohnmetapher

In der jüdischen Tradition, vor allem der Kabbalah, ist aus der ›Wohnung‹ der Stiftshütte die personifizierte göttliche ›Schechinah‹, wörtlich: ›die Einwohnung‹, geworden. Sie hat sich von Gott abgetrennt, um mit Israel das Leiden des

37 Das hat *Israel Knohl* in seinem Buch »The Sanctuary of Silence« (*Knohl* 1995) sehr richtig gesehen.

Exils zu teilen.[38] Das Ende des Exils, die Erlösung, bedeutet nichts anderes als die Wiedervereinigung Gottes mit seiner Schechinah.

Das Johannesevangelium bezieht die Wohnmetapher auf den Gottessohn: »[...] das Wort (λόγος) ward Fleisch und *wohnte* (ἐσκήνωσεν, wörtlich: ›zeltete‹) unter uns, und wir sahen seine Herrlichkeit (δόξα), eine Herrlichkeit als des eingeborenen Sohnes vom Vater, voller Gnade und Wahrheit« (Joh 1,14). Die Formel knüpft in den drei Schlüsselbegriffen λόγος (Wort), σκηνή (Zelt) und δόξα (Herrlichkeit) an die Stiftshüttentexte an. In der Apokalypse des Johannes schließlich stiften nicht die Menschen Gott eine irdische Hütte, sondern umgekehrt: die Hütte Gottes (ἡ σκηνὴ τοῦ θεοῦ) kommt vom Himmel auf die Erde (Apk 21,3).

Bibliographie

Bender, Claudia (2008): Die Sprache des Textilen. Untersuchungen zu Kleidung und Textilien im Alten Testament. Beiträge zur Wissenschaft vom Alten und Neuen Testament 177, Stuttgart.

Blumenberg, Hans (1998): Paradigmen zu einer Metaphorologie, Suhrkamp-Taschenbuch Wissenschaft 1301, Frankfurt a. M.

Buntfuß, Markus (1997): Tradition und Innovation. Die Funktion der Metapher in der theologischen Theoriesprache, Theologische Bibliothek Töpelmann 84, Berlin.

Cortese, Enzo (1998): The Priestly Tent (Ex 25–31.35–40). Literary Criticism and the Theology of P Today, Liber Annus, Studium Biblicum Franciscanum 48 (1998), 9–30.

Dohmen, Christoph (2004): Exodus 19–40, Herders Theologischer Kommentar zum Alten Testament, Freiburg i. Br.

George, Mark K. (2009): Israel's Tabernacle as Social Space, Ancient Israel and its Literature 2, Atlanta: Society of Biblical Literature.

Görg, Manfred (1993): Art. שכן šakan, in: Theologisches Wörterbuch zum Alten Testament, hg. von *H.-J. Fabry* / *H. Ringgren*, Bd. VII, Stuttgart, 1337–1348.

Homann, Michael M. (2002): To Your Tents, O Israel. The Terminology, Function, Form and Symbolism of Tents in the Hebrew Bible

38 »Etwas von Gott ist von Gott selber exiliert.« *Scholem* 2004, 144.

and the Ancient Near East, Culture and History of the Ancient Near East 12, Leiden / Boston.

Houtman, Cornelis (2000): Exodus Vol. 3 Chapters 20–40, Historical Commentary on the Old Testament, Kampen.

Jacob, Benno / Mayer, Shlomo (1997): Das Buch Exodus, Stuttgart.

Janowski, Bernd (1993): »Ich will in eurer Mitte wohnen«. Struktur und Genese der exilischen Schekina Theologie, in: *ders.,* Gottes Gegenwart in Israel. Beiträge zur Theologie des Alten Testaments, Neukirchen-Vluyn, 119–147.

– (2000): Sühne als Heilsgeschehen. Traditions- und religionsgeschichtliche Studien zur Sühnetheologie der Priesterschrift, Wissenschaftliche Monographien zum Alten und Neuen Testament 55, 2. Aufl., Neukirchen-Vluyn.

Jüngel, Eberhard (1974): Metaphorische Wahrheit. Erwägungen zur theologischen Relevanz der Metapher als Beitrag zur Hermeneutik einer narrativen Theologie, in: Metapher. Zur Hermeneutik religiöser Sprache, hg. von *P. Ricœur / E. Jüngel*, Evangelische Theologie, Sonderheft, München, 71–122.

Keel, Othmar (2004): Die Brusttasche des Hohenpriesters als Element priesterschriftlicher Theologie, in: Das Manna fällt auch heute noch, hg. von *F.-L. Hossfeld / L. Schwienhorst-Schönberger*, Herders Biblische Studien 44, Freiburg i. Br., 379–391.

Kennedy, Archibald R. S. (1909): Art. Tabernacle, in: A Dictionary of the Bible. Dealing with Its Language, Literature, and Contents, Including the Biblical Theology, hg. von *J. Hastings*, Bd. 4, Edinburgh, 653–668.

Knohl, Israel (1995): The Sanctuary of Silence. The Priestly Torah and the Holiness School, Minneapolis.

Lakoff, George / Johnson, Mark (2004): Leben in Metaphern. Konstruktion und Gebrauch von Sprachbildern, 4. Aufl., Heidelberg.

Liedke, Gerhard (1976): Art. שׁפט *špṭ* richten, in: Theologisches Handwörterbuch zum Alten Testament, hg. von *E. Jenni / C. Westermann*, Bd. II, München, 999–1009.

Luther, Martin (1534): Biblia, das ist: Die gantze Heilige Schrifft des Alten und Neuen Testaments, Wittenberg (ND Köln 2012).

Propp, William Henry (2006): Exodus 19–40. A New Translation with Introduction and Commentary, The Anchor Bible 2A, New York.

Reicke, Bo (1966): Art. Stiftshütte, in: Biblisch-Historisches Handwörterbuch, hg. von *B. Reicke / L. Rost*, Göttingen, 1871–1875.

Ricœur, Paul (1974): Stellung und Funktion der Metapher in der biblischen Sprache, in: Metapher. Zur Hermeneutik religiöser Sprache, hg. von *P. Ricœur / E. Jüngel*, Evangelische Theologie, Sonderheft, München, 45–70.

– (1986): Die lebendige Metapher. Übergänge, München.

Scholem, Gershom (2004): Zur Kabbala und ihrer Symbolik, Nachdruck, Suhrkamp-Taschenbuch Wissenschaft, Frankfurt a. M.

Utzschneider, Helmut (1988): Das Heiligtum und das Gesetz. Studien zur Bedeutung der Sinaitischen Heiligtumstexte (Ex 25–40, Lev 8–9), Orbis Biblicus et Orientalis 77, Fribourg / Göttingen.

– (1999): Art. Efod, in: Religion in Geschichte und Gegenwart, hg. von *H. D. Betz* u. a., 4. Aufl., Bd. 2, Tübingen, 1351–1352.

– (2014): Tabernacle, in: The Book of Exodus. Composition, Reception, and Interpretation, hg. von *T. B. Dozeman* u. a., Supplement to Vetus Testamentum 164, Leiden, 267–301.

Weder, Hans (1978): Die Gleichnisse Jesu als Metaphern, Forschungen zur Religion und Literatur des Alten und Neuen Testaments 120, Göttingen.

Abbildungsnachweis

1 *Propp* 2006, 499, Courtesy of Yale University Press.
2 *Propp* 2006, 378, Courtesy of Yale University Press.
3 *Propp* 2006, 388, Courtesy of Yale University Press.
4 *Propp* 2006, 409, Courtesy of Yale University Press.
5 *Propp* 2006, 434, Courtesy of Yale University Press.

Nach der Revision ist vor der Revision

Ein Werkstattbericht zur Durchsicht der Lutherbibel (Altes Testament) am Beispiel des Buches Exodus

I. Vorbemerkung

Vf. hatte die Aufgabe, Vorschläge zur Revision der Übersetzung des Buches Exodus der Lutherbibel in der Fassung von 1984 / 1964 (künftig: Lu84) zu erarbeiten und der aus vier weiteren Personen bestehenden »Pentateuchgruppe« (künftig: Gruppe) zu unterbreiten. Dort wurden die Vorschläge diskutiert und – entsprechend dem Reglement der Durchsicht – mit 2/3-Mehrheit angenommen, abgelehnt oder modifiziert. Die Gruppenvorschläge wurden dann an den Lenkungsausschuss (künftig: LA) weitergeleitet, der nach dem gleichen Verfahren erneut über die Vorschläge der Pentateuchgruppe sowie aller Gruppen beriet und beschloss.

Dieser exemplarische Werkstattbericht beruht auf einer Auswahl von knapp einhundert Stellen aus dem Buch Exodus,[1] zu denen Vf. Veränderungen gegenüber Lu84 vorgeschlagen hat, unabhängig davon, ob sie durch den LA angenommen wurden und somit in die im Jubiläumsjahr 2017 erscheinende, durchgesehene Lutherbibel (künftig: Lu17) Eingang finden werden oder nicht. Von den ca. hundert ausgewählten Fällen hat der LA etwa 75 unverändert oder modifiziert angenommen, und damit

1 Ex 1,5.16.21; 2,1.3.11.14.17.19.23; 3,1.7.8.9.18.22; 4,5.14.20.25.28; 5,4.5.16.21; 6,1.6.8.12.14; 7,1.19.20; 8,2.8.17.19; 9,3.11.24; 10,7.17.18; 11,3.10; 12,7.11.15.25; 13,12.18; 14,8.9; 15,1.6.15–17.25; 16,8.16.34; 17,14; 18,11; 19,1.2; 20,20.23, 21,8.20f.; 22,8.14; 23,1.11.14.21.24.26.28; 24,16; 25,2.4.5.9.10.17–22.32.40; 26,1; 29,43; 32,1.4.30; 34,24.27.

eben auch 25 abgelehnt – aus Sicht des Vf. bzw. der Gruppe nicht immer mit ausreichenden oder einleuchtenden Begründungen.

Ausgangstext für die Durchsicht war der masoretisch-hebräische Text der »Biblia Hebraica Stuttgartensia« (künftig: Hebr.); herangezogen wurden auch die antiken Übersetzungen, die griechische Septuaginta (künftig: LXX) und die lateinische Vulgata (künftig: Vg), sowie die »Ausgabe letzter Hand« der Lutherbibel von 1545 (künftig: Lu45)[2]. Zum Vergleich standen schließlich neuere moderne Übersetzungen, die »Einheitsübersetzung« in ihrer noch nicht revidierten Gestalt[3] und die neue Zürcher Bibel von 2007.

II. Text-Treue – das Programm und seine Implementierung am Alten Testament

Das deutsche Wort »Treue« kennt keinen Plural. Von einem zumindest doppelten Treueverhältnis sprach der Bischof und Neutestamentler Christoph Kähler, als er im Jahr 2010 als Beauftragter des »Rates der EKD« die Konzeption des Unternehmens den Bearbeiterinnen und Bearbeitern vorstellte. Die Lutherbibel in der Fassung der Revision von 1984 bzw. 1964[4] sei »auf das Kriterium der

2 Wir zitieren Lu45 nach *D. M. Luther*, Biblia. Die gantze Heilige Schrifft Deudsch auffs new zugericht, Wittenberg 1545, 3 Bde., ed. *Hans Volz*, München 1974.

3 Die »Einheitsübersetzung« wurde etwa zeitgleich mit der Lutherbibel einer Revision unterzogen. Vgl. dazu *J. Wanke*, Die Revision der Einheitsübersetzung der Heiligen Schrift von 1979. Ein Zwischenbericht (Stand Oktober 2013), in: *M. Lange / M. Rösel* (Hg.), »Was Dolmetschen für Kunst und Arbeit sei«. Die Lutherbibel und andere deutsche Bibelübersetzungen. Beiträge der Rostocker Konferenz 2013, Leipzig 2014, 331–339.

4 Die Textgestalt des AT der revidierten Fassung von 1984 stand im Wesentlichen bereits 1964 fest. Vgl. *W. Gundert*, Die Revision des Alten Testaments 1964, in: *K. D. Fricke / S. Meurer* (Hg.), Die Geschichte der Lutherbibelrevision. Von den Anfängen um 1850 bis 1984, AGWB 1, Stuttgart 2001, 188–196.

Texttreue hin« durchzusehen. Änderungen seien »ausschließlich an Textstellen vorzunehmen, wenn diese *a) aufgrund von neuen textkritischen Erkenntnissen und / oder b) aufgrund von neuen exegetischen Erkenntnissen als fehlerhaft angesehen und um des Prinzips der Texttreue willen zwingend geändert werden müssen*«[5]. Solche Veränderungen, so schob Kähler sofort nach, »haben die Treue zum Luthertext im Ganzen zur Voraussetzung«. Dies bedeute vor allem, dass »die Wiedererkennbarkeit vertrauter Texte« der Lutherbibel sicherzustellen und überhaupt die »*Lutherbibel in ihrem Duktus zu erhalten*« sei.[6] Entsprechend dieser Kriteriologie und ihrer Programmatik werde ich im Folgenden jeweils aus den hundert Fällen an ausgewählten Beispielen darstellen,

- zu welchen Ergebnissen die Anwendung des Kriteriums der »textkritischen Erkenntnisse« führte (III. Bibeltext und Luthertext),
- welche neueren exegetischen Erkenntnisse zum Tragen kamen (IV. Übersetzung und neuere exegetische Erkenntnisse) und schließlich
- auf welche Weise bei der Durchsicht des Buches Exodus dem Übersetzungswerk des Reformators die Treue gehalten werden konnte (V. Die Treue zum Luthertext und das Dilemma von Text- und Werktreue).

5 *Chr. Kähler*, Eine Durchsicht der Lutherbibel, unveröffentlichtes Manuskript eines Vortrages, der am 22. Oktober 2010 auf der Tagung der Mitarbeiterinnen und Mitarbeiter an der Durchsicht gehalten wurde, 6 (Kursivierung im Original). Vgl. auch das ebenfalls unveröffentlichte, zusammenfassende Protokoll der ersten Gesamttagung »Durchsicht der Lutherbibel« vom 22.–23.10.2010 im Kirchenamt der EKD in Hannover. In einem 2013 vorgetragenen Zwischenbericht hat *Kähler* noch einmal einen ähnlichen Kriterienkatalog skizziert: *Chr. Kähler*, Erneute Durchsicht der Lutherbibel. Probleme, Grundsätze, Ergebnisse und offene Fragen, in: *Lange / Rösel* (Hg.), Dolmetschen, 162–181, 171–173.

6 *Kähler*, Durchsicht, 6 (Kursivierung von mir).

III. Bibeltext und Luthertext

Gewiss war für Luther und in den Revisionen, die die Bibelübersetzung schon zu seinen Lebzeiten durchlaufen hatte, der hebräische Text aufs Ganze gesehen Grundlage und Ausgangspunkt der Übersetzung.[7] Allerdings haben Luther und sein Team auch auf die Septuaginta und / oder die Vulgata zurückgegriffen und zwar in durchaus nennenswertem Ausmaß. In unseren einhundert Stichproben lag (oder liegt) dem Luthertext von 1545 und / oder 1984 an mindestens dreizehn Stellen der Septuagintatext, an weiteren mindestens drei Stellen der Vulgatatext zugrunde. An mindestens drei Stellen ist der Übersetzungstext in Lu84 auch durch Konjekturen moderner Kommentare bestimmt. Weitere Abweichungen vom Textbestand der Hebr. sind unmittelbar der »Freiheit« der Übersetzungen Lu45 bzw. Lu84 zuzuschreiben.

Unter dem Gesichtspunkt der Textkritik stand für jeden Einzelfall der Abweichung des Luthertextes vom hebräischen Text zur Debatte, ob die Durchsicht den Entscheidungen folgen wollte, die Lu45 und / oder Lu84 getroffen hatten, oder ob sie zu der Variante des Textes zurückkehrt, die der hebräische Text überliefert. Für mich als Bearbeiter und auch für die Gruppe kann ich sagen, dass wir in unseren Vorschlägen und Entscheidungen dem masoretischen Text, wo immer möglich, Priorität eingeräumt und die modernen Konjekturen, die wir in Lu84 vorgefunden haben, »zurückgebaut« haben.[8] Im LA haben wir damit nicht immer Anklang gefunden. Dazu nun drei Beispiele:

7 Zur Editions- und Revisionsgeschichte bis Luthers Tod vgl. *S. Michel*, Die Revision der Lutherbibel zwischen 1531 und 1545, in: *Lange / Rösel* (Hg.), Dolmetschen, 83–106; *H. Volz*, Die deutsche Bibel Martin Luthers, Hamburg 1978, 111–113.154–156.

8 Vgl. dazu auch *Kähler*, Erneute Durchsicht, 169.

1. »Freie« Übersetzung (z. B. Ex 15,1)

Den Auftaktstichos des Moseliedes in Ex 15,1 geben Lu45/84 teilweise (frei) nach der LXX wieder: »Ich will dem HERRN singen, denn er hat eine herrliche Tat getan; [...].« Für Lu17 wird einhellig der Vorschlag des Bearbeiters angenommen, den Wortlaut des MT »[...], denn hoch erhaben ist er« zu übersetzen.

MT	אָשִׁירָה לַיהוָה כִּי־גָאֹה גָּאָה סוּס וְרֹכְבוֹ רָמָה בַיָּם
LXX	Ἄισωμεν τῷ κυρίῳ ἐνδόξως γὰρ δεδόξασται ἵππον καὶ ἀναβάτην ἔρριψεν εἰς θάλασσαν
Lu84 (Lu45)	Ich will dem HERRN singen, *denn er hat eine herrliche Tat getan*; \ Ross und *Mann* (Lu45: Wagen) hat er ins Meer gestürzt.\
Bearbeiter / Gruppe / LA	Ich will dem HERRN singen, *denn er ist hoch erhaben*; Ross und *Reiter* hat er ins Meer gestürzt.

Warum Luther hier nicht den hebräischen Text wiedergegeben hat, kann nur vermutet werden; vielleicht wollte er das Moselied unmittelbarer mit der vorausgehenden Rettungstat Gottes am Schilfmeer verbinden. Zu diesem textkritischen Problem kommt ein semantisch-lexikalisches hinzu. רכבו heißt in der Vokalisation der Hebr. »sein Reiter«. Die Wiedergabe mit »Wagen« in Lu45 geht wohl darauf zurück, dass im Kontext sonst immer רִכְבּוֹ zu lesen ist (Ex 14,18.23; 15,19). Auch hier wird sich Lu17 an der masoretischen Überlieferung orientieren.

2. Übersetzung nach den alten Versionen (z. B. Ex 29,43–46)

Ex 29,43–46 ist ein theologisch zentraler Passus im Duktus der priesterlichen »Stiftshüttentexte« (Ex 25–31; 35–40). Die Anweisungen zum Bau des Heiligtums, zur Herstellung des priesterlichen Ornates und zur Priesterweihe schließt JHWH mit einem verheißungsvollen Vorblick auf die Weihe des Heiligtums ab, die darin gipfeln wird, dass

Er, Gott, in ihm Wohnung nehmen wird. Der hebräische Text bietet gleich zu Anfang eine Schwierigkeit; er lautet (Ex 29,43):

וְנֹעַדְתִּי שָׁמָּה לִבְנֵי יִשְׂרָאֵל וְנִקְדַּשׁ בִּכְבֹדִי

Wörtlich ist zu übersetzen:

»Und ich werde dort [in der Stiftshütte] den Israeliten begegnen und [er / sie / es] wird sich heiligen / geheiligt werden durch meine Herrlichkeit.«

וְנִקְדַּשׁ ist eine Verbform des Pf. cons. der 3. P. Sg. im Nifʿal. Sie kann passivisch oder reflexiv verstanden werden. Der hebräische Text lässt offen, wer oder was bei der Begegnung mit JHWH und seiner Herrlichkeit »geheiligt *wird*«. Infrage kommen (vom Kontext her) das Heiligtum, das samt seinen Priestern geweiht werden soll; denkbar ist aber auch Israel bzw. die Israeliten, die durch die Gegenwart Gottes geheiligt werden.[9] Versteht man das Verbum reflexiv, etwa im Sinne von »sich als heilig zeigen mittels seiner Herrlichkeit«, dann ist Gott selbst das Subjekt. Dies freilich erfordert eine Form der 1. P. Sg. So versteht die LXX den Text und ändert die Verbform entsprechend in eine 1. P. Sg. um (ἁγιασθήσομαι, was Hebr. ונקדשתי entsprechen würde). Lu45 folgte der LXX (»Daselbst wil ich von den Kindern Jsrael erkandt[10] und geheiliget werden in meiner Herrligkeit«); auch der LA hat sich ihr angeschlossen, der auf die LXX zurückgehende Wortlaut wird demnach in Lu17 zu lesen sein. Die Vulgata ließ den Altar geheiligt werden (et sanctificabitur altare in gloria mea).

9 *B. Jacob*, Das Buch Exodus, ed. *S. Meyer* unter Mitarbeit von *J. Hahn* und *A. Jürgensen*, Stuttgart 1997, 823. Rein sprachlich ist dies die wahrscheinlichste Lösung, wenn und weil sich ein nicht-nominales Subjekt stets auf das letzte vorhergehende Nomen bezieht, und das sind »die Israeliten«.

10 Lu45 setzt hier eine andere hebräische Verbalwurzel voraus: ידע »(er-)kennen« anstatt יעד »begegnen«.

Lu84 machte ähnlich wie manche jüdische Kommentatoren[11] das Heiligtum zum Subjekt »Daselbst will ich den Israeliten begegnen und das Heiligtum wird geheiligt werden durch meine Herrlichkeit«. Der Bearbeiter und die Arbeitsgruppe haben vorgeschlagen, das Subjekt offen zu lassen »Daselbst will ich den Kindern Israels begegnen, und es wird geheiligt werden durch meine Herrlichkeit«. Die Überlegung des Bearbeiters dazu war (und ist), dass an einer so zentralen Stelle kaum zufällig etwas weggelassen wird, sondern dass es sich um eine bewusste Leerstelle handelt. Keiner der Vorschläge, mit denen diese Leerstelle gefüllt wird, ist theologisch falsch, keiner kann aber auch für sich allein bestehen. Geheiligt wird das Heiligtum und seine Priester durch die Begegnung mit Gott, Gott selbst erweist sich darin als heilig und letztlich wird auch Israel geheiligt, wenn Gott in Gestalt seiner »Herrlichkeit« in Israels Mitte Wohnung nimmt. Diesem Zusammenhang wird eine offene Übersetzung u. E. am besten gerecht.

3. Übersetzung und moderne Konjekturen (z. B. Ex 7,19–20)

»Konjekturen«, also Textgestalten, die ohne Anhalt an überlieferten Texturkunden auf wissenschaftlich begründeten Vermutungen beruhen, kommen bisweilen auf verschlungenen Wegen in den Text, wie zwei Beispiele aus der Plagenerzählung (Ex 7,19–20) zeigen:

MT	(19) וַיֹּאמֶר יְהוָה אֶל־מֹשֶׁה אֱמֹר אֶל־אַהֲרֹן קַח מַטְּךָ וּנְטֵה־יָדְךָ עַל־מֵימֵי מִצְרַיִם [...] וְיִהְיוּ־דָם וְהָיָה דָם בְּכָל־אֶרֶץ מִצְרַיִם וּבָעֵצִים וּבָאֲבָנִים (20) וַיַּעֲשׂוּ־כֵן מֹשֶׁה וְאַהֲרֹן כַּאֲשֶׁר צִוָּה יְהוָה וַיָּרֶם בַּמַּטֶּה
Lu84	(19) Und der HERR sprach zu Mose: Sage Aaron: Nimm deinen Stab und recke deine Hand aus über die Wasser in Ägypten […], dass sie zu Blut werden, und es sei Blut in

11 So Rabbi *Schmu'el ben Meir* (Rashbam), vgl. Rashbams Commentary on Exodus. An Annotated Translation, edited and translated by *M. I. Lockshin*, Providence 1997, 380.

	ganz Ägyptenland, *selbst in den hölzernen und steinernen Gefäßen.* (20) Mose und Aaron taten, wie ihnen der HERR geboten hatte, und *Mose hob den Stab* […]
Lu45	(19) […] vnd sey blut in gantz Egyptenland / beide *in hültzern und steinern gefessen* (20) Mose vnd Aaron thaten wie jnen der HERR geboten hatte / vnd *hub den stab auff* / […]

Die Konjektur in V. 20 besteht in der Einfügung des Subjekts »Mose« in den Satz. Dieses Subjekt findet sich weder im Hebräischen, noch in den alten Übersetzungen, und auch die Lutherbibeln bis 1912 gaben den Satz ohne das Subjekt »Mose« wieder. Wie kam er in den Text der Lu84? Der Auslöser war wohl eine in der sog. Urkundenhypothese begründete Annahme, die der Exoduskommentar von Bruno Baentsch (1903) so formulierte: »Deshalb werden die Worte aus E stammen, Subjekt zu וירם muss dann ursprünglich Moses gewesen sein.«[12] Daraus hat Lu84 eine textkritische Konjektur gemacht, die den Eindruck erweckt, als sei »Mose« bereits im hebräischen Text gestanden. Lu17 kehrt zum ursprünglichen Wortlaut zurück.

Im wörtlich wiedergegebenen V. 19 findet sich im Hebräischen die merkwürdige Bemerkung, das Blut habe sich nicht nur »im ganzen Land Ägypten« befunden, sondern auch an »Bäumen und Steinen«. Wie kommt das Blut an Bäume und Steine? Das hat die Leserinnen und Leser seit der Antike beschäftigt, und so kam die Erklärung in Umlauf, das Blut habe sich (nur) an Alltagsgegenständen aus Stein bzw. Holz befunden, die mit (dem zu Blut gewordenen) Nilwasser in Berührung kamen, also an »hölzernen und steinernen Gefäßen«. Diese erklärende Ände-

12 *B. Baentsch*, Exodus – Leviticus – Numeri, HK I,2 Göttingen 1903, 62.

rung des Textes findet sich erstmals in antiken »Targumen«[13], also Übersetzungen des hebräischen Textes ins Aramäische zum Gebrauch in den Synagogen, wurde aber auch von modernen Kommentaren, z. B. von Bruno Baentsch ohne weiteres übernommen.[14] Nicht alle Übersetzungen haben sich dem angeschlossen und die Gefäße gleichsam in den Text geschmuggelt. Sie fehlen in der LXX und in der Vulgata. Der Bearbeiter hat vorgeschlagen, den Hebr. in Lu17 »texttreu« wiederzugeben und dabei den Anstoß in Kauf zu nehmen, den das »Blut an Bäumen und Steinen« zweifellos bietet. Die Plagenerzählung arbeitet freilich auch sonst mit phantastischen Bildern (Frösche im Bett des Königs, Ex 7,28, oder Staub, der sich in Moskitos verwandelt, Ex 8,12). Leider ist auch Lu17 bei der glättenden Version geblieben.

Soweit die Beispiele im Bereich der »Textkritik«. Sie deuten an, dass die textkritische Arbeit – zumindest in der Pentateuchgruppe – nicht so sehr »neue« Erkenntnisse im Sinne bisher unbekannter (etwa aus den Qumrantexten) oder neu erschlossener Textgestalten in den Übersetzungstext einbrachte, als vielmehr eher im Gegenteil bestrebt war, den masoretisch-hebräischen Text zur Geltung zu bringen. Dazu wurden sowohl ältere, auf Luther und sein Team zurückgehende textkritische Entscheidungen zugunsten des LXX-Textes (bzw. der ihm zugrundeliegenden hebräischen Texttradition) als auch neuere Konjekturen »zurückgebaut« – freilich nur teilweise und nach Meinung des Bearbeiters nicht konsequent und sensibel genug.

13 Z. B. im Targum »Onqelos«; vgl. *A. Sperber*, The Bible in Aramaic. Based on Old Manuscripts and Printed Texts, Bd. 1: The Pentateuch According to Targum Onkelos, Leiden 1959, 99: במני אצא ובמני אבנא.

14 *Baentsch*, Exodus, 61.

IV. Der Bibeltext und neuere exegetische Erkenntnisse

Dass exegetische Erkenntnisse in die Bibelübersetzung einfließen, gehört zur »DNA« der Lutherübersetzung(en) von allem Anfang an. Bekanntlich lagen auf dem Tisch Luthers und seines Teams seinerzeit nicht nur die neuesten Ausgaben der hebräischen Grundtexte. Man bediente sich auch der gerade erschienenen, epochemachenden hebräischen Lexika bzw. Grammatiken Johannes Reuchlins (1506) und Sebastian Münsters (1523) und anderer Hilfsmittel. Wittenberg war neben Basel ein Zentrum der christlichen Hebraistik des humanistischen Zeitalters.[15] So liegt die Frage nahe, welche »neuen Erkenntnisse« der alttestamentlichen Wissenschaft des ausgehenden 20. und beginnenden 21. Jahrhunderts in der »Durchsicht« eigentlich eine Rolle spielen konnten und gespielt haben.

In gewisser Weise ist die wissenschaftliche Situation heute der des beginnenden 16. Jh.s vergleichbar. Seit dem Jahr 1964, in dem die Vorgängerrevision des AT abgeschlossen worden war, bis heute hat insbesondere die hebräische Lexikographie Fortschritte gemacht, die einem Quantensprung vergleichbar sind. In dem Zeitraum erschienen zwei große Lexika und ein Wörterbuch, das die Semantik der biblisch-hebräischen Lexeme erschöpfend behandelt.[16] Auch die hebräische Grammatik, namentlich

15 Vgl. dazu neuerdings *S. G. Burnett*, Reassessing the »Basel-Wittenberg Conflict«. Dimensions of the Reformation-Era Discussion of Hebrew Scholarship, in: *A. P. Coudert / J. S. Shoulson* (Hg.), Hebraica Veritas? Christian Hebraists and the Study of Judaism in Early Modern Europe, Philadelphia 2004, 181–200; *Volz*, Bibel, 33–63 gibt einen mit vielen Bildern ausgestatteten Einblick in die gelehrten Hilfsmittel, mit denen Luthers Übersetzungs- und Revisionswerkstatt ausgestattet war.

16 *L. Koehler / W. Baumgartner*, Hebräisches und Aramäisches Lexikon zum Alten Testament, 6 Bde., Leiden 1967–1995; *W. Dietrich / S. Arnet* (Hg.), Konzise und aktualisierte Ausgabe des Hebräischen und Aramäischen Lexikons, Leiden 2013; *W. Gesenius*, Hebräisches und Aramäisches Handwörterbuch zum Alten Testament, bearbeitet und herausgegeben von *H. Donner*, 18. Aufl., 6 Lfg., Berlin 1987–2012; *G. J. Botterweck / H. Ringgren / H.-J. Fabry* u. a. (Hg.), Theologisches Wörterbuch zum Alten Testament, 10 Bde., Stuttgart 1973–2000.

die Syntax, wurde in den vergangenen Jahrzehnten intensiv diskutiert (Diethelm Michel, Wolfgang Richter, Walter Groß, Rüdiger Bartelmus), was zu zahlreichen neuen Einsichten, aber zu keiner endgültigen Klärung geführt hat. Schließlich sind – zumindest für meine Person – die interdisziplinären Grenzgänge der alttestamentlichen Wissenschaft in die Textwissenschaften wie z. B. Textanalyse, Erzählforschung, Stilistik und Poetik bedeutsame wissenschaftliche Erkenntnisquellen auch für die Auslegung des Alten Testaments. All dies hat bei der Durchsicht des Buches Exodus Spuren hinterlassen.

Mit Fragen des hebräischen Lexikons bzw. der Semantik haben etwa 20 der 100 diskutierten Änderungsvorschläge zu tun, in den Bereich der Grammatik und der Syntax lassen sich noch einmal etwa 15 Fälle einordnen. Um im weitesten Sinne stilistisch-poetische Fragen ging es in etwa 10 Fällen. Dazu drei Beispiele (je eines für den Bereich von Lexikon bzw. Semantik, Syntax und Stilistik / Poetik), die auch zeigen, dass den angesprochenen Fragen keineswegs nur rein sprachliche, sondern auch erhebliche theologische Bedeutung zukommt.

1. Semantisch-lexikographisch begründete Änderungsvorschläge bzw. Änderungen (z. B. Ex 3,1)

Semantische Fragen können sich beim ersten Hinsehen unscheinbar ausmachen, so auch die Frage, ob die Gegend in die sich Mose mit seinen Schafen begeben hat (Ex 3,1), um dann am Gottesberg dem brennenden Dornbusch gegenüber zu stehen, »Wüste« oder »Steppe« zu nennen ist. Das Lexem מדבר umfasst beide Bedeutungen. Landeskundlich gesehen, sind beide Landschaftsformen auch nicht streng zu trennen. Was in den regnerischen Winter- und Frühjahrsmonaten noch mit Gräsern und Kräutern bewachsen ist und eine gute Weide für Ziegen und Schafe abgibt, also »Steppe« ist, ist in den Sommermonaten verbrannt und kahl, also Wüste. In der eigentlichen Wüste hat ein Hirte mit seiner Herde nichts verloren. Wahrscheinlich war es diese Überlegung, die Lu84 dazu veranlasste, in

Ex 3,1 (vgl. auch Ex 33,2) »und trieb die Schafe über die Steppe hinaus«[17] zu übersetzen. Allerdings ist es die Frage, ob die Wortwahl des hebräischen Textes hier von Fragen der Weidewirtschaft bestimmt war. Mit dem Lexem מדבר ist weniger eine geographisch-ökologische als vielmehr eine religiös-theologische Vorstellung aufgerufen. In der »Wüste« erfährt Israel auf seiner Wanderung ins verheißene Land Gottes Zuwendung ebenso wie sein Gericht; sie ist der Ort des Aufruhrs gegen Gott und steht zugleich für eine »Brautzeit« zwischen Gott und Israel.[18] Auch im Neuen Testament hat die Wüste als Ort der Taufe und der Versuchung Jesu (Mk 1,4.13) solche theologischen Konnotationen. In diesem Bereich bewegt sich Mose und gelangt von dort ins Zentrum göttlicher Präsenz auf Erden, an den »Gottesberg, den Horeb [wörtlich bedeutet der Name ›Ödnis‹]«. Vielleicht ist der Ausdruck des Hebr. אחר המדבר, wörtlich: »hinter die Wüste« (Lu45: »enhinder in die Wüsten«), gewissermaßen als Steigerung zu »Wüste« gedacht, vielleicht ist es auch ein »Fiktionalitätssignal«[19] für einen geheimnisvollen Ort »Irgendwo im Nirgendwo«. Jedenfalls wird in Lu17 in Ex 3,1 wieder das Wort »Wüste« stehen.

2. Syntaktisch begründete Änderungsvorschläge bzw. Änderungen (z. B. Ex 15,6.15–17)

Die vielleicht wichtigste und theologisch folgenreichste Frage der hebräischen Syntax ist die nach dem Verständnis der sogenannten Tempora – mit »sogenannt« ist angedeutet, dass nicht alle Formentypen der hebräischen Verben, anders als wir es aus dem Deutschen oder Lateinischen gewohnt sind, eindeutig bestimmten Zeitstufen

17 Vgl. auch *Baentsch*, Exodus, 18.

18 Vgl. *S. Talmon*, Art. מִדְבָּר, *miḏbār*, ThWAT IV, 1984, 660–695, bes. 680–681.

19 *H. Utzschneider / W. Oswald*, Exodus 1–15, IEKAT, Stuttgart 2013, 113.

zuzuordnen sind, sondern je nach Kontext unterschiedliche Zeitstufen wiedergeben können. Die neueren Diskussionen um das Verständnis und die korrekte Wiedergabe der in den Verbformen jeweils ausgedrückten Zeitstufe ist für die Übersetzung hebräischer Texte essenziell und hat auch die Durchsicht der Lutherbibel eingeholt. Vor allem in den prophetischen Büchern ist sie dringlich, z. B. für den Abschnitt Jes 9,1–6, der als »messianische Weissagung« mit unmittelbarem Bezug auf die Geburt des Messias Jesus verstanden und an Weihnachten gepredigt wird; im Präteritum würde die »Weissagung« dann aber lauten: »das Volk, das im Finstern wandelt(e), sah ein großes Licht […]« (Jes 9,3).[20]

Im Buch Exodus spielt die Tempusfrage eine weniger »spektakuläre« Rolle, ist aber durchaus auch präsent, so etwa im sog. Moselied Ex 15,6.15–17. Nach Ansicht des Bearbeiters und der Gruppe sind die dortigen yiqtol (»Imperfekt«)-Formen entweder futurisch oder iterativ zu verstehen und mithin mit Futur oder Präsens wiederzugeben. So wäre nach Bearbeiter und Gruppe Ex 15,6 so wiederzugeben: »HERR, deine rechte Hand, du Herrlicher an Kraft, \ deine rechte Hand, HERR, *zerschlägt* [Hebr.: תרעץ; Lu45/84: hat (…) zerschlagen] den Feind.« Hier ist der LA dem Bearbeiter- und Gruppenvorschlag gefolgt, nicht jedoch in den ganz parallelen Fällen V. 15–17, wo es in Lu17 bei den Vorgängerversionen bleibt. Mit Recht kann der LA darauf verweisen, dass der vorausgehende V. 14 zweifelsfrei im Präteritum steht: Ex 15,14f.: »Als das die Völker hörten, erbebten sie; \ Angst kam die Philister an. (15) Da erschraken [Hebr.: נבהלו; Bearbeiter: erschraken; Gruppe: erschrecken] die Fürsten Edoms \ Zittern kam [Hebr.: יאחזמו רעד; Bearbeiter und Gruppe:

20 Vgl. dazu auch *Chr. Levin*, Die Durchsicht 2017 des Alten Testaments in der Lutherbibel, in: *Lange / Rösel* (Hg.), Dolmetschen, 189–211, 201–204. *Levin* weist besonders auf die Problematik der Frage in den prophetischen Texten hin, in denen »Luther […] eindeutiges Präteritum häufig im Präsens oder im Futur wiedergibt« (a. a. O., 201). Für die Übersetzung der »messianischen Verheißung« von Jes 9,1–6 vgl. a. a. O., 202f.

kommt] die Gewaltigen Moabs an, alle Bewohner Kanaans wurden feig«; andererseits ist in der Situation, die das Moselied vor Augen stellt, die Furcht der Völker nicht vergangen; sie werden von ihr ergriffen, als die »Fama« (V. 14: »Als die Völker hörten […]«) von Israels Rettung und der Vernichtung des ägyptischen Heeres zu ihnen dringt. Die Furcht ist also durchaus gegenwärtig.[21] Das Beispiel zeigt, wie diffizil Tempusfragen sein können und wie sehr sie von der Interpretation des jeweiligen Kontextes abhängen.

3. Stilistisch-poetisch begründete Änderungsvorschläge bzw. Änderungen

Auch Änderungen bzw. Änderungsvorschläge dieser Kategorie können auf den ersten Blick für das inhaltliche Verständnis eher nachrangig scheinen. An ihnen wird aber für aufmerksame Leserinnen und Leser des Übersetzungstextes nachvollziehbar, dass der hebräische Ausgangstext keineswegs Alltags- oder religiöse Fachsprache ist, sondern über weite Strecken als gehobene, ja rhythmische Prosa gestaltet ist. So wiederholen die beiden letzten Sätze des hebräischen Textes in Ex 3,9 Wörter der Wurzel לחץ (bedrängen, Bedrängnis), die eine Art Prosareim bilden. Lu45 hat diese Stilfigur nachgebildet: »vnd hab auch dazu gesehen jr *angst* / wie sie die Egypter *engsten* / […]«, Lu84 hat sie übergangen (»und ich dazu ihre Not gesehen habe, wie die Ägypter sie bedrängen«), in Lu17 wird sie wieder zu lesen sein (»und ich dazu ihre *Drangsal* gesehen habe, wie die Ägypter sie *bedrängen*«). Im Gegensatz dazu wird die chiastische Stellung der Verben in Ex 3,7, die Lu45 (»[…] *Jch hab gesehen* das Elend meins Volcks in Egypten / vnd habe jr geschrey *gehöret*«), nicht aber Lu84 wiedergegeben hat, auch in Lu17 nicht zu erkennen sein. Leider ist der LA Vorschlägen zur stilistischen »Texttreue« zum Hebräischen (und zu Lu45) nur recht selektiv gefolgt.

21 Vgl. *Utzschneider / Oswald*, Exodus 1–15, 335f.

Eine poetische Eigenart des hebräischen Textes sind seine z. T. drastisch bildhaften Ausdrücke. Die Söhne und Stammväter der israelitischen Stämme (Ex 1,5) waren nicht einfach »leibliche Nachkommen« (Lu84) Jakobs, noch »stammten« sie von ihm »ab« (Lu17), sondern sie »sind aus seinen Lenden hervorgegangen« (Hebr., Lu45, Bearbeiter, Gruppe). Nach dem hebräischen Text (Ex 6,12) war Mose nicht »ungeschickt zum Reden« (Lu84, Lu17), sondern »von unbeschnittenen Lippen« (so auch Lu45), will sagen: er hatte eine etwas »naturbelassene«, wenig kultivierte Sprache. In Ex 5,21 sehen sich Mose und Aaron dem Vorwurf der unter der Fron leidenden Israeliten ausgesetzt, dass ihre Intervention beim Pharao nicht hilfreich war. Der hebräische Text drückt das etwa so aus, wie Lu45 es wiedergibt: »[…] dass ihr vnseren Geruch stinkend gemacht habt für Pharao.« Lu84 war das offenbar zu drastisch: »[…] uns in Verruf gebracht habt beim Pharao.« Lu17 nimmt das Bild mutig auf: »[…] uns stinkend gemacht habt beim Pharao.«

Insgesamt wird man sagen können, dass Lu45 die stilistisch-poetische Eigenart des hebräischen Ausgangstextes weitaus sensibler wahrgenommen und wiedergegeben hat als Lu84. Der LA und damit Lu17 sind dem nur teilweise gefolgt.

V. Treue zum Luthertext und das Dilemma von Text- und Werktreue

Durch die Heranziehung von Lu45 hat das Unternehmen sehr gewonnen. In fünfundzwanzig der einhundert Musterfälle haben sich, aus unterschiedlichen Gründen, mindestens zwei der drei Instanzen (Bearbeiter, Gruppe, LA) für die Version der Lu45 gegen die der Lu84 entschieden. Im Grunde erweist sich damit die Annahme eines einheitlichen Luthertextes als Fiktion. Schon zu Luthers Zeiten hat ein solcher nicht bestanden und nach den modernen

Revisionen von 1892, 1912 und 1984 erst recht nicht.[22] Dennoch kann man daran festhalten, dass es so etwas wie eine »Luthersprache« gegeben hat, die bewahrt und der gegebenenfalls auch wieder Geltung verschafft werden kann. Die Beispiele zur besonderen Sensibilität insbesondere von Lu45 für die Bildlichkeit der biblischen Sprache haben dies bereits gezeigt.

Mit der Suche nach Luthers literarisch-ästhetischen »Fußabdrücken« allein wird man dem Bibelübersetzer Luther aber bei weitem nicht gerecht. Luther hat die Übersetzung der Bibel immer als eine theologische Aufgabe verstanden und die zentralen Voraussetzungen und Anliegen seiner Theologie mittelbar oder unmittelbar in seine Übersetzung einfließen lassen, auch wenn er dazu vom Wortlaut des Grundtextes abweichen musste. Nicht zuletzt solche Stellen machen die »Wiedererkennbarkeit«, ja Unverwechselbarkeit der Lutherbibel aus, und nicht zu Unrecht hat man Luthers Altes Testament »eine Übersetzung ins Christliche« genannt.[23] Die Bearbeiter sehen sich dadurch bisweilen in einen Konflikt zwischen der Treue zum hebräischen Grundtext und der »Werktreue« zur Lutherbibel gestellt. Das Buch Exodus bietet dafür ein markantes Beispiel: Der Gnadenstuel als Ausdruck von Luthers Theologie im Buch Exodus (Ex 25,17–22).[24]

Der Ausdruck »Gnadenstuel« (Lu45) bzw. »Gnadenthron« (Lu84) steht für das hebräische כַּפֹּרֶת (*kapporæt*) als Bauelement der Lade des Sinaiheiligtums (Ex 25,17–22;

22 Zur Geschichte der neueren Revisionen *Fricke / Meurer* (Hg.), Geschichte, passim; *H. Utzschneider*, »Dachsfell« und »Gnadenthron«. Marginalien zur Durchsicht der Lutherübersetzung mit Beispielen aus dem Buch Exodus, in: *M. Mülke / L. Vogel* (Hg.), Bibelübersetzung und (Kirchen-)Politik, Göttingen 2015, 135–155, 139–143.

23 *H. Bornkamm*, Luther und das Alte Testament, Tübingen 1948, 185; vgl. auch *R. Bartelmus*, Das Alte Testament – deutsch. Luthers Beitrag zu Theorie und Praxis religiöser Texte, BN 22 (1983), 70–89, der die Lutherbibel etwas zugespitzt als »die dogmatische Urkunde des Protestantismus lutherischer Prägung schlechthin« bezeichnet hat (a. a. O., 89).

24 Vgl. zum Folgenden die ausführliche Darstellung in *Utzschneider*, »Dachsfell«, 148–153.

26,34; 30,6; 31,7; 35,12; 37,6.7.9; 39,35; 40,20; Lev 16,2.13–15; Num 7,89; 1 Chr 29,11 Luther = 28,11 MT). Ex 25,17:

MT	וְעָשִׂיתָ כַפֹּרֶת זָהָב טָהוֹר אַמָּתַיִם וָחֵצִי אָרְכָּהּ וְאַמָּה וָחֵצִי רָחְבָּהּ
Lu45	DV solt auch einen *Gnadenstuel* machen von feinem golde / Drithalb ellen sol seine lenge sein / vnd anderthalb ellen seine breite.
Lu84/99	Du sollst auch einen *Gnadenthron* machen aus feinem Golde; zwei und eine halbe Elle soll seine Länge sein und anderthalb Ellen seine Breite.

Indes sind weder »Gnadenstuel« noch »Gnadenthron« Übersetzungen des hebräischen Wortes כפרת. *kapporæt* ist ein terminus technicus der priesterlichen Theologie, nach der Menschen in der Begegnung mit Gott im Kult der Reinigung von allem Widergöttlichen, das ihnen anhaftet, der »Entsühnung«, bedürfen. Im Sinaiheiligtum, Luthers »Stiftshütte«, hat die *kapporæt* diese Funktion, und zwar als Ort und als sakraler Gegenstand, wie nicht zuletzt im Zusammenhang der Riten des »Yom kippur« (Lev 16) erkennbar ist.[25] Dem entspricht ziemlich exakt die Wiedergabe mit »propitiatorium«, also »Sühneort« oder »Sühnemittel«, die sich in der Vulgata findet. Auch die wissenschaftlichen Lexika der Lutherzeit und sinngemäß auch die heutigen schlagen diese Bedeutungen vor.[26]

Warum aber verwendet Luther in seiner Bibelübersetzung 1545 ein Wort, das das Lexem des Grundtextes nicht wiedergibt und seinen Bedeutungsgehalt nur zum Teil

25 Vgl. *H. Utzschneider*, Das Heiligtum und das Gesetz. Studien zur Bedeutung der sinaitischen Heiligtumstexte (Ex 25–40; Lev 8–9), OBO 77, Freiburg (Schweiz) / Göttingen 1988, 117ff.; *B. Janowski*, Sühne als Heilsgeschehen. Traditions- und religionsgeschichtliche Studien zur priesterschriftlichen Sühnetheologie, WMANT 55, Neukirchen-Vluyn ^{2}2000, 347–350.

26 Vgl. die Einträge in den Lexika von *Reuchlin* bzw. *Münster*, die beide »propitiatorium« vorschlagen. (Beide Lexika sind digitalisiert zugänglich, vgl. *Utzschneider*, Dachsfell, Anm. 41). Vgl. *Gesenius*, Handwörterbuch, 568: »Sühnemal, Sühneort«.

trifft? Zunächst ist auffällig, dass Luther die Wiedergabe »propitiatorium« nicht nur kannte, sondern selbst verwendete, so etwa im Römerbriefkommentar von 1515/16, wo in Röm 3,25 das lateinische »propitiatorium« für ἱλαστήριον steht, das Luther dann in seiner Übersetzung von 1545 mit »Gnadenstuel« wiedergibt (Lu84 hat in Röm 3,25 »Sühne«).[27] Die Wiedergabe mit »Gnadenstuel« bzw. »Gnadenthron« ist also ganz bewusst gewählt. Es sind wohl zwei Motive, die Lu45 leiteten, *kapporæt* im Alten Testament und ἱλαστήριον im Neuen Testament[28] nicht mit »Sühne(mal)«, sondern mit »Gnadenstuel« wiederzugeben: ein biblisch-theologisches und ein seelsorgerliches, wobei beides bei Luther nicht wirklich zu trennen ist.

Für das biblisch-theologische Motiv ist Hebr 4,14–16 die Schlüsselstelle, wo der Begriff »Gnadenstuel« auch ein entsprechendes Gegenstück im griechischen Text hat, nämlich τὸ θρόνος τῆς χάριτος (4,16).

NT Graece	16 προσερχώμεθα οὖν μετὰ παρρησίας *τῷ θρόνῳ τῆς χάριτος*, ἵνα λάβωμεν ἔλεος καὶ χάριν εὕρωμεν εἰς εὔκαιρον βοήθειαν.
Lu45	16 Darumb lasset uns hinzu treten / mit freidigkeit zu dem *Gnadenstuel* / Auff das wir barmhertzigkeit empfahen / und gnade finden / auff die Zeit / wenn uns Hülffe not sein wird
Lu84/99	16 Darum lasst uns hinzutreten mit Zuversicht zu dem *Thron der Gnade*, damit wir Barmherzigkeit empfangen und Gnade finden zu der Zeit, wenn wir Hilfe nötig haben.

27 Vgl. *M. Luther*, Vorlesung über den Römerbrief 1515/1516, Lateinisch-deutsche Ausgabe, 2 Bde., Darmstadt 1960, Bd. 1, 238–242 (zu Röm 3,25).

28 ἱλαστήριον ist das Äquivalent für *kapporæt* in der LXX. Lu45 hat ἱλαστήριον in Hebr 9,5 und Röm 3,25 auch mit »Gnadenstuel« wiedergegeben. Mit ἱλαστήριον, das vom Verbum ἱλάσκεσθαι abgeleitet ist, sind durchaus die Konnotationen »gnädig sein« (vgl. Ex 32,12) und »sühnen« verbunden.

Im unmittelbaren Kontext von Hebr 4,16 ist der Gottessohn Jesus als Hohepriester vorgestellt, der das himmlische Heiligtum durchschritten hat und zugleich als einzig sündloser Mensch den gläubigen Menschen Zutritt zum »Thron der Gnade«, dem »Gnadenstuel« ermöglicht. Der »Gnadenstuel« repräsentiert hier Gott selbst, zu dem der Christ nicht durch kultische Reinigung und priesterliche Vermittlung Zugang hat, sondern nur durch den Christus Jesus. »Wenn du willt wol und sicher deuten / So nim Christum fur dich. [...] So mache nu aus dem Hohenpriester Aaron niemand denn Christus alleine / wie die Epistel an die Ebreer thut, welche fast allein gnugsam ist / alle figurn Mose zu deuten.«[29]

Zum theologischen Motiv kommt ein seelsorgerlich-spirituelles hinzu. Dies erschließt sich, wenn man fragt, in welchen seiner Schriften Luther den Begriff »propitiatorium« und in welchen er die Lexeme »Gnadenstuel« / »Gnadenthron« gebraucht. Die letzteren Lexeme sind in der »Weimarer Ausgabe« der Schriften Luthers über 30 mal belegt, und zwar ganz überwiegend in Predigten und Postillen, d. h. in pastoralen und liturgischen Kontexten. »Propitiatorium« hingegen gebraucht Luther in seinen wissenschaftlich-theologischen Texten.[30] Eine Brücke zwischen wissenschaftlichen und pastoralen Texten bildet eine Auslegung zu Ps 109 [110] von 1518, in der Luther »Gnadenthron« ausdrücklich mit »propitiatorium« gleichsetzt: »Also weißt uns got von uns zu Christo, gleich wie Pharao die Egypter zu Joseph. Und durch ihn allain, und on in kainer soll sälig werden. Darumb spricht wol der Apostel, das in got gesetzt hat zu aim *propitiatorium*, *das*

29 In der Vorrede zum Alten Testament: *Luther*, Heilige Schrifft, Bd. 1, 19.

30 In den pastoralen Texten setzt *Luther* den Gnadenstuel meist unmittelbar mit Christus gleich. So heißt es in einer Predigt zum Fronleichnamstag 1523: »Sy [sie] werden aber frumm durch die kost und erlösung Christi, den gott gestellet hat zu einem Gnadenthron, durch welchs Blut wir angenem werden durch den Glauben« (WA 12, 582).

ist zu ainem gnadenthron, vor wölchem ain yglicher gnad und säligkeit erlangt.«[31]

In vorreformatorischen Kontexten kommen dem Grimm'schen Wörterbuch zufolge die Lexeme »Gnadenstuel« / »Gnadenthron« als solche nicht vor. So spricht viel für die Vermutung, dass es sich dabei um eine genuine Wortprägung Luthers handelt. Freilich sind längst vor Luther Traditionen nachweisbar, die mit dem »propitiatorium« die Vorstellung eines Stuhls oder Thrones verbunden haben und diesen als einen Ort der Gnade, der gnädigen Gegenwart Gottes und seiner betenden Verehrung auffassen.[32] So wird in der »Weltchronik« von Rudolf von Ems (1365) die *kapporæt* als »gnaden stat«, also Gnadenort, bezeichnet.[33] Die erste Bibel in deutscher Volkssprache, die »Mentelin-Bibel« von (vor) 1466 gibt das »propitiatorium« der Vulgata mit »betstat«, also Gebetsstätte, wieder und stellt sie damit in einen spirituell-seelsorgerlichen Kontext.[34] Darauf weist schließlich auch die Ikonographie. In der Kunstgeschichte bezeichnet man als »Gnadenstuhl« den Bildtypus eines Andachtsbildes, der bis ins Hochmittelalter zurückgeht.[35] Dargestellt wird die Dreifaltigkeit: Gott sitzt und hält mit den Händen das Kreuz mit dem gekreuzigten Christus, über dem (meist) die Taube des Hl. Geistes schwebt.[36] Dieser Bildtypus ist auch

31 WA 1, 3 (Kursivierung von mir).

32 Vgl. dazu *J.* und *W. Grimm*, Art. Gnadenstuhl, in: *dies.*, Deutsches Wörterbuch, online-Version, abgerufen am 26.10.2013 http://woerter buchnetz.de/DWB/?sigle=DWB&mode=Vernetzung#38;lemid=GG2 1273.

33 *Rudolf von Ems*, Weltchronik – Donaueschingen 79, online-Ausgabe, Badische Landesbibliothek: Karlsruhe 2011, Blatt 65v; Digitalisat: http://digital.blb-karlsruhe.de/blbhs/content/pageview/120474; abgerufen am 26.10.2013.

34 Vgl. das Digitalisat der Bayerischen Staatsbibliothek unter http://daten.digitale-sammlungen.de/bsb00036981/image_57.

35 *W. Braunfels*, Art. Dreifaltigkeit, LCI 1, 535–537.

36 Vgl. die Abbildung eines Gnadenstuhls des 14. Jh.s aus Kiedrich im Rheingau in: Art. Gnadenstuhl, http://de.wikipedia.org/wiki/Gna denstuhl (abgerufen 26.10.2013).

in reformatorische Kreise eingegangen.[37] In einem Relief von Peter Dell dem Älteren von 1548[38] sind Lade und Kapporät die Basis für das Kreuz, das von Gottvater gehalten wird. Auf diesem Relief findet sich die ausdrückliche Aufschrift »Gnadenstul«.

Mit dem Begriff »Gnadenthron« bzw. »Gnadenstuel« wollte Luther zentrale Gehalte seiner Gnadentheologie in einem gesamtbiblischen Kontext »verdeutschen«. Dass er damit vor allem nicht-theologische Leser und Hörer im Blick hatte, zeigt sein eigener Gebrauch des Begriffes. Dabei hat er bewusst oder unbewusst an die Ikonographie eines alten Andachtsbildes angeknüpft und seine Theologie damit zugleich trinitarisch überhöht und spirituell-seelsorgerlich geerdet. Der Begriff wird, nach eingehenden Diskussionen und durch eine Anmerkung erläutert, auch in Lu17 erscheinen.

VI. Schlussbemerkung

Die Arbeit an der Durchsicht hat die Pentateuchgruppe, verstärkt und motiviert durch ihren »Organisator« und »Sekretär«, Pfarrer Jürgen-Peter Lesch, über vier Jahre hinweg beschäftigt. Vf. hat diese Kooperation – je länger je mehr – als fachlich und persönlich bereichernd erlebt und blickt dankbar darauf zurück.

Die Übersetzungsarbeit Luthers und seines Teams können im größeren Rahmen der humanistischen Devise »Zurück zu den Quellen« gesehen werden. In den Intentionen und im Ergebnis scheint mir die Durchsicht in eine ähnliche Richtung zu weisen. Sie hat sich einerseits – jedenfalls vonseiten des Bearbeiters und der Gruppe – konsequent am hebräischen Text orientiert und andererseits

37 Vgl. dazu *V. Stolle*, Der Gnadenstuhl als Brennpunkt einer biblischen Theologie. Ausgestaltung und Weiterführung reformatorischer Ansätze bei Victorin Striegel, in: *W. Schillhahn / M. Schätzel* (Hg.), Wortlaute, Festschrift für Dr. H. Günter, Groß Oesingen 2002, 167–194.

38 Abb. a. a. O., 174.

der Entdeckung Rechnung getragen, in welchem hohem Maß Luthers Text von 1545 dem literarischen und poetischen Charakter des hebräischen Bibeltextes zu entsprechen wusste. Beides, vor allem aber das Letztere, war zu Beginn des Unternehmens so noch nicht absehbar und hätte vielleicht noch konsequenter in die Lutherbibel des Jahres 2017 Eingang finden können. Aber, und auch das gehört zum »Markenzeichen« der Lutherbibel in ihrer Geschichte, nach der Revision ist vor der Revision.

Nachweis der Erstveröffentlichungen

1. Patrilinearität im alten Israel – eine Studie zur Familie und ihrer Religion, BN 56, 1991, 60–97.
2. Die »Realia« und die Wirklichkeit. Prolegomena zu einer Sozial- und Kulturgeschichte des alten Israel am Modell der Handweberei in Israel und seiner Umwelt, WuD 21 (1991), 59–80.
3. Gott und Spiel. Beobachtungen zum Kulturverständnis in urgeschichtlichen Texten des Alten Testaments, in: W. Stegemann (Hg.), Religion und Kultur. Aufbruch in eine neue Beziehung, TA 4, Stuttgart 2003, 150–166.
4. Vergebung als Ritual. Zur Deutung des *ḥaṭṭā't*-Rituals in Lev 4,1–5,13, in: R. Riess (Hg.), Abschied von der Schuld? Zur Anthropologie und Theologie von Schuldbewußtsein, Opfer und Versöhnung, TA 1, Stuttgart 1996, 96–119.
5. Der Beginn des Lebens – die gegenwärtige Diskussion um die Bioethik und das Alte Testament, ZEE 46 (2002), 135–143.
6. Der friedvolle und der bittere Tod. Einstellungen und Horizonte gegenüber Tod und Sterben im Alten Testament, in: C. Strecker (Hg.), Kontexte der Schrift, Bd. II, Wolfgang Stegemann zum 60. Geburtstag, Stuttgart 2005, 37–48.
7. Von der Würde der Geschöpfe. Was Christen meinen, wenn sie von »Schöpfung« reden – und was damit für ein gutes Klima gewonnen sein könnte, in: H. Bedford-Strohm (Hg.), Und Gott sah, dass es gut war. Schöpfung und Endlichkeit im Zeitalter der Klimakatastrophe, Neukirchen-Vluyn 2009, 133–143.

8. Wir sind nicht Methusalem. Biblisch-theologische Bemerkungen über das Alter, in: P. Verebic / N. Móricz / M. Köszeghy (Hg.), Ein pralles Leben. Alttestamentliche Studien, FS für Jutta Hausmann zum 65. Geburtstag, ABG 56, Leipzig 2017, 49–67.

9. »... jetzt aber hat mein Auge dich gesehen« (Hi 42,5). Das Hiobbuch in ästhetisch-theologischer Perspektive, in: C. Karrer-Grube / J. Krispenz / T. Krüger / C. Rose / A. Schellenberg (Hg.), Sprachen – Bilder – Klänge. Dimensionen der Theologie im Alten Testament und in seinem Umfeld, FS für Rüdiger Bartelmus zu seinem 65. Geburtstag, AOAT 359, Münster 2009, 321–338.

10. Der Text als »Doppeltes Lottchen«? Zum Verhältnis von synchroner und diachroner Exegese in Ex 1–5, in: T. Naumann / R. Hunziker-Rodewald (Hg.), Diasynchron. Beiträge zur Exegese, Theologie und Rezeption der Hebräischen Bibel, Walter Dietrich zum 65. Geburtstag, Stuttgart 2009, 389–401.

11. Die LXX als »Erzählerin«. Beobachtungen an der LXX-Fassung der Geburts- und Kindheitsgeschichte des Mose (Ex 2,1–10), in: Die Septuaginta – Texte, Theologien, Einflüsse. 2. Internationale Fachtagung, veranstaltet von SeptuagintaDeutsch (LXX.D), Wuppertal 23.–27.7.2008, hg. von W. Kraus und M. Karrer, WUNT 252, Tübingen 2010, 462–477.

12. Die Inszenierung Gottes im Buch Exodus. Beobachtungen zur literarischen und piktoralen Bildlichkeit Gottes, in: R. Achenbach / R. Ebach / J. Wöhrle (Hg.), Wege der Freiheit. Zur Entstehung und Theologie des Exodusbuches. Die Beiträge eines Symposions zum 70. Geburtstag von Rainer Albertz, AThANT 104, Zürich 2015, 35–49.

13. Irdisches Himmelreich. Die ›Stiftshütte‹ (Ex 25–40*) als theologische Metapher, in: F. Horn / C. Breytenbach (Hg.), Spatial Metaphors. Ancient Texts and Transformations, Berlin Studies of the Ancient World 39, Edition topoi, Berlin 2016, 145–163.

14. Nach der Revision ist vor der Revision. Die Revision der Lutherbibel für das Jahr 2017, EvTh 76 (2016), 268–280.

Stellenregister

Altorientalische Texte

Altes Testament

Apokryphen

Antike Autoren

Neues Testament

Rabbinisches Schrifttum